Cecilia von Studnitz

Es war wie ein Rausch
Fallada und sein Leben

Cecilia von Studnitz

Es war wie ein Rausch
Fallada und sein Leben

Droste

Bildnachweis

Horst Bechert, Kempen: Abb. 4, 7, 11
Ulrich Ditzen, Wuppertal: Abb. 25
Hans-Fallada-Archiv, Feldberg: 2, 3, 5, 6, 21, 27, 28
Elisabeth Hörig, Celle: Abb. 8, 14, 23
Kinder von Hans Joachim Geyer, Lehnitz: Abb. 12, 16
Karl-Heinz Köller, Feldberg: Abb. 20
Archiv Rheinische Post: Abb. 15
Rowohlt-Archiv, Reinbek: Abb. 17, 18
Verlagsarchiv: Abb. 1, 9, 10, 13, 19, 22, 24, 26

Da nicht alle Bildgeber ermittelt werden konnten, war es in diesen
Fällen nicht möglich, die Abdruckgenehmigung einzuholen.

Die Deutsche Bibliothek – CIP-Einheitsaufnahme

Studnitz, Cecilia von:
Es war wie ein Rausch : Fallada und sein Leben /
Cecilia von Studnitz. – Düsseldorf : Droste, 1996
ISBN 3-7700-1064-7

© 1997 Droste Verlag GmbH, Düsseldorf
Schutzumschlagentwurf: Helmut Schwanen unter Verwendung einer
Zeichnung von e. o. plauen (mit freundlicher Genehmigung von
Herrn Christian H. Ohser)
Gesamtherstellung: Clausen & Bosse, Leck
ISBN 3-7700-1064-7

Inhalt

Vorwort

Hans Fallada ist als Autor umstritten, auch heute noch – fünfzig Jahre nach seinem Tod. Schrieb er triviale Schnulzen oder verfaßte er Romane von weltliterarischer Qualität? Er wagte den riskanten Spagat und schuf beides: kommerziellen Kitsch und beste Literatur. Hans Fallada ist als Mensch umstritten. War er ein rücksichtsloser Egozentriker oder eine feinfühlige, wertvolle Persönlichkeit, ein zärtlich liebender Ehemann und besorgt-rührender Vater? Er war beides.

Hans Falladas politische Einstellung ist umstritten. War er ein Monarchist, ein November-Revolutionär oder ein Republikaner? War er zeitkritisch oder oportunistisch, dachte er politisch oder war er völlig unpolitisch? Auch hier trifft wieder das eine wie das andere zu.

Hans Fallada verfaßte detailgenaue autobiographische Schilderungen. Er schrieb fiktive Literatur mit dem steten Hinweis, daß die Personen nie gelebt hätten und die Handlung ausgedacht sei. Weder sind seine autobiographischen Manuskripte frei von Fiktion, noch sind seine fiktiven Personen und Handlungen frei von Autobiographie.

Fallada gehört zu den Schriftstellern, die aus der aktuellen Lebenssituation heraus ihr Erleben schreibend zu bewältigen suchten. Er gehört zugleich zu den wenigen Autoren, deren Manuskripte mit wenigen Ausnahmen sofort gedruckt wurden, wenn er sie beim Verlag ablieferte. Mitunter wurde sogar schon angedruckt, bevor das Werk zu Ende geschrieben war.

Dies alles berechtigt zur Arbeitsmethode der vorliegenden Biographie: sie wird eine ungewöhnliche Fülle von Zitaten aus Falladas Werken enthalten. Es sind jene Zitate, die eindeutig auf Falladas Leben, Denken und Empfinden hinweisen. Sie sind damit Selbstzeugnisse oder Hinweise auf die Autobiographie eines Menschen, der sein Leben lang versucht hat, gegen seine Schwächen anzukämpfen. Aus diesem Kampf erwuchs seine faszinierende Kreativität.

Gedankt wird Sabine Lange vom Fallada-Archiv in Feldberg/Eichholz, die während meines Aufenthaltes dort bereitwillig und fachkompetent meine vielen Fragen beantwortete. Gedankt wird dem Zeitungsforschungsinstitut in Dortmund, das mir die umfassende Presseartikel-Ausschnittssammlung über Hans Fallada zur Verfügung stellte sowie den Mitarbeitern des Thüringischen Staatsarchives Rudolstadt.

Bamberg, im August 1996   Cecilia v. Studnitz

1.
»Sie bringen ihn – er lebt noch!«

21. 7. 1893 in Greifswald: dem Landrichter Wilhelm Ditzen und seiner Frau Elisabeth wird ein Sohn geboren. Die Geburt war normal und sie war ersehnt: nach zwei Töchtern endlich der Sohn, der Namensträger, der Stammhalter. Die Welt war in Ordnung.

Ordnung war das bestimmende Lebensgerüst des Juristen Ditzen. Und Ordnung hieß Disziplin, äußere wie innere. Die äußere bezog sich auf Berufspläne, Lebensziele, die Organisation des Alltags, streng getrennt nach Berufsaufgaben, Mußestunden und dem Umgang mit Frau und Kindern. Auf die Minute genau und stets zur gleichen Uhrzeit wurden die täglichen Mahlzeiten eingenommen, die zeitlich niemals ausuferten. Zur immer gleichen Stunde und in vorgesehener Länge fand der nachmittägliche Erholungsschlaf statt. Zu den natürlich auch festgesetzten Arbeitsstunden über den mitgebrachten Dienstakten hatte im Hause absolute Stille zu herrschen: keine Tür durfte schlagen, kein Kind trappelnd die Treppen rauf- oder runterlaufen, selbstverständlich nicht rufen, lachen oder sogar laut weinen, kein Geschirr in der Küche beim Abwaschen scheppern. Vor dem Abendbrot ging Wilhelm Ditzen mit seiner Frau spazieren. Nach dem Abendbrot spielte das Ehepaar vierhändig genau eine Stunde lang auf dem Klavier, die Kinder hatten dem zuhörend beizuwohnen. Danach las der Vater Frau und Kindern aus einem Buche vor. Zur immer gleichen Stunde hatten sie ins Bett zu gehen und das Licht zu löschen, um am frühen Morgen zur vorgesehenen Zeit ausgeschlafen und wohlgemut den neuen Tag zu beginnen. Unvorstellbar, daß an einen unbekannten Urlaubsort gefahren wurde; vor der Reise beschaffte sich Ditzen Wanderkarten, die alle Gebäude, jeden Hügel, jeden Steg und sämtliche Waldwiesen genau verzeichneten; bereits zu Hause wurden die einzelnen Tagestouren aus-

1 Greifswald um 1900: Ost- und Nordseite des Marktes in Richtung St. Marien.

geguckt, durchgeplant und auf Karten aufgezeichnet. Unvorstellbar auch, daß von der so geplanten Wandertour dieses Tages abgewichen wurde, vielleicht, weil es unmäßig regnete, vielleicht, weil sich spontan doch noch ein schöneres Erlebnis anbot.

Äußere Ordnung und Disziplin war der Rahmen, der mit einigem Aufwand und betonter Autorität um das Leben herum aufgestellt werden konnte. Mit der inneren Disziplin hatte Wilhelm Ditzen täglich zu kämpfen. Er war zart, schwächlich und seine Gesundheit immer gefährdet. Ständig war er erkältet,

jede grassierende Saisonkrankheit nahm sein schwacher Körper auf und warf ihn aufs Krankenlager. Ein chronisches Gallenleiden schlug ihm auf den Magen; häufig mußte für ihn extra gekocht werden und trotzdem waren die Magenbeschwerden so schlimm, daß er die fad schmeckende Diätkost nur im Liegen zu sich nehmen konnte. Und wie oft schleppte er sich angeschlagen in den Dienst, bis wirklich nichts mehr ging und er zu Haus das Bett hüten mußte, um sich auszukurieren. Wichtiger als die ständigen körperlichen Gebrechen aber war seine negative Selbsteinschätzung. Er sei für dieses Leben viel zu weich und unentschlossen, zu labil, entschieden zu wenig durchsetzungsfähig. Aus einer traditionsreichen Juristenfamilie aus Ostfriesland stammend, steckte er sich daher voller Ehrgeiz das höchstmögliche Ziel, seine Schwächen zu überwinden und zugleich die zahlreichen juristischen Ahnen zu überholen: Reichsgerichtsrat wollte er werden – dies schon seit seinem 17. Lebensjahr. Auf dieses Berufsziel arbeitete er hin, versagte sich alle Freuden, die diesen Weg hinauszögern könnten: Tadelloses Abitur, hervorragendes Studium unter vielen Entbehrungen, Referendar in verschiedenen niedersächsischen Städtchen, wenn sich dort ein Amtsgericht als Ausbildungsstätte anbot, kräftezerschleißende Dienstreisen zu Kongressen und Symposien, sofern sie der Karriere dienten. Dann Amtsrichter, dann Landrichter, immer nur an Orten, die durch ihren Ruf als juristische Institution ihn seinem Ziel ›Reichsgerichtsrat‹ näher brachten. Dafür nahm er auch ihn langweilende Gerichtssparten in Kauf, urteilte über Nachbarschaftsstreitereien wegen eines zu hohen Zauns, eines ewig kläffenden Hundes, verhandelte danach zunächst Kleinkriminalität wie den Diebstahl einer Gans vom Hof des Bauern, schließlich Kriminaldelikte der härteren Art – bis hin zum Mord und dem daraus resultierenden Todesurteil. Aber selbst das interessierte ihn wenig. Sein alleiniges Streben war der Reichsgerichtsrat, eine Position, die heute dem Bundesverfassungsrichter entspricht. Irgendwann erbat sich ein Vorgesetzter einmal seine penibel geordnete und selbstverständlich vollständige Briefmarkensammlung zum Vergleich. Ditzen bekam seine Sammlung mit gräßlichen Lücken zurück; auch Nachfragen waren erfolglos: der Vorgesetzte hatte ihn schlicht bestohlen. Doch aus Angst um seine Karriere schwieg Wilhelm Ditzen und ließ dem Dieb seinen Triumph. Und noch später, da war er schon längst Kammergerichtsrat und Vater von vier Kindern, steckte ihm jemand, vielleicht nur aus Spaß, daß ein Reichsgerichtsrat auch eine gut lesbare, schöne Handschrift haben müsse. Er hatte sie nicht. Also setzte er sich zu Hause hin und malte monatelang Schulheft auf Schulheft mühsam mit Schreibübungen voll.

Jahre auf Jahre widmete sich Wilhelm Ditzen ausschließlich seiner Laufbahn, die alle Zeit und Kraft in Anspruch nahm, die ihm gegeben war, überwand seine Makel Weichheit, Schwäche und Labilität durch eiserne, innere Disziplin. Sein Leben war arm an Freuden und Höhepunkten. Einer dieser wenigen Höhepunkte währte nur Sekunden: Der über vierzigjährige Preußenverehrer Ditzen sah seinem Idol Bismarck direkt ins Gesicht: »Er fuhr vor dem Tore des Friedrichsruher Schlosses in seinem offenen Wagen ganz langsam an mir vorbei, so daß ich ihm in die Augen schauen konnte. Eine unvergeßliche Minute.«[1]

Nicht mehr festzustellen ist, ob seine Heirat mit der 16 Jahre jüngeren Elisabeth Lorenz für Wilhelm Ditzen ein Höhepunkt war: *»Vater (kam) als Amtsgerichtsrat in die kleine Stadt, er war sechsunddreißig Jahre alt und noch immer Junggeselle. Die beiden lernten sich kennen, und sie heirateten sich, unter ausdrücklicher Billigung von Onkel Pfeifer[2]. Denn Vater war eine Partie, und Mutter war eine Partie, und da so Partie zu Partie kam, war alles in bester Ordnung.« (Damals, S. 179).*[3]

Da war es wieder, das Prinzip Ordnung, das Lebensmaxime war und zu umfassen hatte, was als nützlich und notwendig galt: ein für damalige Zeiten schon reichlich alter Junggeselle konnte es sich nunmehr sowohl beruflich als auch finanziell leisten, eine Familie zu gründen. Seine Frau kam aus einem Juristenhaushalt, der Kollege und künftige Schwiegervater war ein zwar unbeliebter, aber dennoch sehr einflußreicher Bürger der Stadt.

Für die junge Frau war es in jedem Falle ein Höhepunkt, denn die Heirat mit Wilhelm Ditzen beendete eine klägliche Jugend. Ebenfalls aus einer Familie stammend, deren Namensträger traditionell den gleichen Beruf wählten, war sie eine der Töchter des Gefängnispastors Lorenz in Lüneburg. Ihr Vater starb jedoch früh und die Witwe konnte nicht alle Kinder ernähren. So gab sie die achtjährige Elisabeth zu einem Verwandten, dem kinderlosen Seyfarth nach Uelzen, der – selbst verwitwet – von einer Schwester der Mutter im Haus umsorgt wurde.

Dieser Onkel, ein Notar, war ein boshafter Psychopath mit sadistischen Zügen. Ständig mit seinen Nachbarn im Streit, als juristisch bewanderter Querulant unbeliebt selbst bei Gericht, terrorisierte er Lebensgefährtin und Pflegekind über alle Maßen: Weil die kleine Elisabeth bei einem Kindergeburtstag in einen Spiegel gestürzt war und sich böse verletzt hatte, sprach der Onkel zur Strafe ein Vierteljahr lang kein Wort mehr mit ihr. Er war sowieso gegen Kinderfeste dieser Art gewesen, weil sie viel zu viel Geld kosteten. Jetzt nach dem Unglück durfte Elisabeth nie mehr Spielgefährten oder Klassenkameraden auch nur besuchen. Sie wurde daher bald auch nicht mehr besucht. Zur Schule bekam sie als Pausenbrot immer nur eine trockene Semmel mit, zäh, einige Tage alt und verschrumpelt. Sie war nicht in der Lage, diesen alltäglichen Würgeengel aufzuessen. Anstatt die Brötchen unterwegs fortzuwerfen trug Elisabeth sie wieder nach Hause und versteckte sie hoch oben auf dem Kleiderschrank, schob sie ganz weit nach hinten, damit man die gesammelten Zeugen ihrer Verschwendungssucht nicht fände. Aber eines Tages wurde der ansehnliche Haufen altbackener Brötchen doch entdeckt: Skandal, Ungehorsam, Vergeudung! Das Gezeter von Tante und Onkel war zu überleben, kaum aber, daß Elisabeth wochenlang die alten Semmeln in Milch eingeweicht als einziges Abendbrot zu verzehren hatte. Und natürlich gab es morgens weiterhin die tägliche Altsemmel für die Schule. Jetzt wählte das gepeinigte Kind die Kommodenschublade, wurde natürlich entlarvt, und es ist leicht zu raten, was es weiterhin für die Kleine zum Abendbrot gab. Da sie sich beim Lebertraneinnehmen einmal angeekelt geschüttelt hatte, mußte sie seitdem für diese Unbotmäßigkeit nach jedem Teelöffel dreimal um den Tisch herum laufen. Pro Tag gab es dreimal jeweils drei randvolle Teelöffel. Pro Tag wurde also 27mal der Tisch laufend umkreist, eine pädagogisch besonders effektive Maßnahme vor allem dann, wenn Gäste anwesend waren und ihnen das brave Kind vorgeführt wurde. Die familiären Spaziergänge waren gleichfalls eine Qual: Entweder ging der Onkel voran, in gebührendem Abstand hatten Tante und Nichte zu folgen. Auf laut geröhrten Befehl hatten sie starr nach rechts zu blicken oder nach links und immer wurde kontrolliert, ob es auch geschah. Mit dröhnender Stimme sprach der Onkel entgegenkommende Spaziergänger an und verteilte dabei solche Bosheiten, daß es der kleinen Elisabeth vor Scham ganz heiß wurde. Oder aber der Onkel befahl Pflegetochter und Lebensgefährtin, in gleichfalls gebührendem Abstand vor ihm herzugehen. Mit seiner Stentorstimme korrigierte er dann zur Freude der anderen Spaziergänger die beiden Frauen: mal wurde mit den Röcken zuviel Staub aufgewirbelt, mal schlenkerte Elisabeth zu sehr mit den Armen, mal wurde ein Stolpern lauthals gerügt und wenn das Kind wieder einmal einen Fuß etwas einwärts setzte, begann er »*schallend nach einer selbsterfundenen Melodie zu singen: ›Der rechte Fuß geht einwärts – bei einer gewissen Person! Der rechte Fuß geht einwärts – bei einer gewissen Person!‹*« (*Damals*, S. 176) Große Heiterkeit bei den anderen Spaziergängern, viel Spott am nächsten Tag in der Klasse, denn natürlich war der stadtbekannte Tyrann nach jedem Auftritt Gesprächsstoff am Abendbrottisch der braven Bürger von Uelzen.

So wuchs Elisabeth unter Ängsten, Qualen, vor allem aber in einer völligen Isolation zu einem jungen Mädchen heran, das übereifrig im Haushalt half, das sich nur noch gut benahm und total angepaßt jede mögliche Auseinandersetzung vermied. Sie war völlig verschüchtert und weltfremd geworden, traute sich nichts zu und wartete auf Erlösung aus diesem bösen Traum. Der Prinz, der sie wachküßte, war der Amtsgerichtsrat Wilhelm Ditzen: »*Vater nahm Mutter und führte sie aus der Enge in die Weite. Sie, die stets für andere hatte dasein müssen, die nie etwas Eigenes hatte sein und besitzen dürfen, lehrte er, ein Mensch zu werden. Er hatte nie Launen, er wurde selten ungeduldig. Zu Anfang wollte der Haushalt gar nicht recht gehen, Mutter konnte nicht selbständig arbeiten, sie wagte nie einem Mädchen ein Wort zu sagen – Aber Vater machte ihr Mut, er half ihr, er tröstete sie, er lobte sie, er lächelte über Mißgeschicke, er tadelte nie – Er machte einen Menschen aus Mutter, aus ihr, die fast ein Automat geworden wäre. – Heute ist meine Mutter über achtzig Jahre alt und der Vater schon lange tot. Aber wenn von*

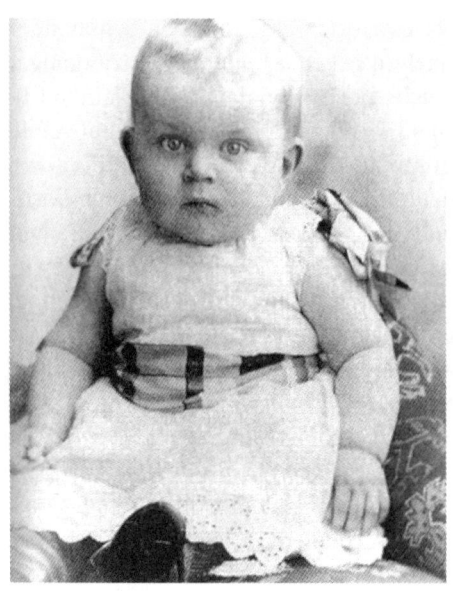

2 Ein Jahr ist Rudolf Ditzen alt, der spätere Hans Fallada.

Vater gesprochen wird, so sagt sie heute noch: ›Alles, was ich bin, was ich für euch Kinder tun konnte, ist immer von Vater gekommen. Ich glaube, einen Menschen wie Vater wird es nie wieder geben‹–« (Damals, S. 179)

»Die glückliche Geburt eines gesunden Knaben zeigen ergebenst an Landrichter Ditzen und Frau. Greifswald, d. 21. Juli 1893«.[4] Diese gutbürgerliche Anzeige ist auf lange Sicht das letzte ordentliche Moment im Leben des Kindes Rudolf Ditzen. Der Mutter fällt zunächst auf, daß ihr ältester Sohn »zuerst... auch nicht eigentlich fröhlich«[5] war, was eine vorsichtige Umschreibung für ein erstaunliches Phänomen darstellte: Es gibt kaum eine Photographie, auf der das Kind Rudolf, der Jüngling, der Mann lacht oder auch nur lächelt. Bereits das Kleinkindphoto zeigt ein ernstes Gesicht mit heruntergezogenen Mundwinkeln. Auf dem Photo des Sechsjährigen blicken die Augen traurig. Das Familienbild etwa zwei Jahre später zeigt einen geradezu muffig-verdrossenen Jungen. Der wieder etwa zwei Jahre ältere Schüler auf einem weiteren Bild hat einen ernsten Gesichtsausdruck und die Amateuraufnahme vom Wandervogel Rudolf Ditzen präsentiert gleichfalls einen ›nicht eigentlich fröhlich(en)‹ Knaben, der mit skeptisch geschlossenen Lippen und mißtrauisch fragenden Augen zur Seite blickt. Die Mutter registriert, daß sich ihr Sohn sehr viel langsamer als die beiden älteren Schwestern entwickelt; er lernt schwer sprechen, sehr spät laufen. Die Eltern müssen erleben, daß schon das Kleinkind Rudolf andauernd krank ist, von sämtlichen Kinderkrankheiten heimgesucht wird. Bereits in den ersten Lebensjahren übersteht er die gefährliche Infektion Rose. Bis zu seinem 16. Lebensjahr mußte die Familie mindestens einmal pro Jahr um sein Leben bangen. Das ist prägend schon für das Kind Rudolf Ditzen: Sehr früh erlebt es die Isolation des Kranken: ausgeschlossen zu sein von allen Familienaktivitäten, von gemeinsamen Gesprächen und Spielen. Während im Eßzimmer alle beisammen sitzen und sich unterhalten, miteinander lachen und die Ereignisse des Tages besprechen, hat er im Bett zu bleiben und allein seine Mahlzeit einzunehmen. Die Spiele der drei Geschwister – 1896 war als letztes Kind noch der Bruder Ulrich geboren – bekommt er häufig nur als Zuhörer- und Zuschauer mit, auch wenn es den Geschwistern erlaubt wird, sich in seinem Zimmer aufzuhalten.

Schon früh müssen die beiden älteren Schwestern den Bruder im Krankenzimmer mit umsorgen, aber immerhin: »nach und nach wurde er sehr lebhaft«[6] und stürzte sich, kaum genesen, in wilde Spiele mit den Geschwistern. Jetzt kommt ein weiteres merkwürdiges Moment hinzu: der kleine Junge scheint das Unglück anzuziehen. Er klemmt sich ständig die Finger, er reißt sich die Hände an vorstehenden Nägeln blutig, stößt sich fürchterlich den Kopf, fällt und stolpert, stürzt im Alter von drei Jahren vom ersten Stockwerk die Treppen ins Parterre hinunter und bleibt lange besinnungslos und mit Blut vor den Lippen liegen; wieder muß er wochenlang im Bett bleiben. Wenn ihn also die schwächliche körperliche Konstitution nicht auf das Krankenlager wirft, dann ist es seine Ungeschicklichkeit. Sehr früh schon bekommt er von der Familie den Beinamen ›Pechvogel‹. Und dieser Pechvogel sorgt so permament für Aufregung, daß die kleineren Unfälle, etwa ein Angelhaken im Handballen, eine mächtige Beule am Kopf, ein schmerzhaft verstauchter Fuß, eine blutende Nase schon nicht mehr sonderlich aufregend sind, sondern zum Alltag gehören. Ungezählt die Schreckensmomente, in denen es unten an der Haustür klingelt, Fremde den lädierten kleinen Rudolf am Arm halten und verletzt nach Hause bringen, unvergessen aber der Satz der ältesten Schwester, als sie den Eltern einen erneuten Invalidentransport mit dem verunglückten Bruder vorsorglich ankündigt: »Sie bringen ihn, er lebt noch!«[7]

Für die Mutter zählen die ersten Jahre ihrer Ehe in Greifswald zu ihren glücklichsten Tagen. Für den Sohn waren es keine glücklichen Kinderjahre. Er ist bereits gezeichnet von Isolation durch Krankheit und Mißgeschicke. Aber er erfährt Liebe durch die Familie, Mitleid und Fürsorge bei allem, was ihm widerfährt. Bis zur Einschulung – der Vater ist inzwischen zum Kammergerichtsrat befördert worden und zieht mit seiner Familie 1899 nach Berlin – währt eine Kindheit, die nur passiv hinnimmt, was das Schicksal in Gestalt von Krankheiten und Unglücksfällen ihr aufzwingt. Mit der Schule beginnt ein folgenschwerer Abschnitt im Leben des Rudolf Ditzen. Ab jetzt – er ist knapp acht Jahre alt – wird man von ihm Rechenschaft verlangen, eine Begründung für das , was er tut oder unterläßt.

2.
Ein merkwürdiges Kind, ein schlechter Schüler und sehr viel Angst

Rudolf entwickelt sich merkwürdig. Die Eltern wundern sich, die drei anderen Kinder verursachen nicht annähernd soviel Nachdenken wie dieser Sohn.

Elisabeth als die Älteste ist gescheit, fantasievoll, leseversessen und ein ausgeglichener Charakter, der selten Schwierigkeiten bereitet. Die zwei Jahre jüngere Margarethe mit dem Spitznamen ›Fiete‹ ist zwar mitunter etwas sonderlich, aber keineswegs über die Maßen kompliziert. *»Meistens still und fast pomadig, war sie doch der lebhaftesten Zornesausbrüche fähig, besonders wenn man an ›ihre‹ Sachen' ging. Geschwister haben leicht eine etwas kommunistische Art, mit den Sachen ihrer Brüder und Schwestern umzugehen, bei Fiete war so etwas nicht empfehlenswert. Sie konnte dann in den unsinnigsten Zorn geraten. Ich erinnere mich noch sehr wohl, wie Fiete lauthals weinend ihre eigene Lieblingspuppe zertrampelte, bloß weil unsere ältere Schwester Itzenplitz – von Elisabeth – ihr einen Kuß gegeben hatte!«* (Damals, S. 16) Margarethe war zudem geradezu krankhaft auf Süßigkeiten versessen und andererseits äußerst heikel beim Essen: *»Immer hatte sie etwas auszusetzen, mal war ihr etwas zu salzig, mal zu süß, mal zu sauer, mal zu heiß, mal zu kalt, mal schmeckte es nach gar nichts. Es gab kein Essen, an dem Fiete nicht etwas auszusetzen gehabt hätte. Ich höre noch ihre hohe, gleichmäßig nörgelnde Stimme... sie fing sofort damit an, sobald sie nur den ersten Löffelvoll im Munde hatte.«* (Damals, S. 16) Der Jüngste, Ulrich, entwickelte sich rasch zum Liebling der Familie. Fast rabaukenhaft rüde und temperamentvoll war er zugleich folgsam und anpassungsfähig, ohne dabei zum Musterknaben auszuarten. Grundanständig und fest im Wesen verpetzte er niemals die Geschwister, auch dann nicht, wenn er an ihren Ungezogenheiten und Schandtaten gar

3 Die Familie des Landrichters Wilhelm Ditzen: seine Frau und die Kinder Margarethe, Elisabeth, Ulrich und Rudolf.

nicht teilgenommen hatte und trotzdem mit ihnen zusammen bestraft wurde. Er war beständig von klein auf und man wußte stets, was man von ihm zu erwarten hatte. Tücke, Nörgelei oder Aufsässigkeit waren ihm fremd, dennoch sagte er selbstbewußt und unmißverständlich jedem seine Meinung ins Gesicht. Eltern wie Geschwister liebten ihn gleichermaßen. *»Wenn meine Eltern Ede anschauten, so wußten sie: er wird seinen Weg machen, man kann ihn ruhig gewähren lassen. Sahen sie aber auf mich, mußten sie denken: hoffentlich wird mal etwas aus ihm, man wird sehr auf ihn aufpassen müssen.« (Damals, S. 156).*

Warum? Wegen der Kränklichkeit, wegen der vielen Unfälle als Pechvogel? Nein, das nahmen die Eltern als gegeben und unveränderlich hin. Aber das ewig Mürrische, Mißgestimmte von Rudolf verursachte Nachdenken, seine Starrsinnigkeit sogar Sorgen und – ein vorschnelles Urteil: In der Küche wurde ihm zum Beispiel erzählt, daß der mächtige Braten in der Röhre eine Pute sei und keine Taube, wie er annähme. Eine Taube sei ja viel, viel kleiner. Beim Essen im Wohnzimmer

20

aber behauptet Rudolf starrsinnig, man esse eine Taube. Keiner kann ihn vom Gegenteil überzeugen. Jeder zeigt mit den Händen die Winzigkeit einer Taube, hebt die Arme, um die Größe des Puters zu demonstrieren, der sich da als Braten auf der Schüssel befindet, weist darauf hin, daß selbst der auf Rudolfs Teller liegende Putenschenkel fast so lang sei wie zwei hintereinander liegende Tauben, vermißt mit der Gabel den Beinknochen, vergeblich. Rudolf bleibt bei seiner Taubenversion. Der Vater erinnert sich: »Ähnliche Sachen kamen mehr vor, ... so daß wir ihn für beschränkt hielten.«[1]

Das beschränkte Kind wird zur Schule angemeldet, wegen der vielen Krankheiten ein Jahr später als üblich. Es fängt gar nicht gut an. Rudolf ist vor dem Direktor schüchtern, sowieso wie immer mißgestimmt und in dieser wichtigen Vorstellungsstunde auch noch mundfaul, fast unerzogen. Dabei hatte man ihn zu Hause aufwendig und systematisch auf dieses wichtige Gespräch vorbereitet, ihm erklärt, wie man sich benehmen müsse, welche Fragen es vermutlich zu beantworten gelte. Vielleicht reagiert der Junge gerade deshalb so obstinat. Der Vater redet, Rudolf sitzt teilnahmslos daneben, der Direktor fragt, Rudolf antwortet – wenn überhaupt – knapp und einsilbig und, oh Sünde, er vergräbt auch noch beide Hände in den Hosentaschen! Das Prinz-Heinrich-Gymnasium in Berlin ist bekannt für sein hohes Niveau und für seine Strenge. Der Direktor sieht das in seinen Augen auffallend störrische Kind und weiß Bescheid: »Dich werden wir schon zurechtkriegen.«[2]

Sie kriegen ihn so zurecht, daß ihm für den Rest seines Lebens ein Haß auf die Schule bleiben wird. Nicht nur die vom Direktor offensichtlich instruierten Lehrer, auch die Eltern tragen dabei eine schwere Schuld mit, ahnungslos, wenig sensibel für die Nöte eines Kindes, unpädagogisch. Der kleine Rudolf erscheint in der Klasse mit schulterlangen Locken, die über der Stirn zu einem linealgeraden Pony, verspottend ›Simpelfransen‹ genannt, geschnitten sind. Das ist absolut kein Haarschnitt für Knaben seines Alters, sondern einer für

Kleinkinder oder kleine Mädchen. Alle anderen Kinder haben militärisch-zackig- kurzgestutzte Haare. Das ist der erste Makel.

Rudolf erscheint in jenem ehrgeizigen Prinz-Heinrich-Gymnasium, das nur Kinder von Offizieren, höheren Beamten und sonstigen Gutbetuchten besuchen, mit bunt geflickten Hosen. Sichtlich ausgebesserte Kleidung ist in diesen Kreisen ein verabscheuungswürdiges Zeichen von Armut. Auch die Klassenkameraden haben den Standesdünkel ihrer Eltern bereits übernommen: Wer mit geflickten Hosen zur Schule kommt, gehört zu den anderen, unteren, zu den Proleten, zu jenen aus einer Pantinenschule, nicht zu uns.[3] So treiben sie Rudolf in jeder Pause in eine Ecke des Schulhofes, um ihn kollektiv zu verhöhnen. Einer von ihnen führt das große Wort, die übrigen stehen dabei und freuen sich: Rudolf wird über Näh- und Flickarbeiten befragt, soll sich dazu äußern, ob er lieber rote oder gelbe Lappen auf den Hosen hätte, ob sein Vater vielleicht auch noch als Flickschuster arbeite, weil schließlich nicht nur auf den feinen Hosen sondern auch auf Rudolfs rechtem Schuh ein Lederfetzen prange. *»Bei besonders trefflichen Witzen wurde tobend gelacht und applaudiert... Ich sehe mich da noch stehen: blaß, kränklich, verzweifelt, in meinem Mauerwinkel. Die ganze Penne freute sich ihrer Freiviertelstunde, mir war sie eine Qual. Immer atmete ich auf, wenn es wieder zum Unterricht läutete. Listig versuchte ich, meinen Peinigern zu entgehen. Ach, ich war nicht so überaus listig! Versteckte ich mich beim Beginn der großen Pause im Klassenzimmer, so stöberte mich sicher in den ersten drei Minuten ein Lehrer auf und schickte mich mit einem strengen Verweis auf den Hof... Riegelte ich mich aber auf der Toilette ein, so hatte mein Quälgeist* (ein Schüler, C.v.S.) *das bald heraus. Er trommelte so lange gegen die Tür, bis ich klein beigeben und mich ihm stellen mußte.«* (Damals, S. 43f.). Stumm läßt Rudolf die Quälerei über sich ergehen und flehentliche Bitten zu Hause, ihm endlich eine neue Hose zu kaufen, prallen ab am Einspruch der Mutter: *»Sag nur deinen Jungens, ... daß du drei Geschwister hast und daß wir sehr sparen* *müssen. Berlin ist schrecklich teuer, und Vater geht nicht davon ab, alle Jahre zehn Prozent seines Einkommens zurückzulegen, für Notzeiten. Das kommt euch Kindern allen doch einmal zugute. Nein, dein Anzug ist heil und sauber, wo kämen wir da hin, wenn ich für jede durchgerutschte Hose eine neue kaufen sollte –?!« (Damals, S. 44 f.).* Und als Rudolf vorsichtig anzudeuten wagt, daß er wegen dieser Hose ständig aufgezogen werde, reagiert sie noch verständnisloser: *»Das sind so Jungenswitze... In einer Woche haben sie es über, dann kommt wieder etwas Neues. Und du bist auch viel zu empfindlich, Junge, du verstehst wirklich schlecht Spaß. Es ist ganz gut, wenn du dich mal an so etwas gewöhnst.« (Damals, S. 45).* Es war nicht gut und er gewöhnte sich auch nicht daran. Die bunt geflickten Hosen sind der zweite Makel.

Der dritte Makel ist eine Folge der beiden ersten: Rudolf entwickelt sich zum miserablen Schüler, er schafft gleich zweimal das Klassenziel nicht und bleibt sitzen. Mehr noch: er wird der Prügelknabe, die Klassenmemme, das gefundene Ziel für Herrsch- und Machtgelüste von Lehrern und Mitschülern.

Kann man das Verhalten von gleichaltrigen Schülern noch nachvollziehen, weil Kinder und Jugendliche zunächst wie ein Echo die Wertungen der Erwachsenen nachahmen, so ist das Verhalten der Pädagogen unbegreiflich: Die langen Löckchen, vor allem aber die Simpelfransen, die noch der Elfjährige trug, übten auf den Deutschlehrer *»eine geheimnisvolle Anziehungskraft... aus. Die ganze Unterrichtsstunde hindurch waren seine Finger nur damit beschäftigt, aus den Fransen Zöpfchen zu drehen, kleine, sehr feste, steif von der Stirn abstehende Zöpfchen... wenn Herr Gräber mich dann beim Schluß der Unterrichtsstunde aufforderte, mich zu erheben, und meinen Anblick der Klasse darbot, wenn dann die unausbleibliche Lachsalve losbrach...,« (Damals, S. 45 f.),* dann konnte auch Rudolfs Vermutung, daß dieser Lehrer ihn vermutlich nur aus Gedankenlosigkeit zum Hanswurst machte und er zum Ausgleich für diese Rolle sogar gute Deutschnoten erhielt, wenig trösten. Als eindeutig bösartig erwies sich hingegen der Latein- und Griechischlehrer. In jeder Schulstunde wiederholte sich die gleiche Szene: Scheinbar unschlüssig suchte er weit über die Klasse blickend nach einem Jungen, der seine Fragen beantworten könnte. Die Augen des Lehrers richteten sich auf den ängstlich zusammenzuckenden Rudolf: *»Jetzt wollen wir mal unser Schwachköpfchen aufrufen. Zwar weiß es nichts und wird auch diesmal nichts wissen, aber er diene uns allen zum abschreckenden Beispiel.«* *(Damals, S. 46)* Und wenn dann Rudolf hilflos herumstammelte, klopfte er mit hartem Fingerknöchel so lange kräftig an Rudolfs Schädel, bis das richtige Wort kam und bemerkte zufrieden: *»Denn wer da anklopfet, dem wird aufgetan!«* Manchmal blieb aber trotz aller Schädelklopferei die Antwort aus: *»Seht ihn euch an! Was er hier eigentlich auf dem Gymnasium will, wird mir ewig rätselhaft bleiben... Die Pantinenschule wäre gerade das Rechte für ihn!«* *(Damals, S. 46)*. Der Lehrer grinste, die Klasse johlte und Rudolf begann zu weinen: *»Überhaupt gewöhnte ich mir das Heulen... an. Es war das einzige Mittel, das ich entdeckte, seiner Anmaßung zu entgehen. Sobald er mich nur aufrief, fing ich an zu heulen. Ich machte überhaupt nicht mehr den Versuch, eine seiner Fragen zu beantworten. Er würde mich doch über kurz oder lang zum Heulen bringen, also heulte ich lieber gleich los. Dies kam so weit, daß die Klasse vor der Lateinstunde Wetten abschloß, ob ich heulen würde oder nicht. Ich wurde ermuntert, scharf gemacht: ›Tu uns den einzigen Gefallen und heul heute einmal nicht! Mensch, nimm dich doch einmal zusammen!‹«* *(Damals, S. 46 f.)* So wird die ›Penne‹, wie Rudolf die Lehranstalt verächtlich nennen wird, wann immer er von den schlimmen ersten Schuljahren spricht, zum Trauma.

Die Qualen der erlittenen Demütigungen sitzen tief, und sie hallen nach: im ersten Roman des beschränkten Schwachköpfchens findet sich eine autobiographische Passage. Der Obersekundaner Kai Goedeschal erinnert sich schmerzlich an seine Schuljahre als Tertianer: *»verschüchtert, scheu, kraftlos, ohne Gegenwehr, zitternd in der griechischen Stunde aufstehen, vortreten, irgendetwas deklinierend, was er eben noch gewußt und* *schon völlig vergessen hatte, stotternd, fehlerhaft, ohne jede Möglichkeit, seine Aufmerksamkeit der Arbeit zuzuwenden... Denn da waren die Augen der andern, immerzu hingen sie an ihm, warteten, der Blick des Lehrers, den er seitlich in seinen Schläfen, brennend in den Augenhöhlen fühlte, wartete, er selbst, auch er wartete, bis dann das Schluchzen kam, die Tränen, die lieben Tränen, jede griechische Stunde, bei jeder Frage. Er weiß, daß Wetten auf ihn abgeschlossen werden, vor der Stunde drängen sie ihn: ›Goedeschal, nur heute einmal halte dich. Tu ihm nicht den Gefallen‹. Aber dann wieder, wenn er vorn steht, erhöht, allein, belauert von allen, dann spürt er dunkel die Machtlosigkeit allen Wehrens, er tut nichts dazu, ganz von selbst schon steigt es in ihm empor, in seiner Kehle verfängt es sich, seine Finger beben, und nun ist es da, und schon im Weinen seltsam erleichtert, denkt er: Es ist wieder da!«* (Goedeschal, S. 9)[4]. Goedeschal ist sich sicher, daß er seit diesen Tagen wehrlos gegen kollektive Verachtung ist, daß man ihn damals so gründlich demoralisiert hat, daß er nie mehr in der Lage sein wird, sich selbst zu behaupten. Sein Widerstand gegen Anforderungen, Vorstellungen und Normen wird sich immer nur im Ausweichen, in schweigendem Erdulden oder in panischer Flucht äußern, niemals durch kämpferisches Handeln. *»›Kann ich nie vergessen?... Warum schmerzt das noch so frisch? Nein, ich würde heut nicht mehr weinen. Vielleicht anders, anders und doch das gleiche‹... verzweifelnd wie früher floh er die Spottreden der andern, die seine geflickten Hosen verachteten. Der gefüllte Schulhof, die Glocke mittendrin, – kein Fleck, wo Ruhe war. Aus den Gängen durch den Zuruf des Lehrers verjagt, stand er wieder draußen, zitternd, bemerkt zu werden, schon bemerkt, schon verhöhnt.«* (Goedeschal, S. 9 f.) Das gepeinigte Kind wird zum Einzelgänger, zum Außenseiter, und es wird diese Rolle nie verschmerzen. Mehr als ein Vierteljahrhundert nach diesen ersten Schuljahren bricht bei Rudolf Ditzen die alte Wunde wieder auf, auch dort, wo sie durch die fiktive Gestalt des Polizistensohnes Hans Frerksen kaschiert wird, der gegen seine Klassenkameraden für die Ehre des Vaters kämpft, ohne zu Hause ein Wort davon zu erzählen. Frerksen wird zunehmend von seinen Mitschülern verspottet, gequält und geschnitten, hofft, daß dies eines Tages vorbei sei: *»Aber die Isolierung dauerte ein wenig lange, für ein Kind jedenfalls. Auf dem Hof, in der Pause, war er Gegenstand des Angestarrtwerdens geworden. Große Schüler, selbst Primaner, ließen sich in seine Nähe führen, betrachteten ihn, sagten, ›So, das ist der‹, und gingen wieder weg. Nach den Pausen, wenn sich alles durch die engen Türen, über die zu schmalen Treppen drängte, war um Hans Frerksen eine Luftschicht, ein freier Raum. Sie kamen nicht gerne an ihn heran.« (BBB, S. 391)* [5]

Das Kind Rudolf Ditzen wird immer stärker isoliert. Nicht nur die Hölle des täglichen Schulbesuches trägt dazu bei, auch zu Hause gerät er immer mehr in eine Außenseiterrolle. Alle Geschwister absolvieren ihre Schule ohne Schwierigkeiten, Rudolf versagt kläglich. Alle Geschwister können den Eltern deutlich machen, was ihnen auf dem Herzen liegt, was sie gerne möchten, und sogar, wogegen sie ihren Widerstand anmelden: Sehr bestimmt und unmißverständlich der kleine Ulrich, mit viel Klagen und hoher nörgelnder Stimme Dete, mit logischen Argumenten, Witz wie Charme Itzenplitz. Rudolf setzt zwar an, das zu erzählen, was ihn bedrückt, ist aber viel zu aufgeregt, um sich klar äußern zu können, stottert Andeutungen, verstummt aber sofort, sowie er auch nur ein leichtes Mißverstehen zu ahnen glaubt: *»Nur in sehr geringem Maße ist mir die Gabe verliehen, mich durch Sprechen mitzuteilen.« (Heute, S. 142)* [6]

Jedes der Geschwister ist eindeutig in seinem Wesen, Rudolf hingegen wechsel- wie rätselhaft, nicht einzuschätzen in seinen Reaktionen. Einmal spielt er überschäumend fröhlich und wild mit Bruder und Schwestern. Er erzählt ihnen fantasievoll ausgedachte eigene Geschichten oder zitiert so begeistert ganze Passagen aus seinen geliebten Büchern, daß alle dies Werk sofort von ihm leihen wollen. Unvermittelt aber ist er tagelang wieder verdrossen, schweigsam und in sich gekehrt, kaum ansprechbar. Dabei ist die Familie – auch für ihn- der ruhende

Pol, ein ›Kindheitsparadies‹, wie er es selbst einmal genannt hat, selbst dort, wo es Punkte gibt, über die mit den Eltern nicht zu diskutieren war. Es waren vier unumstößliche Regeln, gegen die nie verstoßen werden durfte: 1) Die Kinder hatten widerspruchslos zu gehorchen. 2) Die Kinder hatten pünktlich zu sein und das bedeutete Pünktlichkeit auf die Minute. 3) Die Kinder hatten Ordnung zu halten. Kein Spielzeug, kein Buch hatte irgendwo herumzuliegen. Jeder Gegenstand hatte seinen vorbestimmten festen Platz. 4) Sparsamkeit war oberstes Gebot. Sie ging so weit, daß der Vater von erhaltenen Briefen die weißen Ränder abschnitt und zu Notizblöckchen zusammenheftete. So ist es auch die Verweigerung einer neuen Hose für Rudolf nachzuvollziehen. Sauberkeit war selbstverständlich oder fast selbstverständlich. Nicht ohne Grund mußten alle Kinder vor jedem Essen beim Vater antreten und die Hände vorzeigen.

Der ehrgeizige, ordentliche, disziplinierte Vater war aber zugleich ein rührend besorgter Vater. Er erzählte den Kindern Märchen, er berichtete unter durchsichtigen Übertreibungen von den komischen Ereignissen des Tages, er verhandelte mit ihnen beim Essen anonym gehaltene Kriminalfälle, ließ sie selbst herausfinden, ob es sich bei dem geschilderten Delikt nur um einen Mundraub oder um einen Diebstahl handelte und das abschließende Gerichtsurteil fällen; sie mußten – gekleidet in eine witzige Geschichte – den Unterschied zwischen Einbruch und schwerem Einbruch ermitteln, einen besonders gewitzten Ganoven auf frischer Tat durch detektivische Kniffe überführen. Auf Spaziergängen zeigte er ihnen Gräser und Blätter, sprach über Steine und Erdverwerfungen, erläuterte Bauten und Baustile. Die Kinder waren in das gesamte Familienleben einbezogen, wurden nie abgeschoben. Und wenn es – selten genug – tatsächlich einmal ein Gäste-Diner nur für die Erwachsenen gab, so erhielten die früh ins Bett geschickten jüngeren Geschwister zum Ausgleich Proben des Festkonfektes und einige Bonbons. Neben dem Vorlesen aus Büchern empfahl ihnen der Vater weitere Lektüre. Er sammelte für sie Briefmarken. Er versuchte, sie – recht erfolglos – für seine geliebte Musik zu begeistern. Die Kinder machten, im Rücken der Eltern sitzend, beim allabendlichen Vierhandklavierkonzert von Vater und Mutter heimlich ihre Schularbeiten und schoben die Hefte, da sie jedes Klavierstück aus dem begrenzten elterlichen Repertoir längst kannten, vor den letzten Takten listig unter den Tisch. Die Mutter war der Widerhall des Vaters. Was er sagte, war unumstößlich richtig, was er befahl, war zu befolgen. Heimlichkeiten zwischen ihr, den Kindern und dem Vater gab es nicht. War etwas geschehen, was seine Billigung nicht gefunden hätte, so ging sie mit dem Sünder an der Hand zum Vater und ließ ihn die Tat noch einmal beichten; die Verhandlung und abschließende Strafe – nach Anhörung der geladenen Zeugen – übernahm natürlich der Vater.

Die Familie war damit Sicherheit und Zuflucht zugleich: »So oft wir die manchmal lästig empfundene Ordnung des eigenen Heims verließen, war alles bedroht. Wir galten nichts mehr... alles Sichere war unsicher geworden.«[7]

Aber bei aller Zuwendung, bei aller Offenheit, von seiner Schulmisere wagte Rudolf zu Hause nichts mehr zu erzählen, nachdem er mit seinen Berichten und Bitten bereits auf völliges Unverständnis gestoßen war. Als ein Friseur ihm eigenmächtig die Simpelfransen abschnitt und ihm einen militärischen Haarschnitt verpaßte, geriet der sonst so beherrschte Vater völlig aus der Fassung und wollte den »Zuchthäusler« nicht einmal mit in die Ferien nehmen. Zu Hause also schwieg Rudolf und in der Schule litt er: »*Ich blieb der Außenseiter. In den Pausen wollte keiner mit mir gehen, niemand mochte mein Freund sein. So geriet ich allmählich immer mehr in einen Zustand tiefster Niedergeschlagenheit.*« *(Damals, S. 45)*

Anderssein, Isolierung und das permanente Erleben als totaler Versager zogen erste pathologische Folgen nach sich:

Rudolf bekam Angst, eine diffuse Angst vor jedem und allem. Er hatte Angst vor seinen fürchterlichen nächtlichen Träumen, die ihn schweißgebadet aufwachen ließen. Er fürchtete sich davor, wieder einzuschlafen, denn er wußte, dann würde wieder ein Alptraum kommen. Er hatte Angst vor einem wehenden Vorhang, vor den Schatten, die im Morgengrauen das Muster der Tapete in seinem Kinderzimmer warf, vor unerklärlichen Geräuschen. Und dann die realen Ängste: vor der Schule, den ihn mißachtenden Klassenkameraden, den demoralisierenden Einzelprüfungen, den Schulstunden, den Klassenarbeiten. Außerdem hatte er Angst, daß man ihn zu Hause als Feigling und Versager entlarven könnte, Angst vor den Reaktionen der Eltern. Das Schlimmste aber waren jene Ängste, die man heute als Zwangsvorstellungen bezeichnen würde. Er lag abends lange im Bett und bildete sich ein, er habe ein falsches Satzzeichen in seinen Hausaufgaben, stand endlich auf, entdeckte, daß er sich geirrt hatte und ging beruhigt ins warme Bett zurück. Kaum lag er drin, kam er wieder ins Grübeln: hatte er sich vielleicht eben bei der Kontrolle geirrt? Erneut stand er auf und kontrollierte sein Heft. Mehrmals pro Nacht wiederholte sich diese Unruhe, die immer nur auf die eine Frage gerichtet war und nie endgültig abgeschlossen wurde. Noch beim Frühstück nahm er gepeinigt an, er habe die günstige Variante vermutlich nur geträumt und das Satzzeichen fehle immer noch. Auf dem Weg zur Schule mußte er dringend das Heft noch einmal durchsehen.

Die Ängste wurden so mächtig in ihm, daß sie zunehmend sein Handeln bestimmten. So hatte Rudolf endlich einmal einen Spielkameraden gefunden und zog mit ihm mutig durch die Großstadt. Beide waren zur Pünktlichkeit angehalten, aber Rudolf sah sich plötzlich außerstande, in die Straßenbahn zu steigen, die eine Unpünktlichkeit verhindert hätte. Genauso ein Straßenbahntyp, mit diesem Aussehen, auf dieser Linie sei vergangene Woche durch einen technischen Defekt völlig ausgebrannt, berichtete er dem Freund. Unmöglich, in ihn einzusteigen! Solidarisch wartete der Spielgenosse die nächste Bahn ab; aber es war schon wieder so ein Wagentyp, der ganz, ganz bestimmt ausbrennen würde! Nach weiteren Unglückswagen springt der Freund auf, fährt alleine nach Hause, kommt trotzdem zu spät, bezieht Dresche. Rudolf kommt noch lange nicht, er geht zu Fuß durch den Vorort, immer den Schienen nach. Er besteigt keine der Straßenbahnen, die da noch kommen. Der Vater sucht ihn beim Spielkameraden, erfährt, daß Rudolf noch viel später kommen werde. So ist es. Befragt, wo er so lange gewesen sei, präsentiert Rudolf ängstlich eine durchsichtige Lüge, weil er befürchtet, daß niemand seine real existierende Angst ernst nehmen würde, schon gar nicht die schreckliche Vision, in einem Straßenbahnwagen zu verbrennen. Oder sollte er dem Vater jetzt in diesem Moment vielleicht doch endlich einmal etwas von solchen und ähnlichen Angstgedanken berichten? Doch dazu kommt es nicht. Der aufgeregte Vater durchschaut die Unwahrheit und schlägt ihm zweimal heftig ins Gesicht. Nun verstummt Rudolf endgültig, beantwortet keine der Fragen mehr nach dem woher und warum und – bezieht zum ersten Mal in seinem Leben richtige Prügel: *»Es war eine überaus eindrückliche Belehrung, die ich nie vergessen habe. Und geschadet hat sie mir bestimmt nicht...«* *(Damals, S. 42)*

Oh doch, diese ›überaus eindrückliche Belehrung‹ schadete sehr. Der Vater hatte durch die unbeherrschten Prügel auch das Vertrauen des Jungen endgültig zerschlagen und damit die Hoffnung, vielleicht doch Verständnis zu finden für die Zwangsvorstellungen. Er wagte vor seinen Eltern nicht, darüber zu sprechen. *»So habe ich meine ganze Jugend hindurch – und noch manches Jahr danach – an diesen immer wiederkehrenden fixen Ideen gelitten, und habe doch damals nie mit einem Menschen darüber sprechen können.«* *(Damals, S. 42)*

Einerseits vereinsamt er, andererseits flüchtet er in Tagträume, in denen er sich Geschichten erzählt und in ihnen natürlich eine herrliche, heldenhafte Rolle spielt. Sein liebster Traum ist die Robinson-Crusoe-Geschichte, in der er selbst als Robinson alle Gefahren übersteht, sich abschottet gegen die böse Welt und nur noch für sich allein lebt. Dies umzusetzen wird ihm umso wichtiger, je schlechter es auf der Schule ist. Zusammen mit dem Spielkameraden schmiedet er romantisch-unrealistische Ausreißpläne. Die beiden wollen nach

Hamburg, im Hafen als Schiffsjungen anheuern, sich auf einer einsamen Südseeinsel ausbooten lassen und dort ihre Tage beschließen. Allein, um zum Startpunkt des großen Abenteuers, dem Hamburger Hafen, zu kommen, benötigt man Geld. Der Freund hat keines, Rudolf stiehlt es sich für beide aus der Schatulle des Vaters. Es wird geplant, aufgeregt miteinander gesprochen und eines Abends heimlich gepackt: die Bücher fliegen aus der Schultasche heraus, aus der Speisekammer entnommene Konserven rücken nach. Am nächsten Morgen soll es losgehen. Ganz etwas anderes geht los. Die Mutter des Freundes öffnet abends – stutzig geworden – die bleischwere Schultasche ihres Sohnes, entdeckt dessen Überlebensration, und dem großen Strafgericht folgt die Generalbeichte. Noch in der gleichen Nacht eilen die Eltern des Freundes zu den Ditzens. Rudolf habe Geld gestohlen, Rudolf habe den Sohn zum Ausreißen verführt, Rudolf sei der Anführer, habe überhaupt einen miserablen Einfluß und er dürfe fortan nicht mehr mit ihrem Sohn verkehren.

Rudolf selbst, nach dem Warum seines Fluchtversuches aus dem guten und friedlichen Elternhaus befragt, stottert Andeutungen, berichtet von seinem Schulalltag, wenig nur, gestammelt nur, aber doch genug, daß sich der Vater augenblicklich zur Schule begibt, betrübt berichtet und nachfragt. Was er jetzt aber zu hören bekommt, ist nicht nur der Rapport über einen schlechten Schüler, das war dem Vater aufgrund der Zeugnisse nicht neu, sondern die Diagnose eines grenzdebilen Psychopathen: Der Latein-und Griechischlehrer faßt seine Charakteristik in ein zerschmetterndes Endurteil: *»Ich muß Ihnen empfehlen, mein sehr verehrter Herr Kammergerichtsrat... Ihren Sohn sofort vom Gymnasium abzumelden. Schon damit er einem consilium abeundi[8] entgeht, denn ich fühle mich verpflichtet, das mir von Ihnen Mitgeteilte dem Lehrerkollegium zu unterbreiten. Für die weitere Bildung Ihres Sohnes halte ich nun freilich eine Volksschule für das höchst Erreichbare, vielleicht wäre noch richtiger eine Anstalt für geistig zurückgebliebene Kinder. Dieses ewige Heulen, diese Unfähigkeit, auch die ein-*

fachsten lateinischen Formen zu erlernen, scheinen mir auf einen leichten Schwachsinn zu deuten.« (Damals, S. 51)

Der Vater ist empört. Er hat zwar kaum eine Ahnung von den Problemen seines Sohnes, aber dessen Intelligenz in diesem Ausmaß in Frage zu stellen, hält er für einen Skandal. Knapp teilt er dem Lehrer mit, daß er hiermit seinen Sohn von der Prinz-Heinrich-Schule nehme und ihn noch heute auf einem anderen Berliner Gymnasium anmelden werde, denn er hoffe dort auf einsichtigere Pädagogen!

Jetzt wird alles besser. Im Bismarck-Gymnasium zu Berlin – schön weit entfernt von der ehemaligen Schule – erfährt keiner der Klassenkameraden von Rudolf Ditzens unrühmlicher Rolle als Prügelknabe. Die Lehrer werden vorsorglich vom Vater instruiert, was der Junge bisher erlebt hat, und schon die Andeutungen von Rudolfs Schulmartyrium reichen aus, daß die Pädagogen den ängstlich zurückhaltenden Dreizehnjährigen zunächst völlig in Ruhe lassen, *»und als sie mich dann langsam in das Wechselspiel von Fragen und Antwort einbezogen, geschah dies mit solcher Vorsicht und Güte, daß ich nie mehr verschüchtert war, sondern sagen konnte, was ich wußte.« (Damals, S. 52)* Der Erfolg ist überwältigend. Bereits beim nächsten Zeugnis ist Rudolf der sechstbeste Schüler von 32 Klassenkameraden. Und ganz wichtig: es war dort am Bismarck-Gymnasium keineswegs ehrenrührig, mit geflickten Hosen zum Unterricht zu erscheinen!

3.
Der Doppelgänger

1908 ist es geschafft, die ganze Familie befindet sich in Hochstimmung: Der Vater ist zum Reichsgerichtsrat ernannt worden. Fast vierzig Jahre beharrlichen Strebens auf dieses Berufsziel hin, verbunden mit unendlichem Fleiß, eiserner Disziplin unter häufigem Verzicht auf die Annehmlichkeiten des Lebens werden belohnt. Spätestens 1909 wird man nach Leipzig, dem Sitz des Reichsgerichts, umziehen.

Rudolf, der nun ein guter Schüler ist, läßt sich vom Vater überzeugen, daß es sinnvoll sei, binnen eines halben Jahres bei einem Privatinstitut, einer sogenannten Presse, den Lernstoff für die nächsthöhere Klasse zu erpauken, denn Berlin hat andere Versetzungstermine als Leipzig. Entweder er verliert durch den Umzug nach Leipzig ein halbes Jahr oder er überspringt mit Hilfe eines harten Privatunterrichts eines. Schon im Hinblick darauf, daß man ihn einst für geistig beschränkt gehalten hat, unterwirft sich der Vierzehnjährige einer Disziplin, die selbst dem immer kritischen Vater Hochachtung abringt: *»Fünf Stunden am Vormittag und drei Stunden am Nachmittag saß ich als einziges Opfer meiner Lehrer da. Es gab kein Abirren der Gedanken mehr, nie war ein anderer ›dran‹, acht Stunden am Tage lang. Die Lehrer wechselten stündlich, ich aber konnte nicht wechseln, ich hatte immer da zu sein und wie da zu sein! Und wenn ich dann erschöpft nach Hause wankte, steckten in meiner Mappe soviel Aufgaben, die morgen früh in meinem Hirn anwesend zu sein hatten, daß ich wußte, es würde ziemlich tief in der Nacht sein, ehe ich Schluß machen konnte.«* (Damals, S. 216) Und es war wirklich ein grauenhaftes Pauken. Da es nur darum ging, das verlangte Wissen anzuhäufen, mußte Rudolf wie ein Automat die jeweiligen Formen und Formeln auswerfen können: Deklinationen in Latein und Griechisch, Formeln in Mathematik. Die leicht begreiflichen wurden eingeübt, indem der Lehrer den Wortlaut des Lehrsatzes aussprach und vom Schüler – mit dem Lineal den Sprachtakt klopfend – die Wiederholung verlangte. Die schwereren Formeln wurden erlaufen: Rudolf mußte – der Lehrer stampfte mit dem Fuß heftig den Takt dazu – die Schulbänke skandierend umrunden. Ob er dabei wohl an die Erzählungen seiner Mutter gedacht hat, die wegen des Lebertrans den Eßzimmertisch pro Löffel dreimal umkreisen mußte? Hinter seinem Rundlauf aber stand keine Willkür, sondern System, unvergeßlich stupide war es trotzdem. »*Wie viele Stunden sind wir an den grauen, trostlosen Winternachmittagen so stampfend um die Schulbänke gewandert*... *a + b und a − b − O Gott, ich habe keine Freunde mehr, keine Eltern, kein Heim. Keine Geschwister. Auch an eine Prüfung ist nicht zu denken. Denn eine Prüfung wäre das Ende von diesem hier, und dies hier hat nie ein Ende! Dies ist Selbstzweck, hier zu marschieren, mit einem wilden, fast kriegerischen Stampfen, Stunde um Stunde, ein Leben lang, bis das Hirn zu dampfen anfängt, die ganze Welt versinkt, das Ich ausgelöscht ist, und nichts bleibt als a²* + 2ab + b²! Heiliger Bimbam! < Mit einem Fußtritt auf dem Bam!>*« (Damals, S. 218)* Rudolf berichtet in seinen Erinnerungen, daß er die Prüfung besteht, daß ihm der Vater daraufhin mit dem Satz: »*Also Untersekundaner, ... ein halbes Jahr vor der Zeit! Du schlägst deinen Vater*«, *(Damals, S. 219)* seinen größten Wunsch, ein herrliches Fahrrad erfüllt, und daß er bereits am nächsten Tag mit diesem Rad schwer verunglückt.

Die Wirklichkeit verläuft noch tragischer. Rudolf hat nämlich keine Chance, dem Vater endlich einmal zu beweisen, daß auch er sich erfolgreich anstrengen kann, daß auch in ihm eine Menge Disziplin und Fleiß stecken, daß er das viele Geld, das der Privatunterricht kostet und vor allem das Vertrauen des Vaters in seine Leistungen rechtfertigt: Einen Tag vor jener Prüfung, die diesen Beweis erbringen soll, fährt er mit seinem alten Fahrrad noch einmal durch die Stadt hinaus in einen Vorort zu einem Verwandten, nur so und zur Entspannung vor dem großen Examen. Er kann sich diesen Ausflug leisten, er ist so gut vorbereitet, daß er keinerlei Angst vor der alle Mühsal endlich abschließenden

Prüfung hat. Beim Verwandten nimmt er kühn eine angebotene Abschiedszigarette und raucht sie weltmännisch an, aber ihm wird doch furchtbar schlecht, denn er hat noch nie geraucht. Kaum ist der Onkel seinem Blickfeld entschwunden, beugt er sich über das nächste Gebüsch und übergibt sich gründlich, bevor er zur Rückfahrt startet: »*Die Straßen sind hier fast leer, es sind glatte Asphaltstraßen. Unwillkürlich beginne ich rascher und rascher zu treten, ich fliege nur so dahin! ... in kurzem Bogen, ganz schräg liegend, sause ich um die Ecke und sehe direkt vor mir einen Fleischerwagen, dessen beide Braune auf mich zu galoppieren! Ob ich noch versucht habe zu bremsen, weiß ich nicht mehr. Ich weiß überhaupt lange gar nichts mehr. Ich sehe nur noch zwei braune Pferdebrüste, die hoch, hoch sich über mir erheben, und lange Pferdebeine, mit blinkenden Hufeisen, und die Beine werden auf mich zu immer länger, immer länger –*« (Damals, S. 225) Die schwere Gehirnerschütterung ist die geringste Verletzung, ein Fuß ist mehrfach gebrochen, ein Pferdehuf trifft Rudolf voll auf den Mund, spaltet die Lippen und schlägt die Zähne ein, im Sturz gerät er unter den Wagen, ein Rad fährt ihm quer über den Leib. Die so frech gerauchte Zigarette rettet ihm jetzt das Leben, der angerissene Magen war leer! So sind die inneren Verletzungen zwar sehr schwer, aber sie sind zu heilen.

Unter entsetzlichen Qualen lag Rudolf mehr als drei Monate im Krankenhaus: Er wurde künstlich ernährt, durfte kaum etwas trinken, konnte später nur unter Schmerzen essen. »*Als ich ... leidlich repariert wieder nach Haus kam, war ich nur noch ein bleiches Gespenst. Auf einem Fuß hinkte ich – noch viele Monate lang – und im Munde trug ich ein künstliches Gestänge, an dem jeder mir noch verbliebene Zahn mit Draht angehängt war. Jeden Tag erschien der Zahnarzt ... und zog und drückte und schraubte, um ›Kraut und Rüben‹ wieder in Richtung zu bringen.*« (Damals, S. 226) Noch lange wird er auffällig das Bein nachziehen, immer wieder unter stechenden Kopfschmerzen, Schwindelanfällen und Übelkeit leiden, die nur zu ertragen sind, wenn er starke Medikamente einnimmt.

Noch schwerer wiegt die Erkenntnis, vom Pech geradezu verfolgt zu werden. Nichts hat sich geändert: *»Umsonst hatte ich den Verdacht eines Holzkopfes durch übermäßiges Büffeln zu zerstreuen versucht. Umsonst war ich an vielen Winternachmittagen... durch das dunkelnde Schulzimmer gestampft... Ich kam nicht in die Untersekunda, ich wurde in die Obertertia gesetzt. Ich hatte kein halbes Jahr übersprungen, ich hatte eines verloren!«* (Damals, S. 226) Und rund 30 Jahre später legt er seiner fiktiven Figur, dem Journalisten Grundeis Worte in den Mund, die dem Schicksalsfatalismus und seiner Niedergeschlagenheit aus den Monaten nach dem Unfall entsprechen dürften: *»Eine tiefe Verzweiflung erfaßt ihn: Selbstverständlich wird alles schiefgehen. Alles, was er anfaßt, geht todsicher schief... Noch nie ist ihm in seinem Leben etwas gelungen!«* (Gustav, S. 552) [1]

Er gerät als Folge wieder in eine schwere depressive Phase, die ihn erneut zum Außenseiter macht, schon weil er mittlerweile drei Jahre älter ist als seine Klassenkameraden, auch weil er unter ihnen als Halbinvalide gilt, der weder am Sportunterricht noch an den für Knaben seines Alters obligaten Tanzstunden teilnehmen kann. *»So habe ich auch nie Tanzen gelernt. Ich denke manchmal, mein ganzes Leben wäre anders verlaufen, wenn ich hätte tanzen können. So geriet ich immer mehr in eine Isolierung, ich hatte so vieles nicht mit den anderen gemeinsam.«* (Damals, S. 226 f.) Wenig gemeinsam hat er auch mit den Kameraden jener Wandervogelgruppe, der er sich immerhin angeschlossen hat und mit der er eine Holland-Tour unternimmt, mit dem ›Affen‹ auf dem Rücken, wenig Geld in der Tasche und viel Romantik. Rudolf Ditzen kann bei den Gewaltmärschen nicht mithalten und erweist sich als Sozialfall. Solidarisch wird er zwar mitgeschleppt, ist aber immer häufiger der Klotz am Bein der Gruppe. Man bürdet ihm mitfühlend die geringste Last am Gemeinschaftsgepäck auf, nimmt es ihm aber gleichzeitig übel. Alle singen forsch ihre Lieder, Rudolf Ditzen kann keinen Ton halten und sorgt mit seinem unmelodischen Gebrummel so lange für Disharmonie, bis ihm das Mitsingen un-

*4 Wandervogel
Rudolf.*

tersagt wird. Er erweist sich als zu schwach, Wasser bei Bauern zu holen, als untauglich, die Kartoffeln zu schälen, als völlig unfähig, das schlichte Essen zu kochen, ist zudem mißmutig und leicht gekränkt. Kritik der anderen an ihm quittiert er wortlos durch erhabenes Schweigen. Er ist einerseits schüchtern, andererseits anmaßend in seiner Kritik – so verabscheut er alles Laute – und teilt dies auch den erstaunten anderen Knaben mit. Gleichzeitig wirkt er lächerlich durch seine Angeberei: *»Ein großer Schweiger und prahlerischer Schwätzer«, (Kind, S. 211)*[2] wird er sich noch über 30 Jahre später erinnern und sein umbarmherziges Selbstbild in der Figur des fünfzehnjährigen Gymnasiasten Lenz manifestieren: Ein häßliches, mürrisches, *»langes, wadenloses Tier, ungeschickt, mit einer Brille, das weder ein Instrument spielen, noch eine Melodie mitbrummen konnte.« (Kind, S. 209)* Der Groll in der Gruppe wächst. Er entlädt sich, als Ditzen es fertig bringt, sogar beim Überwachen des Feuers unterm Suppentopf zu versagen. Das Essen ist ungenießbar geworden und ungenießbar sind nunmehr auch die hungrigen Kameraden: sie stürzen sich als Meute auf Ditzen und helfen ihm nachdrücklich beim Baden im See. Er wird so lange mit dem Kopf unter das Wasser gedrückt, bis er kaum noch Lebenszeichen von sich gibt, der Gruppenführer endlich geruht, den Vorfall zu bemerken und dem Treiben ein Ende zu setzen. Der Prügelknabe wird nach dieser Szene ertragen und weiterhin mitgeschleppt, aber er rächt sich auf seine Weise: rund eine Woche nach der Rückkehr bekommt er Typhus, als einziger von der Gruppe. Die Eltern, die von der Kollektivstrafe erfahren haben, führen die Infektion auf das Tauchbad zurück und sorgen dafür, daß der Gruppenführer seinen Posten verliert.

Rudolf Ditzen aber, wochenlang krank und durch den Typhus ohne ein Haar auf dem Kopf, bezieht seine Rolle als Versager und Prügelknabe nicht auf sich, sondern auf die fragwürdige Menschheit allgemein: *»Ich habe mein ganzes Leben hindurch solche Menschen getroffen, die mich instinktiv haßten, oft noch ehe sie mich überhaupt kannten. Es ist die alte Geschichte von*

*dem Urhaß, der zwischen dem einen und dem anderen Samen
eingesetzt ist. Ich habe ihnen diesen Haß aber immer redlich zu-
rückgezahlt!« (Damals, S. 194)*

Diese Erkenntnis formuliert erst der fast fünfzigjährige
Schriftsteller. Der etwa 15jährige Rudolf Ditzen leidet unter
der fehlenden Akzeptanz der Altersgenossen, unter seiner
ständigen Unfähigkeit und seinem permanenten Schicksal als
Pechvogel, unter seinen Mißstimmungen ebenso, wie seine
Umwelt unter ihm leidet. Er entwickelt Mechanismen, die ans
Pathologische grenzen und zugleich eine Selbstrettung sind. Sie
verhindern, daß Rudolf sich schuldig fühlen kann für Taten, die
er selbst begangen hat, für Dinge, die er unterließ und für eigene Gedanken, die ihm unheimlich in ihrer Konsequenz sind,
da sie all das zerstören, was ihm Ruhe und Ausgeglichenheit
vermittelt. Die Tagträume, in denen er in die bewunderungs-
würdige Rolle eines Helden schlüpfte, waren noch ein fantasie-
voller Ausgleich für den bedrückenden Alltag. Sie kompensier-
ten Erlebtes mit Erfundenem und vermittelten ein angenehmes
Lebensgefühl.

Dann aber kamen die Ängste. Die übermächtige, diffuse
Furcht des Kindes Rudolf wirkt wie eine Vorstufe zu dem, was
ihm zunehmend als Jugendlichem widerfährt. Es ist eine Art
Bewußtseinsspaltung. Wieder sieht er gespenstische Schatten-
gestalten, hört Stimmen, entdeckt plötzlich ein anderes, feindliches Ich in sich. Er möchte eine Aufgabe erfüllen, etwas Sinn-
volles tun, aber irgendetwas, irgendjemand treibt ihn zum
gegensätzlichen Handeln. Rational weiß er genau, was er in
einer extremen Situation dem Vater, der Mutter, den Geschwistern sagen müßte, um die Situation zu beruhigen, er weiß sogar
den Wortlaut der Sätze, aber er hört sich Frechheiten sagen,
sieht sich unnützen Streit anstiften, geliebte Menschen durch
unvermutete Ruppigkeit vor den Kopf stoßen. Ein anderes,
feindliches Ich spricht an Stelle des kompromißbereiten Rudolf.
Ein merkwürdiger Doppelgänger richtet sich in seinem Inneren
ein und lebt ständig mit ihm, vor allem in Krisen und Auseinandersetzungen. Nur manchmal – just in Momenten, die ohnehin

konfliktfrei sind – verläßt er ihn. So erinnert Rudolf sich an seinen Weg mit der ganzen Familie in die Ferien, in eine Zeit, in der nichts von ihm gefordert wurde, in der die Schulsorgen nicht drückten: »*Mir war so seltsam, als sei ich noch zu Haus in der Luitpoldstraße. Ich meinte, mich dort stehen zu sehen in meinem Zimmer, mich und doch nicht mich, denn ich fuhr ja auch hier in einer Droschke durch den Tiergarten! Und es überkam mich, wie es mir schon einige Male... geschehen war, daß es eigentlich zwei Hans Fallada gebe, und sie erlebten beide genau das gleiche, aber sie ertrugen es nicht gleich... er war wie ein Schatten oder ein Gespenst. Oder wie ein Doppelgänger. Manchmal konnte diese Erscheinung etwas sehr Beängstigendes haben, so wenn dieses zweite Ich etwas tat, was mir gar nicht recht war, und mein erstes Ich hatte dafür einzustehen, als habe es dies selbst getan. Aber in diesem Augenblick, eingezwängt in der übervollen Droschke... war es fast erlösend, daß ich dies andere Ich dort in der Wohnung zurückließ, mürrisch und unzufrieden... In meinem Zimmer steht der andere Hans Fallada, dessen ich mich immer schämen muß, und ich fahre fort von ihm! Was bin ich glücklich!*« (Damals, S. 87) Der Doppelgänger ist keine Fiktion für den verstörten Rudolf, sondern Wirklichkeit. Kaum steht er nach den Ferien wieder in seinem Zimmer, meldet sich auch der Doppelgänger zurück, finster und bedrohlich: »*Es ist fast, als lehne meine Stube mich ab, als wolle sie nichts von mir wissen – Ich sehe zu dem Sessel hin... Das Kissen ist zusammengedrückt, als habe eben einer darin gesessen, und dieser Eine ist mir feindlich gesinnt, das spüre ich!... War es nicht damals so, als hätte ich mich selbst zurückgelassen, als sähe ich mich selbst mit einem Buch in der Hand am Fenster stehen? Ich sehe scheu zum Fenster hin, aber da steht niemand. Und doch ist jemand hier! In den ganzen Ferien habe ich dieses andere Ich nie gespürt... Doch nun, eben heimgekommen, begrüßt er mich, mit seiner kalten, ablehnenden Feindschaft, so empfängt er mich... Und ich muß wieder mit ihm leben, ein ganzes langes Jahr hindurch... Und manchmal wird er ich selbst sein, so daß ich mein eigener Feind werde! Wie soll ich das ertra-*

40

gen –? Und niemand, dem ich davon sprechen kann! Keiner, der ein Wort davon verstehen würde!« (Damals, S. 121)

Nein, das würde keiner verstehen. Heute würde man bei derartigen Visionen vom Beginn bzw. einem Ansatz zur multiplen Persönlichkeit sprechen. Um sie zu entwickeln, bedarf es verschiedener Voraussetzungen: schwerste traumatische Kindheitserlebnisse, die Überzeugung, daß man alleine sei und keiner einem helfen werde und eine Fähigkeit, fürchterliche Erlebnisse zu dissoziieren, also zu verdrängen, abzuspalten von der Realität, um nicht an ihnen zugrunde zu gehen. Die multiplen Persönlichkeiten entwickeln im ausgeprägten Fall ein Bewußtsein, in dem mehrere eingebildete Personen eine positive, meistens aber eine negative Rolle übernehmen. Diese anderen Ichs sprechen, sie kommentieren oder empfehlen, vor allem aber handeln sie. Das einzige Ich wird bei einer multiplen Persönlichkeit gespalten. Es empfindet sich als Hülle von Rollen und Empfänger von verschiedenen Aussagen und Befehlen, die diese Rollen suggerieren. Diese Einbildung kann so stark werden, daß die multiple Persönlichkeit die Realität nicht mehr wahrnehmen kann und in wochen-, monate-, manchmal sogar jahrelangen Therapiesitzungen in die Wirklichkeit zurückgeholt werden muß, um die Macht der verschiedenen imaginären Rollenträger zu brechen. Zwar ist die multiple Persönlichkeit ein Krankheitsbild, aber diese pathologische Spaltung ermöglicht es zugleich den betroffenen Menschen, die grauenvolle Wirklichkeit zu vergessen, zu verdrängen. Nicht das Individuum X erlebt gerade etwas Fürchterliches, sondern eine fremde Gestalt. Das Eigenindividuum bleibt verschont. Das bezieht sich auch auf Aktivitäten. Nicht das Individuum X schlägt seine Kinder, sondern ein anderer in ihm. So ist das Krankheitsbild der multiplen Persönlichkeit einerseits ein pathologischer Verdrängungsmechanismus, andererseits aber ein Selbstrettungsversuch der betroffenen Psyche. Individuum X ist nicht für Taten und Gedanken verantwortlich zu machen, die seine Nebenrollen Y oder Z tun oder denken.[3]

Es sei noch einmal betont, der junge Ditzen zeigt lediglich

41

einen Ansatz zu dieser psychischen Krankheit, aber dieser Ansatz ist deutlich genug. In seinem ersten Roman ›Der junge Goedeschal‹ kehren die Doppelgänger aus seiner Jugendrealität noch einmal zurück als Fiktion: Kai Goedeschal erinnert seinen Freund Arne daran, daß er vor einiger Zeit einen Klassenkameraden mit dem Messer verletzt hat: »*Weißt du noch? Damals? Als ich Klotsch schnitt? Nicht ich tat es. Aber auch da glaubtet ihr nicht!*« Jetzt geht es Goedeschal um obszöne, anonyme Briefe, die er angeblich an eine Bekannte geschrieben haben soll: »›*Faß es, Arne, auch ich muß es begreifen:*... *jene Briefe, deren Worte meine Nacht schuf, taghell zu meiner glitten, waren sie fremd, mir ungemein, nichts mit mir zu tun.... Ich werde ihn finden...*‹« Der Freund mahnt: » ›*Aber, Kai... besinne dich doch, Kai. Du selbst Schreiber dieser Briefe!*‹ ...›*Gewiß. Natürlich. Selbst geschrieben. Übrigens, dem Wortlaut nach nicht selbst geschrieben, ein anderer schreibt sie für mich... ich bin doch nicht der Verfasser! Mittler nur, ohnmächtig. Den andern zu finden... bin ich stark genug. Kein Brief mehr. Ich will nicht.*‹« (Goedeschal, S. 238)

Auf diese obszönen Briefe wird noch einzugehen sein, wenn es um die Wirklichkeit des Lebens von Rudolf Ditzen geht, hier interessiert nur die Schilderung der Hilflosigkeit, einem mysteriösen anderen Ich ausgeliefert zu sein: »*Ich war es nicht! Nächtens, nicht faßlich verlockt, schrieb ich Ungewolltes! Nie Gewolltes! Verachtetes! Dann flehte er fiebernd: ›Ich bereue! Ich bereue!‹ Aber seinem Flehen hielt das Briefblatt stand, Wind überwehte die Seiten, daß sie sich öffneten... und näher... das Ohr geneigt, entklang ihm nun der Befehl zu neuem Brief*« (Goedeschal, S. 154) Nachdem damit weiterhin obszöne Briefe bei dem Mädchen eintreffen, obwohl Kai versichert hat, keine mehr zu schreiben, ballt er die Faust zum Himmel: »›*Jener dort tut's. Ich nicht. Wie hat er mich gejagt! Er haßt mich... ich habe es nicht getan, keine Briefe mehr habe ich geschrieben.*« (Goedeschal, S. 254) Später, als völlig klar ist, daß trotzdem neue Briefe mit seiner Handschrift bei dem Mädchen landeten: »›*Ist es wahr, was Arne erzählt? Schrieb*

*ich sie nicht? Im Schlaf? Vielleicht doch? Und soll zahlen da-
für?‹« (Goedeschal, S. 255)*

Doch Ditzen überwindet diese Bewußtseinsspaltung ohne
fremde Hilfe, ohne therapeutische Begleitung. Vielleicht liegt
das daran, daß die Doppelgänger bei ihm zwar einerseits Angst
und Schrecken verbreiteten, andererseits aber all das kompen-
sierten, was er in der aktuellen Situation nicht zu ertragen vermochte. Es wurde schon erwähnt, daß die Entwicklung zur
multiplen Persönlichkeit auch ein Selbstschutzmechanismus
ist. Der Jugendliche Rudolf Ditzen hat ihn unbewußt genutzt,
um die ihn so bedrückende Realität zu verkraften.

Spuren der Doppelgänger in ihrer therapeutisch heilsamen
Funktion werden später von ihm sogar pädagogisch genutzt:
1938 erfindet Hans Fallada mit der ›Geschichte von der Murkelei‹ für seine eigenen Kinder jene Doppelgänger, die so lange
seine wirklichen Kinder begleiten, bis er feststellt, daß die
Doppelgänger nicht mehr Ungesagtes ergänzen und bei Problemen helfen, sondern immer häufiger nur als Sündenböcke
für die Ungezogenheiten der wirklichen Kinder herhalten müssen. Nicht die leibhaftige Tochter ›Mücke‹ hat etwas verbro-
chen, sondern ihr Doppelgänger, nicht der kleine Sohn Murkel
ist frech, sondern sein imaginäres anderes Ich. ›Träumlein‹ und
›Windwalt‹ – so heißen die Fiktiven, werden an die Hand genommen und verabschiedet: *»Nun gehet hinaus in die Welt...
Meine Kinder wollen jetzt große Menschen sein, da können sie
euch nicht mehr gebrauchen«* (Geschichte von der Murkelei,
S. 178)[4] Die Rolle des Doppelgängers hat also eine wichtige
pädagogische Funktion bekommen, ist nicht mehr Störfaktor
und Irritation.

Noch 1941 schreibt Fallada von diesem inzwischen überwun-
denen Phänomen seines selbst erlebten Doppelgängers und der
damit verbundenen Identitätseinbuße: *»Es hat sich nun heraus-
gestellt, daß es diesen Jungen wirklich gab. Es gab den Jungen,
der alles so schwer nahm und immer dachte: mir geht doch alles
schief, ich habe nie Glück und es gab den andern, gewissermaßen amüsiert zuschauenden Jungen, der sagte: du nimmst aber*

eigentlich alles fürchterlich tragisch! Warte nur, es kommt noch anders. Und da es mittlerweile wirklich anders gekommen ist, habe ich fast nur vom Gesichtspunkte dieses zweiten Jungen aus erzählen können.« (Damals, S. 207 f.).

Abgesehen von seinen traumatischen Erfahrungen als Pechvogel und als Versager, als verachteter Prügelknabe und isolierter Mensch, wird die beginnende Pubertät für Rudolf Ditzen zur Zäsur. Sie ist ein weiterer Faktor, der seine Psyche völlig verwirrt, ihn in Identitätskrisen, Ängste und Schuldgefühle stürzt. Fehlende Aufklärung, puritanisch-ängstliche Zurückhaltung der Eltern, über solche Dinge zu sprechen, ein Schulsystem, das viel zu spät, erst in der Oberprima, also der Abiturklasse, durch einen Mediziner das Notwendigste an Wissen vermittelte, sind die Auslöser. *»Ich weiß, es war eine verdammte Zeit. Die in Bigotterie und falscher Pfaffensittsamkeit aufgewachsenen Eltern waren ebenso hilflos wie ihre Kinder. Sie schämten sich genau wie diese, sie brachten kein Wort von alledem über die Lippen. Sie fühlten wohl, daß dies nicht richtig war, daß ihre Kinder Hilfe von ihnen erwarteten, daß die Kinder ohne diese Hilfe in Gefahr waren, von schlechten Gefährten und gemeinen Weibern das häßlich zu hören, was sie ihnen schön zu sagen hatten – aber sie konnten es nicht.«* (Damals, S. 229) Bei den Eltern also das große Schweigen, bei den Kindern Ratlosigkeit: *»Ja, etwas Neues schien in mein Leben gekommen zu sein, aber es war nichts Gutes, es war eher etwas Quälendes. Ich war hellhörig geworden, wenn gewisse Schulkameraden miteinander flüsterten. Aber ich verzog mein Gesicht nicht. Ich ging nicht auf so etwas ein, so etwas war längst erledigt für mich . . . so tat ich wenigstens. Aber ich sah eifrig im Konversationslexikon nach und versuchte zu verstehen – und dann klappte ich das Buch eilig wieder zu.«* (Damals, S. 228) »Meine Mutter sprach das Wort ›sexuell‹ immer wie ein Fremdwort aus. Also etwas, was man eigentlich gar nicht in den Mund nehmen sollte,«[5] erinnert sich die Schwester Elisabeth. In ›Wolf unter Wölfen‹, läßt Fallada seine fiktive Figur Weio das formulieren, was er damals selbst erfahren und empfunden hat: *»Nach so etwas*

kann man nun keinen Menschen fragen! Die Eltern nicht, kei-
nen. Ich denke den ganzen Tag daran und nachts träume ich
davon. Manchmal glaube ich, ich werde noch verrückt. Wenn
Papa und Mama fort sind, schleiche ich in Papas Zimmer und
sehe im Konversationslexikon nach. Aber wenn man darin
liest... dann klingt es so, als wäre alles nur Körper. Und manch-
mal ist mir dann so, als stimmte es, und ich werde traurig. Und
dann wieder sage ich mir: so kann es doch nicht sein –« (Wolf,
S. 469) [6] Der junge Ditzen, gleichfalls knapp und streng wissen-
schaftlich informiert durch das Konversationslexikon, aber
stürzt in eine Krise: *»die Lehrer wie die Eltern wie die Pastoren*
hatten gelogen –? Ganz glatt gelogen! Schon seit vielen Jahren!
Immer! Die Welt wankte.« (Damals, S. 228) Sie wankt so stark,
daß Rudolf sich noch mehr auf sich selbst zurückzieht, sich
selbst entdecken will, begreifen im buchstäblichen Sinne: *»Be-*
trachtete ich mich... nach dem Baden im Spiegel, so konnte eine
Art Identitätsrausch über mich kommen. Hundertmal sagte ich
mir vor: Das bin ich! Ich! Ich! Hans Fallada! Das bin ich! – Und
dann warf ich mich wohl auch hin und heulte vor trunkenem
Glück, daß es ›Ich‹ gab, daß ich ›Ich‹ war, und wußte doch
nicht, wieso das schwer Erträgliche ein Glück war.« (Damals,
S. 227f.)

Wie sehr ihn aber jene körperlichen Veränderungen, die Arthur Köstler einmal als ›Seekrankheit des Gemüts‹ beschrieben
hat, emotional erschüttert haben, schildert Fallada im jungen
Goedeschal, ausdrücklich mit dem Zusatztitel versehen: ›Ein
Pubertätsroman‹: Kai Goedeschal posiert vor dem Spiegel,
versucht sich und seinen Körper zu ergründen: *»›Ich muß*
meine Nacktheit erleben. Nacktheit erleben. Erleben? Was ist
das?... plötzlich lag er am Boden, er wälzte sich auf dem Tep-
pich, mit einem seltsam schmerzlich wilden Gefühl erfüllten ihn
die stacheligen Streicheleien der borstigen Unterlage. Er weinte
haltlos, aber immer von neuem umschlang er mit den Armen
seine Glieder... er biß sich in die Schenkel, seine ahnungslosen
Hände umschlangen die Fesseln, streichelten die Haut der Brust.
Bis zur Sinnlosigkeit erschütterte ihn die plötzliche Überwälti-

gung seines Fleisches. Er versuchte seinen Nabel zu küssen. Aber dann war er zu Tode erschöpft... Er wagte nicht, ein Hemd anzuziehen, aus Furcht, seinen Leib zu berühren. Man durfte ihn nicht wieder aufwecken. Alles war Lüge gewesen. Dieser Leib war kein Freund, kein Ich, er war der FEIND.« (Goedeschal, S. 40f., Hervh. von Fallada) Dieser Feind zieht Rudolf Ditzen zu Verbotenem: irgendwo endeckt er im elterlichen Hause eine Illustrierte mit Abbildungen weiblicher Akte. Er nimmt sie mit auf sein Zimmer, betrachtet sie ausführlich und malt sie schließlich mit einem rosa Stift aus, gedankenlos, ohne Hintersinn. *»Es war nur Rauch, die Glut glimmte noch im Verborgenen... Ich hatte meine schrecklich rosa angepinselten Weibsen – sie sahen wie Marzipanschweinchen aus – in einer blauen Mappe gesammelt, und diese Mappe hatte ich sehr gut in meinem verschlossenen Schreibsekretär versteckt. Aber an einem späten Abend – ich lag schon im Bett – kam Mutter zu mir in die Stube. Sie war sehr aufgeregt, sie weinte fast, sie drückte immer wieder meine Hände, sie sah mich immer wieder an. Und plötzlich legte sie diese blaue Mappe auf mein Bett und rief verzweifelt: ›Und ich dachte, mein Junge wäre noch unschuldig!‹ Und lief weinend aus der Stube.«* (Damals, S. 228f.)

Unschuld ist das Gegenteil von Schuld. Rudolf Ditzen fühlt sich schuldig, ist nach den Vorstellungen seiner Familie schuldig. Er hat ein Tabu verletzt. Die Sprachlosigkeit der Eltern irritiert ihn so, daß er mehr denn je das Gefühl hat, nicht verstanden zu werden. Er handelt nunmehr – wenn auch ständig mit schlechtem Gewissen – allein, zieht sich zurück, wird noch karger in seinen Mitteilungen, noch mürrischer, in den Augen des Vaters noch störrischer und uneinsichtiger.

Völlig auf sich gestellt stürzt der junge Ditzen in einen Abgrund von Gefühlen und körperlichen Irritationen. Er versucht durch trotzig dokumentierte Selbstbehauptung, durch Widerstand gegen die Eltern und ihre Normen, eine eigene Identität zu entwickeln. Er ist nicht mehr in der Lage, den Spielregeln der Erwachsenenwelt zu folgen. Das Akkurate, Geregelte, Pünktliche, das stets Vollkommene des Elternhauses nervt ihn.

Er beginnt, gegen den Vater zu rebellieren. Der ist fassungslos über die provozierende Unbotmäßigkeit seines Sohnes, sieht verwerflichen Ungehorsam, Respektlosigkeit, ja sogar Lieblosigkeit in seinem Verhalten und reagiert darauf mit disziplinarischen Sanktionen wie Ausgehverbot oder gar Stubenarrest. Das sind Maßnahmen, die bei einem kleinen bockigen Kind vielleicht noch angebracht sind, bei einem Heranwachsenden aber nichts als ein Gefühl von Willkür und Herabsetzung nach sich ziehen. Rudolf Ditzen schildert im Goedeschal so eine Situation, seine Reaktion auf den verhängten Stubenarrest: *»Eingesperrt! Nein, ich will nicht! Ich will nicht! Befehlt! Kommandiert! Ich tu, was ich mag« (Goedeschal, S. 75)*. Kais Identitätssuche wird so dominant, daß er jedes eigene Gefühl, an dem auch die anderen seiner Familie teilhaben, als Eingriff in seine Persönlichkeit empfindet, es daraufhin ablehnt, es sich selbst verbietet. Die zärtliche Liebe für sein kleines Karnickel schlägt in Mord an dem Tier um, nachdem er entdeckt hat, daß der Vater weiß, wie sehr sein Sohn an dem Karnickel hängt und ihm deshalb trotz vorherigen Verbotes gestattet, es zu behalten. Die Reaktion von Kai Goedeschal besteht in einem Ausbruch von Ablehnung: *»Wie ich euch hasse! Soll ich sagen, wie ich euch hasse! Ach, ihr wißt nichts von Reinheit, die ihr alles durch Teilhaben beschmutzt!« (Goedeschal, S. 79)*

Vater Ditzen, der nicht unterscheiden kann zwischen Fehlverhalten und Fehlentwicklung des Sohnes, verschärft seine Maßnahmen gegen Ungehorsam und Disziplinlosigkeit, Rudolf verschärft seinen Widerstand. Er hat das Gefühl, daß er nicht geliebt wird, mehr noch, daß man ihn verachtet und ablehnt. Jetzt in dieser Zeit des Heranwachsens steht er also ganz allein. Nicht nur die Schule, die Kameraden in der Freizeit, auch seine Familie wenden sich gegen ihn. Es werden sich auch in der Wirklichkeit ähnliche Szenen abgespielt haben, wie jene, die Fallada im Goedeschal schildert: Der Vater befiehlt: *»Geh auf dein Zimmer, Kai! Siebzehn Jahr bist du bald und was hatten wir von dir? Sorgen. Sorgen. Sieh hin, deine Mutter weint. Du tust uns Übles auf Übles.« (Goedeschal, S. 72)*

Alles Folgende im Leben des Rudolf Ditzen wäre leichter zu erklären, wenn Rudolf seinen Vater nur abgelehnt hätte. Das aber ist nicht der Fall. Zeit seines Lebens, und natürlich besonders extrem in der Zeit seines Heranwachsens, hat er ein widersprüchliches Verhältnis zum Vater gehabt. Einerseits bewundert und liebt er ihn, andererseits aber rebelliert er gegen ihn, um seinen eigenen Weg ins Leben zu finden. Den kann er schwer finden, solange er sich vom Vater mißverstanden und mißachtet fühlt.

Die Bilder, die der Schriftsteller Hans Fallada später in seinen Werken von den jeweiligen Vätern zeichnen wird, sind ebenso widersprüchlich wie die Gefühle des Rudolf Ditzen zu seinem lebenden Vater: Diese unterschiedlichen fiktiven Charaktere zeigen die ganze Diffusion der Gefühle im Verhältnis zwischen den beiden.

Im Roman ›Wir hatten mal ein Kind‹ aus dem Jahre 1934 ist die fiktive Vaterfigur des Gymnasiasten Lenz ein sensibler, kluger Mensch, »*der Kammergerichtsrat aus Berlin, ein eher zierlicher Mann, mit kinderhaft kleinen, zarten Händen und Füßen, mit einem Spitzbart und blauen, aber etwas müden Augen hinter der Goldbrille*« *(Kind, S. 214)*. Das Bild entspricht optisch akkurat dem tatsächlichen Aussehen von Wilhelm Ditzen, inhaltlich der positivsten Variante des Vaterbildes. Der Roman wurde in einer Zeit geschrieben, in der sich das Verhältnis zwischen den beiden Kontrahenten soweit gebessert hatte, daß der Vater kommentierend und sogar verhalten lobend auf des Sohnes schriftstellerische Werke einging, obgleich er sich niemals damit abfand, daß Rudolf die freie Schriftstellerei jedem anderen anständigen Beruf vorgezogen hatte.

Die negativste Vaterfigur zeichnet Fallada im Roman ›Der eiserne Gustav‹. 1937, unmittelbar bevor er den Roman schrieb, starb Wilhelm Ditzen, wenn auch in hohem Alter, so doch überraschend. Die Darstellung der Vaterrolle im ›eisernen Gustav‹ wirkt wie eine späte Rache. Sei es, weil der Vater sich jetzt nicht mehr dagegen wehren kann, sei es, weil Fallada daraus resultierend endlich frei ist von menschlicher Rücksicht gegenüber dem alten Mann: Alle seine unumstößlichen Grundsätze Gehorsam, Pünktlichkeit, Ordnung und Sauberkeit werden jetzt ausnahmslos verschärft dargestellt. Das kompromißlose Beharren des eisernen Gustav auf diesen Grundsätzen wird zum Terror, der eine ganze Familie deformiert: *»In Schränken und Kommoden hatte jedes Ding auf seinem Platz zu liegen, der Vater war erbarmungslos in dem, was er Ordnung und Sauberkeit nannte. Der Vater – das war das Wort, das drohend über der ganzen Familie Hackendahl hing. Der Vater – das hieß Befehl, Urteil, strengstes Gericht.« (Gustav, S. 9)* Der älteste Sohn des eisernen Gustav, Otto, berichtet einem Kriegskameraden, daß er zu Hause verachtet wird, weil er als willenlos, schlapp und feige gilt. *»Ich habe aber jetzt gemerkt, ich bin nicht von Natur schlapp ... Sondern es hat mich nur einer so gemacht. Ein ganz Bestimmter, der mir von früh auf allen eigenen Willen zerschlagen hat.« (Gustav, S. 163).* Der Vater – personifiziert in der fiktiven Figur des Droschkenkutschers Gustav – wird damit zum unerträglichen Tyrannen, der seine Kinder so verbiegt, daß sie fast alle scheitern. Zwar geschieht es aus menschlicher Unzulänglichkeit, aber es geschieht: *»... die Kinder ... hatten zu parieren, als seien sie Soldaten unter Militärrecht« (Gustav, S. 9)*

In seinen Erinnerungen ›Damals bei uns Daheim‹, gedruckt 1941, beschreibt Fallada den Vater wiederum harmonisierend als außergewöhnlich liebevolles, rührendes Familienoberhaupt, das lediglich einige Marotten wie Pünktlichkeit, Sauberkeit und Disziplin hat, über die der Sohn verständnisinnig und weise schmunzelt. Er schildert amüsiert die absurden Sparmaßnahmen wie das Anzünden von Zigaretten mit einem Fidibus, um den Verbrauch eines Streichholzes zu sparen oder das restlose Ausnutzen eines Stückes billiger Seife. Der Pünktlichkeitsfimmel wird leicht satirisch in Analogie zur juristischen Leidenschaft des Vaters dargestellt: *»In seinem überaus geordneten Haushalt, in dem schon eine Verspätung von zwei Minuten als Übertretung, von zehn Minuten als Vergehen und von einer Viertelstunde als Verbrechen angesehen wurde,« (Damals,*

49

5 *Ordnung und Disziplin waren die Maximen der Eltern Ditzen (Aufnahme 1932).*

S. 40f.), konnte ein anderthalbstündiges Zuspätkommen von Rudolf nur ein Unglück ankündigen.

Gemessen an der Lebenssituation des heranwachsenden, problembeladenen jungen Ditzen interessieren vor allem jene Werke, die die geringste zeitliche Spanne zwischen dem wirklichen Leben und seinem Umsetzen in die Fiktion aufweisen, denn sie entsprechen am ehesten seinen damaligen Empfindungen. Im ›Goedeschal‹ von 1920 ist der Vater ein verständnisloser Patriarch, zeigt aber unvermutet Menschlichkeit und Verletzbarkeit, so zum Beispiel, wenn sein Sohn in der Schule eine Karzerstrafe absitzen muß. Als Kai sieht, wie schwer der Vater diesen harten Verweis nimmt, bricht sein trotziger Widerstand sofort zusammen: *»Den Kopf an die Scheibe gepreßt, starrte der Vater ins Dunkle. Kai murmelte in sich: ›Nimm es doch nicht SO schwer! Es ist ja nicht so schlimm! Ich habe dich doch lieb, du darfst nicht traurig sein, nur das nicht.‹ Er wollte reden, machte einen Schritt...«* (Goedeschal, *S. 72, Hervorh. von Fallada)*, aber der Vater mißversteht die Bewegung und schickt Kai mit einem knappen Befehl auf sein Zimmer. Eine Chance ist vertan. Da auch die Romanfigur Kai wie ihr Schöpfer außerstande ist, sich durch Worte zu äußern, verschärft sich der Konflikt: *»Kai hob sein Gesicht: der Vater stand einen Schritt vor ihm und sah ihn an; Kais Blick floh, kroch zu Boden. ›Warum kann ich ihn nicht einmal ansehen! Ihm nicht einmal sagen, WIE lächerlich er ist!‹ Aber Schritt hinter Schritt entfloh er diesem Blick. Rückwärts. Tastete blind nach der Klinke. Die Tür fiel zu, er stand allein auf dem dunklen Vorplatz. ›Sicher, er holt mich zu sich. Er sagt, DOCH liebe ich dich!‹* (Goedeschal, *S. 73, Hervorh. von Fallada)*

Es ist teilweise heute schwer zu ermitteln, was in Falladas Werk Dichtung ist, was Wirklichkeit und Wahrheit war. Das betrifft angeblich auch die Pubertät. »Wenn Fallada später von dieser Zeit spricht, erfindet er Geschichten von ratlosen Eltern und einem unberatenem Sohn,« vermerkt sein Biograph Werner Liersch[7]. Ganz so ist das nicht. Erfundenes und Erlebtes vermischen sich zwar häufig in Falladas Werken, aber etliche

Vorkommnisse sind doch dokumentiert. Schreiben von Ärzten, Erinnerungen der Eltern, der Geschwister, Berichte von Freunden und Akten von Prozessen sind einzusehen[8], so auch die Affäre, die den jungen Ditzen aus dem elterlichen Haus treiben wird: Der Siebzehnjährige schreibt anonyme, obszöne Briefe an eine Bekannte und ihre Eltern. Es sind naive, leicht zu identifizierende Briefe, denn sie sind nicht mit der Schreibmaschine getippt, sondern mit der Hand dahingekrakelt. Die Angeschriebenen wenden sich hilfesuchend an die erste Schule in unmittelbarer Nähe. Die Schule kreist den Täter nach möglichen Altersgruppen ein, vergleicht Schulhefte und diese Briefe. Der Verfasser ist rasch ermittelt. Es ist Rudolf Ditzen. Offen muß bleiben, ob er oder ein multipler Doppelgänger in ihm diese Briefe schrieb, wie er es später im ›Goedeschal‹ darstellen wird. Verdächtig ist die doppelte Provokation, der zweifache Schlag. Er betrifft zum einen das angeschriebene Mädchen mit ihren Eltern, zum anderen auch seinen eigenen Vater. Der Vater des verleumdeten Mädchens ist Wilhelm Ditzens Berufskollege.

Der entlarvte Rudolf Ditzen bricht zusammen. Er ist selbstmordgefährdet, eine der Schwestern muß ständig bei dem von Weinkrämpfen geschüttelten und in seinem Zimmer eingeschlossenen Bruder wachen. Kai »*lag verkrümmt; Menschen; ward gehoben; ... da fraß ihn Bitterkeit vom Scheitel zur Zehe: Haß. Lachen. Gemeinheit... nichts sei zu Ende, alles wie je: Liebe, Haß, Einsamkeit, Qual; alles neu beginnen –. Und weinte. Und weinte.« (Goedeschal, S. 280)*.

Der Vater ist kompromittiert und beschließt, den Sohn aus dem Elternhaus zu entfernen, zudem hat ihm der Hausarzt dazu geraten. Für klärende wie aufklärende Gespräche scheint es zu spät zu sein. In der überwachenden Begleitung seiner älteren Schwester fährt Rudolf mit dem Zug zu Verwandten nach Hannover. Die Eltern gehen davon aus, daß hiermit das Problem beseitigt ist. Sie irren. Die Austreibung des verlorenen Sohnes führt in eine Katastrophe.

4.
»Helfen Sie mir doch, mein Vater bezahlt ja alles!«

Der vorsorgliche Aufenthalt des Rudolf Ditzen bei den entfernten Verwandten in Hannover läuft gründlich schief. Rudolf ist ein Nervenbündel. Er macht täglich Szenen, teilt den beiden Tanten seine Verachtung für die bei ihnen herrschenden Vorschriften von guter Bürgerlichkeit mit, raucht zuviel, nimmt skandalös viele Tabletten gegen seine bohrenden Kopfschmerzen ein, er ißt zu wenig, hält sich nicht an die vorgegebenen Zeiten, mäkelt herum, bekommt Wutanfälle oder zieht sich schluchzend zurück. Er fühlt sich von den Eltern abgeschoben, allein gelassen mit seinen Problemen, die Verwandten haben es auszubaden. Nach vier Wochen muß die Mutter kommen und den Sohn wieder abholen. Aber sie holt ihn nicht in die Familie zurück sondern bringt ihn in ein Sanatorium. Mögen sich die Ärzte etwas einfallen lassen. Sie lassen sich dort im Sanatorium bei Jena etwas einfallen: Streckbett, Isolierzelle und abgeschlossenes Krankenzimmer[1], dann Schlafkuren mit vielen Medikamenten. Ist Rudolf wach, äußert er nur einen Wunsch: er will hier weg, nach Hause.

Aber seine Zeit ›Zu Hause‹ erklären die Eltern rigoros als beendet. Die Mutter verkraftet die Aufregungen nicht mehr und der Vater fürchtet um seine Reputation. Immerhin darf Rudolf nach acht Wochen das Sanatorium – in seiner Interpretation das ›Irrenhaus‹ – verlassen und den Ort seines Exils mitbestimmen. Zur Schule soll er weiter gehen, natürlich, aber wo? Rudolf erinnert sich an einen Brieffreund, der ihn zudem bereits einmal auf ein Wochenende in Leipzig besucht hat. Es ist Hanns Dietrich von Necker, zweiter Sohn einer Offizierswitwe aus Rudolstadt/Thüringen. Er ist 16 Jahre alt und besucht das Rudolstädter Gymnasium, wohlerzogen, aus achtbarer Familie und somit von sichtlich gutem Einfluß.

Anfang Juli 1911 kommt der junge Ditzen in Rudolstadt an. Er wird zu einem Superintendenten, also einem höheren evangelischen Geistlichen und Vorsteher eines Kirchenkreises, in Pension gegeben und soll das dortige Gymnasium besuchen. Über die Gründe, weshalb er bereits nach wenigen Wochen die Pension wechseln muß, gibt es unterschiedliche Darstellungen. Jürgen Manthey berichtet, daß Rudolf bald wieder damit begonnen habe, obszöne Briefe an ein Mädchen aus der Nachbarschaft zu schreiben und dies zur Kündigung geführt habe[2], Werner Liersch hingegen, daß Ditzen das betont christliche Gebaren als Bigotterie empfand und so vehement kritisierte, so daß – vom Superintendenten in einem Brief an den Vater mitgeteilt – Rudolfs Aufenthalt in dieser Familie unmöglich wurde.[3] Der Vater reist an, Rudolf wird jetzt bei dem alten Obersten Busse in Pension gegeben. Der Vater reist wieder ab.

Die Schule hat noch nicht begonnen. Es ist kennzeichnend für die Situation, daß die Eltern ihren seelisch angeschlagenen Sohn lieber beschäftigungslos während dieser langen Ferienzeit in Rudolstadt sich selbst überlassen, als ihn mit nach Hause zu nehmen. Dies, obwohl sie sich sicher vorstellen können, daß die Aussicht auf einen Schulanfang mit neuen Klassenkameraden und Lehrern sogar jeden seelisch intakten jungen Menschen belasten muß. Und Rudolf hatte das Sanatorium nicht einmal psychisch gesund verlassen, war nur aufgrund der vielen Medikamente ruhig gestellt. Dabei hätte es die Eltern warnen müssen, daß er, unmittelbar nach dem Sanatoriumsaufenthalt zunächst für vier Wochen zu einem weiteren Verwandten, einem alten Forstmeister in Schnepfental in der Nähe von Rudolstadt in Pension gegeben, auch dort wieder äußerst nervös, unberechenbar und aufgeregt gewesen war. Er rauchte wie üblich unendlich viel, geriet ständig aus der Fassung und brach bei jeder kleinen Gelegenheit einen großen Streit vom Zaun. Aber es wurde bereits erwähnt, daß der Vater nicht zwischen Fehlverhalten und Fehlentwicklung unterscheiden konnte. Er hielt die obszönen Briefe seines Sohnes offensichtlich noch immer für eine massive Ungezogenheit und bestrafte ihn dafür mit der

Austreibung aus dem Elternhaus. Der Abbruch seines Aufenthaltes bei dem alten Forstmeister wurde also wieder nur als Folge von Disziplinlosigkeit und Unbotmäßigkeit gewertet, hatte zum Familienrat und zum übereilten Umzug nach Rudolstadt geführt. Man überließ den zerrütteten Rudolf sich selbst, schickte ihn auf Wartestation in ein unbekanntes Städtchen, darauf hoffend, daß der Beginn der Schule Mitte August alles zum Besseren wenden würde.

In den vier Ferienwochen kommt Rudolf täglich mit Hanns Dietrich von Necker zusammen. Die beiden sind unzertrennlich. Stundenlang, tagelang, nächtelang sprechen sie miteinander. Ditzen läßt sich von seinem Freund nach der Hauptfigur aus Oskar Wildes Roman ›Das Bildnis des Dorian Grey‹ nunmehr ›Harry‹ nennen.[4] Er ist also seinem Selbstverständnis nach nicht mehr Rudolf, sondern personifiziert sich mit dieser von Verzweiflung und Lebensüberdruß gekennzeichneten fiktiven Figur.

Der Mutter von Neckers mißfällt der Freund ihres Sohnes. Er hat so stechende Augen, ist so kompromißlos, zugleich so selbstherrlich und dominant. Hanns Dietrich ist nach ihrem Eindruck eindeutig der schwächere, ständig der unterliegende Part in dieser Verbindung. Necker selbst scheint dies gleichfalls empfunden zu haben, ohne sich dagegen wehren zu können: »Ich liebe meinen Freund Harry sehr. Er übte über mich eine seltsame Gewalt aus, er konnte mich völlig seinem Willen unterwerfen. Der Fehler, den ich begangen habe und der all dies schreckliche, was gekommen ist, verursacht hat, ist der, daß ich, als ich es noch konnte, zu schwach war, mit ihm zu brechen. Aber als ich einmal in seinen Bannkreis gezogen war, war es dazu zu spät.«[5] Neckers Mutter versucht vergeblich, die beiden auseinanderzubringen, ihrem Sohn den Umgang mit Rudolf Ditzen zu verbieten.

Hanns Dietrich von Necker aber scheint endlich den Freund seines Lebens gefunden zu haben, auch dort, wo er von ihm wie hypnotisiert ist, sich zwar ständig mit ihm streitet, aber letztlich doch unterordnet, meistens dem zustimmt, was Rudolf sagt oder an Unternehmungen vorschlägt. Einerseits fürchtet er den fast zwei Jahre Älteren etwas, andererseits aber ist er glücklich, sich mit so einem erwachsenen und verständnisvollen Gesprächspartner auszutauschen. Sie haben viele Gemeinsamkeiten, die sie zur Schicksalsgemeinschaft werden lassen: Necker befindet sich wie Ditzen in der Phase des pubertären Umbruchs, fühlt sich mißverstanden oder überhaupt nicht verstanden von der betulichen Mutter, hat kaum eine Verbindung zu seinem älteren Bruder. Er ist wie Ditzen kränklich und schwach, er war wie Ditzen bereits der Patient eines Sanatoriums und er will – wie Rudolf Ditzen – nur eines werden: Dichter. Beide verfassen Lyrik, Novellen und Theaterstücke, reichen sie beifallheischend bei allen Bekannten herum. Die Freunde sind sich einig in ihrer Einschätzung der Erwachsenen: es ist ein trüber Haufen von bornierten Philistern, engstirnig, verständnislos und tyrannisch gegenüber ihren Kindern. Beide sprechen immer wieder über ihren Ekel an der Welt und – von Selbstmord. Dieses Thema war bereits, bevor sie sich Weihnachten 1910 persönlich kennengelernt hatten, ein ausführlich behandelter Punkt in ihren Briefen gewesen. Als Nekker dann im selben Jahr seinen Besuch in Leipzig ankündigte, wurde er von Rudolf angewiesen, ihm eine Pistole mitzubringen. Das hatte nicht geklappt, aber immerhin Gift brachte der Brieffreund mit. Es kam nicht zur Anwendung.

Im ›Goedeschal‹ bittet Kai einen ehemaligen Spielgenossen, ihm einen Revolver zu besorgen, seine Lebensangst ist übermächtig geworden: *»Weg! Weg! Nicht mehr dies. Die beschmutzte Seite ausreißen, das befleckte Gesicht, Maske nur, abstreifen, neu sein! Lässiges Spreizen der Glieder, wissend, Furchtsprung wird nicht mehr sein. – Behaupten unmöglich. Schon der nächste, sicher der übernächste Angriff bricht ihn ab. So viel Reden, Kampf! Entrinne noch vorher.«* (Goedeschal, S. 247)

Das Thema blieb auch in Rudolstadt dominant, wurde immer wieder zwischen den beiden Freunden besprochen. Sie lagen damit im Trend ihrer Zeit. Schülerselbstmorde waren damals in Mode gekommen, beunruhigten die Öffentlichkeit, führten zu vehementen Auseinandersetzungen in den Zeitungen. Die linken Journalisten – meist Redakteure der sozialdemokratischen Gazetten – prangerten das militaristisch orientierte Schulsystem mit der Forderung nach Disziplin und bedingungslosem Gehorsam als Verursacher der Suizide an. Die konservativen bis rechten Schreiber sahen just in der Sozialdemokratie die Zerstörer aller positiven Werte und machten sie für eine desillusionierte, lebensmüde Schülergeneration verantwortlich. Untersuchungsausschüsse, Parlamentsanfragen und aufgeregte Debatten veränderten die Situation nicht. Auch weiterhin waren vor allem an Gymnasien spektakuläre Schülerfreitode zu beklagen. Allein am Königin-Carlola-Gymnasium, Rudolfs ehemaliger Schule in Leipzig, hatten sich bereits drei Gymnasiasten umgebracht. Rudolf wird seinem Freund Necker von diesen Selbstmorden erzählt haben.

Zunächst unterbricht der Unterrichtsbeginn das immer um den einen Punkt kreisende Gespräch. Die Lehrer im kleinstädtischen Rudolstadt sehen mit Argwohn auf den ungewöhnlichen Unterprimaner Rudolf Ditzen. Seine Haare sind demonstrativ lang, fallen in die Stirn, sein stechender Blick ist auch ihnen unangenehm, die dürre, hohe Gestalt verstärkt diesen Eindruck, außerdem raucht er zu viele Zigaretten. Sein Verhalten erscheint ihnen reichlich unhöflich, ja provokant. Einem Lehrer teilt er mit, daß er nicht gedenke, etwas für sein Unterrichtsfach zu tun, da er Dichter werden wolle; den nächsten brüskiert er durch den ausbleibenden Anstandsbesuch als neuer Schüler, ein anderer empfindet ihn als überheblich. Dennoch, eine gewisse Begabung können sie ihm nicht absprechen, dies vor allem in den Fächern, die er mag. Seine Aufsätze reichen weit über das Niveau seiner Klassenkameraden hinaus und im Schauspiel, das die Klasse unter der Leitung eines Lehrers aufführt, spielt er seine Rolle schon bei den Proben mit einem solchen Enthusiasmus, daß die Lehrer geneigt sind, ihm die Teilnahme an der Aufführung zu verbieten, es aber dann doch unterlassen. Seine Lyrik allerdings verursacht Befremdung, sie atmet zuviel Weltschmerz, ist ihnen zu unheilschwanger, zu rätselhaft. Rudolf berichtet ihnen von Zeitungsaufträgen, von Verlagsverhandlungen, von bereits gedruckten Novellen. Vor den Klassenkameraden kehrt er den verlotterten Lebemann heraus, redet von Frauen, Gelagen und Schulden in einer großen Stadt. So stellt er sich dar, so sollen ihn die anderen sehen.

Das Bild, das er seiner Umwelt von sich vermittelt, hat aber wenig mit seiner tatsächlichen Befindlichkeit zu tun. Rudolf Ditzen ist völlig hoffnungslos, demoralisiert und lebensmüde. Aber darüber spricht er nur mit seinem Freund, dem jungen Aristokraten. Auch Hanns Dietrich von Necker hat Angst vor der Zukunft in einer ihn anekelnden Welt. Beide werden sich einig: sie wollen dieses unerträgliche Leben beenden. *»Aber da ist er, jener Tod – kein Verbrechen, nicht Freude, noch Leid, das uns endgültig erhöbe, entfremde. Am Ende wird alles umsonst gewesen sein; ausgelöscht; am Ende wird dies allein gelten: daß ich sterben mußte.«* (Goedeschal, S. 263)

Der Freitod wird beschlossen, doch er darf nicht als Selbstmord bekannt werden, um die Eltern zu schonen. Auch darin sind sich die Freunde wieder einig: es gilt, die Familien vor übler Nachrede zu schützen. Bei aller Opposition ihren Eltern gegenüber, sie sind ihnen eben doch noch verbunden. Verschiedene Täuschungsmanöver werden entworfen und falsche Spuren systematisch ausgelegt.

Der erste Täuschungsversuch wird in ein kleines Oktavheft geschrieben: Die beiden setzen einen fingierten Vertrag auf: Jeder müsse ein Theaterstück schreiben und dies dem berühmtesten Dichter des Landes zur Beurteilung vorlegen; wessen Theaterstück vom großen Dichter als zweitrangig eingestuft werde, müsse sterben; der Sieger habe die Verpflichtung, den Unterlegenen zu töten. Doch wird diese Variante verworfen, denn die Einhaltung des Vertrages würde den einen umbringen, den anderen zum Mörder machen. Der in Wirklichkeit geplante Doppelselbstmord wäre damit ausgeschlossen. Ein angebliches Duell mit tödlichem Ausgang für beide scheint die

6 *Rudolf Ditzen vor seinem Duell mit Hanns Dietrich von
Necker im Oktober 1911.*

beste Möglichkeit zu sein, auch ästhetisch gesehen der ange-
nehmste: *»kein Strick, nein. Tiefere Ruhe ist anders, verläßt
nicht so gewaltsam zappelnd das Hier. Hingebreitet ins Kraut,
Himmel eingefangen ins Auge, leichter Druck dann des Fingers
und die Welt birst. ›Dann bin ich frei. Ich weiß nur dies: schwe-*

ben werde ich... Es ist leicht«.« (Goedeschal, S. 245) Derjenige, der in diesem Duell den anderen töte, sei verpflichtet, sich anschließend selbst umzubringen. Diesen Schlußsatz fügen sie noch an, dann legen sie das Oktavheft beiseite.

Jetzt fehlt nur noch ein für die Nachwelt nachzuvollziehender Anlaß zum Duell. Für den aristokratischen Hanns Dietrich ist das Ehrgefühl der höchste Wert in seiner Familie. Daher wird für ihn das vorgetäuschte Duell aus Gründen eines verpfändeten Ehrenwortes unvermeidlich: »Harry erklärte mir, er müsse sterben, wenn er nicht rechtzeitig eine bestimmte Geldsumme von seinem Verleger erhielte – und ich sollte ihn töten. Ich habe ihn nicht gefragt, warum er das Geld haben müsse, ich habe mich begnügt mit seiner Antwort, es sei nichts Unehrenhaftes... aber ich habe mich geweigert, ihn zu ermorden. Harry hätte mich zwingen können, mit dem ihm gegebenen Ehrenwort, er tat es nicht, sah ein, daß er zuviel verlangte. Sterben mußte er – und er hat damit recht –, Selbstmord wollte er nicht begehen, ermorden wollte ich ihn nicht, so gab es nur einen Ausweg, das Duell –«[6] Rudolf Ditzen hingegen verbreitet bei Schulkameraden und Bekannten verschiedene Variationen einer Geschichte vom unverschämt gewordenen Freund Hanns Dietrich, mit dem er sich nunmehr duellieren müsse, was von allen, denen es erzählt wird, nicht ernst genommen wird, da die angebliche Beleidigung einfach zu läppisch ist.

Zum Vorspiel gehört, daß am 16. Oktober 1911 Rudolf und Hanns Dietrich in der Waschküche des Obersten eine Menge Papiere verbrennen. Aber es gelingt nur unvollkommen. Sie tragen die angekohlten Reste, darunter auch das Oktavheft, in den Garten und graben sie ein. Dem Prolog folgt das Drama. Rudolf Ditzen leiht sich von seinem Pensionsvater ein Tesching, eine kleine Handfeuerwaffe, vorgeblich, um auf Spatzen zu schießen, Necker besitzt einen Revolver. Sie treffen sich am 17. Oktober morgens um 5 Uhr und gehen – miteinander ruhig sprechend – zu einer von Wald umgebenen Anhöhe, dem Uhufelsen. Necker hat im Konversationslexikon nachgesehen, wo genau das Herz sitzt. An dieser Stelle befestigt er sich eine Blume auf der Brust. Ditzen wiederum markiert seine Herzstelle mit einer Schleife. Necker lädt dem waffenunkundigen Ditzen das Tesching. Sie stellen sich auf einer Lichtung im vorgeschriebenen Duellabstand auf.

Es blieb bis heute unklar, was dann geschehen ist. Weder Rudolf Ditzen selbst, noch das Gericht, noch die späteren Biographen von Rudolf Ditzen/Hans Fallada vermitteln ein klares Bild. Für Manthey ist die schlüssigste Version, daß Ditzen den Revolver des Freundes vor dem Duell heimlich entladen und Hanns Dietrich mit seinem Tesching tödlich getroffen hat, danach versuchte, sich selbst mit zwei Schüssen aus dessen Revolver umzubringen: »Dafür könnte sprechen, daß tatsächlich nicht zuerst Fallada, der dem weitaus besseren Schützen gegenüberstand, sondern Necker getroffen wurde«. Dagegen spricht allerdings, daß Rudolf Ditzen völlig unkundig im Umgang mit seiner Waffe war, Necker hatte sie ihm laden müssen. Daß er trotzdem auch noch Neckers Revolver heimlich entladen haben sollte, ist daher ziemlich unwahrscheinlich. Manthey beruft sich bei seiner These auf die mündliche Überlieferung »eines Familienbekannten, dem sich Fallada nach der Tat anvertraut hat«[7], belegt es aber nicht. Werner Liersch hält die zweite Variante für wahrscheinlicher, entnahm sie dem ersten Vernehmungsprotokoll des Rudolf Ditzen: »Necker zählt langsam: ›Eins, zwei, drei – fertig, los!‹ Zwei Schüsse fallen, sie schlagen irgendwo in die Kiefern ein. Necker und Ditzen laden erneut ihre Waffen. Aufgeregt ruft Necker: ›Das darf nicht wieder vorkommen!‹ Necker ist nervös. Er gibt sein Kommando: ›Eins, zwei, drei – fertig, los!‹ Nun so schnell, daß Ditzen kaum richtig zielen kann. In die Schüsse mischt sich ein Schrei. Necker fällt rücklings auf den Waldboden. Ditzen ist unverletzt. ›Harry, schieß noch einmal!‹ ruft Necker. Ditzen läuft zu ihm und findet erst den Revolver nicht, dann sieht er weg und schießt blindlings zweimal auf den auf der Lichtung liegenden Freund, dann tritt er ein paar Schritte zurück und richtet die Waffe gegen sich selbst. Er bricht zu Füßen Neckers zusammen, aus der Brust quillt Blut, er drückt dann die Waffe an die Schläfe, aber der Revolver versagt.«[8]

Unbezweifelt ist die Fortsetzung des Dramas, denn dafür gibt es Zeugen. Aufgeschreckt durch die Schüsse läuft der in der Nähe arbeitende Bauer Voigt an den Ort des Geschehens. Er sieht einen jungen Mann auf sich zutaumeln, der blutüberströmt vor ihm zusamenbricht und stöhnt: »Helfen Sie mir, helfen Sie mir doch, mein Vater bezahlt ja alles!«[9]

Diese ersten Worte sind bezeichnend für Ditzens Prägung durch seine Herkunft aus gutem bürgerlichem Hause. Lebensgefährlich verletzt und in Todesangst, bewegt ihn als erstes die Sorge um die Erstattung der mit der Hilfe verbundenen Kosten – und die Gewißheit, daß der Vater, der geliebte wie gehaßte, dies schon regeln wird. Erst als zweitwichtigstes berichtet der Verletzte dann dem Bauern Voigt und einem herbeigerufenen Helfer: »Wir haben uns duelliert, ich habe zwei Schüsse im Leibe, der andere liegt tot oben am Uhufelsen. Es ist mein bester Freund, ein gewisser von Necker.«[10]

Ditzen wird ins Krankenhaus geschafft, der tote von Necker am Uhufelsen geborgen, dessen Mutter benachrichtigt, die Eltern von Rudolf in Leipzig. Auch hier wieder eine symptomatische Reaktion aus der Sphäre der bürgerlichen Normen des prüden wilhelminischen Deutschlands: »Gott sei Dank, wenigstens nichts Sexuelles!«[11], soll Rudolfs Mutter erleichtert ausgerufen haben.

Noch am gleichen Tag wird Rudolf Ditzen im Krankenhaus ein Haftbefehl zugestellt, weil die Anklage auf Mord lautet und Fluchtgefahr bestehe. Zum Flüchten wäre der junge Ditzen allerdings zunächst nicht in der Lage, seine Verletzungen sind zu schwer. Einer der Schüsse streifte das Herz und durchschlug die Lunge. Er wird von seiner Tante Adelaide Ditzen und einer Helferin gepflegt, sehr bald ins Gefängnis verlegt und – sowie er einigermaßen wieder hergestellt ist – in die psychiatrische Klinik von Jena zur Beobachtung eingewiesen. Warum?

Der Vater – er hat bei der Nachricht von der Mordanklage

beim Reichsgericht vorsorglich ein Abschiedsgesuch einge-
reicht – sieht als erfahrener Jurist nur zwei Möglichkeiten für
seinen Sohn: Gefängnis wegen Mordes, vielleicht auch nur wegen Totschlags, aber in jedem Falle Gefängnis oder aber der
§ 51, also Unzurechnungsfähigkeit. Dann wäre Rudolf nicht
verantwortlich für seine Tat; sein Vater übrigens auch nicht
moralisch verpflichtet, den Abschied zu nehmen.

Wir wissen nicht, was bei den Besuchen des Vaters am
Krankenlager des verletzten Sohnes besprochen wurde, es
gibt dafür keine Zeugen, aber es fällt schon auf, daß nunmehr
alles getan wird, um die Familie Ditzen als eine Ansammlung
von psychisch kranken Menschen darzustellen. Großeltern,
Tanten, Vettern, Basen: alle angeschlagen, von Traumata,
Neurosen und Psychosen geplagt, oft richtig geisteskrank, teilweise erfolgreiche Selbstmörder aufgrund von Depressionen
oder erschreckender Wahnvorstellungen. Der Hausarzt der
Ditzens, Dr. Eggebrecht, reist unterstützend aus Leipzig an
und berichtet von jahrelangen schweren Depressionen der
Mutter von Ditzen, die nicht in Zeiten der Krisen ausbrachen,
sondern verdächtigerweise – vermutlich aufgrund einer leichten Epilepsie – völlig unvermutet und unbegründet auftraten.
Er berichtet natürlich auch von der Selbstmordgefährdung des
Sohnes nach den obszönen Briefen, die für sich selbst schon
eine gewisse Pathologie beinhalten würden. Und für den Fall,
daß dies alles noch nicht genüge, erwähnt er vorsorglich auch
noch den Selbstmord eines angeheirateten, also blutsmäßig
nicht mit Rudolf verwandten Patienten: es war der Ehemann
der Schwester von Ditzens Mutter.

Die Schwester des Vaters, Adelaide Ditzen, kommt eigens
aus Italien und erzählt von der ständig selbstmordgefährdeten
Großmutter ihres Neffen. Die Mutter Ditzens wiederum, es ist
die depressive Frau mit der vermutlich leichten Epilepsie, berichtet von ihrem Bruder, der sich als Student das Leben genommen habe, weil er fürchtete, geisteskrank zu sein. Wilhelm
Ditzen überliefert den Satz, mit dem ihn Rudolf beim ersten
Krankenbesuch begrüßte, nachdem die Mutter das Kranken-

hauszimmer verlassen hatte:»Papa, ich fürchte, ich bin geistesgestört.«[12]

So vorbereitet und eingeprobt ist für Juristen und Zuhörer der Befund der psychiatrischen Klinik Jena über den Geisteszustand des Täters Rudolf Ditzen keine Überraschung mehr: »Der p. Ditzen gehört in die Kategorie der Psychopathen, bei denen sich die Anfänge einer krankhaften psychischen Entwicklung bis in die Kindheit zurückverfolgen lassen. Vor allem fällt auf die ungleichmäßige Entwicklung der geistigen Fähigkeiten mit einseitiger Hervorkehrung phantastischer, gewissermaßen künstlerisch-literarischer Begabung, bei gleichzeitiger Entwicklungshemmung auf anderen Gebieten. Dazu gesellt sich eine krankhafte affektive Reaktion gegen die Vorgänge der Umwelt, die ihn zu einem eigentümlichen, verschlossenen, unzufriedenen und unsozialen Menschen schufen, einem Menschen, der infolge der einseitigen Hervorkehrung egozentrischer Denkrichtung mit Überbewertung der eigenen Persönlichkeit als hochmütig galt.«

Das Gutachten erwähnt auch Ditzens Selbsteinschätzung als lebenslanger »Einspänner und Sonderling« sowie sein Verhältnis zu den Eltern: »Nach dem Typhus habe er eine ausgesprochene Abneigung gegen seine Eltern empfunden, er empfinde schließlich nur eine Art ›Anhänglichkeit‹ ihnen gegenüber wie ein Hund zu seinem Herrn. Liebe könne er ihnen nicht geben, das sei darin begründet, daß sie sich völlig fremd gegenüberständen.«

Die Schlußfolgerung der Psychiatrischen Klinik ist eindeutig: »Im vorliegenden Falle läßt sich aus der vorstehenden Schilderung unschwer erkennen, daß die Weiterentwicklung der psychopathischen Züge zu den Symptomen ausgeprägter psychischer Störung sich in der Pubertätszeit vollzogen hat und durch interkurrente Schädlichkeiten (Hirnerschütterung, Typhus) gesteigert wurde. Zur Zeit der Begehung der inkriminierten Handlung befand sich der p. Ditzen zweifellos in einer Gemütsdepression mit ausgesprochenen Zwangsvorstellungen. ...Ditzen befand sich zur Zeit der Begehung der Tat in einem Zustand krankhafter Störung der Geistestätigkeit, durch welchen seine freie Willensbestimmung ausgeschlossen war (§ 51 StGB)«.[13]

In der Verhandlung äußern sich alle Zeugen wortreich und beflissen. Mitschüler treten auf und berichten von Mordgedanken des Ditzen an einer jungen Frau, von den Duell-Variationen, von den Verlagsschulden, von verschiedenen ›Affären‹ mit Mädchen, von seiner Aussage, vor dem Duell würden Nekker und er ihre Todesanzeigen selber schreiben, – »das macht einen furchtbaren Effekt« –, von den befremdenden Gedichten und Novellen, die sie von ihm zur Kritik erhielten. Der Generalsuperintendent bekommt noch einmal Gelegenheit, sein Mißfallen über den ständig aufgeregten, kettenrauchenden und verlogenen Untermieter zu äußern. Die Lehrer vermitteln ihren Eindruck, und der ist meistens nicht sehr gut. Sein Klassenlehrer bezeichnet ihn beispielsweise als einen »Dekadenten, der sich erhaben über Sitten und Gesetze fühlt«. Der Intendant der Schüleraufführung erzählt von der hochgradigen Erregung des Angeklagten. Der 19jährige Unterprimaner Willi Burlage aus Leipzig berichtet von den Visionen des Freundes, nicht er, sondern ein anderer in ihm verfasse die obszönen Briefe. Auch das Mädchen, an das diese Briefe gingen, sagt aus. Und dann die Familie Ditzen mit der massiven Leidensgeschichte einer psychopathisch angekränkelten Sippe.

Die lokalen wie überregionalen Zeitungen berichten zunächst sprachgewaltig über das Gymnasiastenduell ohne Zeugen, ziehen Parallelen zur allgemeinen politischen Misere, nehmen im Verlauf der Ermittlungen aber zurück, was sie über das ›Duell‹ geschrieben hatten, man spricht jetzt vom »Doppelselbstmord zweier krankhaft überspannnter junger Leute.«[14]

Nur die Mutter des getöteten Hanns Dietrich von Necker sagt nicht in diesem Sinne aus. Sie sei zwar gegen den Umgang ihres Sohnes mit dem Angeklagten gewesen, aber so weit sei sein Einfluß auf ihn denn doch nicht gegangen, schließlich habe sie stets alles gewußt, was Hanns Dietrich denke und fühle. Ihr Sohn habe niemals Selbstmordgedanken geäußert. Er sei ein wenig überempfindlich und nervös gewesen, mehr nicht. Ditzen habe das Duell arrangiert, es geradezu von Hanns Dietrich erpreßt. Sie zitiert aus dem Abschiedsbrief ihres Sohnes, in dem es heißt: »Damit der Stadtklatsch keine bösen Vermutungen vom Doppelselbstmord oder gar Doppelmord aufbringen kann, habe ich Harry öffentlich beleidigt«. Und für seine traditionsreiche Familie fügt er die Erläuterung hinzu, die den Waffengang unumgänglich machte, obwohl Schüler sich nicht duellieren durften: »übrigens war die Beleidigung derart, daß sie bei satisfaktionsfähigen Männern« unweigerlich zur Duellforderung führen mußte.

Der einzige, der relativ wortkarg bleibt, ist Rudolf Ditzen. Aber auch er spricht jetzt nicht mehr vom Duell, sondern vom systematisch geplanten Doppelselbstmord. Unterstützt wird diese Aussage durch das angekohlte Oktavheft, das man im Garten des Obersten Busse ausgegraben hat. Zudem bestätigt er seine häufigen Selbstmordabsichten. Der Grund hierfür sei sein »Haß auf das Leben, das verspricht und nichts hält«, ein Leben, »das nie zart und schön, sondern stets ekelhaft oder krankhaft war«. Zu den krankhaften Erscheinungen gehöre auch seine gelegentliche Wahnidee, eine Frau zu töten.[15]

Rudolf Ditzen folgt damit der offensichtlichen Strategie seines Vaters. Die Rechnung geht auf: Die Mordanklage wird fallengelassen. Sein Sohn wird als unzurechnungsfähig im Sinne des § 51 erklärt und in eine geschlossene Anstalt überwiesen. Und Reichsrichter Wilhelm Ditzen kann sein Rücktrittsgesuch annullieren.

5.
Mut heißt aushalten, wenn etwas ganz unerträglich ist

Die Einweisung des unzurechnungsfähigen Rudolf Ditzen in
eine geschlossene Anstalt ist amtlich, das Sanatorium in Tannenfeld bei Gera privat und teuer. Wilhelm Ditzen hat es für
seinen Sohn ausgewählt und übernimmt die hohen Kosten.
Dort werden jene Kranken umsorgt, die selbst oder deren Familien über genug Geld verfügen, den unvermeidlichen Aufenthalt mit einem gewissen Luxus zu umgeben. Die Patienten
kommen überwiegend aus den Kreisen der Aristokratie oder
aus dem gehobenen Bürgertum. Der Oberbegriff Sanatorium
kaschiert den Schweregrad ihrer Leiden. Die genauere Be-
zeichnung trifft den Charakter besser: ›Heilanstalt für Nerven-
und Gemütskranke‹. Die Anstalt besteht aus fünf Villen und
verschiedenen Wirtschaftsgebäuden wie Wäscherei, Küche
oder Gärtnerei, sowie einem Haus mit Gästezimmern für be-
suchende oder mitbetreuende Verwandte. Die gemeinsamen
Mahlzeiten werden im Speisesaal des ›Schlösschens‹, das
eigentlich ein großes Gartenhaus ist, eingenommen. Dort gibt
es auch Clubräume , eine Bibliothek mit Lesezimmer und einen
Spielsalon. Ein gepflegter weiträumiger Park umgibt das Ge-
lände, das allerdings von hohen Mauern begrenzt ist. So erfahren selbst jene Patienten, die in der Lage sind, spazieren zu
gehen, ihre Einschränkung. Die 60 Kranken sind in freundlichen Einzelzimmern untergebracht. Das Pflege- und Bedie-
nungspersonal ist ausgesucht höflich und entstammt gleichfalls
den besseren Kreisen. Geführt wird die Heilanstalt von ihrem
Besitzer, dem Medizinalrat Dr. Arthur Tecklenburg, der zugleich auch der leitende Arzt ist.
Rudolf Ditzen wird Anfang Februar 1912 direkt aus der geschlossenen Abteilung der Universitätsklinik in Jena in diese
Anstalt zu Tannenfeld überführt. Sein erster Sanatoriumsauf-

enthalt in Berka nach der Briefaffäre hatte lediglich zu seiner Ruhigstellung durch Medikamente geführt, eine Therapie hatte dort nicht stattgefunden. Hier in Tannenfeld erhält Rudolf endlich neben den rein medizinischen Maßnahmen die psychotherapeutische Betreuung, derer er seit Jahren bedurft hätte. Er erscheint dort in Begleitung seiner Tante, Adelaide Ditzen, der Schwester des Vaters, die bereits in Rudolstadt aufgetreten war. Sie wird den Neffen für die zunächst unabsehbare Dauer seines Aufenthaltes in der Heilanstalt betreuen und im Gästehaus wohnen.

Es ist eine eindrucksvolle Frau. Acht Jahre jünger als Wilhelm Ditzen, personifiziert sie eine Generation von Frauen, die sich zwar um ihre Emanzipation bemühten, aber dennoch die Grenzen, die die Normen der Gesellschaft ihnen setzten, nicht bis zur letzten Konsequenz zu überwinden vermochten. Sie ist hochintelligent, sehr gebildet und spricht neun Sprachen, darunter auch Russisch und Japanisch, aber trotz dieser Begabungen kann sie nicht studieren. Universitäten waren bis ins 20. Jahrhundert hinein nur den Männern vorbehalten. Ungewöhnlich ist schon, daß sie unverheiratet blieb, noch unüblicher aber, daß sie nicht zu Hause ausharrte, wie das früher bei ledigen Frauen vorausgesetzt wurde, sondern sich sowohl finanziell als auch intellektuell von ihrem Elternhaus emanzipierte. In diesem Juristenhaushalt war sie geistig unterfordert. Sie suchte zielstrebig ein anderes Leben, eine andere Welt. Sie ging nach Italien. Dort herrschte eine Atmosphäre, die ihrer Begabung und ihrer Wißbegier entsprach.

In Rom lebte und arbeitete sie zunächst als Übersetzerin von literarischen Manuskripten, korrespondierte mit Verlagen und Schriftstellern. Dort schloß sie sich 1895, also im Alter von 35 Jahren, dem Kreis der Malvida von Meysenbug an, die sich als Schriftstellerin und Journalistin zu demokratischen Idealen und zur Frauengleichberechtigung bekannte. Das eine war damals aus der Sicht einer Monarchie staatsfeindlich, das andere ebenso unpassend wie überflüssig. Wegen ihrer Sympathien für die deutsche Revolution von 1848, ihrer Schriften und ihres

7 *Adelaine Ditzen, genannt »Tante Ada«, hochintelligent und gebildet, hatte ein inniges Verhältnis zu ihrem älteren Bruder Wilhelm und zu ihrem Neffen Rudolf.*

Briefwechsels mit revolutionären Politikern und Pädagogen war sie als unbequeme Staatsbürgerin 1852 aus Berlin ausgewiesen worden. Sie emigrierte zunächst nach London. Dort arbeitete sie als Erzieherin im Hause des sozialistischen Philosophen und Schriftstellers Alexander Herzen, mit dessen Familie sie seit Jahren befreundet war. In Paris und Florenz, ihren nächsten Stationen, schrieb sie oppositionelle Artikel für politische Zeitungen und übersetzte Bücher. Seit 1870 lebte sie als Schriftstellerin in Rom. Ihr ›Salon‹ war ein progressiv-gesellschaftlicher wie kultureller Mittelpunkt der Stadt. Zu ihren regelmäßigen Besuchern zählten der Philosoph Friedrich Nietzsche, der Freiheitskämpfer Giuseppe Garibaldi, der Komponist Friedrich Liszt, sein Schüler, der Komponist und Dirigent Hans Guido Freiherr von Bülow – was wiederum zur Freundschaft der Malwida von Meysenbug mit Cosima und Richard Wagner führte –, der Schriftsteller Romain Rolland, und – Adelaide Ditzen. Sie pflegte ihre Freundin Meysenbug bis zu deren Tod im Jahr 1903. Danach arbeitete Adelaide Ditzen erneut als Übersetzerin und zuletzt als Assistentin – nach anderen Quellen als Sekretärin – eines römischen Chirurgen in der Poliklinik.

Trotz der politischen Einstellung und trotz ihres unorthodoxen Lebensweges blieb der Kontakt zu ihrer Familie erhalten. Besonders zu ihrem älteren Bruder Wilhelm hatte sie ein inniges Verhältnis, seine ›Erinnerungen‹ belegen es.[1] Abgesehen von den zahlreichen Briefen, die Bruder und Schwester wechseln, besucht Wilhelm Ditzen beispielsweise 1896 Adelaide im Zuge einer Italienreise und unternimmt mit ihr von Februar bis März etliche Ausflüge. 1898 trifft er die Schwester und Malvine von Meysenbug wieder in Italien, 1901 besucht sie ihn in München, wo er auf einer Dienstreise weilt. 1903 unternehmen Bruder und Schwester eine 14tägige Fahrt in die Schweiz. 1906 werden die Ditzens von Adelaide in ihrem Feriendomizil, dem Ostseebad Graal, besucht. 1910 verbringt die Familie Ditzen zusammen mit ihr einen mehrwöchigen Urlaub im Harz. Im selben Jahr – Ditzens sind gerade nach Leipzig umgezogen – werden sie von Adelaide in ihrer neuen Wohnung besucht, und ebenfalls 1910 fahren die beiden älteren Schwestern von Rudolf zusammen mit Tante Ada – anders wird sie in der Familie nie genannt – für eine Woche nach Dresden. Die gebildete

Tante zeigt und erläutert ihnen die kulturellen Sehenswürdigkeiten dieser Stadt.

1911 liest Adelaide in Rom zufällig in der Zeitung von dem ›Rudolstädter Gymnasiastenduell ohne Zeugen‹. Der Überlebende dieser Tragödie ist der Unterprimaner Rudolf Ditzen. Sie hat die problematische Entwicklung ihres Neffen im Verlauf der Jahre aufmerksam beobachtet. Sie schätzt trotz des komplizierten Charakters seine Intelligenz und Kreativität hoch ein. Sie ist davon überzeugt: jetzt braucht die von Katastrophen geschlagene Familie ihre Hilfe, noch mehr aber Rudolf. Adelaide Ditzen, die nach dem Prinzip lebt, ein nützliches, anderen Menschen helfendes Leben zu führen, kündigt umgehend ihre Arbeitsstelle in der italienischen Poliklinik. Sie fährt nach Rudolstadt und sagt im Sinne der juristischen Strategie von Wilhelm Ditzen aus. Dann aber kümmert sie sich um Rudolf, beschließt, ihn während seines gesamten, von der Zeit her nicht einzuschätzenden Aufenthaltes in der Heilanstalt schützend und vor allem bildend zu begleiten. Der Neffe wird ihr dies später ausdrücklich danken.

Zunächst einmal stellt Rudolf beruhigt die Unterschiede zwischen dieser luxuriösen Heilanstalt und der Jenaer Universitätsklinik fest: er bekommt in Tannenfeld ein Einzelzimmer und einen nur für ihn zuständigen Pfleger. Er wird ebenso freundlich wie fürsorglich behandelt, ohne Demütigungen.

Wie anders war doch in Jena die Untersuchung auf seine Zurechnungsfähigkeit verlaufen. Er wird bereits 1912, also in Tannenfeld, versuchen, dieses Erlebnis literarisch zu bewältigen, allerdings bleibt das Fragment dann jahrelang unbearbeitet liegen. Der Ich-Erzähler ist wegen Mordverdachts in eine Heilanstalt eingeliefert worden: »*Am andern Morgen wurde ich zu den Ärzten gerufen. Sie saßen drei Mann hoch in der Krankenzelle und musterten mich streng und geschäftsmäßig. Ich war ihr Geschäft, es war ihr Geschäft, meinen Geisteszustand zu untersuchen. Sie taten es. Sie ließen mich das Wort ›Flanell-Lappen‹ sprechen, ich mußte rechnen, dann zeigte mir der jüngste ein Bild, nahm es mir wieder fort und ich mußte er-*

zählen, was ich darauf gesehen. Es kam mir alles unsäglich albern vor. Das große Tier, der Geheimrat, sprach ab und zu ein lateinisches oder griechisches Wort zu den beiden andern, die dann ernst mit dem Kopf nickten. Einer schrieb immer etwas auf. Der Wachtmeister in der Tür war ganz Diensthaltung. Übrigens hatten sie mir keinen Stuhl angeboten.« (Katze, S. 390)[2]

Einerseits ist Rudolf Ditzen froh, nicht im Gefängnis gelandet zu sein, andererseits empfindet er die Lösung des Vaters, ihn zielstrebig für unzurechnungsfähig erklären zu lassen, nur als vordergründige Schutzmaßnahme. Sie dient in seinen Augen nicht ihm, sondern lediglich der zu rettenden Reputation seines Vaters. Noch 1935 wird er sich gegenüber einer Krankenschwester in diesem Sinne äußern; sie erinnert sich: »Da die anderen Geschwister alle im Sinne der Familie geraten waren, war das Verhältnis mit ihm etwas schwierig. Nach dem Rudolstädter Vorkommnis hat der Vater sich damit gerettet, ihn in eine ›Klapskiste‹ zu schicken, um zu beweisen, daß er geistig nicht für diese Geschichte verantwortlich ist. Und das war für ihn natürlich grauenhaft.«[3] Daß es angesichts des Todes von Hanns Dietrich von Necker juristisch gesehen keine weiteren Alternativen gab als eben Gefängnis oder Heilanstalt, scheint er nie begriffen zu haben. Noch weniger versteht er es 1912 in Tannenfeld; seine dort geschriebenen Gedichte zeigen seinen verstörten Zustand, seine Selbstentfremdung, aber auch sein Selbstmitleid. Er vergleicht seine Situation mit der des gekreuzigten Christus:

»Dulder
Er hat sich in sich selbst so tief versenkt,
Dass er den Weg hinaus nicht mehr kann finden,
Wie er auch still die tiefen Ströme lenkt,
Da ist kein weites Meer für sie zu münden.

Die Welt geschieht. Jedoch Geschehn ist tot
Und dreht sich nur auf seines Hirnes Spule,

So geht er bis zum frühen Abendrot
Bei Jesus Christus in die Dornenschule.« (Lyrik) [4]

Das Sanatorium wird ihm zu einer Stätte, die zum Grabe führt:

»Tannenfeld
Vielleicht ist Park hier nichts so sehr wie Leid,
Vielleicht ist Baum ein hingeschluchztes Wort,
Und jedes Blatt ist einer Schwermut Kleid,
Darinnen Lust wie Leid erstickt verdorrt.

Vielleicht führt jeder Weg zum Irrsinn hin,
Vielleicht ist Teich ein tief erweinter Schmerz,
Und jedes Haus steht stets im Dunkel drin,
In meinen Mauern klopft erstorbnes Herz.

Dies alles mag wohl sein – und doch – der Tod
Sitzt nicht so dumm und stumm in dieser Welt,
Da ist Geschrei und Schmerzen und viel Rot
Und nichts ist stumm, ehs nicht zu Boden fällt.

Nur Ding ist tot und dies vielleicht auch nicht,
Es wehrt sich auch und schreit sein tiefstes Leid,
So schreit auch Mensch in Schmerzen jederzeit,
Bis man ihm schließlich dunkle Kränze flicht.« (Lyrik)

Angestrengt zusammengestoppelte Lyrik, gewiß, aber biographisch betrachtet, ist sie wichtig. Sie zeigt die Verzweiflung des jungen Ditzen über seine Internierung, seine völlige Hoffnungslosigkeit und die fehlende Lebensperspektive.
   »So schreit auch Mensch in Schmerzen jederzeit,
   Bis man ihm schließlich dunkle Kränze flicht...« Ähnliches wird in ›Anton und Gerda‹ der Protagonist äußern, der sich in der Heilanstalt befindet, nur ist die ausweglose Situation sehr viel klarer ausgedrückt: *»Nun steht ein grauer Frühtag im Saal,*
alles ist unvermittelt grau, trübe, trostlos. In diesem Licht be-

greift's sich, wie schlimm es sein muß, hier zu liegen, Tag für
Tag, Monat für Monat, Jahr für Jahr, bis der Sarg kommt mit
der Nummer, das Grab – und dann? Ruhe hoffentlich. Keine
Seligkeit kann größer sein als völlige Ruhe.» (Anton, S. 437 f.) [5]

Obwohl die erste Eintragung in Rudolf Ditzens Krankenakte
belegt, daß er ruhig und völlig orientiert sei, nachts bereits auf
der Wachstation schlafe, trifft diese Feststellung nicht seinen
Seelenzustand. Er ist sich offensichtlich nicht klar darüber, ob
er – gemäß seines § 51 – verrückt spielen oder sich als normal
darstellen soll. Vor allem Tante Ada bekommt dies zu spüren.
Sie ist entschlossen, Rudolf durch massiven Unterricht und die
Erweiterung seiner Bildung einerseits sinnvoll zu beschäftigen,
andererseits ihm auch eine Lebensperspektive zu vermitteln,
denn an einen offiziellen Schulabschluß ist jetzt nicht mehr zu
denken. Mit Sprachkenntnissen hat sie den Weg ins eigene Leben gefunden. Jetzt überzeugt sie den Neffen davon, daß dies
auch für ihn eine Möglichkeit zu beruflicher Qualifikation ist.

Tante Ada beginnt ihren täglichen Unterricht mit Englisch,
Französisch und Italienisch. Die beste Übungslektüre ist anspruchsvolle Literatur im Originaltext der jeweiligen Sprache.
Zwar hat Rudolf bereitwillig diesem privaten Lehrplan zuge-
stimmt, doch der ist vielleicht für einen seelisch angeschlagenen Menschen etwas zu kompakt. Vor allem in den Gramma-
tikstunden verwirrt er die Tante durch Reaktionen, die sie
fürchten lassen, daß der § 51 doch nicht nur vordergründig –
und um ihn vor dem Gefängnis zu bewahren – verhängt wurde.
Rudolf soll ein falsch ausgesprochenes Wort noch einmal richtig wiederholen. Er weigert sich mit einem Kopfschütteln. Die
Tante besteht auf ihrer Forderung, Rudolf weigert sich stumm
mit der gleichen Bewegung, die Tante setzt nach, Rudolf verfällt in ein motorisches Kopfschütteln, solange, bis er hochrot
im Gesicht, mit verdrehten Augen und zitterndem Unterkiefer
vor ihr sitzt und so den Abbruch der Unterrichtsstunde er-
zwingt. Bei einer anderen Gelegenheit betritt er das Arbeitszimmer mit dem Gang eines debilen Menschen. Er hat den
Oberkörper nach vorn sacken lassen, die Arme hängen schlapp

pendelnd herab, die Füße werden ungeschickt stolpernd, Schrittchen für Schrittchen gesetzt. Er blickt mit stieren Augen durch Tante Ada hindurch, stammelt mit hängender Unterlippe unzusammenhängende Worte. Er hat sich die Posen von Patienten im Sanatorium abgesehen und vor dem Spiegel eingeübt. Dann spielt er zur Abwechslung den Schizophrenen. Als er von seiner Schwester Elisabeth in der Heilanstalt besucht wird und zusammen mit ihr und Adelaide Ditzen beim Kaffeetrinken sitzt, bekommt er plötzlich einen angestrengten Blick, schaut auf seine Schwester und fragt: »Sag mal, wer ist eigentlich Tante Ada? Ich kenne sie doch gar nicht?«[6] Das sind Morbiditäten, die er vorgibt. Sie werden abgestellt, als die Tante nicht mehr erschrocken darauf reagiert und ihm vermittelt, daß sie ihm das Theater nicht abnimmt.

Nicht eingestellt werden Zwangshandlungen. Sie wiederholen sich, führen immer wieder zu Auseinandersetzungen, weil die Tante zunächst annimmt, daß auch sie zum oppositionellen Repertoir ihres Neffen gehören: Sie darf kein Heft, kein Buch, kein Schreibwerkzeug von ihm zur Seite schieben oder auch nur berühren. Tut sie es, regt sich Rudolf darüber auf, besteht auf seiner Ordnung. Die Blumenvase hat genau auf der Tischmitte stehen zu bleiben und soll nicht von ihr verschoben werden, sein Bleistift darf nicht von ihr angefaßt werden. Tut sie es, protestiert er wild, springt auf und holt sich einen neuen. Das geht so weit, daß er ein Buch, das sie sich aus seinem Bord holte, wieder dorthin zurückbringt, es einstellt, sich an den Tisch setzt, dann wieder aufsteht, um es sich selbst zu holen. Möchte sie – ihm über die Schulter sehend – verfolgen, ob er die Wörter und Sätze richtig schreibt, beugt er sich weit nach vorne und deckt die Schrift mit seiner Hand zusätzlich ab. Bei einer anderen Gelegenheit soll er ihr sein Grammatikbuch eben mal rüberreichen. Er weigert sich, umklammert es mit den Händen und preßt es an seine Brust. Dies ist eine ähnliche Situation wie einst in seinen Kindertagen mit dem Unterschied zwischen Taube und Puter. Wider besseres Wissen hatte er damals ja darauf beharrt, daß der mächtige Braten auf dem Tisch eine

Taube sei. Jetzt möchte Tante Ada etwas im Lehrbuch nachschlagen, um ihm zu beweisen, daß sie recht hat mit ihrer Korrektur. Er weigert sich starrsinnig, diese Belehrung zur Kenntnis zu nehmen und macht durch das Festhalten des Buches den Gegenbeweis unmöglich. Erst als Adelaide Ditzen auf diese Merkwürdigkeiten eingeht und sich an die Gebote ihres Neffen hält, bleiben die Konflikte aus. Es spricht für das Einfühlungsvermögen der energischen, resoluten Tante, daß sie es tut.

Das ist der eine Beleg, der aufzeigt, daß Rudolf Ditzen traumatisch reagiert und so gesund nicht ist, wie er es selbst glaubt. Die andere Variante ist eine Wiederkehr seiner multiplen Persönlichkeit: Wochenlang murmelt er vor sich hin: »Heinrich Korn ist mein Vater, Heinrich Korn ist mein Vater, Heinrich Korn ist mein Vater«, ohne daß ein Zuhörer erfährt, wer dieser Heinrich Korn eigentlich ist.[7] Auch läßt Rudolf sich plötzlich wieder von allen ›Harry‹ nennen.

Und dann die Ängste, auch sie sind wieder da. Sie führen zum Verfolgungswahn. Rudolf Ditzen glaubt, daß sich der ältere Bruder von Necker an ihm für den Tod des jüngeren rächen will. Überall sieht er ihn im Park zu stehen. Er lauert mit einer Pistole in der Hand hinter einem Busch, versteckt sich hinter einer Säule, Rudolf sieht deutlich seinen Schatten. Beim nächsten Mal hockt der Bruder von Hanns Dietrich im Gebüsch des Gartenbeetes vor seinem Fenster und blickt zu ihm hoch, immer die geladene Waffe in der Hand. Rudolf zieht die Vorhänge seines Zimmers zu, damit er von ihm nicht gesehen werden kann, er wechselt ständig seinen Standort, damit der geübte Schütze es schwerhabe. Er schließt jedesmal sein Zimmer beim Verlassen sorgfältig ab, damit der Rächer sich dort nicht verstecken und ihm nachts auflauern könne. Er verschiebt ständig sein Bett, auf daß ihn der Todesschuß seines Verfolgers nicht im Schlafe treffe.

Medizinalrat Arthur Tecklenburg setzt diesen Visionen Bettruhe, Dauerbäder, Wechselbäder, geschlossene Unterbringung, Medikamente und therapeutische Gespräche entgegen, Tante Ada, so gut es geht, die Regelmäßigkeit ihres Unterrichts.

Langsam verbessert sich der Allgemeinzustand des Patienten Rudolf Ditzen. Frische Luft tut ihm gut, er wird zu Arbeiten in der Gärtnerei angehalten. Der wieder tägliche Unterricht von seiner Tante stabilisiert ihn, er darf sich langsam Hoffnungen auf ein Leben in Freiheit machen. Jetzt beginnt er aufs neue, an seine Mission als Schriftsteller zu glauben. Seine Gedichte sind nun auch ein Versuch, das Geschehene zu bewältigen. Der Tod des Freundes bewegt ihn nicht nur in seinen Ängsten: Das Gedicht, das in diesen Tagen entsteht , hat den Titel:

»Pulverdampf über dem Erschossenen
Doch plötzlich riss der Bäume totenstarres Steigen,
Ein rasender Orkan in Wellblechstreifen,
Der Himmel gröhlt in sinnlosem Verneigen
Und Erde sprang nach ihm und wollt ihn greifen.
. . . .
Es schlangen von der weißen Brust des Toten
Blutregenwürmer sich durch Heidekrautgebüschel
Und aus dem Rosenkern, dem purpurroten
Stieg seltsam nah ein lispelndes Gezischel.

Doch – da das Hirn im Toben stockte,
Da Lächeln um den Mund ihm flog –
Wars, dass der Wind ihn ungeahnt verlockte,
Dass er den Pulverdampf zum Hirne sog.
. . . .
Hier war die Brücke, die zum Leben führte,
Hier war Befreiung, hier war wieder Kern –
Er fühlte, wie der Duft das Fleisch ihm rührte
Und gab sich hin, verlockt, verspielt und gern. –« (Lyrik)

Rudolf Ditzen begreift also das Selbstmordduell als Endpunkt und Neuanfang zugleich. Der Endpunkt war gewiß gesetzt hinter seine gestörte, unverstandene Jugendzeit, dominiert von den Normen der Familie, aber was war der Neuanfang? Wichtig sind die letzten beiden Zeilen: Rudolf Ditzen verliebt sich in eine der Hauslehrerinnen von Tannenfeld, die zunächst auch auf Gespräche mit ihm eingeht, mit ihm Tennis spielt, Spaziergänge unternimmt, dann aber vor einer weiteren Verbindung zurückschreckt. Sie hat bemerkt, ›*wie der Duft das Fleisch ihm rührte*‹, und daß seine Gefühle für sie eben nicht nur locker ›*verspielt*‹ sind. Zudem wird sie von der Anstaltsleitung darauf hingewiesen, daß eine nähere Verbindung vom Personal zu den Patienten unerwünscht sei, da es bei den kranken Menschen zu Komplikationen führen könne. Außerdem sei es für den guten Ruf der Institution schlecht. Die Hauslehrerin hält sich an die Anweisung, sie hat die Beziehung ohnehin nicht annähernd so ernst genommen wie der Partner.

Die Zurückweisung trifft ihn hart, wirft ihn zurück in pathologische Reaktionen. Der Gedanke an Selbstmord taucht wieder auf. Tante Ada ist wegen ihres Heuschnupfens für einige Zeit an der See und kann ihn nicht durch Gespräche aufrichten. Bitter teilt ihr der Neffe in einem Brief vom Juni 1912 seine Schlußabrechnung mit der Hauslehrerin mit: »Kleinbürgerlich, wie sie nun einmal ist, und mit begrenztem Gesichtskreis, ist es ihr völlig gleichgültig, ob sie sich selbst etwas vorzuwerfen hat, wenn ihr nur die anderen nichts sagen können. Und das ist natürlich völlig richtig so. Wenn nur ihr guter Ruf gewahrt bleibt, ob da ein Herr X oder Y oder Herr Ditzen darüber kaputt geht, ist ja völlig uninteressant.«[8]

Was aber soll die Brücke, die zum Leben führt, werden? Bestand überhaupt eine Möglichkeit, dem Unzurechnungsfähigkeitsparagraphen 51 und damit der Internierung in einer geschlossenen Anstalt je zu entkommen? Sie bestand, aber nur durch Beweise seiner Zurechnungsfähigkeit. Dr. Tecklenburg weist immer wieder darauf hin. Er führt mit ihm lange Gespräche und er schreibt ihm Briefe, wenn er nicht in Tannenfeld ist.

Tante Ada setzt Rudolfs Zweifeln weiterhin die Notwendigkeit der systematischen Bildung entgegen. Sie hält ihn dazu an, noch intensiver zu lernen, sich um nichts anderes als um sein Allgemeinwissen zu kümmern. Nur dies könne ihm einen Start zurück ins normale Leben ermöglichen.

Rudolf Ditzen ist häufig genervt durch den anstrengenden täglichen Unterricht. Er empfindet die Tante zeitweilig als seinen persönlichen Feind, da sie alles, was er sagt, tut oder unterläßt, sofort Dr. Tecklenburg hinterbringt. Er hat das Gefühl, sie sei nur an seiner Bildung interessiert, nicht aber an ihm als Menschen. Dennoch begibt er sich unter das Joch, das die strenge Tante ihm auflegt und lernt mit enormem Fleiß.

Sehr viel später wird seine Romanfigur Wolfgang Pagel der Dienstherrin einen Satz entgegenschleudern, der dem Bewußtsein des Rudolf Ditzen in den letzten Monaten seines Tannenfelder Aufenthaltes entsprechen dürfte: *»Was wissen Sie denn von Feigheit und Mut?!... Mut heißt aushalten, wenn etwas ganz unerträglich ist... Aber es muß eine Sache sein, um die es sich verlohnt, Mut zu haben.« (Wolf, S. 706)* Rudolf Ditzen beweist diesen Mut. Sein Ziel ist es, aus dem Grab der geschlossenen Anstalt herauszugelangen, das Leben zu greifen und sich seiner Herausforderung zu stellen, ohne ›Furchtsprung‹ durch Ängste, ohne Kompromisse an die Bequemlichkeit. Er lernt immens.

Jetzt unterstützt ihn Tante Ada entscheidend über das tägliche Pauken hinaus. Durch ihre Vermittlung kommt ein Kontakt mit dem Schriftsteller Romain Rolland zustande. Rudolf möchte (sollte, nach Tante Ada) dessen Roman ›Das Leben des Michelangelo‹ ins Deutsche übersetzen. Inzwischen hat er soviel Französisch gelernt, daß er in der Tat dazu in der Lage wäre, ein Verlag bescheinigt ihm das schriftlich. Aber dann zerschlägt sich der Plan an den Rechten, die bereits ein anderer Übersetzer innehat. Symptomatisch übrigens, daß Rudolf Ditzen die Briefköpfe seiner Schreiben neben seinem Namen mit der Zusatzbezeichnung ›Schriftsteller‹ versieht. So geschmückt mit Hoffnung, nicht aber ausgewiesen durch die Wirklichkeit, gehen sie an Romain Rolland und an mehrere Verlage. Er bietet weitere Übersetzungen an, erwähnt auch ein eigenes Werk, das er allerdings noch gar nicht verfaßt hat. Alle Angeschriebenen äußern sich höflich, aber ablehnend. Lediglich ein Leserbrief von ihm wird in einer Zeitung abgedruckt.

Dennoch, die Briefe Rollands, die Bestätigung der Verlage,

daß die Übersetzungen gut seien, der abgedruckte Leserbrief, stabilisieren den nach Leistung und Anerkennung Drängenden. Seine Kontakte aus der geschlossenen Heilanstalt in eine offene, freie Außenwelt sind gelungen. Und diese Erfolge reduzieren seine krankhaften Reaktionen auf ein zu tolerierendes Minimum. Nach knapp zwei Jahren, im Spätsommer des Jahres 1913, wird er aus Tannenfeld entlassen. Man hält ihn für gesund und reif genug, ein eigenes Leben zu führen.

Adelaide Ditzen begibt sich stehenden Fußes an den nächsten Ort ihrer nützlichen, anderen Menschen dienenden Tätigkeit: in Marburg wird sie einem blinden Studenten nach dessen Diktat die Dissertation schreiben.

6.
Joppe und Gamaschen – das Ende aller Träume und Hoffnungen?

Am 1. August 1913 beginnt als Eleve Rudolf Ditzen eine Landwirtschaftslehre auf Rittergut Schloß Posterstein und Vollmershain bei Nöbdenitz in Sachsen.

Nach seiner Erinnerung war er es wohl nicht, der über sein neues Leben entschieden hatte. *»Ich weiß es nicht mehr, wer es eigentlich beschlossen hat, ... Landwirtschaft lag ganz außerhalb des Familien-Üblichen. In meiner Familie war man Jurist oder Geistlicher, also Beamter in irgendeiner Form. Und nun wurde ich Landwirt«. (Schriftsteller, S. 279)* [1]

In erster Linie war es wohl der Arzt Dr. Tecklenburg, der zu diesem Beruf riet. In Tannenfeld hatte frische Luft und die Arbeit im Garten seinem Patienten gut getan. Entscheidend aber war der Vater, der sich diesem Rat anschloß. Dafür, daß sein Sohn eine Landwirtschaftslehre absolvieren durfte, hatte er

»gutes Kostgeld« (Schriftsteller, S. 279) zu bezahlen. Bei diesem hohen Kostgeld wurde wohl auch mitbezahlt, daß man den vorbelasteten jungen Mann überhaupt einstellte, denn der Vater hatte den Rittergutsbesitzer über die Vorgeschichte von Rudolf informiert. Wilhelm Ditzen wünschte, ständig über seinen Sohn unterrichtet zu werden. Er hielt ihn für gesund und war davon überzeugt, daß ihm nur harte Arbeit eine Lebensperspektive eröffnen könnte. Ein anstrengender Arbeitstag würde Überspanntheiten und Hysterien gar nicht erst aufkommen lassen. Diese Ansicht teilte offensichtlich auch der Rittergutsbesitzer, *»und so stand ich denn eines Morgens um drei Uhr im Kuhstall als Oberaufseher über hundertzwanzig Kühe und etwa ein Dutzend Melker, und von dem Tage an hatte ich jeden Morgen meines Lebens um drei Uhr im Kuhstall zu stehen und darauf zu achten, daß die Kühe auch sauber gemolken wurden, daß die Melker nicht grob mit ihnen umgingen, daß sich nicht zu viel milchlüsterne Katzen herumtrieben – und ich war so müde.« (Schriftsteller, S. 279)*

Ob der tägliche Dienstbeginn tatsächlich bereits nachts um 3 Uhr lag, muß bezweifelt werden. Die Arbeitsbedingungen waren damals zwar ungleich rigider als heute, aber Kühe wurden auch in jener Zeit frühestens um 5 Uhr gemolken. Hans Fallada neigt in seinen autobiographischen Äußerungen zu Ungenaugkeiten und Dramatisierungen. Normalerweise – abgesehen von erntebedingten Ausnahmen – lag der Beginn der Arbeit um 5 Uhr, aber das neue Leben war auch damit hart genug.

»Der Tag ging weiter, war endlich die Milch zum ersten Morgenzug geschickt, wurde ich nach kurzem Frühstück aufs Feld geschickt, zum Pflügen etwa oder zum Zuckerrübenakkord oder, was immer noch am besten war, in den Wald. Denn da durfte ich ein bißchen bummeln, ehe ich zu den Holzbauern kam, sonst hatte ich den ganzen Tag hinter Leuten zu stehen und sie zur Arbeit anzutreiben, denn nie taten die Leute nach Ansicht meines Vorgesetzten, des Inspektors Schönekerl, genug. Und nie leistete ich genug im Antreiben. War dann der Abend gekommen, die Pferde abgefüttert, war ich müde zum Umsinken, so

8 *Am 1. August 1913 beginnt Rudolf Ditzen seine
Landwirtschaftslehre.*

begann mein hoher Chef mit seinen Stehkonventen. Er hatte spiegelnde Reitstiefel an, und in ihnen wie ein Turm stehend, begann er die Wirtschaft zu besprechen, wie er es nannte, während ich in meinen mageren Gamaschenbeinen vor Müdigkeit leise hin und her schwankte und ganz blöde im Kopfe war. Ich weiß es nicht, warum mein hoher Chef diese Besprechungen immer so lange ausdehnte, ich sah die Knechte vom Füttern nach Hause gehen, später schloß der Hofmeister die Scheunen und Böden ab, mit einem Riesenschlüsselbund rasselnd, es wurde dämmrig, die Mamsell jagte das letzte Geflügel in die Ställe, es wurde dunkel, und immer noch wurde die Wirtschaft besprochen: Chilesalpeter auf den Weizen, der Mist ist zu ungleich gestreut auf Schlag 7, da muß noch mal durchgegangen werden, was ich noch sagen wollte: auf dem Klinkecken ist mir der Boden doch zu tonig für Zuckerrüben, wenn wir statt dessen lieber noch einmal Weizen nähmen, mit Luzerneuntersaat –?«. (Schriftsteller, S. 279 f.)

Die Strapazen der ersten Arbeitsstelle sind für Fallada unvergeßlich. Fast ein viertel Jahrhundert später wird er sie in seinem Roman ›Wolf unter Wölfen‹ so dicht beschreiben, als hätte er sie gestern erst erlebt: *»Auf Rittergut Neulohe ist der kleine Feldinspektor Meier ... zwischen der elften und zwölften Vormittagsstunde schon wieder so müde, daß er, wie er ist, in Joppe und Gamaschen, ins Bett fallen und bis zum andern Morgen schlafen könnte. Er sitzt aber nun am Rande eines Roggenschlages, durch ein paar Kiefernkuscheln gut gegen Sicht gedeckt, im langen und trockenen Waldgras und döst so vor sich hin. Um drei Uhr aufgestanden, in den warmen Dunst des Stalles (so müde, ach, so müde!), Futter ausgegeben, Füttern überwacht, Melken beaufsichtigt, nach dem Putzen gesehen. Ab vier Uhr Raps eingefahren, der im Morgentau eingefahren werden muß, damit er nicht ausfällt. Um dreiviertelsieben eine Tasse Kaffee im Stehen getrunken, hastig was runtergeschlungen (immer noch müde). Und ab sieben das gewohnte Tagewerk. Dann kam vom Roggenschlag die Nachricht, daß beide Bindemaschinen kaputt seien. Hingejagt mit dem Schmied, rumgeflickt an*

den Dingern. Nun klappern sie wieder, klappern sie noch – ach,
was ist er müde, nun ist er nicht nur noch müde von gestern, nun
ist er auch schon müde von heute! Ach, wie gerne würde er jetzt
hier, in der Sonne bratend, einschlafen –! Aber er muß vor zwölf
noch einmal auf den Zuckerrübenschlag, nachsehen, ob der
Leutevogt... mit seiner Kolonne auch ordentlich hackt, nicht
pfuscht –«. (Wolf, S. 39)

Seinen Traum vom Beruf des Schriftstellers gibt Rudolf Ditzen trotz der täglichen Überlastung nicht auf. Er verfaßt Gedichte und plant Romane und Skizzen, deren Exposés er den
Verlagen schickt. Doch die Lyrik erscheint den Lektoren als
nicht druckfähig. Ihr Interesse gilt den Exposés, das höre sich
gut an, da sei sicher etwas zu machen, er möge doch die ab-
geschlossenenen Manuskripte schicken. Romane wie Skizzen
existieren aber nur als Konzept. Ihr Schöpfer muß Prioritäten
setzen. Entweder er vernachlässigt seine Arbeit in der Landwirtschaft und schreibt. In diesem Falle müßte er die Lehre
abbrechen. Oder aber er zieht seine Ausbildung durch und
wird aufgund der Arbeitsüberlastung keine Zeit zum Schreiben
finden. Er beschließt, seine Landwirtschaftslehre mit Anstand
und aller ihm zur Verfügung stehenden Willenskraft hinter sich
zu bringen.

Die Umstellung vom umsorgten Dasein eines stets rück-
sichtsvoll behandelten Sanatoriums-Patienten zum eisern
arbeitenden, voll jede Verantwortung tragenden Mitarbeiter
eines Landwirtschaftsbetriebes war für Rudolf Ditzen unglaublich schwer. Jetzt gab es keine Schonung mehr. »*Ach, es war ein*
grausames Erwachen! In den letzten Jahren hatte ich nur meine
geliebten Bücher zur Gesellschaft gehabt, sie hatten die Enge
meines Krankenzimmers in eine weite Welt von Träumen, Hoff-
nungen, Erwartungen verwandelt, ich hatte gelesen, gelesen, ge-
lesen und noch viel mehr geträumt – und nun stand ich am heller-
lichten Tage, allen sichtbar, mitten auf dem Hofe und hantierte
sehr ungeschickt und sehr bald mit recht wunden Händen mit
einer Mistforke herum! Das also war das Ende aller Träume und
Hoffnungen, darauf lief mein Leben hinaus? Ich schluckte, wie

ich noch manchen bitteren Lebensbrocken hinunterzuschlucken hatte!« (Von mir über mich, S. 18 f.) [2]

Rudolf Ditzen schluckt in der Tat und arbeitet wie noch nie in seinem Leben. Sein Vorgesetzter ist sehr zufrieden, der Vater läßt durch Briefe der Mutter Anerkennung signalisieren. Nach wie vor schreibt er dem Sohn äußerst selten, meist nur, wenn es um Verträge – über die noch zu sprechen sein wird – oder um wichtige Entscheidungen geht.

Durch Lob und Bestätigung seines Dienstherrn gewinnt Rudolf Selbstvertrauen. Er sieht zwar in der Landwirtschaft nicht den Sinn seines Lebens, aber er nimmt – gemessen an seiner Vergangenheit – bei einer sinnvollen Arbeit die Zukunft selbst in die Hand. Er muß sich und der Familie endlich beweisen, daß er in der Lage ist, eine ihm gestellte Aufgabe zu bewältigen. Er strengt sich an. Er bemüht sich unendlich, er arbeitet zur Zufriedenheit aller. Aber zwei Monate nach Dienstantritt kommt es zu einem peinlichen Eklat: Während des Erntedankfestes schließt der Pastor in der Kirche den Eleven Ditzen von der Teilnahme am Abendmahl aus, verweigert ihm auch den Kelch, der symbolisiert das Blut Christi enthält. Es geschieht öffentlich, vor dem Rittergutsbesitzer und seiner Familie, vor den Verwaltern und Inspektoren, vor den Landarbeitern und vor allen Dorfbewohnern: »Entferne dich. Du bist nicht würdig, die Speise des Herrn zu empfangen… an deinen Händen klebt Blut!«, murmelt der Geistliche und hebt den Kelch an dem knienden Eleven vorbei zum nächsten Teilnehmer an dieser heiligen Handlung. [3]

Es geht bei dieser öffentlichen Anklage nicht nur um den Tod des Hanns Dietrich von Necker. Kolportiert wird, daß Ditzen bereits im Sanatorium Tannenfeld »einen Wächter zu töten versucht« und zudem auf dem Rittergut Posterstein Arbeiter angegriffen habe, so der Erste Staatsanwalt Bernhard aus Rudolstadt in einer Anfrage beim Vorgesetzen Rudolfs in Posterstein und bei Dr. Tecklenburg in Tannenfeld. Vorgeschlagen wird eine geheime polizeiliche Überwachung des eigentlich »als gemeingefährlich dauernd in einer geschlossenen Anstalt unterzubringen(den)« Freigängers.[4] Dr. Tecklenburg besänftigt zunächst den mißtrauischen Staatsanwalt. Eine Überwachung, geschweige denn eine erneute Internierung, sei nicht nötig. Der Gutseleve arbeite zur vollen Zufriedenheit seines Arbeitgebers, Konflikte mit den Landarbeitern habe es nicht gegeben. Dann beruhigt er den erbitterten Rudolf Ditzen und schließlich in einem Brief vom 18. 11. 1913 dessen aufgebrachten Vater.

Rudolf übersteht damit die erste große Krise seit seiner Entlassung aus der Heilanstalt. Er ist in der Lage, seinen begonnenen Weg fortzusetzen, behütet vom Arzt, kontrolliert durch seinen Vorgesetzten, finanziert vom Vater, aber trotz all dieser Unterstützung doch entscheidend durch seine eigene Leistung. Sein Arbeitswille und seine Disziplin beeindrucken weiterhin den Rittergutsbesitzer. Die Landarbeiter schätzen einerseits die Freundlichkeit des Eleven, andererseits respektieren sie ihn als Überwacher, dies wiederum, weil er kein Leuteschinder ist und so manche Unzulänglichkeit gezielt übersieht. Sogar die Eltern sind zum ersten Mal seit Jahren mit ihrem Sohn einverstanden und äußern Hoffnungen, mehr noch, sie unterbreiten Vorschläge für die nächste Zukunft. Der Erste Weltkrieg hat begonnen. Zum Entsetzen von Dr. Tecklenburg empfiehlt Wilhelm Ditzen seinem Sohn, die Ausbildung zu unterbrechen und sich als Freiwilliger für Kaiser, Volk und Vaterland zu melden. Der zweieinhalb Jahre jüngere Bruder Ulrich Ditzen fiebert seinem Abitur entgegen, um sich anschließend sofort zu stellen, warum also nicht auch der über 21jährige Rudolf?

Nicht nur von den Ditzens, sondern von der Mehrheit des Volkes wird der Krieg als nationale Herausforderung empfunden. Er gilt als Bewährungsprobe, zugleich als willkommenes Wagnis im Sinne einer lustigen Keilerei. Kaiser Wilhelm verkündet den innenpolitischen Burgfrieden und kennt keine Feinde mehr. Seine bisher schärfsten Gegner im Parlament, die Sozialdemokraten, mutieren zu vaterlandstreuen Patrioten. Die offizielle Kriegspropaganda deckt sich mit der allgemeinen Volksstimmung: »*Die Menschen lachen glücklich, sie jubeln den*

Offizieren zu. Blumen fliegen durch die Luft, die jungen Mäd-
chen reißen ihre großen Strohhüte vom Kopf, sie schwingen sie
an den Bändern, sie rufen begeistert zurück: ›Mobil! Mobil!
Krieg!!‹ Dies ist die Stunde der Offiziere, vierzig Jahre lang ha-
ben sie öden Gamaschendienst kloppen müssen, sie waren des-
sen so überdrüssig! Die Leute drehten sich kaum noch um nach
ihnen, sie waren so überflüssig! Jetzt jubelt ihnen alles zu, die
Augen leuchten – sie werden ja für Freiheit und Frieden eines
jeden kämpfen und vielleicht sterben! ›Daß ich das noch erleben
darf!‹ ruft der alte Hackendahl im Strudel der Begeisterten. ›Nun
wird alles wieder gut!‹« (Gustav, 1993, S. 67)

Selbst wenn man die allgemeine Vaterlands- und Kriegseuphorie, die alle Schichten der Bevölkerung erfaßt hatte, berücksichtigt, ist der Vorschlag des Vaters, daß auch Rudolf sich
als Freiwilliger stellen möge, ein erneutes Zeugnis dafür, daß er
diesen Sohn in seiner Kompliziertheit immer noch völlig verkennt. Einen derart vorbelasteten, labilen und nervenschwa-
chen jungen Mann dem rüden Kasernenhofton auszusetzen
und auch noch anzunehmen, daß ihn weder der strapaziöse
Drill noch der sich daran anschließende Einsatz in Kriegsgebie-
ten erneut gefährlich aus der Bahn werfen könnte, ist eine
krasse Fehleinschätzung. Dr. Tecklenburg warnt vehement vor
diesem Schritt, sogar Tante Ada schließt sich an, gerät dabei in
Widerspruch zur Familien- und Gesellschaftsnorm. Aber beide
finden kein Gehör. Der Vater will und Rudolf will nun auch.
Vielleicht denkt der Vater an eine vollständige und öffentliche
Rehabilitierung seines Sohnes. Möglicherweise möchte auch
Rudolf der Gesellschaft beweisen, daß er tatsächlich in jeder
Hinsicht wieder voll einsatzfähig ist. Zweifellos aber sehnt er
sich nach Anerkennung durch seinen Vater. Er wird sich sein
Leben lang danach sehnen, nicht nur in diesen ersten Kriegs-
tagen. Aber jetzt unternimmt er einen letzten Versuch, diese
Akzeptanz zu erzwingen, indem er sich nach den Idealen und
Vorstellungen des Vaters richtet. Dessen Einstellung zum Krieg
ist positiv. Nach seiner Auffassung muß jetzt jeder Einzelne zu
Opfern bereit sein. Für den Wehrdienst ist Wilhelm Ditzen zu

alt, aber er wird für diesen Krieg Geld, Silber und Gold spenden. Seinen Söhnen empfiehlt er den Einsatz ihres Lebens. Das ist ein schwerwiegendes Opfer, auch für ihn, denn er liebt seine Kinder. Nun aber überwiegt die Liebe zum Vaterland. Doch ist das sein einziges Motiv? Ist vielleicht auch Wilhelm Ditzen davon überzeugt, daß »*ein genußsüchtiges, weiches Geschlecht... herangewachsen* (ist), *das nicht erwerben, nur verschwenden kann* (?) *In der weichen Friedensluft aufgeschossen, fährt es ihm durch den Kopf. Siebzig-einundsiebzig ist zu lange her!... Die Leute reden von Krieg – das wäre nicht schlecht, dann lernen die Bengels wieder, daß Leben Kampf ist –*«. *(Gustav, 1993, S. 30 f.)*

Fallada unterstellt diese Gedanken seiner Romanfigur Gustav Hackendahl. Es sei wiederholt, ›Der eiserne Gustav‹, geschrieben unmittelbar nach dem Tod von Wilhelm Ditzen, vermittelt das negativste Vaterbild von allen Werken. »*›Wir müßten wieder einmal einen ordentlichen Krieg haben‹, rief Hackendahl... Das* (der Krieg auf dem Balkan, C.v.S.) *ist in sechs Wochen ausgestanden – und hat den jungen Leuten doch gutgetan. Wie ein Stahlbad‹.*« *(Gustav, 1993, S. 51)*

Beschreibt Fallada hier die die Kriegseuphorie seines eigenen Vaters? Hoffte er selbst darüber hinaus mit der in Aussicht genommenen Kriegsteilnahme auf eine ähnliche innere Entwicklung, wie er sie seiner Figur Otto Hackendahl unterstellt? Otto Hackendahl, »*der in die Fremde ging, in den Krieg zog, der weiche Sohn, der schlaffe – er hatte sich verändert, er war härter geworden, geschlossener. Und mit jeder Veränderung hatte er etwas vom Elternhaus abgestoßen, allmählich hatte er aufgehört, Sohn zu sein, er war Mann geworden.*« *(Gustav, 1993, S. 186)*

Noch aber ist Rudolf Ditzen Sohn. Zusammen mit dem Vater geht er von Rekrutierungsbüro zu Rekrutierungsbüro, bietet sich an, vernimmt erschrocken Ablehnung. Er ist körperlich zu schwach, zu kurzsichtig, seine Vorgeschichte weckt Mißtrauen, rein juristisch gesehen ist er ja nur auf Bewährung zurechnungsfähig. Die Ärzte in den Rekrutierungsbüros sind vernünftiger als Vater und Sohn.

Mobilmachung in Deutschland.

Die Entscheidung ist gefallen, gefallen in dem Sinne, wie es nach den Nachrichten der letzten Stunden erwartet werden mußte:

Wie wir erfahren, hat Kaiser Wilhelm soeben die sofortige Mobilisierung des deutschen Heeres und der deutschen Flotte angeordnet.

Der Schritt Deutschlands ist die notgedrungene Antwort auf die drohenden kriegerischen Vorbereitungen Rußlands, die sich nach Lage der Dinge gegen uns nicht minder wie gegen unseren Bundesgenossen Oesterreich-Ungarn richten.

9 *Der Erste Weltkrieg ist nicht mehr aufzuhalten...*

Wilhelm Ditzen läßt seine Beziehungen spielen, Rudolf meldet sich beim nächsten Musterungsarzt und wird endlich akzeptiert, nicht von der erhofften Infanterie, sondern vom Train, der für Nachschub sorgenden Truppe.

Wie ist eine solche Kriegsbegeisterung zu erklären, die ja nicht nur die Familie Ditzen, sondern die Mehrheit der Bevölkerung erfaßt hatte? Ihre Ursache lag nicht etwa in einer allgemeinen Beschränktheit der damaligen Menschen. Die Bevölkerung von 1914 war weder dümmer noch klüger als es die heutige ist. Der Grund war historisch.

Der letzte kriegerische Waffengang der Deutschen hatte 1870/71 im Krieg mit Frankreich stattgefunden. Er endete nach knapp zwei Jahren mit einer totalen Niederlage der Franzosen. Das besiegte Land zahlte hohe Reparationen. Darüber hinaus mußte es das Elsaß und Teile Lothringens mit Metz an das Deutsche Reich abtreten.

Der Konflikt zwischen den beiden Ländern bewirkte die Einigung zwischen Preußen und den süddeutschen Staaten zur neuen europäischen Großmacht und als politisch wichtigste Auswirkung die Gründung des zweiten Deutschen Kaiserreiches.

Der Krieg als Mittel der Politik hatte sich für die Deutschen also bewährt und, zynisch formuliert, ausgezahlt. Warum also sollte die Bevölkerung von 1914 einen nächsten Waffengang fürchten? Um die Konsequenz eines neuen Krieges einzuschätzen, fehlte den meisten von ihnen zudem etwas sehr Wesentliches : die eigene Erinnerung, die persönliche Betroffenheit. Die jüngsten Soldaten des deutsch-französischen Krieges von 1870/71 werden damals mindestens 18 Jahre alt gewesen sein, meistens sogar älter. Das bedeutet, daß sie bei Ausbruch des Ersten Weltkrieges im Jahre 1914 zwischen 62 und 70 Jahre alt waren, Großväter also meistens, wenn sie überhaupt noch lebten. Ältere Zeugen als jene damaligen Jünglinge gab es kaum noch, selten noch verstümmelte Kriegsinvaliden, kaum noch Witwen, geschweige denn Mütter, die ihre Söhne auf dem Schlachtfeld verloren hatten. Das wären die Menschen gewesen, die hätten mahnen und warnen können, weil sie das Grauen aus eigener Erfahrung kannten. Stattdessen gab es nur die historische Erinnerung an einen relativ kurzen Waffengang. Er hatte einen jahrzehntelangen Frieden gebracht, die deutsche Nation geeinigt und ihr die Vormachtstellung in Europa ermöglicht.

Und so ist es zu erklären, daß die Menschen jubelnd die Straßen säumten, den vorbeiziehenden Soldaten Blumensträuße an die Gewehrläufe steckten, sie mit bunten Luftschlangen bewarfen, kleine Girlanden flochten, die sie an die Türen der Wehrmachtsfahrzeuge banden. Sie steckten ihnen liebevoll zusammengestellte Proviantpäckchen mit Tabak und Schnapsfläschchen zu, verfaßten lustige Abschiedsreime und skandierten sie auf den Bahnsteigen. Die Freiwilligen selbst waren gleichfalls bester Laune. Die Eisenbahnwaggons der Truppentransporte wurden mit sarkastischen Parolen beschriftet wie: »Auf Wiedersehen in Paris!« oder: »Jeder Tritt – ein Britt, Jeder Schuß – ein Ruß, Jeder Stoß – ein Franzoß« auch: »Serbien muß sterbien«.

Sie alle nahmen einen Krieg nicht ernst genug, sie hielten ihn für einen kurzen Ausflug in ein nützliches Abenteuer. Sie gingen davon aus, daß die unvermeidlichen Waffengänge sicher heftig, aber zu überleben seien. Angst kannten sie nicht, die kam erst später. Aber da war es für viele zu spät, auch für Ulrich, den Jüngsten der Familie Ditzen. Rudolf bleibt dieses Schicksal erspart.

Genau elf Tage lang trägt er die Uniform. Dann wird er ausgemustert. Er ist nicht einmal fähig, den Garnisonsdienst zu versehen, geschweige denn als Soldat ins Feld zu ziehen, ›k.u.‹, kriegsuntüchtig nennt man das.

Der vom ersten Musterungsarzt festgestellte zu geringe Brustumfang des Freiwilligen Ditzen wird es nicht gewesen sein, der dazu führte, vermutlich eher seine Erfahrung von Drill und gezielter Schikane durch Unteroffiziere. Das stumpfsinnige Strammstehen, das ständige Grüßen von Ranghöheren, das Exerzieren auf dem Kasernenhof, das laut zu brüllende ›Jawohl‹ nach jedem Befehl nerven ihn ungemein. Die Enge in den Mannschaftsstuben peinigt ihn. Der ruppige Umgangston der Kameraden stößt ihn ab. Er fühlt sich fremd und er ist zu ihnen ohne jede Beziehung. Das beruht auf Gegenseitigkeit, auch die Kameraden mögen ihn nicht.

Rudolf Ditzen erweist sich erneut als Objekt von Aggression und diffusen Haßgefühlen. Er kann sich ausmalen, wer bald alles versuchen wird, ihn zu tyrannisieren, damit hat er Erfahrung. Binnen zwei Tagen hat er begriffen, daß er nicht imstande sein wird, das militärische Leben zu ertragen. Ob Leutnant, Unteroffizier oder die eigenen Kameraden auf der Stube: alle scheinen in ihm den Gegner zu wittern. Aber diesmal kann er sich wehren. Er spielt den Begriffsstutzigen, markiert den Geistesschwachen, ahmt – wie einst vor Tante Ada in Tannenfeld – deren unbeholfene Körperbewegungen nach, grimassiert und bekommt scheinbar hysterische Anfälle.

Der Umgangston in den Kasernen ist roh, aber so roh nun auch wieder nicht, daß man einen Debilen drangsaliert. Aber man kann ihn auch nicht unter sich dulden. Rudolf Ditzen kehrt nach Posterstein zurück.

Seine Landwirtschaftslehre beendet er 1915 im Glanz eines vorzüglichen Zeugnisses. Der Vorgesetzte lobt seinen Arbeitseinsatz, sein Können, seine Korrektheit und seine Disziplin. Er sieht ihn sehr ungern scheiden, wünscht ihm aber dessenungeachtet alles erdenklich Gute für die Zukunft.[5]

Joppe und Gamaschen haben gesiegt. Verloren hat Rudolf die Illusion, daß er so sein könnte wie die meisten Menschen. Seine Soldatenepisode hat ihm vor Augen geführt, daß er wenig mit ihnen gemein hat und wohl immer Einzelgänger bleiben wird. Zurückgestellt ist sein Traum vom Beruf des Schriftstellers. Der Erfolg auf der einen Seite ist damit ein Mißerfolg auf der anderen. Wird es dabei bleiben?

7.
Ein erdverbundener Landwirt verliert
den Boden unter den Füßen

Die erste Arbeitsstelle als ausgebildeter Landwirt ist respektabel. Rudolf Ditzen wird ab Oktober 1915 Inspektor und Rechnungsführer bei der Gräflich von Bismarck-Ostenschen Güterverwaltung in Heydebreck/Hinterpommern. Zunächst ist er als zweiter Inspektor eingestellt. Er soll ab Januar 1916 sogar zum ersten Inspektor aufrücken, wie er stolz in ausführlichen Briefen Tante Ada, Dr. Tecklenburg und seinen Eltern mitteilt.

Aber nach einigen Wochen Außendienst vom Morgengrauen bis zum späten Abend, bei Wind und feuchtkaltem Wetter hält sein Körper die Strapazen nicht mehr durch. Ein Arzt empfiehlt ihm den Innendienst. Jetzt übernimmt er die Rechnungsführung. Hierbei ist höchste Akkuratesse erforderlich. Die Rechnungsbücher sind bereits gebunden und mit Seitenzahlen versehen, so daß eine Extraseite weder nachträglich eingefügt, noch herausgeschnitten werden kann. Die Eintragungen müssen sauber, fortlaufend, richtig und vollständig gemacht werden. Sie dürfen keine kaschierenden Rasuren aufweisen, kein Posten darf unleserlich sein. Ist eine Korrektur einmal nötig, weil vielleicht der Händler in der Stadt weniger Getreide aufkaufte, als er vorher zugesagt hatte, so muß die falsche Eintragung gut sichtbar durchgestrichen – und die Verbesserung darübergeschrieben werden. Auch der Grund für die Änderung ist aufzuschreiben, z. B. ›13. 10. 1915: Anlieferung von 120 Zentnern Sommerweizen per Bahn an Händler Strachmann. 15. 10. 1915: Zurückweisung von 30 Zentnern aufgrund von Schädlingsbefall. Somit Ablieferung an Händler Strachmann: 90 Zentner Sommerweizen‹. Rudolf Ditzen stellt den Ausgaben für Saatgut die Einnahmen der Ernte gegenüber, er berechnet die Tageslöhne für die Landarbeiter, die vom Reingewinn abzuziehen sind. Er multipliziert und dividiert, schreibt mit seiner kleinen spitzen Schrift Seite auf Seite voll, vergleicht Belege, kontrolliert Rechnungen und sieht kein Ende, denn sein Vorgesetzter ist so froh über den peniblen Mitarbeiter, daß er ihm die gesamte Arbeit überläßt. Das wiederum wird Rudolf zuviel. Nach einem halben Jahr kündigt er von sich aus und nimmt erneut ein glänzendes Arbeitszeugnis mit auf den Weg. Von unermüdlichem Fleiß und großer Gewissenhaftigkeit ist darin die Rede, von einem angenehmen Charakter »mit bester treuster Gesinnung«, und von ausdrücklichem Bedauern über seine Kündigung: »Ich verliere an ihm sehr viel«.[1]

Die nächste Stelle führt auf Rudolfs Weg in die bürgerliche Existenz ein Treppchen nach oben. Als Assistent bei der Landwirtschaftskammer für Pommern und Stettin organisiert er den Zwischenhandel von Kartoffeln. Er kauft Saatkartoffeln auf und verkauft sie an die landwirtschaftlichen Betriebe im gesamten Land. Hier arbeitet er sich binnen weniger Monate so intensiv ein, daß er rasch als Spezialist für Kartoffelzucht- und Anbau gilt. Sogar in Berlin wird man auf den wohlinformierten, immens fleißigen jungen Mann aus Stettin aufmerksam. Er wird aufgefordert, sich bei der Kartoffelbaugesellschaft in der Hauptstadt zu bewerben, wagt's, wird angenommen und packt seine Koffer. Berlin ist wieder ein Karrieresprung. Er äußert sich weniger in Rudolfs Berufsbezeichnung als ›wissenschaftlicher Hilfsarbeiter‹, sondern in einem für damalige Verhältnisse respektablen Gehalt, noch mehr aber durch seine Kompetenzen. Ditzen begutachtet Saatgut und empfiehlt Experimente. Er unterstützt den Aufbau von Versuchsplantagen im gesamten Land und beurteilt die Ergebnisse. *»Ich wurde ein Spezialist in Kartoffelzüchtung, in meinen besten Zeiten habe ich rund 1200 Kartoffelsorten nicht nur dem Namen nach gekannt, sondern auch nach dem Aussehen, den Augen, der Form und Farbe der Knolle zu bestimmen gewußt. Wieder nichts von Literatur, ein Leben in den Eisenbahnen, von einem Gut zum andern fahrend, Ratschläge erteilend, Zuchten aufbauend . . .«. (Schriftsteller, S. 283 f.)*

Man sollte annehmen, nun habe Rudolf es geschafft. Beste Arbeitszeugnisse, ein sicherer Posten, die gelungene bürgerliche Rehabilitation, eine hochzufriedene Familie und die Aussicht auf weiteren beruflichen Aufstieg. Aber die Übersiedlung nach Berlin ist eine Zäsur. Lebenslang war er ebenso behütet wie überwacht gewesen. Ob Familie, Pensionseltern, Sanatoriumspersonal oder Vorgesetzte nebst Kollegen auf den Gütern, immer wurde er kontrolliert. Stets war es ein Tür-an-Tür Verhältnis gewesen, das persönliche Freiheit weitgehend ausschloß. Bis hin zu den täglichen Mahlzeiten war er eingebunden in den jeweiligen begrenzten Kreis, der ihn ebenso beschützte wie er ihn beengte. Das eigene Zimmer war das Maximum an Autonomie, aber nur so lange, wie er sich angepaßt verhielt. Tat er es nicht, setzte sofort die nachhelfende Überwachung ein. Verschlief er die Zeit, wurde er geweckt. Blieb er zu lange aus, so wurde ihm nachgeforscht. Sah er außergewöhnlich elend aus, schickte man ihn zum Arzt. Jede seiner Unternehmungen wurde bekannt, kein fremder Besuch blieb unentdeckt. Man wußte, mit wem er befreundet war, hörte, mit wem er Streit gehabt hatte, erfuhr anhand der Adressen auf den Umschlägen, wer ihm Briefe schrieb. Nichts anderes hatte er bislang erlebt und war doch inzwischen in einem Alter, wo sich andere junge Menschen seines Jahrgangs mit ihren 23/24 Jahren längst aus jedweder Obhut gelöst und eine eigene Familie gegründet hatten.

Die Monate in Stettin waren ein erster Schritt zum selbstbestimmten Leben gewesen. Jetzt lebte Ditzen nicht mehr unmittelbar unter den Augen seiner Vorgesetzten und Arbeitskollegen. Er konnte sich frei bewegen, ohne ständig direkt oder indirekt überprüft zu werden. Aber Anregungen erfuhr er nicht. Dieser Stadt fehlte trotz ihrer 220000 Einwohner das großstädtische Flair. Es war eine von der Landbevölkerung der Regierungsbezirke geprägte Verwaltungszentrale, in der alles ordentlich und rechtmäßig zuging. Das Leben verlief in erprobten, traditionellen und ruhigen Bahnen.

Berlin hingegen war eine weltoffene Metropole. 1916 hatte

sie über zwei Millionen Einwohner und war nach London und Paris die größte Stadt Europas. Sie war ein Schmelztiegel für Reiche und Arme, Emporkömmlinge und Absteiger, gediegene Geschäftsleute und fragwürdige Spekulanten. Nur etwa die Hälfte der Bevölkerung waren geborene Ur-Berliner, die andere Hälfte war aus den Provinzen und Ländern hinzugezogen, im Wissen um eine Karriere oder wie bei den Landflüchtigen auch nur in der vagen Hoffnung auf eine Existenz. Bis 1924 würde sich die Einwohnerzahl durch Eingemeindungen und wirtschaftlichen Aufschwung fast verdoppelt haben, aber bereits 1916 verkörperte die Stadt das wirtschaftliche, politische und geistige Zentrum des Kaiserreiches. Fast zehn Prozent der Bevölkerung gehörten zur Armee und dem öffentlichen Dienst, denn Berlin war sowohl Hauptstadt als auch Residenz. Diese zehn Prozent Berufsangehöriger beim Militär und in der Verwaltung wogen zahlenmäßig nicht sonderlich schwer, aber sie bildeten die politische und gesellschaftliche Elite des Kaiserreiches, versehen mit Macht, Einfluß und gutem Einkommen.

Anders war es um die größte Bevölkerungsgruppe bestellt. Über 50 Prozent der Einwohner arbeiteten in Industrie, Gewerbe und im Bauwesen: Es handelte sich bei ihnen meist um Fabrikarbeiter, seltener um Angestellte.Ihr Leben war geprägt von Armut, Abhängigkeit und dem täglichen Kampf um die Existenz. Sie lebten dichtgedrängt in Mietskasernen. Es waren Elendsquartiere. Familien mit zehn bis dreizehn Kindern waren keine Seltenheit, manchmal lebten neben den Eltern auch noch der Großvater oder die Großmutter in der drangvollen Enge. Die Wohnungen waren finster und hatten häufig feuchte Wände, auf denen der Schimmel großfleckig plackte. Da Kohlen und Holz teuer waren, wurde wenig geheizt und – um die kostbare Wärme nicht entweichen zu lassen – noch weniger gelüftet. Die Küche war meist Schlafraum und Wohnraum zugleich. Das zweite oder dritte Zimmer dieser Wohnungen reichte für die vielen Menschen nicht aus. Mehrere Kinder mußten zusammen in einem Bett schlafen. Die Älteren hatten

10 *Berlin: Großstadtverkehr unter den Linden / Ecke Friedrichstraße.*

zwar ein Nachtlager für sich, aber es wurde häufig, sowie sie zur Arbeit in die Fabrik gegangen waren, an fremde Schlafburschen vermietet, die keine eigene Wohnung hatten. Gingen die Schlafburschen zur Arbeit, kam der eigentliche Besitzer der Lagerstatt von seiner Schicht zurück und stieg todmüde in das noch warme Nest. Die hygienischen Bedingungen waren katastrophal. Froh waren jene Mieter, die in der Küche immerhin über einen Wasserhahn verfügten, und sich dort waschen konnten. Die meisten mußten das Wasser in einer Kumme von der Pumpe im Hof oder gar vom Hydranten auf der Straße holen. Mehrere Hausparteien teilten sich eine Toilette auf dem Korridor oder im Innenhof. Es waren Plumsklos ohne Wasserspülung, umsummt von Fliegenschwärmen, ständig heimgesucht von Ratten. Unter diesen Lebensbedingungen grassierten

Krankheiten wie Krätze, Unterleibsentzündungen, Rheumatismus und vor allem die gefürchtete, ansteckende Lungentuberkulose. Wenn Seuchen, wie z. B. die Cholera oder Typhus ausbrachen, dann zuerst hier in diesen Arbeitervierteln.

Rudolf Ditzen kannte Berlin gut, immerhin zehn Jahre seiner Kindheit hatte er hier verbracht. Seine spätere Beschreibung vom Berliner Scheunenviertel erweist ihn als virtuosen Schilderer von Menschen und Situationen.[2] Zu jener Zeit war es die Halb- und Unterwelt gewesen, die ihn faziniert hatte, jetzt, im Jahre 1916 ist es das, was man heute als ›Szene‹ bezeichnen würde, und damals ›Boheme‹ nannte. Künstler, Studenten, etablierte Schriftsteller und verkannte Lyriker, Journalisten, einflußreiche oder heruntergekommene Adlige, neureiche Kriegsgewinnler und erfolgreiche Geschäftsleute aus traditionellen Betrieben, wohlhabende Müßiggänger und von barmherzigen Gastgebern abhängige Intellektuelle trafen sich in Zirkeln. Sie diskutierten miteinander über die gerade erschienenen Bücher und begrüßten den Expressionismus als einzig akzeptable Literaturrichtung, der Futurismus wurde als revolutionäres Pathos abgetan. Die Künstler stritten sich leidenschaftlich über den Kubismus und engagierten sich für die Münchener Künstlervereinigung ›Blauer Reiter‹. Man tratschte über den jüngsten Theaterskandal, vergnügte sich auf ausgelassenen Festen und unternahm aufregende Experimente in spiritistischen Zirkeln. Täglicher Fixpunkt waren die Stammkaffees- und Lokale, in denen all das unter Gleichgesinnten durchgehechelt wurde, was sie in den vergangenen Tagen und Nächten erlebt hatten. Hier traf man Freunde, Bekannte und Unbekannte, die mitgebracht und offiziell in den Kreis eingeführt wurden. Es würde sich in den kommenden Wochen zeigen, ob sie der Empfehlung wert gewesen waren.

Der Neue konnte gottgläubig oder atheistisch sein, einer Sekte vertrauen oder einem Wunderheiler, es bekümmerte niemanden. Ob Vegetarier oder blutrünstiger Liebhaber von lediglich angebratenem Fleisch, Trinker oder fanatisch bekennender Antialkoholiker, Transvestit oder Homosexueller, es war egal. Er konnte seinen Lieblingshund ständig dabei haben oder sich als ausgemachter Tierhasser erweisen: Hauptsache, er war tolerant und akzeptierte die anderen Menschen mit all ihren Vorlieben und Eigenarten, zeigte sich aufgeschlossen gegenüber neuen Ideen und Strömungen. Er mußte sie nicht gutheißen, aber er mußte sie neben seiner Lebenseinstellung gelten lassen. Hier war nicht ausschlaggebend, was für eine Vergangenheit einer hatte, sondern nur, wie er jetzt lebte.

Das ist für Rudolf Ditzen endlich die uneingeschränkte, persönliche Freiheit. Er stürzt sich in alles, was sich ihm bietet. Er feiert nächtelang, er betrinkt sich, er diskutiert mit Künstlern und solchen, die es werden wollen. Er berät sich mit Schriftstellern und träumt seinen alten Traum. Er lernt Frauen für eine Nacht kennen und solche, die ihm mehr bedeuten. Eine von ihnen ist die Besitzerin eines Antiquitätengeschäftes Lotte Fröhlich, eine andere Anne Marie Seyerlen, beide älter und längst verheiratet. Aber auch das war egal. Diese beiden Frauen erweisen sich als schicksalshaft. Lotte Fröhlich ohne ihr Zutun, Anne Marie Seyerlen wissendlich. Lotte Fröhlich hat einen erwachsenen Sohn aus erster Ehe, Wolfgang Parsenow. Er ist eine schillernde Figur, im Jahre 1916 noch Leutnant der kaiserlichen Armee, später aber eine skurrile Existenz. Entwurzelt durch den Zusammenbruch der Monarchie hin- und herpendelnd, verdingt er sich in den verschiedensten Berufen. Mal ist er Chauffeur, dann Antiquitäten-, Kunst- oder sogar Tierhändler, zwischenzeitlich verzichtet er völlig auf einen ordentlichen Lebenserwerb und versucht sein Glück als Berufsspieler. Mit ihm freundet Ditzen sich an. Während Lotte Fröhlich die mütterliche Freundin bleibt, gilt ihr Sohn als sein Verführer zu Abhängigkeit, denn Parsenow ist morphiumsüchtig. Allerdings brachte er erst nach Kriegsende das Morphium aus Lazarettbeständen mit und seit dieser Zeit waren Rudolf und Wolfgang unzertrennlich. Verantwortlich für Ditzens erste Kontakte mit dem Rauschgift war vermutlich Anne Marie Seyerlen. Auch sie spritzte sich Morphium und wird ihrem jungen Liebhaber von ihren Rationen einige Ampullen abgegeben haben, denn bereits 1917 ist er so süchtig, daß er eine erste Entziehungskur unternimmt. Doch sie ist es nicht allein, die Rauschgift konsumiert. Gerade in den Boheme-Kreisen galt es als schick, Kokain zu schnupfen, Morphium zu spritzen, Aufputschmittel zu nehmen und bedenkenlos Alkohol zu trinken. Ditzen wäre wohl auch ohne Annemarie Seyerlen oder Wolfgang Parsenow an Drogen geraten. Eine komplizierte Persönlichkeitsstruktur, traumatische Kindheits- und Jugenderlebnisse, Krisen mit den Eltern, Schulprobleme, hohe Sensibiliät gegen autoritären Druck, eine unbewältigte Pubertät, Einsamkeitsgefühle, Lebens- und Existenzangst gelten heute als ein möglicher Auslöser für die Sucht nach harten Drogen. Häufig reichen nur wenige der genannten Probleme aus, einen Menschen in die Abhängigkeit zu treiben. Auf Rudolf Ditzen trafen alle genannten Ursachen zu.[3] So brachte er die Vorboten einer klassischen Suchtkarriere bereits nach Berlin mit: er trank mehr Alkohol, als er vertragen konnte, er rauchte unendlich viele Zigaretten und nahm, das hatte er in den Sanatorien gelernt, je nach Bedarf exzessiv Beruhigungs- oder Aufputschtabletten.

Der Einfluß von Anne Marie Seyerlen aber war nicht nur negativ. Sie ist die Ehefrau des Geschäftsmannes Egmont Seyerlen, der im Rowohlt-Verlag einen vielbeachteten Pubertätsroman veröffentlicht hat. Sie ermutigt Rudolf Ditzen, seinem Traum vom Schriftstellerberuf einen Schritt näher zu kommen und mutig mit dem Schreiben zu beginnen, aber Prosa bitte, keine Lyrik. Das Thema dieses Buches ergibt sich für sie aus seinen eindrucksvollen Erzählungen. Es ist die Geschichte einer unglücklichen Kindheit und Jugend. Doch der junge Ditzen träumt von veröffentlichter Lyrik, nicht von Prosa. Erst als erneut mehrere Verlage ihm seine Lyriksammlung als unbrauchbar zurückschicken, läßt er sich von Anne Marie Seyerlen überzeugen, endlich einen Roman in Angriff zu nehmen, zumal erste Skizzen bereits vorliegen. Im Juli 1917 teilt er seinen Plan und das Thema Tante Ada mit. Die schreibt konsterniert an Dr. Tecklenburg, ist »ehrlich entsetzt«, spricht vom »perversen

Machwerk« und skandalsüchtigen Verlegern, ohne auch nur
eine Zeile des Manuskriptes zu kennen, denn mit dem Schreiben hat Rudolf überhaupt noch nicht begonnen. Doch schon
der Arbeitstitel: ›Leiden eines jungen Mannes in der Pubertät‹
läßt sie das Schlimmste ahnen. Sie verfaßt einen Brief an Rudolf, in dem sie alle Register zieht. Sie droht:»mit Themata,
wie Du sie behandelst, beschäftigt sich gern der Staatsanwalt «,
sie appelliert:»Male Dir aus, wie dergleichen Skandale auf
Deinen kranken Vater wirken« und mahnt, wie diese Skandale
»Deine eigene Zukunft beeinflussen können«.[4] Der schroffe
Brief der Tante verfehlt seine Wirkung. Im August 1917 beginnt Rudolf Ditzen mit der Arbeit an seinem Erstlingswerk.
Akribisch wie ein Buchhalter notiert er sich nunmehr in Akten-
notizen die einzelnen Arbeitsabschnitte, er wird an dieser Gewohnheit sein Leben lang festhalten. Aber er kommt nicht
voran; die alltägliche Arbeit für die Kartoffelbaugesellschaft
nimmt ihm alle Kraft, langweilt ihn zunehmend, lähmt ihn. Mit
Morphiuminjektionen versucht er, die Öde seines Arbeitstages
zu überstehen, mit Morphiuminjektionen will er sich für die
nächtliche Arbeit am Manuskript stimulieren, so häufig und so
lange, bis er einsieht, daß er abhängig ist. Sein Körper schreit in
immer kürzeren Abständen nach dem Gift. Die Heilanstalt für
Suchtgefährdete Carolsfeld bei Halle ist 1917 seine erste Station von vielen späteren Versuchen, sich von dieser und anderen Drogen-Abhängigkeiten zu befreien.

Anfang 1918 ist er physisch von der Sucht befreit, psychisch,
wie sich zeigen wird, jedoch nicht. Immerhin: am 10.3. notiert
er, daß die erste Fassung des Romans beendet ist. Er scheint
darüber jedoch nicht glücklich zu sein, denn bereits vier Tage
später setzt er sich an die zweite Fassung. Aber es ist ihm unmöglich, das kräftezerschleißende Doppelleben zu verkraften.
Hinzu kommt die Unsicherheit über seinen Lebensweg:
»Heute bin ich weder Fisch noch Fleisch. Ich will in diesem Jahr
Klarheit schaffen, wohin ich nun endgiltig gehöre: zur Literatur oder zur Landwirtschaft...«,[5] schreibt er im Mai 1918 an
Dr. Tecklenburg und bittet ihn um seine Meinung. Er wolle

sich für ein Jahr von der Kartoffelbaugesellschaft beurlauben lassen, um seinen Roman zu überarbeiten und habe sich beim Vater für diese Zeit um finanzielle Unterstützung bemüht. Dr. Tecklenburg warnt vor diesem Schritt, auch der Vater ist dagegen, aber er gibt seinem Sohn eine Chance. In einem juristisch abgesicherten Vertrag, wie er unter Geschäftsleuten üblich ist, nicht aber zwischen Vater und Sohn, sichert er Rudolf zu, ihm monatlich neben den ohnehin schon ständig gezahlten hundert Mark Unterstützung, noch weitere dreihundert Mark zukommen zu lassen, als »›Vorempfang‹ auf sein Erbteil«.[6]

Für ein Jahr ist damit Rudolf Ditzen von der Arbeit bei der Kartoffelbaugesellschaft befreit. Er könnte optimistisch sein, ist es aber nicht. Das Umschreiben fällt schwer. Er ringt sich Kapitel um Kapitel ab, verfaßt neu, streicht aus. Er ist unsicher, ob es gelingt, er zweifelt an seinem Talent, sieht angesichts der Schwierigkeiten den Beruf des Schriftstellers in weite Ferne gerückt. Vor ihm steht stattdessen die Aussicht auf ein ganzes Leben in und für die Landwirtschaft. Und dann ein entscheidender Schock für ihn und die gesamte Familie. Der Bruder Ulrich fällt im August 1918 in Frankreich. Knapp 22 Jahre alt ist er geworden, dieser von allen so geliebte Jüngste der Familie Ditzen. Bei Ausbruch des Krieges hatte er rasch sein Notabitur gebaut, um siegesgewiß und fröhlich zu den Fahnen zu eilen. Mit jedem Heimaturlaub aber wurde er düsterer, ahnungsvoller. »*Ich brachte ihn zur Bahn. Je mehr wir uns dem Bahnhof näherten, um so stiller wurde er... Er nahm kurzen Abschied, saß dann still im Abteil, ohne den Kopf nach mir zu wenden... Ich sehe ihn da sitzen, eigentlich noch blutjung... und den vollen jugendlichen Mund, der doch schon fest geschlossen ist, mit den kleinen bitteren Falten der Enttäuschung im Winkel... Keiner von uns hat ihn je wiedergesehen... Die Eltern haben seinen Verlust nie verwunden*«. (Damals, S. 157)

Der Tod des Bruders, die ungeklärte Zukunft, der Zweifel an seiner schriftstellerischen Begabung und das unstete Leben in Berlin lassen Rudolf Ditzen den Boden unter den Füßen verlieren.

Er hat nie gelernt, schwierige Situationen und seelische Belastungen zu bewältigen. Umso stärker ist seine Sehnsucht nach Entlastung und Erleichterung durch den Kunstgriff, mit einer Droge von einem Moment zum anderen völlige Zufriedenheit, Ausgeglichenheit und absolutes Wohlbefinden zu erzeugen. Bald kann er nur noch mit der Morphiumspritze das innere Gleichgewicht herstellen, denn das Gift wirkt zunächst wohltätig: »*Morphium ist eine stille, sanfte Freude, weiß und blumig, es macht seine Jünger glücklich*«. *(Rausch, S. 25)* [7] Die Gedanken werden klar und scharf. Man ist völlig entspannt und fühlt sich frei, alle traurigen Gefühle, alle Sorgen sind belanglos. Man lächelt über sie und die Tatsache, daß man sich überhaupt gesorgt hat. Schmerzen sind nicht mehr vorhanden. Der Morphinist hört im Rausch schöne, unaufdringliche Musik, sieht herrliche Farben. Er fühlt sich sanft wie auf Wolken gebettet und leise geschaukelt. In diesem wattigen Zustand entwickelt er eine unvermutete Kreativität. Jetzt endlich kann er denken und schreiben, und er tut es.

Doch das Verklingen des Rausches ist grausam. Das Erwachen aus ihm beginnt mit Körperzittern, Brechreiz und Unruhe, ein verspanntes Gähnen kann so heftig werden, daß der Unterkiefer ausgerenkt wird. Aus der Nase fließt dünner Schleim, die Augen tränen, die Haut fühlt sich eiskalt an. Die Übelkeit geht in krampfhaftes Erbrechen über, irrsinnige Leibschmerzen kommen hinzu. Bald treibt den Süchtigen ein nicht mehr zu kontrollierender Durchfall auf die Toilette. Er sitzt taumelnd vor Schmerzen und Schwäche auf dem Abort und kann es nicht wagen aufzustehen. Sowie er sich erhebt, fließt ihm der dünnflüssige Durchfall in Stößen aus dem Darm. Gleichzeitig muß er sich übergeben. [8] Setzt er sich jetzt eine Spritze, so ist binnen Minuten alles Elend vorüber. Er steht auf, wäscht sich, kann sich dabei angeregt mit einem Besucher unterhalten, Witze reißen und Pläne machen. Dann gleitet er wieder in den angenehmen Rauschzustand über und nichts kann ihn mehr tangieren. Hat er sich aber keine neue Morphiumration verschaffen können, so bleibt nach den unmittelbaren körperlichen Entzugsreaktionen eine tiefe Traurigkeit zurück, die in eine schwere Depression übergeht, viel schlimmer und tragischer, als er sie ohne Morphium je erlebt hat. Schuldgefühle kommen hinzu. Die Sorgen, die Angst vor der Realität kehren verschärft zurück. Der Abhängige trachtet danach, dieser Depression so rasch wie möglich durch eine neue Injektion zu entkommen. Längst hat sich neben der psychischen Abhängigkeit auch die physische herausgebildet, denn die auftretenden Entzugserscheinungen werden immer stärker, die Abstände zwischen den Injektionen daher immer kürzer.

Es beginnt ein höllischer Kreislauf von Unlust, Depression, und der Flucht aus dieser unerfreulichen Wirklichkeit durch das besänftigende Morphium. Um die fürchterlichen Entzugserscheinungen zu vermeiden, gilt es, rasch neu zu spritzen. Rudolf Ditzen kann nur noch unter Drogen am Manuskript arbeiten, bald nicht einmal mehr das. All seine Zeit geht dahin, die Entzugserscheinungen zumindest soweit zu überwinden, daß er aufstehen kann, um sich in Hinterhöfen bei Rauschgifthändlern, gewissenlosen Ärzten oder fragwürdigen Apothekern den Stoff für einen neuen Schuß zu kaufen.

Erneut begibt er sich nach Carolsfeld, um sich entgiften zu lassen. Danach, am 19. 4. 1919, endlich die Notiz in seiner Akte: »›Der junge Goedeschal‹ beendet«.[9] Er übergibt eine Kopie an Anne Marie Seyerlen, weil sie ihn ja zum Schreiben angeregt hat. Ein weiteres Exemplar erhält ihr Mann Egmont. Der unterbreitet es dem Verleger Rowohlt. Rowohlt signalisiert nach vier Wochen zwar Anerkennung, will das Manuskript aber noch durch seine Lektoren lesen lassen, sich erst dann endgültig entscheiden.

Wieder hält Rudolf Ditzen die Nervenanspannung nicht aus. Erneut greift er zum Morphium. Mit seinem Freund Wolfgang Parsenow, der aus dem Krieg zurückgekehrt ist, streift er durch Berlin, immer auf der Jagd nach dem Gift. *»Das war in jener schlimmen Berliner Zeit, als ich im Morphium verkam... als ich an jenem Morgen erwachte, da ich dem Nichts gegenüberstand,* *wußte ich, ich mußte* Morphium bekommen, um jeden Preis! Mein ganzer Körper war von einer peinigenden Unruhe erfüllt, meine Hände zitterten, ein toller Durst quälte mich, ein Durst, der nicht nur in der Mundhöhle, sondern in jeder einzelnen Zelle meines Körpers lokalisiert schien. Ich nahm den Hörer ab und rief Wolf an. Ich ließ ihm keine Zeit, mit ersterbender Stimme hauchte ich: ›Hast Du Benzin? Komm sofort, ich vergehe!... Eine Spritze, eine einzige Spritze, ich sterbe sonst, Wolf‹...« Der Freund verspricht, zu kommen. Auch er benötigt neuen Stoff. Gemeinsam wollen sie durch Berlin streifen und versuchen, sich ›Benzin‹ zu kaufen. *»Ich stehe langsam auf, das Anziehen wird mir schwer, meine Glieder sind schwach und zittern ständig.... Mein Körper glaubt mir nicht, daß ich ihm Morphium geben werde... Dann setze ich mich in meinen Sessel und weine... Wenn ich doch sterben könnte! Aber auch das weiß ich längst, daß ich zu feige bin zum Sterben, ich werde aushalten müssen... Mein Magen weigert sich, den Kaffee bei sich zu behalten. Ich fühle, wie mein ganzer Körper zittert und sich mit kaltem Schweiß bedeckt, ich muß hoch, ich werde wie von Krämpfen geschüttelt, und dann kommt stoßweise die Galle. ›Das ist das Ende‹, flüstere ich«. (Rausch, S. 20)* [10]

Nein, das ist nicht das Ende, sondern der Anfang von einer nächtlichen Jagd zusammen mit Wolfgang Parsenow nach Morphium. Der Ich-Erzähler berichtet von vergeblichen und erfolgreichen Bemühungen, sich die Droge zu beschaffen, von den kläglichen Versuchen, ein Rezept zu fälschen und von Diebstahl. Endlich haben die Freunde Erfolg, der Ich-Erzähler setzt sich die erlösende Spritze: *»Ja – So – So ist das wieder. Das Leben ist schön. Es ist so sanft, ein glücklicher Strom wallt durch meine Glieder dahin, in ihm bewegen sich alle kleinen Nerven zart und sacht wie Wasserpflanzen in einem klaren See. Ich habe Rosenblätter gesehen – und wieder weiß ich, wie schön ein einziger kleiner Baum in der Heide ist. Läuten die Glocken einer Kirche? Ach, das Leben ist schön und sanft. – Auch an dich denke ich, mein süßes Mädchen, das ich längst verlor, meine einzige Geliebte ist jetzt das Morphium. Sie ist böse, sie quält mich uner-*

meßlich, aber sie belohnt mich weit über jedes Begreifen hinaus«. (Rausch, S. 23 f.)

Anders ist die Reaktion auf eine erhöhte Dosis Morphium: *»mein Blut wallt siedend auf, in meinem Gehirn flammt Blitz um Blitz, wilde Rhythmen drängen an mein Ohr. Wilde weite Welt! Da jeder allein ist und jeder dem andern die Zähne in die Flanken schlagen darf, wundersam genießerisch. Oh, die Abenteuer, die nächtens auf mich warten, die stillen Straßen, auf denen man die Mädchen überfallen kann, die Hoftüren zu Apotheken , die ich aufbrechen, die Kassenboten, die ich berauben werde. Ich bin überall, ich bin alles, ich allein bin Welt und Gott. Ich schaffe und ich vergesse, und alles vergeht. Oh du mein singendes Blut. Dringe tiefer noch in mich, meine Freundin, verzücke mich wilder noch«. (Rausch, S. 25)*

Die Morphiumsucht packt Rudolf diesmal so intensiv und in ihren Auswirkungen so fürchterlich, daß er am 15. August 1919 an Dr. Tecklenburg per Telegramm einen Notschrei schickt, dem ein langer Brief folgt. Ditzen ist am Ende. Er kehrt freiwillig in die Internierung nach Tannenfeld zurück, will sich dort vom Morphium entwöhnen lassen. Er hofft darauf, daß weder seine Eltern noch Tante Ada etwas davon erfahren, doch das ist Illusion. Am 18.9., also nach rund einem Monat, schreibt Dr. Tecklenburg dem Vater, daß Rudolf den Entzug abgebrochen habe: »Die Entziehung war bis auf die letzten Spritzen durchgeführt, als er uns auf irgendeine Weise betrogen hat. Wie, läßt sich bei den verschiedenen Darstellungen, die er selbst gibt, nicht feststellen. Wir haben uns auch keine Mühe gegeben, es herauszubekommen, da wir ihn in seiner Wichtigtuerei nicht noch bestärken wollten«.[11] Die Einweisung in eine geschlossene Abteilung von Tannenfeld habe Rudolf abgelehnt.

Jetzt verliert der Vater Geduld und Verständnis. Er fragt bei Dr. Tecklenburg an, ob eine Entmündigung seines Sohnes und eine Zwangseinweisung in die geschlossene Anstalt möglich sei. Die Motive für diesen Schritt liegen auf der Hand. Wilhelm Ditzen ist zwar inzwischen pensioniert worden, so daß die Abhängigkeit seines Sohnes nicht mehr berufsschädigend wirken kann, dennoch ist die Reputation der ganzen Familie bedroht. Handelt es sich bei dem kompromittierenden Sohn jedoch um einen unzurechnungsfähigen Kranken, wiegt der Makel nur halb so schwer. Verschärfend kommt hinzu, daß Rudolf für seinen Roman – dieses »perverse Machwerk«, um mit Tante Ada zu sprechen –, doch einen »skandalsüchtigen Verleger«[12] gefunden hat. Einem unter Vormundschaft gestellten Insassen einer geschlossenen Abteilung in der Nervenklinik könnte man die Publikation seines Buches untersagen.

Merkwürdig, die beiden Biographen Werner Liersch und Tom Crepon vertreten die Ansicht, daß es nicht Wilhelm Ditzen war, der eine Entmündigung anstrebte, sondern der Leipziger Hausarzt Dr. Eggebrecht.[13] Aber der Antwortbrief von Dr. Tecklenburg vom 25.9.1919 an Wilhelm Ditzen belegt in seinen Formulierungen, daß es der Vater ist, der die Zwangsentmündigung seines süchtigen Sohnes anstrebt: »Rudolf in eine geschlossene Anstalt gegen seinen Willen zu bringen, werden Sie wohl keine Befugnisse haben. Der Morphinismus allein berechtigt *leider* dazu so wenig wie die Trunksucht. Wenn ich ihn auch *für eine Entmündigung* durchaus für reif halte, bezweifle ich doch, daß der Richter ohne weiteres davon zu überzeugen sein wird. Um weiteres, *leichter überzeugendes* Material zu beschaffen, wird es wohl nötig sein, den Mißerfolg der jetzt einzuleitenden Entziehung abzuwarten und den Rückfall, der sicher kommen wird.«[14] Die erwähnte Entziehungskur wird Ditzen, durch den Rückfall nunmehr bettlägrig, im Sanatorium Carolsfeld versuchen. Zwei Dinge sind in diesem Brief wichtig. Zum einen, daß es Dr. Tecklenburg bedauert, Rudolf noch nicht entmündigen zu können, dem Vater aber zusichert, daß dies juristisch bald möglich sei, zum anderen, daß der junge Ditzen sowohl Morphinist als auch bereits Alkoholiker ist.

Er ist krank, abhängig und kann seinen landwirtschaftlichen Beruf nicht ausüben. Aber er will es auch gar nicht. Im Februar 1920 treffen die druckfrischen Exemplare des ersten veröffentlichten Romans im Sanatorium Carolsfeld ein. Er heißt: ›Der junge Goedeschal. Ein Pubertätsroman‹. Rudolf Ditzen betritt einen neuen Boden. Er soll das Fundament werden für sein zukünftiges Dasein. Verbunden mit der neuen Lebensperspektive ist auch ein anderer Name, den er in Zukunft unter alle Werke schreiben wird, zusammengesetzt aus zwei Märchen der Gebrüder Grimm: ›Hans Fallada‹. Es ist noch völlig offen, ob er ›Hans im Glück‹ sein wird oder ob sein Leben verläuft wie das des unglücklichen Schimmels ›Falada‹ aus der ›Gänsemagd‹. Weil der Schimmel sprechen kann und weil er mehr weiß als andere, haben ihm niederträchtige Menschen den Kopf abgeschlagen.

8.
Die Sucht nach der Sucht

Der Roman über den unglücklichen Gymnasiasten Kai Goedeschal reißt keinen Kritiker vom Schreibtischsessel hoch und beschäftigt die Zeitungen kaum, die Leser ebensowenig. Innerhalb eines Jahres werden nur rund 1.200 Exemplare verkauft. Am gezielt eingesetzten expressionistischen Schreibstil mit seinen abgehackten, atemlosen Beschreibungen der Seelenzustände des Kai Goedeschal lag es sicher nicht, denn bis 1925 wurde erfolgreich in dieser Ausdrucksform geschrieben.

Die Handlung des ›Goedeschal‹ entspricht den Leitthemen des frühen Expressionismus. Die Autoren kritisierten die Sinnlosigkeit und Verlogenheit ihrer bürgerlichen Klasse. Sie negierten alle überkommenen Werte und setzten sich für die gefühlsbetonte Entwicklung des Individuums ein. Das Innenleben mußte im ursprünglichen Sinn des Wortes ›entfesselt‹ werden. Daraus resultierend ergaben sich Vater-Sohn-Konflikte und der Bruch mit der Familientradition. Die frühen Expressionisten träumten von einer Verbrüderung zwischen allen Klassen und Schichten, doch das war noch nicht politisch gemeint. Entscheidend war das subjektive Mitgefühl mit einzelnen benachteiligten Menschen. Bevorzugte neue literarische Figuren waren auf der einen Seite die verständnislosen, blind autoritären Vertreter der Tradition vor allem aus den bürgerlichen Kreisen, auf der anderen Seite die Figuren am Rande der Gesellschaft, die Hoffnungslosen, die Alten und Einsamen, die Verelendeten und Verachteten. Die stark reflektierte Innerlichkeit der Protagonisten und die fast schon übliche Verbindung mit Menschen aus den untersten Schichten war häufig gekoppelt mit einer Verherrlichung von Prostituierten.

Zwischen diesen Extremen stand der Protagonist, meist war es ein Jüngling, und versuchte einen Balanceakt zwischen Ausbruch, Abwehr und Anpassung. Das Ringen der Buchhelden endete häufig im psychischen Zusammenbruch, Irrsinn oder Freitod, denn Seelenexhibitionismus und Todessehnsucht waren gleichfalls charakteristisch für den frühen Expressionismus.

Auch Kai Goedeschal in Falladas erstem Roman kämpft verzweifelt gegen seine konservativen Eltern. Er leidet unter der fehlenden sexuellen Aufklärung und bricht zusammen, als sein Versuch, sich gegen die gesetzten Normen zu wehren und damit erwachsen und autonom zu werden, mißlungen ist. Überlagert wird der Roman von der Resignation des Gymnasiasten, der sich außerstande sieht, in diesem umbarmherzigen, gefühllosen Leben seine Individualität zu entwickeln.

Wilhelm Ditzen hatte darauf bestanden, daß sein Sohn für dieses erste Buch, und – was Gott verhüte – auch für das nächste, ein Pseudonym wähle. Alle Ditzens werden dem Familienoberhaupt das gedankt haben, denn trotz der fiktiven Rahmenhandlung wird fast autobiographisch beschrieben, was von Rudolf bekannt war: die Ängste und Halluzinationen, die Schulprobleme, der öffentliche Skandal durch die obszönen Briefe und die Selbstmordgefahr. Weniger die Mutter, sondern primär der verständnislose Vater, dieser trockene, nur auf seine

Reputation bedachte Jurist, wird angeklagt, seine Vorstellungen dem Sohn aufzuzwingen und ihn damit seelisch zu zerstören. Das sind die Leitgedanken des Romans und das sind auch die Traumata, unter denen der 27jährige Autor immer noch leidet.

Mit der Reduktion der Romanhandlung ausschließlich auf die eigenen Entwicklungsschwierigkeiten hätte Hans Fallada um 1910 bei seinen Lesern und Kritikern sicher mehr Interesse geweckt. 1920 aber, als ›Kai Goedeschal‹ erscheint, hat sich der Expressionismus bereits gewandelt.

Der Krieg ist verloren, Wilhelm II. nach Holland emigriert, das Kaiserreich gestürzt, die Räterepublik von 1919 zusammengeschossen und die Weimarer Republik etabliert. Längst verarbeiten die Expressionisten literarisch ihre Kriegserlebnisse und den Zusammenbruch des politischen Wertesystems. Anklagend und verkündend werden die jungen Protagonisten in den Büchern zu Ideenträgern einer neuen Welt gegen den Krieg, oft für den Pazifismus oder Sozialismus. Fritz von Unruhs Tragödie ›Ein Geschlecht‹ mit der Fortsetzung ›Platz‹, oder Ernst Tollers Drama ›Die Wandlung‹, sowie Leonhard Franks Erzählung ›Der Mensch ist gut‹ sind Beispiele für diese neue Entwicklung. Die Menschen von 1919/20 hatten zunehmend andere Sorgen als die Pubertätsprobleme eines Heranwachsenden. 1920 veröffentlichte Ernst Jünger seinen Tagebuchroman aus dem Weltkrieg: ›In Stahlgewittern‹. Es war auch ein Erstlingswerk, aber es schien den Nerv der Kritiker und Leser zentral zu treffen. ›Der Tod von Falern‹ des jungen Frank Thieß im expressionistischen Schreibstil wurde ein Jahr später von der Kritik sehr beachtet; Hans Fallada nicht.

Die politische Entwicklung scheint ihn ziemlich kalt gelassen zu haben, auch dort, wo er offensichtlich mit den November-Revolutionären sympathisiert hatte. Ein Schreiben des Vaters vom Februar 1919 läßt das vermuten: »Dein Brief enthält ein politisches Glaubensbekenntnis, und Du meinst dann, wir würden ›in diesen Dingen wohl nicht mehr zusammenpassen‹. Unrichtig ist daran nur das zweifelnde Wort ›wohl‹, statt dessen hättest Du schreiben müssen ›durchaus‹. Die Zeit ist schon schwer genug. Wir beklagen tief, daß Du so ganz anderer Ansicht bist als wir. Wir beklagen aber noch mehr, daß Du anscheinend keine Empfindung dafür hast, daß das Aufzeigen der vorhandenen Unterschiede Trennungswände zwischen uns aufrichtet, die für unseren inneren und äußeren Verkehr verhängnisvoll werden können.«[1] Die kaum verhüllte Drohung auf die Konsequenzen auch im »äußeren Verkehr« wird Rudolf Ditzen als Gefährung der väterlichen Finanzunterstützung aufgefaßt haben, doch Auswirkungen hatte sie nicht. Seine Sympathie für den November-Aufstand war nur eine kurzfristige Episode, denn später wird er die Revolutionäre nur noch als einen Haufen von asozialen, kriminellen und ständig betrunkenen Randalierern aus der Unterschicht darstellen.

Politisch ist und bleibt Hans Fallada völlig indifferent. Auch nach dem Schreiben des ›Goedeschal‹ ist er noch viel zu sehr mit sich selbst beschäftigt. Sein zweiter Roman wird das belegen. Im Anschluß an die Entziehungskur in der Heilanstalt für Suchtgefährdete in Carolsfeld fährt er auf die Insel Rügen nach Gudderitz zu seinem Freund Hans Kagelmacher, vielleicht, um den verhängnisvollen Drogen in Berlin zu entgehen, vielleicht auch auf der Suche nach einem neuen Zuhause. Zwar bezeichnete er Berlin häufig als seine eigentliche Heimat, aber es zeigte sich, daß er den Verlockungen dieser Metropole nicht widerstehen konnte, und er wußte sehr genau darum. »Berlin, die Stadt überhaupt ist mir von Grund auf verhaßt und schädlich«,[2] so sein derzeitiges Urteil.

Er hatte Kagelmacher 1916 in Stettin kennengelernt und war fasziniert von dem intelligenten und unorthodoxen Mann, der überraschend zum Hoferben geworden war. Die Auseinandersetzungen mit seinem Vater hatten Kagelmacher für lange Jahre vom elterlichen Hof vertrieben. Er hatte sich als Gelegenheitsarbeiter und Landstreicher durchgeschlagen und blieb doch der geborene Landwirt: *»Wenn der über einen Acker ging, so fühlten es sein Fuß und sein ganzer Körper, daß der Boden nicht locker genug, daß er noch nicht gar war, und gleich wußte*

er auch die Mittel, wie man eben diese Gare erzielen konnte.«
(Schriftsteller, S. 286f.)

Aber Kagelmacher war noch mehr als nur ein guter Landwirt. Er las wie sein Freund Ditzen unendlich viel, verfaßte wissenschaftliche Traktate und beschäftigte sich zudem mit Astrologie. Er war sozial engagiert und stellte auf seinem Hof überwiegend Strafentlassene oder Wohnungslose ein, um ihnen eine Chance zu geben. Das Geld für die Löhne befand sich in zwölf nur schwach bewachten Tonkruken, für jeden Monat eine. Wurde eine von ihnen gestohlen, erhielten alle auf dem Hof weniger Gehalt. Verschwand das Geld sogar aus einer weiteren, so gab es noch weniger Lohn. So hatten sämtliche Mitarbeiter im eigenen Interesse ein scharfes Auge auf das Hofkapital und Diebe wurden rasch entlarvt. War einer der Hofgenossen arbeitsunfähig, weil er betrunken in einer Stallecke lag, so mußten alle übrigen ohne zusätzliche Entlohnung auch an Feiertagen für den Sünder schaffen. Sich selbst gab Kagelmacher allerdings immer frei, wenn ihm danach war. Und es war ihm oft danach, tagelang wie in seiner Jugendzeit durchs Land zu streifen, bedenkenlos Geld in den Bars der Großstädte auszugeben und plötzlich wieder auf seinem Hof aufzutauchen. Mitunter mußte dann eine Kuh aus dem Stall geholt und verkauft werden, um die Kosten der Extratour zu bezahlen. Oft unternahm er diese Ausflüge auch mit seinem Freund Rudolf Ditzen: »Wissen Sie noch«, wird der sich in einem Brief an Kagelmacher vom November 1938 erinnern, »wie wir mal in der Inflation nach München fuhren, und ohne Smokings, ohne goldene Uhr, ohne einen Pfennig Geld vierter Klasse zurückfuhren. Was haben Sie mich wohl damals verflucht!«[3]

Kagelmacher, der zunächst auch ein sehr erfolgreicher Landwirt ist, beeindruckt Rudolf durch seine Mischung aus Beständigkeit und Originalität. Bei ihm kann er den landwirtschaftlichen Beruf wieder ertragen und arbeitet in Gudderitz als sein Inspektor. *Ich habe viel von diesem Manne gelernt, vor allem verlangte er nie von mir, daß ich nur ein Leuteantreiber war, bei ihm arbeiteten die Leute von selbst... Er war kein sanfter*

*11 Hans Fallada
im Jahre 1916
in Berlin.*

Mann... und nie werde ich vergessen, wie er einmal einen Mel-
ker, der in der Wut mit der Stallgabel auf mich los wollte, wie er
diesen Mann auf den Arm nahm, wie ein kleines Kind, ihn unter
die Hofpumpe trug, mitten im Winter, und ihn da nun mit einem
Arm unter die Pumpe hielt, mit dem andern aber abpumpte, bis
er den Triefenden auf die Dungstatt warf.« (Schriftsteller,
S. 286f.)

Vor allem aber gibt Hans Kagelmacher dem durch die Sucht
entgleisten Ditzen jetzt einen neuen Halt, spannt ihn ein in den
täglichen Arbeitsablauf, ist ihm immer ein aufgeschlossener
Gesprächspartner und Kamerad. Er akzeptiert den trotz des
Mißerfolges unzerstörten Traum des Freundes, letztendlich
nicht Landwirt zu bleiben, sondern Schriftsteller zu werden.
Seinen zweiten Roman beginnt Fallada in Gudderitz. Die ersten Seiten erinnern an Kagelmachers Hof und unverkennbar
an die Insel Rügen. In etlichen späteren Erzählungen wird er
auf Gudderitz zurückgreifen, seinen Freund Kagelmacher aber
in dem für ihn schönsten und besten Roman: ›Wir hatten mal
ein Kind‹ zur Hauptfigur erheben.

Doch bis zum Schreiben dieses Buches steht er noch vor Ab-
gründen. Sie haben ihre Ursache in seiner Lebensangst und seinem Hang zu betäubenden Drogen. Kagelmacher kann den
Pessimismus von Rudolf nachvollziehen. Er hat ihn selbst erlebt, als er entwurzelt und orientierungslos durch das Land
vagabundierte. Er versteht vielleicht als einziger Mensch im
Leben des Rudolf Ditzen die verhängnisvolle Sucht des Freundes nach Betäubung und nach künstlich erzeugten schönen
Träumen, die alles Unerträgliche kurzfristig vergessen lassen.
Den Morphinismus hält Kagelmacher mit Recht für lebensgefährlich und die Entzugserscheinungen gleichfalls. Als kleine-
res Übel erscheint ihm der Alkohol. Auch er betäubt, erleichtert und verdrängt die Realität, und das sei es doch wohl, was
Rudolf anstrebe? Alkohol ist zudem harmloser als Morphium,
die Entzugserscheinungen äußern sich zunächst nur als fürchterlicher Kater mit Kopfschmerzen, Lustlosigkeit und Willens-
schwäche. Nicht angenehm, sicherlich, aber zum einen ist Al-

kohol leicht und völlig legal zu beschaffen, zum anderen führt er auch nicht so rasch zur totalen körperlichen Abhängigkeit wie das Morphium. So erhält Rudolf, wann immer er in Melancholie oder Depressionen verfällt, anstelle von Rauschgift eben Alkohol.

Unbestritten hat das Trinken zunächst primär positive Auswirkungen auf die Psyche. Alkohol ist wie alle Rauschdrogen anfangs freundlich. Was den Betroffenen im nüchternen Zustand quält, kann sich schon im leichten Rausch aufheben. Der Gehemmte wird gesprächig, der einsame Einzelgänger wird gesellig und befindet sich unversehens in einer vergnügten Runde mit Gleichgesinnten. Der Unmusikalische singt gefühlvolle Lieder. Der nach Einfällen Suchende erfährt Kreativität und bekommt einen Blick für die Schönheiten des Lebens. Existenzielle Sorgen und seelische Nöte treten zurück und geben einer heiteren Gelassenheit Raum. Doch das ist nur der Anfang, die Einstiegsverlockung. Es bleibt nicht dabei. Nicht so schnell wie beim Morphium, aber ebenso zwangsläufig verändert sich die Wirkung des Alkohols.

Vielleicht hat Kagelmacher noch keine Trinker im letzten Stadium ihrer Sucht gesehen, noch nicht erlebt, wie auch der Alkohol – wenn auch langfristig – die Persönlichkeit eines Menschen ebenso zerstört wie das Morphium. Letzteres ist in seiner Auswirkung nur radikaler, wirkt schneller und tötet rascher.

Angstzustände und Depressionen gelten als Wegbereiter zur Trunksucht. Greift der Betroffene zum Alkohol, werden sie allerdings verstärkt, denn nach Abklingen des erlösenden Rausches treten sie in verschärfter Form wieder auf. Die erhöhten Verstimmungszustände lassen den Konsumenten leicht wieder zur Flasche greifen, aber immer größere Mengen werden nötig, um einen Rausch zu erzielen und immer heftigere Depressionen melden sich, wenn kein Alkohol mehr vorhanden ist.

Das kann schon die erste Phase einer Trinkerkarriere bedeuten. Hier sprechen die Fachleute vom *Alpha-Trinker*, der zunächst den Alkohol nur zur Bewältigung seiner psychischen Probleme benötigt.

Der sogenannte *Beta-Trinker* strebt den Rausch zwar noch immer primär zur Entlastung seiner Psyche an, aber sein Körper beginnt, sich an das Gift zu gewöhnen. Hat er stets abends um 19 Uhr mit seinem Alkoholkonsum begonnen, verspürt er – als hätte er eine eingebaute Uhr – um 19 Uhr den Wunsch, jetzt ein oder mehrere Gläser zu trinken, gleichgültig, ob Depressionen akut sind oder nicht. Nach seinem Empfinden möchte er den Tag gemütlich abschließen, zum Feierabend keine trüben Gedanken aufkommen lassen. Die Pünktlichkeit, mit der sich der Wunsch meldet, ist aber bereits der Beginn der körperlichen Abhängigkeit.

Widersteht er dem verschärften Sehnen nach Alkohol nicht, gleitet er Woche auf Woche, Tag auf Tag mehr in die Phase des *Gamma-Trinkers* hinein. Jetzt melden sich auch außerhalb der gewohnten Zeit von 19 Uhr die körperlichen Signale. Der Trinker benötigt schon vorher einen Alkoholschub, zumal die nüchternen Stunden begleitet werden von immer tieferem Trübsinn, bis hin zu Selbstmordgedanken.

Der Alltag erscheint ihm jetzt nur noch erträglich, wenn er bereits nach dem Mittagessen Alkohol zu sich nimmt. Nun hat er schon zwei Termine, auf die sein Körper sich einstellt, später drei und mehr. Bald kann er sich morgens nicht mehr ohne ein Glas Cognac aus dem Bett erheben, geschweige denn, zur Arbeit gehen. Sein Alkoholkonsum führt immer häufiger zum Kontrollverlust. Er kann nicht mehr aufrecht stehen und wankt hin und her. Er sackt vom Barhocker, sieht alles doppelt oder dreifach, hört sich Dinge sagen, die er sonst nicht geäußert hätte. Er beherrscht seine Stimme nicht und spricht zu laut. Zu dem in seiner Auswirkung gesteigerten Rausch kommt spätestens in dieser Phase eine seelische Hörigkeit. »Der Teufelskreis, in den ein Trinker gerät, beinflußt... seine psychische Situation. Häufig nimmt sein Selbstwertgefühl so sehr ab, daß er sich... mit Schuldgefühlen quält, in tiefen Pessimismus bis hin zu klinischer Depression versinkt. Diese Gefühle, die durch das Trinken und seine Folgeerscheinungen hervorgerufen werden, sorgen dafür, daß er immer wieder zur Flasche greift, weil es scheinbar keinen anderen Ausweg gibt, um mit ihnen fertig-zuwerden.«[4]

Aber nicht immer wird der Betrunkene so sichtlich beeinträchtigt.

Es gibt viele Trinker, die trotz jahrelangen Konsums von Alkohol nicht auffallen, weil sie weder die Beherrschung noch die Kontrolle über ihren Körper verlieren. Nach außen hin wirken sie ruhig, ausgeglichen und freundlich, körperlich aber befinden sie sich bereits im vorletzten Stadium ihrer Sucht. Daher ist manche Familie völlig überrascht, wenn der Arzt einen Angehörigen, der wegen einer Leberentzündung, wegen seiner rätselhaften Anfälle[5] oder auch wegen seiner ständigen Gastritis ins Krankenhaus eingeliefert wurde, als hochgradig gefährdeten Trinker diagnostiziert. Dieses Phänomen hat eine medizinische Ursache.

Diese Sucht führt zunächst zu einer erhöhten Toleranz. »Alkohol ist eine Droge, an die sich das Zentralervensystem... mit der Zeit ›gewöhnt‹. Es entwickelt eine Toleranz gegenüber dem Alkohol... Klinisch gesehen zeigt sie sich darin, daß der Abhängige in der Lage ist, ständig zu trinken und seiner Beschäftigung mit einem Blutalkoholspiegel nachzugehen, bei dem Trinker ohne Alkoholtoleranz schon erheblich behindert wären.«[6] So gelingt es vielen Betrunkenen, nach außen hin trotz eines hohen Alkoholpegels im Blut den Gesprächspartner durch ruhiges Verhalten und zusammenhängende Sätze über ihren volltrunkenen Zustand zu täuschen. Auch Hans Fallada gehörte zu diesen Verstellungskünstlern, die sich, solange ihre Sucht nicht in der vorletzten oder letzten Phase angekommen war, nach außenhin koordiniert benahmen. Allerdings erinnern sich diese Menschen später nur noch, daß es ihnen gelungen sei, eine totale Nüchternheit vorzutäuschen, aber nicht mehr an die Einzelheiten der Verhandlungen. »Peter (Suhrkamp) hat mir später manchesmal versichert, daß ich den Eindruck eines vollkommen nüchternen, besonnenen Mannes gemacht habe... Ich habe alles angesehen, besprochen. Ich habe aus der nächsten Stadt einen Baumeister kommen lassen, der mir *einen Kostenvoranschlag über den Ausbau des Hauses machen mußte. Kein Mensch, auch Peter nicht, ist auf die Idee gekommen, daß ich völlig ohne Besinnung war... Natürlich habe ich am nächsten Tag... eine verdammt schlechte Figur gemacht. Ich sollte ihr (Suse, seiner Frau) erzählen, was ich gekauft hatte, wie es dort aussah, wieviel Zimmer, was für Vieh, Wassernähe und Garten? – Ich wußte nichts«, (Heute, S.* 28) berichtet Hans Fallada über den Kauf der kleinen Büdnerei in Carwitz/Mecklenburg, die zu seinem Lebenszentrum werden sollte.

Erhält der Gamma-Trinker keinen Alkohol, wird er zunehmend nervös, in seinen Reaktionen unberechenbar. Er kann einmal auf einen Vorwurf mit heiterer Gelassenheit reagieren, beim nächstenmal in einer ähnlichen Situation mit einem cholerischen Zornesausbruch. Begünstigt werden diese Reaktionen durch die körperlichen Folgen des kurzfristigen Entzuges zwischen den täglichen Konsumschüben. Der Abhängige leidet unter Kopfschmerzen, er kann nachts nicht schlafen, weil sein Herz aufgrund der Alkoholvergiftung rasch und heftig klopft. Mitunter bricht ihm der kalte Schweiß aus und seine Hände beginnen unkontrolliert zu zittern. Diesen Zuständen kann er nur entkommen, wenn er rasch Alkohol zu sich nimmt.

Die Abhängigkeit in diesem fortgeschrittenen Stadium kann bei vielen Trinkern zunächst zum sogenannten ›Korsakow-Syndrom‹ führen, das nach dem russischen Psychologen S. Korsakow benannt wurde. Man weiß, daß es als Folge von Bauchtyphus auftreten kann. Auch Fallada war als Jugendlicher daran erkrankt. Überwiegend aber ist es ein Ergebnis jahrelangen exzessiven Trinkens. Das Kurzzeitgedächtnis ist beim Korsakow-Syndrom hochgradig gestört, Konzentration und Merkfähigkeit lassen immer mehr nach. Der Betroffene ist nicht mehr in der Lage, auf eine direkte Frage zu antworten, ist sich dessen aber bewußt und überbrückt diesen Ausfall durch geschicktes Umleiten des Gesprächsthemas auf ein anderes Gebiet. Unbeeinträchtigt hingegen bleibt das Langzeitgedächtnis.

Beim *Delta-Trinker* ist die seelische und körperliche Abhängigkeit so weit fortgeschritten, daß der Trinker kaum noch fähig ist, abstinente Stunden zu ertragen. Hinzu kommt ein Symptom der fortgeschrittenen Sucht. Die Alkoholtoleranz sinkt auf ein Minimum herab. Schon nach einem Glas Wein oder Bier ist der Abhängige völlig berauscht. Er wird zudem überempfindlich gegen Geräusche und erlebt optische Halluzinationen. Er vermeint Menschen zu sehen, wo keine sind, er glaubt, das Straßenschild sei beweglich geworden und renne auf ihn zu. Er weiß nicht mehr, wo er ist und wer er ist. Hinzu kommt oft das ›Weglauf-Syndrom‹. Der Alkoholkranke ist maßlos unruhig und beginnt ziellos umherzuirren. Die Orientierungslosigkeit führt ihn in fremde Gegenden, an falsche Wohnungstüren. Er stößt überall an, stürzt in Straßengräben, schläft von einer Sekunde zur nächsten ein und man kann ihn auf Stunden nicht mehr aufwecken. Er steigt in Eisenbahnzüge und wacht am anderen Morgen verwundert irgendwo auf einem unbekannten Bahnhof auf. Nach der Ausnüchterung kann er die Glieder nicht mehr ruhig halten, sie zittern so lange, bis er wieder trinkt.

Erhält er in diesem Zustand keinen Alkohol, kann das ›Delirium tremens‹ eintreten. Es beginnt mit Übelkeit, Muskelreißen, Bauchkrämpfen und dumpfen Kopfschmerzen. Die gereizte Stimmung schlägt in eine hektische Unruhe um. Der Kranke reißt an seiner Kleidung, am Bettbezug herum oder greift mit seinen Händen ins Leere. Die Füße zucken, die Knie werden ruckweise hochgezogen. Der Kopf pendelt hin und her, die Augen verdrehen sich. ›Tremere‹ heißt zittern. Der Süchtige beginnt so stark am ganzen Körper zu zittern, daß mitunter das Bett mitbebt. Er hört Stimmen, ist nicht mehr bei Bewußtsein und hat schwere optische Halluzinationen. Bekannt sind die ›weißen Mäuse‹, die nach seinem Eindruck angeblich überall herumlaufen. Sie huschen über seine Bettdecke, laufen über sein Gesicht, flitzen die Zimmerwände hoch. In Wirklichkeit sind diese weißen Mäuse schwere Nervenstörungen, die sich in hellen, blitzartigen ovalen Lichtreflexen äußern. Sie bewegen sich zuckend und in einer wahnsinnigen Geschwindigkeit vor dem inneren Auge des Kranken hin und her. Der Kreislauf bricht zusammen, die Temperatur ist erhöht. Etwa fünf Prozent der Betroffenen können im Delirium tremens sterben.

Das Delirium tremens ist ein Ergebnis von Alkoholvergiftung, aber es gilt in erster Linie als Entzugssyndrom. Es tritt dann auf, wenn der Patient in ein Krankenhaus aufgenommen wurde oder wenn er selbst einen Entzug versuchte, aber natürlich auch, wenn es ihm nicht gelungen ist, wieder rasch genug Alkohol zu trinken.

Findet spätestens nach den ersten Delirium tremens-Anfällen kein Entzug statt, so landet der Alkoholiker auf der letztmöglichen Stufe. Er gilt als *Epsilon-Trinker*. Sein exzessiver Alkoholkonsum ist mit einem fast permanenten Kontrollverlust verbunden. Die Delirium tremens-Anfälle häufen sich, gekoppelt mit Verfolgungswahn, Geistesstörungen, völligem körperlichen Zusammenbruch und totaler Verwahrlosung. Der Betrunkene wäscht sich nicht mehr. Er registriert kaum, daß er sich häufig übergibt und dabei besudelt. Er hat seine Körperfunktionen nicht mehr unter Kontrolle und schmutzt sich ein. Die Sucht ist so stark, daß er auf die täglichen Mahlzeiten verzichtet und stattdessen lieber Hungergefühle, Übelkeit, Kopfschmerz und Schwindel durch einen neuen Schub Alkohol überdeckt, zumal sein Magen ohnehin kaum noch in der Lage ist, Nahrung bei sich zu behalten.[7] Wichtig ist hierbei zu betonen, daß die beschriebenen Stufen der Alkoholsucht Modelle sind, nach denen eine Trinkerkarriere ablaufen kann, aber keineswegs muß.

Die körperlichen und geistigen Folgen des langjährigen Alkoholismus sind unter den Fachleuten unbestritten. Es drohen »Bauchspeicheldrüsenentzündung, Krebs, Epilepsie, Leberzirrhose,«[8] sowie die Schädigung des Nervensystems und die Beeinträchtigung der Gehirnfunktionen bis hin zum Trinkerschwachsinn, genannt ›alkoholische Demenz‹. Häufig sind Persönlichkeitsveränderungen zu registrieren: »In positiver Hinsicht kann der Patient sich unter Alkohol als kontaktfreudiger, zuversichtlicher und selbstsicherer erleben. Zu den negativen Wirkungen zählen etwa Reizbarkeit, Verlust der Affektkontrolle (einschließlich Gewalttätigkeit), Mißtrauen, Griesgrämigkeit, Rückzug, Selbstmitleid und Gleichgültigkeit gegenüber anderen.«[9] Der Trinker wird »rücksichtslos, asozial und blind gegenüber möglichen Folgen... unternimmt immer häufiger Gewaltakte.«[10]

Doch zurück zur Situation in Gudderitz. Kagelmacher also unterstützt den Alkoholismus des Freundes, um dessen Morphiumsucht zu kompensieren. Das mag unverantwortlich sein, aber zunächst scheint die Praxis Kagelmachers Theorie zu bestätigen. Tagsüber arbeitet Rudolf Ditzen fleißig und zuverlässig in der Landwirtschaft, in den Nächten sitzt Hans Fallada über seinen neuen Manuskripten. Er hat verschiedene Erzählungen schon in der Heilstätte Carolsfeld begonnen, jetzt redigiert er sie. Einen Teil von ihnen beendet er und entwirft Konzepte für neue. Vor allem aber schreibt er in Gudderitz an seinem neuen Roman.

Doch er ist ein Trinker und die Sucht nimmt auch bei ihm ihren verhängnisvollen Verlauf. Immer häufiger kommt es zu Ausfällen, die nüchternen Stunden werden seltener, die schriftstellerische Kreativität läßt nach. Bald treiben ihn Alkoholismus und Unruhe von Kagelmachers Hof wieder zurück nach Berlin. Dort sucht er Gesellschaft und in ihr die Befreiung von seinen Problemen und das Vergessen. Aber er findet in seinem trostlosen Zustand keinen Anschluß und erinnert sich, »wie (mich) in den zwanziger Jahren... die selbstgewählte Einsamkeit wie ein glühender Schmerz packte, wie ich Abend für Abend von einem Caféhaus in andere lief, oft an einem Abend in zwölf, fünfzehn Stück – da saß ich dann und sah angstvoll in jedes Gesicht, ob es nicht endlich das Gesicht eines Menschen sein würde, der mich erlöste. Jedem Eintretenden sah ich entgegen, und hinter jedem Fortgehenden hätte ich hinterdrein laufen mögen, ihn auf der Straße um ein wenig Wärme und Gemeinschaft anzusprechen«. (Heute, S. 178)

Wieder sucht er nicht durch sich, sondern durch andere die

Lösung seiner Probleme – und durch anderes: »*Ich bekam ...
die wahnsinnige Idee, es ein wenig mit Kokain zu versuchen.... Aber Kokain ist ein rohes, reißendes Tier, es quält den
Körper, die Welt wird wild, verzerrt und hassenswert. Es gelang mir, von einem Kellner bekam ich ›Benzol‹. Ich machte
mir die Lösung, und gleich hintereinander jagte ich mir drei
Spritzen in den Leib. Bilder fliegen an mir vorbei, Leiber stürzen übereinander, kleine Buchstaben, die ich lese, tun plötzlich
ihren Bauch auf, und ich merke, daß es Tiere sind, die endlos
über die Seiten wimmeln, sich gegeneinander verschieben, seltsame Wortfiguren bilden, und ich versuche ihren Sinn, nach-
malend mit der Hand, einzufangen. Aber dann entdecke ich,
daß ich mit meiner Wirtin rede, ich will ihr sagen, daß ich kein
Abendessen brauche, ich bilde diesen Satz: ›Nein, ich esse nicht
zu Abend‹, in meinem Hirn, und mit dumpfer Verwunderung
höre ich, wie mein Mund sagt: ›Ja, heute ermorde ich den Wolf
(Parsenow) noch‹. Ich rase die Treppe hinunter, stoße einen
Mann beiseite, gewinne das Freie. Ich suche nach Wolfs Wohnung, nein, ich jage sinnlos durch die Stadt, hierhin, dorthin,
immer weiter spritzend, immer wilder werdend. Blut fließt aus
vielen Einstichstellen in Hemd und Manschette, über meine
Hand. Der Wahnsinn schlägt haushoch über mir zusammen,
oft kichere ich lautlos vor mich hin, wenn ich einen neuen Plan
fasse, diese verruchte Stadt mit ihren sinnlosen Apotheken an-
zustecken, aufflammen zu lassen wie einen Strohwisch. Und
ich stehe plötzlich in einer Apotheke, ich schreie wie ein Tier,
ich werfe die Leute, die mich halten wollen, von mir, ich zerschlage eine Scheibe, und plötzlich reicht man mir Morphium,
gutes, klares, weißes, blumiges Morphium. O du meine süße
Freundin, nun bin ich wieder sanft. Ich fühle, wie das Kokain
vor ihr flieht, in der obersten Spitze des Magens hängt es sich
noch eine Weile fest – und ist verjagt. Ein paar Polizeimenschen
legen mir die Hände auf die Schulter: ›Nun kommen Sie mal
mit‹. Und ich gehe mit ganz sachten kleinen Schritten hinter ihnen her, ...«* (Rausch, S. 25)

Hier berichtet Fallada unkorrekt. Was er beschreibt, ist

nicht der erste Kokain-Rausch, es sind bereits die Folgen einer stark ausgeprägten Kokainsucht.

Auch für das Kokain gilt: Das Gift wirkt zunächst angenehm und stimulierend: Kälte, Hunger, Durst- und Müdigkeitsgefühle werden betäubt. Intensive Emotionen werden erlebt und vermitteln zugleich das Gefühl von übermenschlicher Stärke. Der Schüchterne redet unglaublich viel, der Lethargische bewegt sich plötzlich gerne und eilt ununterbrochen schwatzend von Gasthaustisch zu Gasthaustisch, scherzend, lachend und unkompliziert.[11]

An anderer Stelle beschreibt Hans Fallada die zunächst verlockend positive Wirkung des Kokains. Sie führt leicht dazu, daß der experimentierende Einsteiger zum Dauerkonsumenten wird. *»Vor allem erinnere ich mich jener ›sublimen Luzidität‹ (Helle, Durchsichtigkeit und Klarheit der Gedanken, C.v.S.)..., die ich empfand: alle Farben meines Zimmers waren frischer geworden. Meine Gesten waren rund und griffig; voll. Der Inseratenteil der Zeitung barg höchstes Interesse – Die Welt! oh, die Welt!!... es gab keine Vergangenheit; die Welt mit allen Funkelsternen, Gebärden, Küssen, Gesträuch, Johannisfeuern, Liebe und Tod, der kein Tod war, sondern ein herrliches Weiterdeuten wie Weiterbedeuten, war in meinem Gemach.« (Kuh – Schuh, S. 104 f.)*[12]

Die Traumvisionen werden irreal, sind jedoch harmonisch, schön und tröstlich: *»Meisenflügel streifen an seine Ohren. Aber in ihr Wogen, Gedräng, schlingen die Pflanzen die Ranken, schwingen die Zweige; zwischen den Zitzen der Wölfin tun die Blumen ihre Kelche auf, und burrende Hummeln stupfen Staub auf ihre Narben. Steine sind gut. Die Krume zerfällt und ihr enthebt sich Neues: Mikroben, Bakteriengetier, das sich neu zerlegt, zerfällt, und endlos Wandel ist – vielleicht ein ›Weiter‹ –, vielleicht ein Höher-Hinauf, indes surrend die Sterne ihre Bahnen laufen, Fontänen schießen, Ringe sich drehen. Bin ich fort. FORT. Gott ist gut.« (Kuh-Schuh, S. 41, Hervorhebung von Fallada)*

Kokain wirkt schnell und putscht augenblicklich auf, hebt die

Stimmung. Nach wie vor ist umstritten, ob Kokain, damals genannt ›Charlie‹, ›Koks‹ oder ›Benzol‹, eine körperliche Abhängigkeit verursacht, es gilt lediglich als ›Euphoricum‹. Der Begründer der Psychoanalyse, Sigmund Freud, lobte in Traktaten die Droge. Er schickte sie seiner Braut , seinen Freunden und empfahl sie sogar seinen Patienten. »Er war von ihrer Wirkung besonders deshalb überzeugt, da er seit Jahren unter periodischen Depressionen, Müdigkeit und neurotischen Symptomen litt, wogegen Cocain so wunderbar wirkte.«[13] Da er im Selbstversuch mit Kokain kaum körperliche Abhängigkeit registrierte, schlug er vor, die Droge als Kompensation gegen den Morphinismus einzusetzen.

Unbezweifelt ist dagegen die psychische Abhängigkeit. Kaum, daß das Gift mit einem Strohhalm durch die Nase eingezogen (geschnupft) oder auch gespritzt wird, verändert sich die Gemütslage. Kokain vermittelt »eine ungeheure Klarheit und Kraft des Denkens. Aber bereits nach 30 Minuten ist der ganze ›Zauber‹ vorüber. Dem Rausch folgt ein schrecklicher Kater,«[14] verbunden mit einem Wechselbad zwischen Heißhunger und Appetitlosigkeit, Gliederschwere und stechenden Kopfschmerzen. Diesem unerfreulichen Zustand glaubt der Kokain-Konsument nur durch eine neue Prise oder Spritze Kokain zu entkommen. Immer häufiger nimmt er die Droge und die Folgen des Mißbrauchs stellen sich bald ein.

Jetzt wirkt Kokain nicht mehr freundlich, sondern nach immer kürzer werdenden Phasen der Euphorie beängstigend. Nach mehrfachem oder gar regelmäßigem Gebrauch erlebt der Süchtige Horrorvisionen. Rudolf Ditzen in der Romangestalt *»des mittellose(n), etwa dreißigjährige(n) Dichter(s) Anton Färber, der bei Freunden auf dem Lande lebte«, (Anton, S. 283)* wird in seinen Halluzinationen von einem unheimlichen Mann verfolgt, dessen Gesicht vollkommen durch den Hutschatten verborgen bleibt. Er zerrt Anton Färber neben sich und weist mit dramatischer Geste auf eine Gestalt, die sich zu ihnen gesellt hat. Hier werden erneut die autobiographischen Spuren in den Werken von Hans Fallada sichtbar. Die Erscheinung ist eindeutig die ins Grauen verzerrte Erinnerung an Hanns Dietrich von Necker und das selbstmörderische Duell. Sie ist *»sehr hager, mit hohem, schmalen Kopf, die Schläfen sehr weiß von blauen Adern durchsponnen. Sein Mund steht weit offen, rasch hintereinander bildet sich zwischen den Lippen Blutblase auf Blutblase, tritt umspeichelt aus, schwebt einen Augenblick vor ihm und steigt verleuchtet in den Himmel. Sein nackter Oberkörper ist gräßlich abgemagert, wie Peitschenstriemen liegen die Rippen auf ihm. Nahe der linken Brustwarze sind drei schwarzrandige Löcher, in denen bei jedem Atemzug Luft mit Blut pfeift und gurgelt. Seine Hose ist arg von Lehm beschmutzt.... Sein Gang ist ein stolperndes Vornüberfallen und trägt etwas ruchlos Lustiges an sich. Ganz, ganz schnell habe ich das alles gesehen... und dämmerndes Erinnern springt mich an... Ich schlage die Hände vors Gesicht... aber auf meinem Rücken hockt der dürre Begleiter; ich fühle, wie sein Blut warm und klebrig über meinen Kopf rinnt. Ich kann meine Augen nicht mehr öffnen, doch er reißt mich bei den Haaren, taumelnd stolpere ich hoch, und er spornt mich so lange mit seinen Schuhen, bis ich in hohem Trab die Allee hinabrase, allein geleitet von den spitzen, ziehenden Griffen in meinen Haaren... Ich weiß, ich weiß alles! Wie konnte ich vergessen! Ich bücke mich. Der Dürre liegt stöhnend am Boden, phosphorisch glänzen die drei Kugellöcher, die ich einst –. Oh, es ist ja Wahnsinn! Das alles ist doch schon Jahre her!... Ich bücke mich und nehme den erschossenen Freund auf die Arme. –«* (Anton, S. 409 ff.)

»Chronischer Cocainismus führt zum plötzlichen Auftreten psychotischer Verhaltensstörungen, zu Schlafstörungen, Appetitlosigkeit und paranoiden Angstzuständen. Der ›Cocainwahnsinn‹ und ein rascher körperlicher Verfall sind für den Vergifteten charakteristisch.[15]

Auch Hans Fallada lernt diese Folgen kennen und beschreibt sie in einem seiner Bücher besonders eindrucksvoll. Seine Romanfigur, die junge, kokainsüchtige ›Hühnerweihe‹ ist völlig heruntergekommen. *»Die damals noch sanfte, runde Wange war hager und faltig geworden, der weiche, rote Mund rissig und* *trocken, jede Bewegung fahrig, wie irr. Sie schrie, sie verspritzte allen Geifer, sie keifte atemlos...«* (Wolf, S. 159) Schließlich landet die Hühnerweihe im Gefängnis. *»Wie ein Tier rannte sie auf und ab, immer von einer Wand zur andern, blind für die Gefährtinnen. Dabei murmelte sie ununterbrochen halblaut vor sich hin. Plötzlich dann blieb sie stehen und schrie mit hoher, gellender Stimme, wie aus wilden Schmerzen heraus... sie (fiel) hin an der Tür; das Haupt gegen das Eisen der Tür gelehnt; hockte die jämmerlich zerraufte Hühnerweihe da, als lausche sie auf etwas. Sie fing an zu murmeln: Es läuft, murmelte sie. Es krabbelt in meinem Bauch. Oh, so viele Beine! Sie wollen heraus, mein ganzer Leib ist voll von ihnen, und nun wollen sie heraus! Mit zitternden Fingern riß sie an ihren Kleidern herum, versuchte, sich den Leib freizumachen. Ameisen! klagte sie. Rote, durchsichtige Ameisen! Sie laufen in mir – Oh, gebt Ruhe! bat sie. Ich habe ja nichts. Ich kann euch keinen Koks geben! Sie sprang auf. Gebt mir Koks! schrie sie.«* (Wolf, S. 199f.)

Das vegetative Nervensystem ist zerrüttet. »Dauer-User tendieren zu Waffengebrauch und unberechenbaren Reaktionen.«[16] Weitere Nebenwirkungen sind neben den diffusen Angstzuständen auch Depressionen, Verfolgungswahn und Größenwahn.

Hans Fallada hat fast alle der genannten Auswirkungen selbst erlebt. *»Ich injizierte täglich. Mit einem steigernd mich grausenden Betroffensein entdeckte ich gegebene Anordnungen, versandte Briefe, geschleuderte, spitzeste Antworten, von allen denen ich nichts wußte. Oft in den Dämmerstunden überkam mich eine gereizte Stimmung: ich hätte Männer schlagen, Frauen – von denen nicht Eine mich mehr reizte – aufs Tiefste verwunden mögen.«* (Kuh-Schuh, S. 104f.)

Die körperlichen Folgen des Kokain-Mißbrauchs können mannigfaltig sein. Schlaflosigkeit ist die Regel. Bei Schnupfern entstehen häufig Geschwüre im Nasenraum. Impotenz kann sich einstellen. Wunden heilen nur noch schlecht, Beulen brechen auf, Gliederschmerzen lähmen jede Bewegung, auch chronische Verdauungsstörungen und daraus resultierend

Bauchwassersucht werden genannt. Da der hochgradig Süchtige kaum noch Mahlzeiten zu sich nimmt, kann die Erschöpfung und Entkräftung zum Tod führen.[17]

Rudolf Ditzen gerät in Berlin wegen der nicht erfüllten Sehnsucht nach Gesellschaft wieder unter die Räder. Er kann, diesmal bedingt durch den Kokain-Mißbrauch, weder arbeiten noch schreiben. Erneut meldet er sich in Carolsfeld an, erhofft Entwöhnung. Die ersten Wochen sind so fürchterlich wie alle Entzüge. Infolge der Vergiftung hat der Patient die klassischen Halluzinationen und Ängste des ›Kokain-Wahnsinns‹ zu überstehen. Erstaunlich, wie klar Hans Fallada das beschreiben wird, und dies sogar während seiner Behandlung, also in einem körperlich und geistig schwer beeinträchtigten Zustand.

Ob betrunken, morphiumselig oder kokainvergiftet, seine Fähigkeit, als Chronist alles schriftlich festzuhalten, was mit ihm geschieht, bleibt ihm immer erhalten. So beschreibt er in seiner in Carolsfeld entstandenen Erzählung ›Die Kuh, der Schuh, dann du‹ einen Spaziergang mit Pflegern. Er trottet zunächst mit der Patientengruppe mit, aber er sieht *»Plötzlich zwischem kahlem Astgegabel: ›Der Mond! der Mooohnd!‹ (Am Tage! Am Tage!!) Er ist ganz voll. Nach meinem Ausruf bin ich still geworden. Nun recke ich den Finger: auf dem rosaweißlichen Nagel tanzt er, dreht sich und blüht immer voller auf... Ich zwinkere. Mein Schritt zieht ganz in die Zehen. Wie ich wachse! Dann beginne ich zu fliegen. Noch halte ich mich zurück. Da ich nicht sehr hoch gleite, könnten die Hacken meiner Schuh die Schultern der vorangehenden Patienten anticken. Ich streife leise wie ein Blatt durch die Luft. Einmal drehe ich mich; meine linke Wange wird statt der rechten rasch vom Winde gekühlt... Ich verlor dabei nicht den Mond vom Nagel des Fingers, aus dem Zentrum des Hirnes und aus der Pupille – Nein, ich verlor ihn nicht – ... Dann: Sie – immer sie – Cocco – Cocco – Wie der Mond birst! Ich lasse die Hand sinken... Dann stehe ich am Kalikovorhang; meinen rechten, meinen linken Arm hält je ein Pfleger – ich schüttere vor Kälte, da ich nur ein Hemd anhabe – in meinem Rücken klirrt Glas und Silber – Der Arzt tritt vor, er*

reicht mir einen Trank. Er sagt: ›Beruhigen Sie sich –‹. Die Pfle-
ger führen mich in mein Bett zurück. Mein Gaumen schmeckt
bitter. Der Mond ist untergegangen.« (Kuh-Schuh, S. 57ff.)

Erst am Ende der langen Erzählung wird der Ich-Erzähler
seinem Leser verraten, wer Cocco ist: Seine Partnerin, seine
einzige Freundin, *»Die ganz Große. Die Grausame« (Kuh-*
Schuh, S. 109), das Gift Kokain.

Über die medizinischen Methoden, von der Kokain-Sucht zu
heilen, wird man heute lächeln: Dauerbäder von 40° Celsius
zur Entregung, sowie Schlaf-und Beruhigungsmittel. Es ist
wohl eher ironisch gemeint, wenn er berichtet: *»Die Entwöh-*
nung gelang leicht, (Kuh-Schuh, S. 105) denn die Einzelheiten
künden von einem körperlichen und seelischen Martyrium: *So*
viel durchzerrtes Leiden schien meine Seele stumpf gemacht zu
haben. Oft ersehnte ich Verblödung. Mit hysterischen Schreien
stürzte ich mich auf den Tod: aber die Scheiben zerklirrten ge-
fahrlos unter meinen Händen, die zu hastig geführte Hand ließ
das Rasiermesser abgleiten, die tobenden Nerven ermatteten un-
ter betäubenden Schlafmitteln wie die Muskeln unter den Fäu-
sten der Pfleger. Dann war ich entwöhnt! (Kuh-Schuh, S. 105)

Heute wissen wir, daß ein Entzug von harten Drogen nur
möglich wird, wenn der körperlichen Entwöhnung vom jeweiligen Gift auch eine psychische folgt. Unabhängig, von welchem
Gift, ist die Entzugsbehandlung immer begleitet von starker
Angst, innerer Unruhe, Unsicherheit und vor allem von der
Versuchung, erneut auf das Rauschgift zurückzugreifen. Hilf-
reich ist daher eine suchtmittelfreie Umgebung. Wichtig sind
vor allem Menschen, die einfühlsam sind und ablenken, beruhigen und Mut machen, die bei Krisen helfen. Entzüge bei Alkohol, Tabletten- und Mehrfachabhängigkeit sollten im Krankenhaus durchgeführt werden, da Komplikationen auftreten
können. Aber dem körperlichen Entzug sollte sich unbedingt
eine Therapie anschließen, um die Drogenfreiheit auch langfristig zu sichern. Erfahrungsgemäß benötigt der Ausstieg mindestens ebensoviel Zeit wie der Einstieg. Die Gefahr eines Rückfalls ist auch während und nach einer Therapie stets vorhanden.

Nicht selten wird absolute Drogenfreiheit erst nach mehreren vergeblichen Anläufen erreicht. Rückfälle können Lernschritte für ein künftiges drogenfreies Leben bedeuten [18], aber sie können auch endgültig entmutigen.

Auch in der Erzählung ›Die Kuh, der Schuh, dann du‹ findet immerhin der Versuch von therapeutischen Gesprächen statt. Sie sind jedoch fragwürdig, weil sie nur darauf hinauslaufen, daß der Patient mit seinem ständigen Ruf nach ›Cocco‹ unter Wahnvorstellungen leide und nicht ernst zu nehmen sei. »*Aus der Höhe sah der Arzt auf mich herab; seine Augen zwinkerten nicht... ›Eine Bildung Ihres erkrankten Hirns... Sie passen nicht auf... Was sagte ich eben –?‹*« Und als der Kranke mit dem stereotypen ›*Cocco, Coccolina, Coccocanella*‹ antwortet, um auf seine ungebrochene Sucht auf Kokain hinzuweisen, reagiert der Arzt verständnislos und erbost: »›*Immer sie! Schweigen Sie endlich von ihr! Eine Wahnvorstellung. Sie werden gut schlafen heut Nacht. Ein Schlaftrank. Für alle Fälle die Wache – Schlafen Sie gut, Adio!*‹« *(Kuh-Schuh, S. 50f.)*

Der Protagonist sieht sehr klar seinen Hang zur Sucht, zum Rausch. Obwohl er sich in einer Entzugsklinik befindet, glaubt er nicht an eine Heilung durch die Ärzte, denn deren Interpretation der Sucht ist primär medizinisch, nicht psychologisch, erfaßt nicht den Antrieb, die physische Ursache zur Sucht allgemein. »›*Gedankenflucht‹, sagt der Arzt... Nein armer Arzt! Er begreift nicht –; selbst wenn er diese Blätter läse, begriffe er nicht, daß ich wohl fliehen will, daß ich aber in immer engeren Spiralen einen Trichterrand umsause, deren Tiefe mich verschlingen wird – einmal – ›Gedankenflucht, Herr Doktor?‹ – ›Jawohl‹... Alle Ausbrüche weiß ich! Alle Haken, die der Hase schlug.... aber zuletzt mündet alles in – Coccolina – und die beiden kleinen Scheiben, der Strick, das Ende sind nie vergessen, wackeln den Cancan unten im Hirn.*« *(Kuh-Schuh, S. 65)* Mit den beiden Scheiben meint er die Fenster seines Krankenzimmers, an denen er versuchen wird, sich die Pulsadern aufzuschlagen und Selbstmord zu begehen.

Ein Sucht-Patient benötigt Verständnis. Er muß allerdings

so verstanden werden, wie er sich selbst versteht und nicht so, wie ihn seine Ärzte sehen wollen. Das Selbstverständnis eines Patienten herauszufinden, um mit diesem Wissen in therapeutischen Gesprächen die psychologischen Gründe für die Sucht herauszufinden, wäre Aufgabe der Mediziner gewesen. Erst dann kann es gelingen, gemeinsam mit dem Betroffenen die permanenten Rückfälle in das Suchtverhalten aufzuarbeiten. Für einen solchen Rückfall ist Hans Fallada gleichfalls Chronist.

Die körperliche Entwöhnung ist zwar gelungen, aber das psychische Bedürfnis nach der Droge kündigt sich abermals an: »*Ein Bodensatz Bitterkeit schien geblieben. Die neuen Wege sah ich noch nicht, nur eine Schwermut umfing mich... die große Angst kam neu. Schreiben zu müssen, blieb meine Pflicht... Wie meine Schrift klein geworden ist, und krakelig, die Feder zittert in meiner Hand... Die Angst ist da.*« (Kuh-Schuh S. 105f.)

Die Kreativität ist erloschen, die Gedanken blockiert. Die Versuchung zum Rückfall ist groß. »*Es hilft doch alles nichts. Kein Ausweg... Ich werde noch fünf Minuten überlegen, dann schreiben! – schreiben –? VIELLEICHT schreiben!*« (Kuh-Schuh, S. 106, Hervorhebung von Fallada)

Der Protagonist hat sich heimlich eine Flasche Kokain mit einer Injektionsspritze besorgt, er zieht die Spritze auf und sticht sie ein, erfährt augenblicklich die erlösende Helligkeit, den Blitz im Hirn. Er setzt sich eine neue Spritze, erlebt die optischen und akustischen Halluzinationen, will jene jetzt aber nicht, er will schreiben. Er injiziert neu, immer wieder, dann endlich: »*Ich hatte Papier in der Hand, ich begann zu schreiben... ich scheuchte die geilen Tierchen, die platzenden Zellen fort. Ich war allein. Das Spuken in mir war tot. Die ganze Welt kreiste süß. Ich kreisete*«. (Kuh-Schuh S. 108)

Doch der Rückfall zeigt auch die spezielle Tücke des Giftes. Der Berauschte schreibt nicht das, was er möchte, ihm wird geradezu diktiert. Dennoch muß er ständig neu Gift injizieren, um überhaupt weiterschreiben zu können. Das »*Kokain verriet*

mich. Andere Zeilen schrieb ich, wie ich gewollt. Die Sanftheit
schwand; ich litt Angst; wieder zwang ich mich in Weiches-Wei-
nendes-Selig-Dumpfes; doch schon war ich ein Leidender...
(Wie meine Feder jagt, diese letzte Seite! Wird es so weiter
gehen? Und dann, am Ende, was dann? Welches Ende? Ach!
ich weiß es nicht!) Auch als ich zuerst ›Coccola‹ schrieb, begriff
ich nichts. Eine große Liebende – ein kleiner Verliebter – wie
denn! Was weiter! Erst spät, als ich ›das Ende‹ (das dann ›miß-
glückte‹) ahnte, erst spät sah ich sie: die Göttin des Kokains. Die
ganz Große. Die Grausame. Sie lehrte mich, ich lernte von ihr,
ohne aller Welt drum, mich, ich mich haß-lieben, liebendst zu
hassen – ... Ich hatte sie gebannt. Sie hat mich gebannt. Sie ließ
mich die Nacht über an meinen Papieren sitzen. Sie hieß mich
schreiben. ›Nun Schluß‹, rief ich, injizierte, ergriff die Feder –
und schrieb weiter. Sie ließ mich nicht. Ich injizierte neu. Ich
schrieb... Wie ich lebte! Ein ganzes Leben quoll aus mir – aus
IHR. Vergeblich jeder Abweg, als der Morgen dämmerte war sie
tot. Aber sie hatte gesiegt. Die Flasche war leer.« (Kuh-Schuh,
S. 108 f., Hervorhebungen von Fallada)

Die Sucht wird für Hans Fallada zum Hilfsmittel, überhaupt
noch schreiben zu können. Welches der verschiedenen Gifte
hierfür eingesetzt wird, ist ziemlich unerheblich. Wahllos greift
er nach sämtlichen legalen oder illegalen Möglichkeiten. Er ex-
perimentiert mit sich und seinem Leben, teils aus Hilflosigkeit
gegenüber den gesellschaftlichen Anforderungen, primär aber
aus dem Wunsch heraus, meisterhaft zu schreiben. Er weiß,
daß er es könnte, wenn er alle Lebensangst und Schwermut
besiegt.

Er will mit Drogen jene Bewußtseinserweiterung erzwingen,
die ihm ohne Gifte nicht möglich erscheint. So ist Hans Fallada
längst mehrfach süchtig: Alkohol, Morphium und Kokain sind
die schweren Abhängigkeiten. Gelinder eingestuft werden Ni-
kotin- und Kaffeesucht , bedenklich ist zudem sein ungehemm-
ter Gebrauch von Schlafmitteln und Aufputschtabletten.

Dieser Mann greift nach allem, was süchtig macht und beschränkt sich dabei nicht auf die Drogen. Er wird eine Spiel-

sucht beim Roulette durchleben, nachgesagt wird ihm eine Sucht nach Frauen und nach Sexualität. Seine Sucht nach der Sucht wurde Zeit seines Lebens nie tiefenpsychologisch aufgearbeitet. Damals war man noch nicht so weit. Heute wäre man es, aber es ist zweifelhaft, ob man Hans Fallada selbst mit modernen Methoden hätte heilen können.

Vielleicht hätte er das auch gar nicht gewollt. Eine Drogenabhängigkeit galt damals wie heute als abnormale Entwicklung, als seelischer Defekt, als Krankheit. Ist es das wirklich? Seine Sucht nach der Sucht führt Hans Fallada eines Tages in eine Abhängigkeit, deren Auswirkungen ihn emportragen werden. Es wird ihm gelingen, einen Platz in der Literatur zu erobern, der weit über das Mittelmaß hinausragt. Es muß offen bleiben, ob er dies ohne sein Suchtpotential geschafft hätte.

9.
Das Ende der Freiheit

Die Jahre zwischen 1920 und 1923 sind biographisch kaum zu verfolgen. Rudolf Ditzen arbeitet als Buchhalter bzw. Rechnungsführer auf verschiedenen Gütern in Schlesien, Mecklenburg oder Westpreußen. Aber nirgendwo hält er es lange aus. Entweder ihm wird bereits nach wenigen Wochen gekündigt, oder aber er verläßt von sich aus die Arbeitsstelle. Er ist ruhelos, unzufrieden, gereizt und drogenabhängig. Mal ist es der betäubende Alkohol, dann wieder das gefährliche Morphium oder das teuflische Kokain. Jedes Rauschmittel konsumiert er so intensiv und lange, bis sein Körper streikt und er sich entweder aus eigenem Entschluß in eine Entzugsklinik schleppt oder von Freunden hingebracht wird. Dort wird er entgiftet. Doch kaum hat er den körperlichen Entzug hinter sich, verläßt er die Klinik vorzeitig gegen den ausdrücklichen Rat seiner Ärzte.

Kagelmachers Hof auf Rügen ist immer wieder seine rettende Insel. Wenn nichts mehr geht, dann strandet er hier. Häufig kommt er mitten in der Nacht an, wirft sich ins Heu der Scheune und schläft. Wenn man ihn am frühen Morgen weckt und etwas zum Essen bringt, wirkt er verstört und abwesend. Mit langsamen, unbeholfenen Bewegungen entfernt er mühsam die Strohhalme aus Gesicht und Haaren, putzt umständlich die starken Gläser seiner Brille und beginnt erst dann mit seiner Mahlzeit.[1] Ist er mit Hilfe seines Freundes nach einigen Tagen wieder auf den Beinen, beginnt erneut die Suche nach einer Arbeitsstelle, fällt er bald darauf zurück in die Drogenabhängigkeit. Erbost wie entmutigt durch den ständigen Abbruch wird der Leiter des Sanatoriums ihm eines Tages eine erneute Aufnahme in Carolsfeld verweigern. Aber es gibt noch andere Sanatorien, unter anderem in Rinteln an der Weser. Dort findet der Süchtige Aufnahme. Die Ärzte beklagen auch hier den vorzeitigen Abbruch der Behandlung. So geht es unaufhaltsam bergab mit Rudolf Ditzen.

Seine Familie scheint nichts von diesem trostlosen Kreislauf zu wissen. Ditzen läßt sich die Post an Deckadressen schicken. Hans Kagelmacher überbrückt die Wochen, in denen der Freund bei ihm Asyl findet oder wieder einmal in einer Klinik ist, mit falschen Arbeitszeugnissen, oder er gibt Rudolf Blankobögen mit seiner Unterschrift, so daß Ditzen sich selbst ein glänzendes Zeugnis ausstellen kann. Damit ist der Lebenslauf lückenlos und macht sich gut bei jeder neuen Bewerbung.

Morphium, Kokain, Alkohol, Zigaretten, Medikamente für und gegen Müdigkeit kosten mehr Geld, als zur Verfügung steht. Die erste Unterschlagung begeht er auf einem Gut in Neu-Schönfeld bei Bunzlau in Schlesien. Beschaffungskriminalität würde man das heute nennen. Eine sechsmonatige Freiheitsstrafe ist die Quittung. Das Urteil über ihn wird am 12. 7. 1923 gefällt. Strafmildernd wird berücksichtigt, daß er sich bis zu diesem Richterspruch noch nie etwas hat zuschulden kommen lassen.[2] Rudolf Ditzen ist für die Richter ein kleiner Fisch. Die Zellen der Gefängnisse sind voll; man wird ihn zu einem passenden Zeitpunkt auffordern, seine Strafe anzutreten.

Er muß fast ein Jahr lang darauf warten, seine Tat abzubüßen. Bis dahin bleibt er ein freier Mann. Ob diese Wartezeit günstig auf seine Psyche gewirkt hat, muß bezweifelt werden. Was immer er jetzt beginnt – jeden Tag kann er aufgefordert werden, sich im Gefängnis zu melden.

Drei Tage nach dem Gerichtsurteil beginnt er als Rechnungsführer auf Rittergut Radach in der Neumark zu arbeiten. Dieses Gut mit etlichen der dort lebenden Menschen wird sehr wichtig für ihn. Für seine momentane Lebenshast dauert es unverhältnismäßig lange, bis er auch hier entlassen wird. Er findet Zeit und Gelegenheit, Menschen, Landwirtschaft und gesellschaftliche Strukturen so gründlich zu beobachten, daß die Radacher Verhältnisse später zum Handlungszentrum eines seiner besten Romane ›Wolf unter Wölfen‹ werden. Hier schildert er auch eine Facette aus der deutschen Geschichte, deren Zeuge er wurde: den erfolglosen Putschversuch des Majors Buchrucker von der ›Schwarzen Reichswehr‹ in Küstrin am 1. Oktober 1923. Den fünf Wochen später stattfindenden historisch viel wichtigeren Putschversuch von Adolf Hitler in München wird er nie erwähnen, weil er stets nur das beschreibt, was er persönlich erlebt hat, oder was in seiner unmittelbaren Umgebung geschehen ist.

Vor allem aber lernt er in Radach einen Mann kennen, der ihm ein lebenslanger Freund werden sollte: Hans Joachim Geyer, ein Gutssekretär, wie Hans Fallada auch mit schriftstellerischen Ambitionen und nur der wirtschaftlichen Not folgend ein Landwirt wider Willen. Beide träumen von einem Leben als Schriftsteller. Hans Joachim Geyer arbeitet an verschiedenen Manuskripten, Hans Fallada kontrolliert gerade die Korrekturfahnen seines zweiten Romans ›Anton und Gerda‹, der noch 1923 im Rowohlt-Verlag erscheinen wird. Beide sind versessen auf Literatur und lesen sich am Feierabend gegenseitig aus Büchern vor. Wann immer es möglich ist, arbeiten sie gemeinsam und unternehmen in ihrer Freizeit vergnügte nächtliche Touren in die Dörfer der Umgebung. Noch 1944 wird sich Rudolf Ditzen in einem Brief an Geyer daran erinnern: »Wissen Sie noch, wie ich des Nachts in seidenen Strümpfen von Drossen an Ihrer Seite heimgewandert bin, meine viel zu engen Schimmmy-Schuhe in der Hand? Und wie wir uns da sofort wieder – morgens zwischen drei und vier – ins Tanzgewühl stürzten?«[3]

Auch Hans Joachim Geyer erhält eine Rolle in ›Wolf unter Wölfen‹. Aber die Romanfigur des kleinen verschlagenen Inspektors Meier hat außer der Körpergröße nichts mit dem gebildeten, sanften und seelisch ausgeglichenen Vorbild zu tun. Geyer schirmt seinen Freund ab, wenn es zu Krisen kommt. Er vermittelt zum Beispiel in der Affäre mit der Haustochter Violet von Abercron. Die Tändelei mit ihr zieht Konflikte mit dem Chef, Rittmeister Schwanecke, nach sich. Sowohl Violet von Abercron als auch Schwanecke tauchen mit nur durchsichtig veränderten Namen später in ›Wolf unter Wölfen‹ wieder auf. Geyer besänftigt die Hofarbeiter, wenn sie aufgebracht auf den unbeherrscht herumbrüllenden Ditzen losgehen wollen, denn ständig kommt es zu Reibereien und Szenen. Mitunter packt Ditzen auch brutal zu und beutelt einen Unbotmäßigen wie einen jungen Hund. Er ist in diesen Monaten nicht mehr der umgängliche, nachsichtige und verständnisvolle Vorgesetzte der Landarbeiter. Der geringste Anlaß wird zum Spektakel.

Die Ursache für derartige Ausfälle liegt in seiner Sucht. Steht er unter Drogen, bleibt er friedlich. Melden sich die Entzugserscheinungen, schlägt seine Stimmung bis zur Gewalttätigkeit um. Er ist krank, und die Auswüchse dieser Krankheit könnten den Fallbeschreibungen eines Lehrbuches über Gifte und ihre Wirkungen entstammen. Ohne Drogen geht überhaupt nichts mehr. Schon gleich nach dem Aufstehen gießt er auf nüchtenen Magen vier große Gläser Cognac in sich hinein. Es wird bis zum Ende des Arbeitstages nicht bei dieser Ouvertüre geblieben sein. Anschließend spritzt er sich Morphium

12 Ein lebenslanger Freund: Hans Joachim Geyer. Wie
Fallada träumte der Gutssekretär von einem Leben als
Schriftsteller.

oder Kokain, je nachdem, was gerade in seinem Besitz ist. Die Drogen sind teuer und die Entzugserscheinungen lassen ihn ständig die Fassung verlieren. So ist Geyer auch nachts zur Stelle, wenn es zu Krisen kommt: »An einem solchen Abend, Fallada hatte gerade sein letztes Morphium verspritzt, sich ins Bett gelegt und lauschte mit geschlossenen Augen meinen Worten, ich las ihm aus einem Reclam-Heft vor, richtete er sich plötzlich auf, riß eine Pistole unter dem Kopfkissen hervor, richtete diese auf mich und schrie, er würde mich erschießen, wenn ich ihm nicht verspräche, noch an demselben Abend nach Berlin zu fahren und ihm Morphium zu holen. Ich hielt die Sache erst für einen Scherz; aber sehr bald mußte ich einsehen, daß es Fallada mit seiner Drohung bitter ernst war. Fast eine Stunde lang suchte ich ihn zu beruhigen und zu bewegen, die Pistole beiseite zu nehmen; aber nichts fruchtete. Mit der entsicherten Pistole fuchtelte er mir vor dem Gesicht herum und beschimpfte mich, als ich ihm sagte, daß ich unmöglich noch in der gleichen Nacht nach Berlin könne, da es mit den Zügen ab Drossen nicht klappen würde. In einem günstigen Moment gelang es mir, Fallada die Pistole zu entwinden, dabei ging ein Schuß in die Zimmerdecke; ich stürzte aus dem Zimmer, schloß Fallada ein und legte die Fensterladen vor. Nach ca. zwei Stunden ging ich wieder zu ihm. Fallada lag völlig erschöpft in seinem Bett, weinte und flehte mich an, ihm sein Verhalten doch ja nicht übel zu nehmen. Dummerweise gab ich Fallada am nächsten Morgen die Pistole wieder.«[4] Der treue Geyer fährt nach Berlin und wird zum Drogenkurier. Als er mit dem ›Stoff‹ zurückkommt, ist das nächste Desaster schon geschehen. Nachts haben kichernde Landarbeiterinnen im Vorbeigehen an die Fensterläden von Falladas Zimmer geklopft. Der von Entzugserscheinungen Gepeinigte reißt brüllend die Fenster auf und schießt auf die entsetzt davonstiebenden Mädchen. Nüchtern vermerkt Geyer: »Es hat damals deswegen mit dem Chef viel Ärger gegeben.«[5] Im Verlauf von knapp vier Monaten gab es so viel Ärger, daß am Ende wieder eine fristlose Entlassung stand.

Vermutlich aufgrund der gefälschten Zeugnisse, findet er immer wieder Arbeit. Diesmal ist es eine Getreide- und Kartoffelgroßhandlung in Drossen, wo er als kaufmännischer Angestellter wirkt, auch hier für seine Verhältnisse bemerkenswert lange, da er trotz seiner Drogenabhängigkeit gut arbeitet. Ein positiv verklärtes Selbstbild aus dieser Zeit ist offensichtlich die Gestalt des ›Dichters‹ in der Erzählung ›Der Apparat der Liebe‹. Sie zeigt Rudolf Ditzen nicht so, wie er tatsächlich war: nach der Arbeit nach Drogen jagend und anschließend im besinnungslosen Rauschzustand, sondern so, wie er sich sehen wollte. Seine Romanfigur Mieze bewundert einen jungen Mann, der eigentlich Dichter ist, aber als Kaufmann sein Dasein fristen muß, um zu überleben: »*Bei der ruhigen und sachlichen Antwort dieses eben noch so gehemmten Menschen habe ich ein wenig von der Rüstung und dem Halt begriffen, die ein gleichgültiger und vielleicht verhaßter Beruf ihm gaben. Nun verstand ich jene Maske des jungen Kaufmanns, der gleichgültigen Maschine, die tagsüber hinter der Barriere ihres Schalterraums steht, Auskünfte erteilt, Formulare beschreibt und Eintragungen in Bücher macht. Die Art der Verbeugungen, der halblaute, ein wenig beflissene Ton, selbst das leicht Vertrauliche gegenüber Stammkunden ließ sich erlernen. Es deckte so nahtlos den, der sich darunter verbarg. Der wurde frei mit der Abendstunde, da er auf sein Zimmer eilte, das Buch aus dem Regal griff – und eine schöne, bunte, lockende Welt tat sich vor ihm auf. Nun hörte ich ihn sprechen, diesen Einsamen, von seinen Büchern. Auf alle Menschen, auf alle Güte hatte er verzichtet, in ihre Blätter allein sich zurückgezogen. Dort, die Stirn über dem weißen Blatt, im engen Lichtkreis der Lampe, hatte er sein Leben geführt, seine Siege und Niederlagen erfochten.*« *(Apparat, S. 271)*[6] Etwa um 1924 ist diese Erzählung zumindest im Grobmanuskript entstanden. Sie zeugt von dem Traum, den Rudolf Ditzen seit seinem 15. Lebensjahr trotz aller widrigen Lebensumstände ungebrochen weiterträumt.

Ein kleiner Schritt zu seiner Verwirklichung ist erneut getan. ›Anton und Gerda‹, sein zweiter Roman, erscheint. Aber es ist wie bei seinem ersten Werk, dem ›Goedeschal‹. Das Buch verkauft sich schlecht, denn es wird kaum zur Kenntnis genommen. Zu überholt ist auch hier die selbstzerfleischende Innenschau des Protagonisten, zu nichtig sein Anliegen, zu unzeitgemäß seine Probleme mit dem unerträglichen Elternhaus, zu banal seine Liebe zu einer Prostituierten. Diese Handlungsschemata waren abgenutzt, gehörten zum frühen Expressionismus, den Autoren, Kritiker und Leser längst als veraltet empfanden.

Der Mißerfolg auch dieses Romans deprimiert ihn zwar, aber entmutigt ihn nicht. Acht Jahre wird es noch dauern, bis er erneut einen Roman veröffentlichen kann, aber zu keinem Zeitpunkt hört er auf, Manuskripte zu schreiben oder zumindest Konzepte für Romane und Erzählungen zu verfassen.

Später wird sich Hans Fallada wiederholt über seine ersten beiden Bücher äußern. Wie beliebig er seine angeblich autobiographischen Daten und Interpretationen verändert, zeigen besonders deutlich seine widersprüchlichen Äußerungen zu ›Goedeschal‹ und ›Anton und Gerda‹. Im Oktober 1932 schreibt er in einem Brief an Kagelmacher, »er halte den ›Kleinen Mann‹ für schlechter noch als ›Bauern, Bonzen und Bomben‹. ›Anton und Gerda‹, das sei noch gearbeitet gewesen.«[7] In ›Heute bei uns zu Haus‹ beichtet er 1943 geradezu eine Sünde und legt die Erscheinungsdaten um ein bzw. drei Jahre zurück: »... ich lege dieses Geständnis nur in aller Eile und mit einer gewissen Beklommenheit ab, daß ich bereits in den Jahren 1919 und 1920 zwei Romane veröffentlicht hatte – als gänzlich unausgegorener junger Dachs. Es waren so eine Art Pubertätsromane, den Zeitverhältnissen entsprechend in etwas gestammeltem Deutsch geschrieben – und ich habe mich nie überwinden können, auch nur eine Zeile dieser Selbstbeschau wiederzulesen. Längst habe ich sie aus dem Buchhandel zurückgezogen, sie sind eingestampft, auch meine ältesten Freunde tun umsonst Kniefälle, sie bekommen doch kein Exemplar davon zu sehen.« (Heute, S. 17f.) Drei Jahre später verlegt er die Erscheinungsdaten der beiden Romane erneut zurück, verdammt sie nochmals. Diesmal sind die Gründe nicht in der Qualität zu suchen, sondern primär in der Motivation, die Bücher zu schreiben: »*Ich kann diese Schande nicht ganz verbergen, ich habe schon 1918 und 1919 zwei Romane geschrieben und veröffentlicht.... Aber ich erkenne diese beiden ersten Kinder nicht an, ich habe sie später aufgekauft, einstampfen lassen, ich will nichts mehr von ihnen wissen, ich denke mit einem Grausen an sie zurück... Weil sie so schlecht sind? Nein, das ist der Grund nicht; ich habe auch später manches schwache Buch geschrieben... ich will von diesen Kindern nichts wissen, weil es nicht meine Bücher waren, weil ich sie auf Anregung, auf Befehl fast einer ehrgeizigen Frau geschrieben habe, weil sie mir suggeriert waren, weil ich sie nicht aus meinem eigenen inneren Antrieb geschrieben habe.*« (Schriftsteller, S. 284)*

Viel wichtiger ist es hingegen, Falladas Werke auf autobiographische Momente zu überprüfen, denn dort sind sie – wenn auch fiktiv – sehr viel authentischer. Erinnern wir uns an den Brief von Dr. Tecklenburg an Wilhelm Ditzen, daß eine Zwangsentmündigung ›leider‹ noch nicht möglich sei, und er auf ›leichter überzeugendes Material‹ baue.[8] Hans Fallada wird vermutlich von diesem Ansinnen erfahren haben. Hatte der Vater vielleicht sogar recht mit diesem Wunsch? Ist er nicht tatsächlich ein in jeder Hinsicht Entgleister, geistig unzurechnungsfähig und nicht in der Lage, in dieser Welt zu existieren?

In ›Anton und Gerda‹ schleicht sich seine Hauptfigur in die Anstaltsabteilung für unheilbar Geistesgestörte. Er setzt sich mit ihnen gleich, empfindet den Wahnsinnsschrei eines Kranken »*als Motiv (für) die ganze traurige Melodie (seines)... Lebens.*« (Anton, S. 432) Er bezeichnet die Anstalt als ›Halbe Heimat‹, (Anton, S. 430) wo er endlich Frieden finden würde. Antons Leben ist ein verzweifelter Kampf. »*Nichts wird geschenkt... und wohl kann es sein, daß du den ganzen schweren Weg mühselig gehst und als ›leichtes‹ Ende dir solch ein Bett bereitet steht. Und solch Schrei.*« (Anton, S. 432)

Anton reflektiert – mit einem Doppelgänger, diesmal genannt der ›Bruder‹ – über seine Eltern und damit verbunden über seine Rolle in der bestehenden Gesellschaft: »*Ihr Feind*

war er. Er hatte geglaubt, das wenigstens würden sie gewähren,
ihn ungehindert seines eigenen Weges ziehen lassen. Aber nun
schien es unmöglich.« (Anton, S. 434) Die bevorstehende Haftzeit des Schöpfers der Romanfigur kommt auch mit ins Spiel:
»Sie werden den Feind in ihm wittern, Jagd wird auf ihn ange-
sagt, jetzt da er noch weiß ist, wieviel mehr noch dann, wenn er
Schmach und Schuld – nach jenen Satzungen – auf sich lud.
(Und das würde geschehen, bald schon, er ahnte es.) Sie würden
ihn einkesseln, und die letzte Demütigung, vor jene hinzuknien
und Irrtum reuig zu bekennen, würde ihn kaum aus dem Ge-
fängnis ins Irrenhaus helfen. Und wirst du wirklich eines Tages
entlassen, so bist du gestempelt, und es währt nicht lange, so
drücken sie dich tiefer. Sie haben es nicht einmal nötig, ›unge-
recht‹ zu sein, da du so ›unrichtig‹ bist. Sei wie ich, lieber Bru-
der, sonst bin ich dein Feind. Bete wie ich Bruder, sonst muß ich
dich schlagen... Aber ich werde allein sein! Keiner an meiner
Seite. Allen Mut muß ich aus dem eigenen Herzen nehmen, das
nur zu gut weiß, wie schwach es ist... Wie soll ich mich gegen sie
behaupten?... Werde ich am Ende nicht doch die Knie der El-
tern umklammern und Verzeihung erflehen? Ich ahne, man tut
viel, um nicht frieren und hungern zu müssen, mehr noch, um
nicht von allen, allen verachtet zu sein.« (Anton, S. 434 f.)

Die Romanfigur hat es geahnt und in der Wirklichkeit geschieht es: Hans Fallada erhält die Nachricht, daß er am
20. Juni 1924 seine Haftstrafe anzutreten hat. Ausgerechnet in
Greifswald, seiner Heimatstadt, in der die Familie Ditzen
wohlbekannt ist, soll er seine Strafe absitzen. Seit einigen Wochen wieder bei Kagelmacher auf Rügen, versucht er nun, sich
körperlich und geistig auf die Haft vorzubereiten. Körperlich
versucht er Nikotin- und Alkoholgebrauch einzuschränken,
damit ihn im Gefängnis die Entzugserscheinungen nicht aus der
Bahn werfen. Geistig greift er pathetisch zu passender Lektüre
und lernt Oskar Wildes ›Zuchthausballade‹ und Rainer Maria
Rilkes ›Der Gefangene‹ auswendig. Mit Kagelmacher wird besprochen, wie der Gefängnisaufenthalt vor der Familie geheim-
zuhalten ist und verabredet, ein minutiöses Tagebuch über die

Haftzeit zu schreiben. Das Motto am Beginn dieses Tagebuches ist Selbsterkenntnis und Selbstironie zugleich: »*Hoffentlich geben Sie sich über meinen Charakter keinen Illusionen hin*«. (*Greifswalder Gefängnistagebuch, S. 547*) [9]

Dieses Tagebuch wurde zu Falladas Lebzeiten nie komplett veröffentlicht. Einzelne Abschnitte aus ihm dienten allerdings als Grundlage für spätere Artikel, Erzählungen und Romane, unter ihnen der wohl wichtigste über seine Gefängniserfahrungen: ›Wer einmal aus dem Blechnapf frißt‹.[10] Begonnen im Gefängnis zu Greifswald wurde auch der kleine Roman ›Der Mörder, die Liebe und die Einsamkeit‹, später genannt: ›Im Blinzeln der großen Katze‹, der allerdings erst fast 50 Jahre nach Falladas Tod verlegt werden sollte.

Eindrucksvoll ist die Chronistenpflicht, der sich der Häftling Rudolf Ditzen unterwirft. Die Zelle wird ausgemessen und in ihrer kargen Möblierung per Grundriß aufgezeichnet. Die besten Methoden, den Fußboden spiegelblank zu wienern, werden schriftlich festgehalten, die Anstaltsordnung abgeschrieben. Die Wanzenplage füllt mehrere Seiten. Jeder Spruch, von Vorgängern an Schranktüren oder auf Wände eingeritzt, notiert. Jede Regung wird fixiert, sexuelle Nöte und ihre Befriedigung beschrieben, Träume nacherzählt, Gespräche mit Wärtern und Mithäftlingen dokumentiert.

Rudolf Ditzen gilt im Gefängnis als besonderer Fall. Als wohl einziger Häftling aus gutem Hause, noch dazu aus einer in Greifswald ebenso bekannten wie geschätzten Familie, erfährt er viel Nachsicht und Schonung bei der Anstaltsleitung und den Aufsehern. Als einziger wird er mit ›Herr‹ angesprochen. »*Es rührt mich ein wenig, es ärgert mich ein wenig, daß ich auch hier Ausnahme bin, daß man nicht die rechte Einstellung zu mir findet.*« (*Gefängnistagebuch, S. 562*), aber er nimmt es doch erleichtert hin. Zwar muß er auch tagsüber im Hof Holz hacken, aber er wird nicht schikaniert, als sich herausstellt, daß er aufgrund seiner schwachen körperlichen Konstitution nicht für diese Arbeit geeignet ist. Wo immer es möglich ist, erhält er leichtere Arbeiten, und auch Demütigungen werden ihm erspart. So braucht er nicht mit den anderen Häftlingen das Holz in Greifswald auszufahren und bei Familien abzuliefern: *»Nein, Ditzen, Sie sollen nicht mit in die Stadt. Von Ihnen erwartet der Vorsteher das gar nicht. Für Sie ist das ja nur peinlich.«* *(Gefängnistagebuch, S. 580)* Nach Arbeitsende darf er – solange der Tag ihm Licht dafür gibt – an seinem Tagebuch und seinen Manuskripten arbeiten. Kleine Sünden wie illegales Rauchen am Zellenfenster werden so weit wie möglich übersehen. *»Ich bin noch in keinem Sanatorium, in keiner Irrenanstalt so anständig behandelt worden wie hier. Wenn ich meine Arbeit tue, kümmert sich kein Mensch um mich weiter. Ich bin in meiner Zelle, ich kann lesen, schlafen, schreiben, singen, auf und ab gehen: Niemand fragt danach. Und die schöne Ruhe hier, nachts und in der Mittagspause. Das Guckloch an meiner Tür ist in diesen Tagen ein einziges Mal benutzt worden, am ersten... Nein, dieses läßt sich wahrhaftig gut ertragen.«* *(Gefängnistagebuch, S. 577)*

Was er später über die Grausamkeiten des Gefängnisalltags als große Anklage formulieren wird, fußt nicht auf seinen persönlichen Erlebnissen in Greifswald, sondern ist lediglich Zeugenschaft. Seinen Mithäftlingen ist es so ergangen, denn sie nahmen keine Sonderstellung ein. Er selbst sollte allerdings zwei Jahre später das Gefängnisleben in seiner ganzen Härte kennenlernen.

In Greifswald wird er seinen Mitgefangenen durch die Sonderbehandlung suspekt. Die Gespräche verstummen, wenn er an ihnen vorbeigeht. Man ist sehr vorsichtig im Umgang mit ihm, grenzt ihn aus, verschont ihn aber auch von den sonst unter Häftlingen üblichen Schikanen.

Im September 1924 honoriert Hans Fallada die Schonung durch die Anstaltsleitung. Er denunziert zwei ausgebrochene Häftlinge und verrät, wo sie sich verborgen halten. Als Lohn erhält er die Stelle als Kalfaktor: ein gefängnisintern bevorzugter Häftling. Er trägt das Essen aus, delegiert Aufgaben, führt die Mithäftlinge zum Duschen und ist Vertrauter der Anstaltsleitung. Dafür erhält er Privilegien. Selbst nach dem Duden gilt

13 Am 20. Juni 1924 muß Hans Fallada seine Haftstrafe in
    Greifswald, seiner Heimatstadt, antreten.

er als »Aushorcher, Schmeichler, Nichtstuer.«[11] Hier wird man
an Falladas Motto zum Gefängnistagebuch erinnert: »*Hoffentlich geben Sie sich über meinen Charakter keinen Illusionen hin*«
(*Gefängnistagebuch*, S. 547), denn er hatte mit den beiden Aus-
brechern keine persönliche Rechnung zu begleichen und bezeichnet seinen Verrat sogar selbst als »*Gemeinheit*«. Aber sie
zahlt sich doppelt aus: Rudolf Ditzen wird nach knapp fünf
Monaten wegen guter Führung vorzeitig aus dem Gefängnis
entlassen.

Wir wissen zwar, daß er das Ende des Jahres 1924 bei Kagelmacher verbracht hat, aber nicht genau, was er bis zum März
1925 unternahm. Sicher ist nur, daß er weiter an den begonnenen Erzählungen arbeitete, sie meist erfolglos den Verlagen
anbot, immerhin aber 1925 zumindest eine Erzählung und
wenige Artikel an Zeitungen verkaufen konnte, so zum Beispiel ›Stimme aus den Gefängnissen‹, ›Tscheka-Impressionen‹
und ›Stahlhelm-Nachtübung‹. Unter der Sammelüberschrift
›Stimme aus den Gefängnissen‹ berichtet er über seine jüngsten

144

Erlebnisse als Häftling; in Variationen werden die Artikel später in seinem Roman ›Wer einmal aus dem Blechnapf frißt‹, aber auch in ›Der Trinker‹ wiederkehren. Mit den ›Tscheka-Impressionen‹ wagt er sich zum ersten Mal an ein politisches Thema. Er beklagt die Unsachlichkeit der Justiz in einem Prozeß des Staatsgerichtshofes Leipzig, in dem von rechtsgerichteten Richtern und Staatsanwälten den linksgerichteten Angeklagten nachgewiesen werden soll, daß sie Mordaufträge gegen die militärischen Vertreter der Weimarer Republik übernommen haben. Es geht vordergründig um den Schutz der Republik, hintergründig aber um die Verfolgung der Kommunistischen Partei.[12] Fallada kritisiert nicht nur die Jurisdiktion, sondern auch die rechtsgerichtete Presse und schreibt entrüstet *»Ueber ihre Macht, die Wahrheit zu verbergen«. (Tscheka-Impressionen, S. 524)*[13] Diese Presse benutze drei Wege: *»vollkommen Neues erfinden, Geschehenes verfälschen, Gehörtes unterdrücken«. (Tscheka-Impressionen, S. 525)*

Hier schreibt kein geknickter ehemaliger Häftling, sondern ein selbstsicherer, über die Rechtsbeugung entrüsteter Journalist: *»Solche Verhandlungen müssen das Ansehen des obersten deutschen Gerichtshofes in nie wieder gut zu machender Weise erschüttern«. (Tscheka-Impressionen, S. 523)*

Die ›Stahlhelm-Nachtübung‹ berichtet satirisch über die in Radach miterlebte Sammlungsbewegung für den ›Stahlhelm‹, einem monarchistisch ausgerichteten Militärbund von ehemaligen Frontkämpfern, der sich 1929 zu den Nationalsozialisten und Deutschnationalen bekennen und 1933 in der SA[14] aufgehen wird. Jetzt im Jahr 1925 bemühte er sich auch um Anhänger, die nicht im Krieg gedient hatten. Nachdem der Putsch des Majors Buchrucker in Küstrin zusammengebrochen war, bevor er richtig begonnen hatte, weil die Armee die Solidarität mit den Putschisten verweigerte, bereisten die Vertreter des Stahlhelms die großen Güter. Sie forderten die Besitzer auf, aus ihren Beamten und Landarbeitern Mitglieder zu rekrutieren und Ortsgruppen zu bilden. Die Aktivitäten der örtlichen Stahlhelm-Gruppen lassen nicht lange auf sich warten. Marschbefehle gegen die roten Feinde, die Arbeiter, werden ausgegeben, aber die Saalschlacht unterbleibt, weil die Arbeiter die Versammlung überhaupt nicht stattfinden lassen. Die zusammengetrommelten Bauernburschen aber marschieren brav, wann immer es ihr Dienstherr befiehlt: *»Sie wären nicht nur gegen Küstrin, sie wären gegen Berlin, sie wären gegen die ganze Welt marschiert. Sie marschieren streng national in jedes Debakel... sie marschieren zu jedem Mord und Totschlag, sie marschieren heute noch.« (Stahlhelm-Nachtübung, S. 1229)* [15]

Diese beiden Artikel sind bemerkenswert, weil Hans Fallada in ihnen scharfsichtig und ausdrücklich politisch Stellung bezieht. Auch später wird er sich parteiisch und sogar parteilich äußern, aber da geschieht es aus Not oder aus Opportunismus, also ohne innere Überzeugung. Er wird sich zunehmend vor eindeutigen Aussagen fürchten. Nie mehr wird er so prononciert Stellung beziehen. Sie zeigen aber auch auf, was er hätte leisten können, wieviel Talent auch auf diesem Gebiet in ihm schlummerte. Er wäre sicher in den folgenden Jahren immer wieder auf ähnliche politische Themen gestoßen und hätte sie einschätzen und beschreiben können, wenn er sich nicht selbst aus der Zeitgeschichte herauskatapultiert hätte und in der Isolierung eines erneuten Gefängnisaufenthaltes zweieinhalb Jahre historische Zeugenschaft versäumte.

Fallada hatte inzwischen einsehen müssen, daß er trotz einiger Veröffentlichungen noch immer weit davon entfernt war, sich als Journalist, Schriftsteller oder gar als Dichter ernähren zu können. Wieder mußte er in der landwirtschaftlichen Arbeit seine Existenz sichern. Er bewarb sich hier, er arbeitete dort, konnte dies Leben nicht ohne Drogen und Alkohol ertragen. So kommt es erneut zur Beschaffungskriminalität, diesmal in großem Ausmaß. In Lütjenburg/Holstein brennt er im September 1925 als Rechnungsführer mit einem hohen Wechsel durch und unterschlägt zudem eine gewaltige Geldsumme. Die Polizei wird beauftragt, ihn festzunehmen. Er kommt der Verhaftung zuvor. Nach einer tagelangen Sauftour stellt er sich in Berlin der Polizei und bezichtigt sich der Unterschlagung. Man mag ihm dort auf der Wache zunächst nicht glauben, stellt aber fest, daß die Angaben des volltrunkenen Ditzen stimmen. Merkwürdigerweise ist die von ihm angegebene unterschlagene Summe höher als jene, die von der betrogenen Gutsverwaltung genannt wird. Mehr noch, Fallada gesteht weitere Unterschlagungen, die er Monate vorher bei der von Rohrschen Gutsverwaltung in Lübgust/Pommern begangen hat. Auch hier nennt er eine zu hohe Summe. Es hat keinen Einfluß. Das Gericht läßt diesmal keine Milde walten. Sein Greifswalder Gefängnisaufenthalt schlägt erschwerend zu Buche. Am 26. März 1926 wird er vom Schöffengericht in Kiel zu zweieinhalb Jahren Gefängnis verurteilt. Die Untersuchungshaft wird angerechnet.

Aber er hat sein Ziel erreicht. Zum einen wünscht er sich eine möglichst lange Haft, um von seinen Morphium- und Alkoholabhängigkeiten befreit zu werden. Das war auch der Grund für seine übertriebenen Sündenbekenntnisse. Zum anderen vermeidet er die ihm immer noch und jetzt auch wieder drohende Entmündigung aufgrund seiner Rauschgift- und Alkoholabhängigkeit. Der beauftragte Gerichtsmediziner hat sie empfohlen, aber das Gericht schließt sich dem Vorschlag nicht an. »Die Voraussetzungen des § 51 St.G.B. liegen bei ihm nicht vor, da er nach sachverständigen Gutachten zwar ein ausgesprochener entarteter Psychopath ist, bei dem aber eine krankhafte Störung der Geistestätigkeit ... zur Zeit der Taten nicht vorgelegen hat.« [16]

Die Familie erfährt von der Anklage, von der Vorstrafe und von Kagelmachers falschen Zeugnissen. Der Vater bricht jeden Kontakt mit dem Sohn ab. Tante Ada aber scheint ihm sofort geschrieben und erneut ihre Hilfe angeboten zu haben. Der Antwortbrief des Neffen vom 24. Oktober 1925 – noch aus der Untersuchungshaft – zeigt, daß Rudolf den zweiten Gefängnisaufenthalt als Schlußpunkt einer unglückseligen Entwicklung auffaßt. »Ich danke Dir vielmals für die Güte und Geduld, die sich in Deinen Worten ausspricht. Es liegt nicht an meinem Vertrauen, es liegt an meiner augenblicklichen Lage, daß ich

Dir zur Zeit keinerlei erklärende Mitteilungen machen kann. Später einmal! So vielleicht darf ich aber wohl sagen, daß es mir seelisch gut geht, besser als jemals in den letzten Jahren, so seltsam das auch klingen mag. Ich bin in aller Dankbarkeit Dein Neffe Rudolf.«[17]

Für zweieinhalb weitere Jahre befindet sich Rudolf Ditzen also in der Isolation einer Haftanstalt. Alles, was er jetzt über Gesellschaft und Politik erfährt, stammt aus zweiter Hand. Das Lesen von Zeitungen ist nicht gestattet. Was von außen vermittelt wird, ist mindestens die zweite Auflage des Gehörten: Verwandte oder Freunde von Häftlingen haben es berichtet und die Häftlinge erzählen es untereinander weiter; natürlich zusammengestutzt, in jedem Falle gefärbt und gestaltet nach den persönlichen Interessen der Berichterstatter. Ditzen ist nicht mehr Zeuge der politischen Veränderungen, die die Weimarer Republik deformieren. Ein gewaltiges Loch entsteht. Er bekommt die verzweifelten Versuche der Demokraten nicht mit, die Republik zu erhalten und zu retten. Er sieht nicht ihr langsames Sterben durch merkantile und radikale politische Interessen. Was er nach seiner Haftentlassung sieht, ist bereits der Schlußpunkt der Entwicklung: Verfall, Korruption, Bereicherung und Verrat. Er wird daher nichts als Verachtung für diese Republik empfinden, aber das erste wieder selbst erlebte große historische Ereignis zum Thema seiner wichtigsten Bücher machen: die Inflation und die Weltwirtschaftskrise. Seinen Schilderungen der einschneidenden Ereignisse wird allerdings der analysierende politische Zugriff fehlen, der seine ersten Artikel so auszeichnete.

Aber sein Blick nach innen, bedingt durch die begrenzte Welt des Zentralgefängnisses von Neumünster, wird dagegen geschärft. Hier ist er kein Vorzugssträfling mehr. Jetzt erst macht er die Erfahrungen am eigenen Leibe, die er später in seinen Romanen so eindrucksvoll verarbeiten wird. Er registriert die Deformation des Individuums durch die Unmündigkeit der Gefangenschaft. Schlafen, Aufstehen, Arbeiten, Essen, Schlafen. Das Reglement und die Befehlshierarchie schaffen einerseits Ordnung, andererseits ersticken sie jede Eigenverantwortlichkeit. Gemeinsinn, Solidarität mit den Leidensgenossen ist angesichts von Mißtrauen, Denunziation und Verrat unmöglich. »*Im Zuchthaus gibt es keine Freundschaften...* *Im Zuchthaus ist immer einer des andern Feind. Wenn da zwei* *zusammenhalten, sind sie Verschwörer – für einen bestimmten* *Zweck« (Wolf, S. 488)*. Grundsätzlich unterstützt kein Häftling den anderen, denn »›hier heißt‹ s: *Hilf dir selbst, so hilft dir* *Gott! Wie komme ich dazu, für dich zu sorgen? In was sorgst du* *denn für mich?‹« (Der Trinker, S. 101)* [18]

Hartgesottene Kriminelle zeigen ihm rasch, wo es langgeht, sollte er sie anschwärzen? Er hat sie stets zu fürchten. Die Kalfaktoren machen ihm klar, daß es Vergünstigungen nur gegen Bezahlung gibt, und nicht nur das: Ist er ihnen gegenüber nicht vorausschauend großmütig, werden die ausgegebenen Essensrationen eben kleiner.

Die Aufseher reagieren gelassen wie tatenlos auf Anträge. Die Zellengenossen machen ihm das Leben zur Hölle, bis er sich ihnen und ihren Gewohnheiten anpaßt. Um dem täglichen Terror des ›Dicken‹ zu entgehen, meldet sich die Romanfigur Erwin Sommer schon als Untersuchungsgefangener freiwillig zur Arbeit: »*Wenn ich abends von der Arbeit in die Zelle zurückkam, mit müden Knochen, aber doch friedlicher im Herzen, so begrüßte er mich etwa so: ›Da kommt ja der Musterknabe! Na, hast du fleißig gearbeitet? Hast dich bei dem Schwein* *von Inspektor beliebt gemacht? Du wirst dich schön geschnitten* *haben! Der Staatsanwalt schickt dich deshalb doch genauso* *lange ins Kittchen, wie wenn du hier ruhig in der Zelle sitzen* *bliebest! Solche Kriecher wie du verderben das ganze Kittchen.* *Solche wie du erreichen es noch, daß für uns alle die Arbeit als* *Pflicht eingeführt wird! Aber warte, ich besorge es dir noch!«* (Trinker, S. 103)*

Die Wachtmeister sind entweder desillusioniert und gleichgültig oder aber brutal, denn »*In jedem Gefängnis gibt es zwei* *Arten von Wachtmeistern: diejenigen, welche Tredup transportierten, gab es nach der Strafvollzugsordnung des preußischen*

Justizministeriums eigentlich gar nicht mehr. Sie hatten ihn unter
den Armen gefaßt und mit Hallo durch das brüllende Gefängnis
über Gänge und Treppen geschleppt. Dabei hatten sie es so ein-
gerichtet, daß seine Schienbeine möglichst häufig und möglichst
heftig gegen eiserne Stufen und Geländerteile schlugen. Am
Ende der Treppe, als nur noch zehn, zwölf Stufen übrig waren,
hatten sie den Aufrührer plötzlich losgelassen, und er war wie ein
Sack, sich überschlagend, die Stufen hinabgerollt auf den Ze-
mentboden des Flurs, wo er endgültig liegen blieb. Dann hatten
sie ihm dienstlich befohlen, aufzustehen, ihn ermahnt nicht zu
simulieren, auf die Folgen seiner Weigerung aufmerksam ge-
macht, und ihn schließlich, als alles nichts half, in die Tobzelle
geschleppt, auf die Pritsche geworfen, ihm die Hosenträger ab-
geknöpft, damit er nicht auf törichte Ideen komme, und allein
gelassen.« (BBB, S. 238)

Der Häftling Rudolf Ditzen lebt sich ein, indem er sich anpaßt. Das Ende seiner Freiheit ist zugleich der Anfang eines
unmündigen, fremdbestimmten Lebens. Es hat nichts mehr mit
Schriftstellerei zu tun, birgt keine Zukunftsperspektive, sondern ist in jeder Hinsicht eine auf zweieinhalb Jahre gestreckte
Reduktion der Autonomie. Die Privatkleidung ist fortge-
schlossen und im Magazin eingemottet. Zu tragen ist die An-
staltskleidung. Es wird vorgeschrieben, wer wann duschen
darf. Die Briefe sind im offenen Umschlag der Anstaltsleitung
vorzulegen, sie werden zensiert. Sie dürfen nur verschickt werden, wenn sie im Kopf die vorgedruckte Gefängnisadresse vor-
weisen, im übrigen darf der Gefangene nur eine begrenzte Anzahl pro Monat versenden. Die Päckchen und Pakete von
Freunden oder Verwandten werden kontrolliert; der Häftling
darf sie nur im Beisein von Wärtern öffnen. Der Tag ist vom
Aufstehen bis zum Lichtlöschen am frühen Abend reglemen-
tiert. Nicht der Häftling löscht das Licht, sondern es erlischt für
alle Gefängnisinsassen zur gleichen Zeit. Wenn es überhaupt
Zukunftsgedanken gibt, so beziehen sie sich auf den Vorgang
der Haftentlassung: *»›Dann kann ich mich anziehen, wie ich*
mag‹. Er versucht sich vorzustellen, wie sein Leben dann sein

wird, aber er kann es nicht. ›Da gehe ich also die Straße lang und da ist eine Kneipe und ich mache einfach die Tür auf und sage: Ober, ein Glas Bier‹.« (Blechnapf, S. 7) Das bevorstehende Leben in Freiheit wird zur Bedrohung: *»Fünf Jahre war ihm alles abgenommen, nicht einmal selbständig denken durfte er, er hatte nur zu tun, was ihm befohlen wurde, und nun sollte er alles allein tun –.«* (Blechnapf S. 413 f.)

Am 12. Februar 1928 wird Rudolf Ditzen aus dem Gefängnis entlassen. Auch für ihn gilt, was er später im ›Blechnapf‹ dem gutmütigen Gefängnisbeamten Thiessen bei der Entlassung des Häftlings Kufalt in den Mund legt: *»Sie werden sich wundern draußen. Fünf Millionen Arbeitslose. Schwer ist das, Kufalt, schwer. Meine beiden Söhne sind auch arbeitslos... Sie werden's nicht leicht haben, schwer werden Sie's haben. Ob Sie's aushalten werden? Wer einmal aus dem Blechnapf frißt –«* (Blechnapf, S. 49).

10.
»Du Anfang und Du Ende,
Du all mein Glück...«

Der Neuanfang ist bitter. Der entlassene Häftling Rudolf Ditzen kommt zunächst durch die Vermittlung der Gefängnisdirektion von Neumünster in Hamburg in einem christlichen Wohnheim unter, das sich aber nur nach außen hin christlich gibt. Nach innen ist es fast die Fortsetzung des Gefängnisses. Jeder Schritt wird überwacht, jedes Fortgehen muß begründet werden. Das während der Haftzeit erarbeitete Geld wird weggeschlossen, sein Besitzer muß um zehn Mark für Socken und einen Schlips lange diskutieren, bevor ihm die Summe ausgezahlt wird. Nach dem Einkauf hat er die Quittung vorzuzeigen.

Geld zur freien Verfügung, also für ein Glas Bier, eine Tasse Kaffee in einem Lokal wird nur in sparsamsten Summen genehmigt, so daß der Bewohner des Heimes mehr als einmal zu Fuß nach Hause gehen muß, weil er sich ein zweites Getränk leistete und ihm nunmehr das Fahrgeld für die Straßenbahn fehlt.

Der Garten des Heimes ist sehr hübsch und gepflegt, darf aber von den Bewohnern nicht betreten werden, sie haben sich im Haus aufzuhalten. Die Zimmer sind karg, die Bettwäsche blaugewürfelt wie einst im Knast, die Schränke nicht abzuschließen. Rauchen auf dem Zimmer ist verboten, Alkohol sogar ein Entlassungsgrund. Immer wieder finden demütigende hausinterne Razzien nach eingeschmuggelten Flaschen statt. Der sonntägliche Kirchenbesuch ist laut Heimordnung Pflicht. Die Fenster sind nur eine Handbreit zu öffnen, damit ein Ausflug nach dem Verschließen der Haustür am Abend unmöglich wird.

Die Hausgenossen – fast ausnahmslos Strafentlassene – haben sich mit ›Bruder‹ anzusprechen, als ›Schwestern‹ gelten die Dienstmädchen, die in der Küche wirken. Der Leiter des Heimes ist der streng herrschende ›Vater‹, ihm beigesellt ist der Pastor, der über allem schwebt. Für ihn sind die Heimbewohner ›Söhne‹.

Die Arbeit wird vermittelt und miserabel bezahlt. Angeschlossen an das Heim ist eine Firma, die Adressen für Hamburger Kaufleute auf Briefumschläge schreibt oder Firmenbriefe verfaßt. Es wird immer dafür gesorgt, daß die Mitarbeiter nur gerade soviel erwirtschaften, daß sie ihre Miete und das tägliche Essen im Heim eben noch bezahlen können. Darüber hinaus können sie sich anstrengen, wie sie wollen, immer werden Gehaltsabzüge wirksam. Sie sind fällig bei fehlerhaften Briefen, bei zu langsamer Arbeit, die häufig durch eine defekte Schreibmaschine zustandekommt, bei Ausfall wegen Krankheit oder auch, weil gerade keine Aufträge vorhanden sind.

Wir können davon ausgehen, daß Hans Falladas Beschreibungen des christlichen Heimes im ›Blechnapf‹ weitgehend authentisch sind, der fiktive Mitinsasse Beerboom bringt die

Zustände in dieser karitativen Einrichtung auf den Punkt: »*Räuber sind das hier... Von unserm Blut leben die. Deswegen haben die doch den ganzen Apparat hier aufgemacht, die Speckjäger, sogenannte Wohltätigkeit, daß die was zu fressen haben durch unsere Arbeit.*« (Blechnapf, S. 108 f.)

Das fünfundzwanzigjährige Jubiläum der Einrichtung ändert die Verhältnisse für genau einen Tag. Mullgardinen schaffen eine heimelige Stimmung, Blumentöpfe stehen plötzlich auf den Fensterbänken, auf den Tischen liegen bunte Decken, an den Wänden hängen schöne Bilder, ein roter Läufer schafft eine gemütliche Atmosphäre. Die Bettwäsche ist nicht mehr blaugewürfelt, sondern besteht nunmehr aus blütenweißem Linnen, sogar zwei komfortable Sessel hat man in den Gemeinschaftsraum getragen. Die Hamburger Gäste können kommen, sie werden in Bussen herangekarrt. »*Das grenzt ja an Verwöhnung*« (Blechnapf S. 147), bemerkt kritisch ein Besucher. Dem Pastor läuft die verlogene Antwort leicht über die Lippen: »*Nein, meine sehr verehrten Damen und Herren, nicht Verwöhnung ist das, sondern Eingewöhnung in ein geordnetes bürgerliches Leben. Der Strafentlassene soll das Leben bei uns schön finden. Wir wollen ihm gewissermaßen noch nachträglich Grauen und Ekel vor dem Gefängnisdasein einimpfen. Wenn er wieder in Versuchung gerät, dann soll er an das freundliche Zimmer in Friedensheim denken – und die kahle, trostlose Zelle wird ihm doppelt furchtbar erscheinen.*« (Blechnapf, S. 147 f.)

Der Strafentlassene Ditzen findet das Leben in der Einrichtung nicht schön, denn selbstverständlich wurde am Tag nach dem großen Jubiläum wieder der Alltag der Heimbewohner hergestellt: »*die Betten nackt mit den häßlichen grauen Matratzen, keine Gardinen, keine Bilder, keine Teppiche, keine bequemen Stühle, keine Blumen –*«, (Blechnapf S. 148) dann die ständigen Gehaltsabzüge und damit verbunden die gnadenlose Ausbeutung seiner Arbeitskraft. Diese Bedingungen lassen ihn jede Hoffnung verlieren, über das christliche Heim je wieder den Anschluß an die Gesellschaft zu finden, ganz zu schweigen von den ständigen Demütigungen und den gefängnisähnlichen Heimbedingungen.

Es gelingt ihm, ein Zimmer privat anzumieten. Im ›Blechnapf‹ beschreibt er, daß der ehemalige Häftling Kufalt zusammen mit seinen Leidensgenossen aus dem Friedensheim ein eigenes Schreibbüro aufmacht und zunächst damit auch Erfolg hat. Davon ist in seiner Biographie nichts bekannt, aber wir wissen, daß Hans Fallada nunmehr alleine versucht, als Adressenschreiber für verschiedene Hamburger Firmen seinen Lebensunterhalt zu verdienen. Dafür benötigt er eine Schreibmaschine. Weder besitzt er sie, noch hat er genug Rücklagen, sie anzuschaffen. Er erinnert sich seines Fotoapparates, den er versetzen könnte, um mit diesem Geld für etwa 150 Mark eine gebrauchte Maschine zu kaufen. Jetzt scheint er nach den Haftjahren zum ersten Mal wieder an seine Familie zu schreiben. Die Antwort der Schwester Margarete, genannt ›Dete‹, bei der er den Fotoapparat vermutet, bleibt zu lange aus. Sein zweiter Brief an sie und ihren Mann, den Juristen Fritz Bechert, ist harsch, zeugt aber auch von seiner Furcht, einer Antwort nicht mehr würdig zu sein. »Liebe Dete, meinen Brief vom 1. d. M. hast Du unbeantwortet gelassen. Ich nehme an, daß Ihr Euch jetzt auf einer Ferienreise befindet und daß Ihr den Wunsch gehabt habt, meinen Photoapparat auf dieser Reise noch zu benutzen. Ich wäre Euch immerhin dankbar gewesen, wenn Ihr diesen Wunsch mit ein paar Worten zum Ausdruck gebracht hättet... Es kann jetzt nur zwei Dinge geben: Überweisung[1] oder Zusendung des Apparates, und zwar beides möglichst postwendend. Wie peinlich mir die Sache ist, mag ich nicht sagen. Ich muß ja leider öfter die Beobachtung machen, daß man Leuten in meiner Lage gegenüber auf die üblichen Rücksichten verzichten zu können meint...«[2]

Es stellt sich heraus, daß Dete sehr wohl geantwortet hat, die Briefe sich aber überschnitten. Sie meint, Rudolf habe ihr einst den Fotopapparat geschenkt. Dete legt ihrem Antwortbrief trotzdem eine großzügige Summe für den Kauf einer Schreibmaschine bei. Sein Dankschreiben vom 28. Juli 1928 zeigt, daß

ihm sein ruppiger Ton peinlich ist, aber er signalisiert auch Erleichterung: »als ich Deinen Brief vom 17. d. M. erhielt, war
ich wie vor den Kopf geschlagen. Ich habe mich so geschämt!
Aber ich muß sagen, daß ich noch heute nicht die geringste
Erinnerung an jene Schenkung habe. Nun hatte ich ja den Eltern gleichzeitig von meiner Absicht geschrieben und auch
Mutti schrieb mir etwa gleichzeitig dasselbe wie Du. Wie man
so etwas vollkommen vergessen kann, ist mir einfach schleier-
haft. Wenn ich es nicht einfach müßte, würde ich wirklich
nicht von Eurer großzügigen Art, die Sache aus der Welt zu
schaffen, Gebrauch machen. Aber ich bin seit einigen Wochen krank geschrieben, habe dadurch das bißchen Nebenver-
dienst... verloren, und werde nach meiner Gesundung darauf
angewiesen sein, mir in Heimarbeit ein wenig auf der Maschine zu verdienen. Ich kann bei meiner heutigen Lage nicht
sagen, daß ich die Summe als Darlehen ansehe, aber vielleicht
findet sich später ein Weg, Euch für das zu danken, was Ihr
für mich getan habt.- Ich schreibe diesen Brief, auf der Merce-
desmaschine, die ich mir gekauft habe. Den Eltern sende ich
gleichzeitig die Belege für den Ankauf, damit sie sich überzeugen, daß ich keinen Pfennig der von Euch gesandten Summe
zu andern Zwecken benutzt habe. Ich hoffe, ich habe einen
guten Kauf getan... Immerhin habe ich mir einen Feinmecha-
niker, den ich durch die Loge kennen gelernt habe, als Bera-
ter mitgenommen...«[3]

In diesem Brief machen zwei Mitteilungen stutzig, zum
einen, daß er seit Wochen krankgeschrieben sei, zum anderen
die Erwähnung der ›Loge‹. Es handelt sich dabei um den Gut-
templerorden, eine Organisation, die den Alkoholgenuß be-
kämpft und ihren Mitgliedern in allwöchentlichen Vorträgen
und Ausspracheabenden anbietet, ihnen dabei zu helfen, Ab-
stinenzler zu bleiben oder vom Alkohol freizukommen. Es ist
zu vermuten, daß Falladas Suchtabhängigkeit angesichts der
trostlosen Lebensbedingungen im christlichen Heim doch wieder zum Alkohol geführt hat, was die wochenlange, aber nicht
näher definierte Krankheit erklären würde. Zum anderen

zeigt der regelmäßige Besuch der Ordensabende auch seine Entschlossenheit, den Alkoholismus zu bewältigen.

Fallada hat gezielt den Kontakt zu seinen Angehörigen, auch zu seinen Eltern, wieder aufgenommen. Der Vater scheint ihm zwar nach wie vor nicht zu schreiben, aber offensichtlich unterstützt er ihn finanziell, denn sonst gäbe es keinen Grund für Rudolf, wie ein Schuljunge per Beleg die getätigten Ausgaben zu beweisen.

Wie wichtig ihm – bei allen in seinen Romanen und Erzählungen geäußerten Vorbehalten – eben doch seine Verwandtschaft ist, zeigt sein Brief an die ›Lieblingsschwester‹ Elisabeth, auch genannt Itzenplitz oder Ibeth, und ihren Mann, den Physiker Heinz Hörig, Ende 1928: »Liebe Ibeth, lieber Heinz, ich bitte Euch zu diesem Weihnachtsfeste, wenn auch noch nicht zu vergeben und zu vergessen, mir doch noch ein letztes Mal eine Möglichkeit zu geben. Ich habe mich in den letzten Jahren geändert und wäre Euch so sehr dankbar, wenn Ihr es noch einmal mit mir versuchen wolltet. Ich werde Euch mit nichts lästig fallen. Aber wenn ich Euch wenigstens dann und wann einmal von meinem Ergehen schreiben darf, und das Gefühl haben könnte, daß Ihr meine Briefe nicht ganz ablehnend, wenn auch vorläufig nur abwartend, aufnehmt, so bin ich Euch schon dankbar.«[4]

Die Antworten der Schwestern sorgen dafür, daß sich der Bruder wieder voll akzeptiert in den Schoß der Familie aufgenommen fühlen kann.

Ab jetzt setzt eine rege Korrespondenz ein, die nie mehr abbrechen wird und erstaunliche Ausmaße annimmt. So wechselten im Jahre 1936 allein Fallada und die Hörigs fast 60 Schreiben, die meisten Briefe sind mindestens eine Schreibmaschinenseite lang, oft länger. Wie aus den Antwortbriefen hervorgeht, ist diese Sammlung noch nicht einmal vollständig.[5] Zu dieser Zahl kommen noch die Schreiben zwischen Fallada und seinen Eltern sowie zwischen ihm und den Becherts und nicht zu vergessen auch Tante Ada. Fritz Bechert wird zum kompetenten Ratgeber in juristischen Fragen, die Schwester Ibeth dient mehr als einmal als ›wandelndes Gedächtnis‹ für viele Einzelheiten aus dem früheren Familienleben, aber auch als aufmerksame Korrektorin von Falladas Manuskripten. Tante Ada ergänzt Sachliches und Fachliches, regt an und gibt zu bedenken. Die Mutter und der einst verlorene Sohn korrespondieren eher verhalten miteinander und beschränken sich vorwiegend auf das tägliche Einerlei, der Vater äußert sich in den ersten Jahren selten und wenn, dann zu Fragen der finanziellen Unterstützung. Erst sehr spät wird sich das ändern.

»Bücherversandlisten und zahlreiche Briefe belegen es: Falladas Familie, also jene seiner Herkunft, hat ihn in Haßliebe bis ans Ende seiner Tage gefesselt«.[6] Hans Fallada hat nur wenige Freunde: Hans Kagelmacher, Hans Joachim Geyer und später auch Ernst Rowohlt gehören zu ihnen; aber er wird mit ihnen sehr viel seltener korrespondieren, als mit seinen Verwandten. Und trotzdem wird er sich über die Institution Familie nach wie vor kritisch äußern. »*Verwandtschaft war Vormundschaft, Fessel, Feindschaft*« *(Kind, S. 70)*. In einem 1939 entstandenen Filmtreatment läßt er die Hauptfigur Hannes jene Worte sagen, die auch seine Ambivalenz aufzeigt. »*Ich bin aus Angst vor meinen Verwandten fortgegangen. Aus Angst, daß ich eines Tages doch so werden könnte wie sie. Aus Angst, daß ich nie zu meinem eigenen Ich kommen könnte. Ich habe Angst vor dem Bleiben gehabt, und ich hatte auch Angst vor dem Fortgehen gehabt.*« *(Dies Herz, S. 173)*[7]

Die Angst vor dem Fortgehen überwiegt schließlich. Hans Fallada bleibt an seine Angehörigen gebunden. Und als der Vater ihm 1933 zu seinem 40. Geburtstag – da ist der Sohn schon weltberühmt – einen alles Vorangegangene verzeihenden Versöhnungsbrief schreibt, reagiert Rudolf bereits einen Tag später mit rührend-kindlichen Dankesworten: »dass ich jetzt stärker denn je empfinde, wie sehr ich doch zu Euch gehöre... dass ich Euch ehrlich liebe...«. Er bedauert, »wieviel Sorgen ich Euch durch meine Unduldsamkeit, Rechthaberei und Trotz gemacht habe.«[8]

Aber bis zu seiner Weltberühmheit ist es noch ein steiniger Weg. Rudolf Ditzen versucht vom Adressenschreiben zu leben. »*Soviel mußte sich doch zusammenbringen lassen im großen Hamburg, daß ein einzelner Mensch nicht darüber verhungerte?!*« (*Blechnapf, S. 269*) Er sucht sich im Branchenverzeichnis auf dem Hauptpostamt Geschäftsadressen heraus, fragt nach Schreibarbeiten, vertelefoniert viel Geld. Er läuft darüber hinaus von Bürohaus zu Bürohaus, bietet sich an. Manchmal bekommt er einen Auftrag, häufig nicht.

Adressenschreiben ist für Rudolf Ditzen ein hartes Brot. Die Firmen sind froh über das große Angebot von Schreibern und drücken geschäftstüchtig die Preise. Die Arbeit dauert nun länger, aber der Lohn sinkt. »*Und das Geld rinnt fort, wenn wir auch schmale Kost machen, es rinnt, es rinnt, zehn Mark fünfundneunzig zwischen uns und dem Nichts – und was dann? Die Sachen kann man noch verscheuern, die Maschine noch verscheuern – und was dann? Die Höhle kann man noch aufgeben, eine Schlafstelle nehmen, selbst bei den Halleluja-Brüdern kann man pennen – und was dann?*« (*Blechnapf S. 270*)

Im August 1928 schreibt Hans Fallada seinem Verleger Ernst Rowohlt einen verzweifelten Brief: »...seit vier Monaten bin ich aus der Haft entlassen. Ich habe in dieser Zeit auf jede erdenkliche Weise versucht, mir Arbeit zu verschaffen: so gut wie erfolglos... Ich bin so ziemlich am Ende und weiß nicht mehr aus noch ein. Mein Wunsch geht dahin, irgendeine Stellung, und sei es die subalternste, sei es als Packer oder etwas Derartiges, zu bekommen, die mir nur einen regelmäßigen Wochenverdienst sichert... Vielleicht können Sie irgendwo einmal ein gutes Wort für mich einlegen, damit man mir noch einmal eine Chance gibt. Mit meinen schlechten Gewohnheiten von ehedem habe ich völlig Schluß gemacht. In diesem Punkt dürfen Sie völlig sicher sein. Und ich will keine Extrawurst haben. Ich nehme unbesehen alles.«[9]

Aber die Hilfe kommt nicht vom Verlag, Rowohlt hatte ebenso kurz wie unverbindlich geantwortet, sondern ausgerechnet von der Gefängnisverwaltung in Neumünster. Sie schickt Rudolf Ditzen eine Stellenanzeige des K. H. Berthold-

Verlages, der einen Anzeigenwerber für den ›General-Anzeiger‹ sucht. Die Annonce ist außergewöhnlich, denn sie spricht von »sicheren Aufstiegschancen zum Redakteur, ja zum Mitinhaber«,[10] sofern eine Kaution von 2000 Mark gestellt werde.

Die Eltern überweisen die Kaution als Darlehen an den Sohn. Glücklich schreibt Hans Fallada in seinem Weihnachtsbrief an die Schwester Elisabeth und ihren Mann: »Ich denke, daß Ihr von Mutti gehört haben werdet, daß... die qualvollen Monate mit ihrem Suchen und Warten vorüber sind, und daß ich endlich eine feste Stellung gefunden habe... Wie glücklich ich bin, das kann ich niemandem sagen. Und wie dankbar den Eltern, die mir dies ermöglichten.«[11] Vater und Mutter dürfen sich umarmt fühlen: »Liebe Eltern! Dank! Soviel Dank!! Ihr könnt Euch gar nicht ausdenken, wie glücklich ich heute bin... Und ich verspreche Euch, daß ich alles tun will, um vorwärtszukommen, um wiedergutzumachen«.[12] Die Nachricht an den Freund Kagelmacher ist viel kälter, betont lässig: »Ich habe begründete Aussicht... zum 1.1. als Sekretär des hiesigen Fremden- und Verkehrsvereins angestellt zu werden, gegen die Stellung einer Kaution von zweitausend Reichsmark, die die Eltern ausspucken wollen...«.[13]

Daß unklar bleibt, ob der Aspirant nun als Annoncenwerber, als Redakteur, als Mitinhaber des ›General-Anzeiger‹ oder als Sekretär des Verkehrsvereins angestellt wird, liegt an dem Umstand, daß der K. H. Berthold-Verlag dies offensichtlich auch nicht wußte. Dem heruntergekommenen Unternehmen ging es allein um die Finanzspritze. Dem just angeworbenen Stelleninhaber wurden alle Möglichkeiten eröffnet und Hoffnungen gemacht, nur um das Geld zu erhalten. Fallada erwähnt in seinem Brief an Kagelmacher daher auch ironisch »das horrende Monatsgehalt von hundertfünfzig Mark. Ich würde aber nebenbei weiter für alle möglichen Zeitungen tätig sein und dadurch auch noch ein paar Kröten verdienen.«[14] Mit dem Wort ›weiter‹ bezieht er sich vermutlich auf die Veröffentlichung zweier Erzählungen im ›Hamburger Echo‹: ›Die Verkäuferin auf der Kippe‹ und ›Der Strafentlassene‹.

Rudolf Ditzen hat aber noch einen zusätzlichen Grund, optimistische Briefe zu schreiben. Über einen Freund aus der Loge des Guttempler-Ordens lernt er im Oktober 1928 dessen Schwester Anna Margarethe Issel, von allen nur ›Suse‹ genannt, kennen. Seine Variante des ersten Treffens mit dieser Frau wird als Produkt seiner schriftstellerischen Fantasie bezeichnet[15], aber noch über 50 Jahre nach dem ersten Treffen bestätigt Falladas spätere Frau in einem Interview seine Version: Die beiden lernten sich im Vorbeilaufen kennen. »Er kam die Treppe herunter, während ich sie, drei Stufen auf einmal, hinauf stürmte... Ich streifte einen Mann, der sich Fallada nannte und mich Suse nennen würde, immer nur Suse, ein Leben lang.«[16] Und Fallada berichtet: »*Ich trällerte die fünf Treppen hinunter... aber auf dem Gang unten sauste mich ein großes, helles, blondes Mädchen fast über den Haufen. ›Hoppla!‹, rief ich. ›Ich denke, Suse kommt von susig, und nun kommt es doch von Sausen!‹.« (Heute, S. 9)*

Der Zusammenstoß auf der Treppe wird schicksalhaft: »*Wir beide haben einander vom ersten Augenblick an gern gemocht. Es war Winter, naßkalter, schmutziger, nebeliger Hamburger Winter. Aber wir waren jede Stunde miteinander unterwegs. Wir gingen nebeneinander her, wir froren, aber wir dachten gar nicht daran, daß wir froren. Wir hatten uns so unendlich viel zu erzählen, unser ganzes Leben hatten wir uns zu erzählen, wir vergaßen darüber alles.« (Heute, S. 11)*

Und Suse: »Er war sehr werbend. Sehr draufgängerisch... Sehr frei. Zum ersten Mal in meinem Leben ging ich darauf ein... Es war eine ganz plötzliche Liebe.«[17]

Für Suse Issel war der Vater das große Vorbild gewesen, ihr entscheidender Förderer, aber auch jener, der ihr deutlich machte, daß es ein Nachteil war, als Frau geboren zu werden. Er arbeitete als Angestellter der Ortskrankenkasse, war außergewöhnlich belesen, geistig sehr interessiert und engagierte sich in der SPD. Seine Kinder – Suse hatte noch drei Schwestern und einen jüngeren Bruder – sollten gebildet sein und klassenbewußt aufwachsen. Da er sich aus politischen Gründen

160

seines Angestelltendaseins schämte, durften die Kinder nie verraten, wo er wirklich tätig war und mußten ihn stattdessen als Arbeiter ausgeben. »Solange er da war, dachte ich so wie er. Ich schaute zu ihm auf, obwohl er meinen kleinen Bruder zu den wichtigen Versammlungen mitnahm und nicht mich. Zu meinem Bruder sagte man: ›Werde du mal so ein braver Mann wie dein Vater‹. Aber ich war nur ein Mädchen und nicht so wichtig.«[18] Dennoch richtet sich die Tochter zunächst nach seinen Idealen, liest immens viel, gibt sich im Freundeskreis sozialistisch und ist die einzige ihrer Schule, die mit 15 Jahren nicht konfirmiert wird, sondern die ›Jugendweihe‹ erhält.

Als der Vater mit einer anderen Frau zusammenzog und nur noch hin und wieder zum Besuch bei seiner Familie war, veränderte sich das Leben der Issels radikal, »ging ich auch andere Wege.«[19] Es kam zu wenig Geld ins Haus, denn jetzt mußte es zwischen zwei Familien aufgeteilt werden. Die Mutter arbeitete hin und wieder in der ›Produktion‹, einem Lebensmittelladen der SPD. Suse mußte zu Hause helfen, den kleinen Bruder versorgen und im Schrebergarten, der die Lebensgrundlage für die Familie bildete, mitarbeiten. Den Lohn, den sie als sechzehnjähriger Putzmacherlehrling verdiente, mußte sie der Mutter abliefern. »Ich hätte gern etwas Praktisches gelernt, nicht gerade Putz... Schneidern hätte ich lernen mögen, aber es war nicht möglich... Ich konnte es mir nicht aussuchen.«[20] Im Anschluß an die Lehre verdiente sie ihr Geld dreizehn Jahre lang als Lageristin, und führte ein langweiliges, eintöniges Leben. Das Interesse an Politik war durch den Bruch mit dem Vater erloschen, ihre einzige Freude waren die Bücher und sporadische Besuche in der Oper oder im Theater. Im Gegensatz zu ihren Schwestern hatte sie kaum Kontakt mit anderen Menschen, eine Freundschaft mit einem Mann mied sie geradezu: »ich war immer sehr abweisend, und niemand konnte mir nahekommen... Ich war nicht anmutig und ich schämte mich zu tanzen... Ich hatte Angst vor Menschen, die mir fremd waren. Mit Männern konnte ich kameradschaftlich sein, aber nicht vertraulich. Wenn ich mich verliebte, dann war es aus der

14 *Anna Margarethe Issel, genannt »Suse«, lernte Fallada im Oktober 1928 in Hamburg kennen. Bereits im folgenden Jahr wurde sie Frau Ditzen.*

Ferne und blieb auch so... Vielleicht war ich auch mißtrauisch. Ganz gewiß war ich vorsichtig... Ich war sehr still... Die Jahre, die ich bei meiner Mutter lebte, verliefen gleichförmig. Es war nicht üblich, zu Hause auszuziehen, bevor man heiratete. Ich dachte, ich würde immer so weiterleben und diese Arbeit mein Leben lang tun... Ich wünschte mir, daß eines Tages ein Mann käme und mich herausholen würde.«[21]

Am 11. Dezember 1928 schreibt noch ein vorsichtiger und mißtrauischer Mensch – bereits aus Neumünster – an seinen Freund Hans Kagelmacher: »Als innerliches Kuriosum ist zu verbuchen, daß ich wieder einmal vom holden Wahnsinn geschlagen bin, und zwar so energisch wie nie seit der Annemiezeit[22] ...sie heißt Aenne Issel, und zwischen uns ist Gottlob noch kein Wort von irgendwelchen Gefühlen gefallen. Ich schreib ihr nur manchmal und denk viel an sie, und bin sehr glücklich.«[23]

Kagelmacher aktiviert sofort seine astrologischen Fähigkeiten und ermittelt *»eine solche Übereinstimmung der Gestirnstände, ... so geheimnisvolle Beziehungen zueinander, daß es unmöglich sei, daß wir beide aneinander vorübergingen...«* (Schriftsteller, S. 289).

Sie gehen nicht aneinander vorüber. Bereits Weihnachten 1928 findet die Verlobung statt. Rudolf Ditzen hat sich schon in Neumünster ein Zimmer gemietet. Sowie es möglich ist, fährt er zu ihr nach Hamburg. *»Immer brachte mich Suse zum letzten Zug nach Altholm. Sie stand auf dem Bahnsteig und winkte mir nach. Aber kaum allein, fiel mir schon ein, was ich ihr alles zu erzählen vergessen hatte. Beim trüben Licht des Gasstrumpfs im Abteil des fahrenden Zuges fing ich an, ihr den ersten Brief nach unserer Trennung zu schreiben. Ich schrieb immer weiter, in Gedanken, im Halbschlaf, im Traum. In dieser Zeit habe ich ihr jeden Tag einen Brief geschrieben und manchen Tag zwei.«* (Heute, S. 11 f.)

Vier Monate später gingen sie zum Standesamt. Sein Kommentar: *»Selten hat ein Paar mit so völlig unmotivierter Hast geheiratet wie wir... Wir konnten es gar nicht abwarten, uns in*

163

Ketten zu schlagen. Selbstverständich stießen wir mit überwälti-
gendem Ungeschick unsere gesamte Verwandtschaft, auf beiden
Seiten, mit unserer Heirat vor den Kopf! Alle stellten wir vor die
vollendete Tatsache, niemand erfuhr vorher etwas davon.«
(Heute, S. 12)

Der von Suse zärtlich geliebte und einst so umsorgte jüngere
Bruder Hans Issel ist schockiert über die Entwicklung. »Als ich
Fallada heiratete, war mein Bruder sehr eifersüchtig, denn er
war ja mit ihm befreundet, bevor wir uns kennenlernten. Vielleicht konnte er es nicht ertragen, daß ihm der Freund an die
Schwester verlorenging. Ich habe nie wieder von ihm gehört.
Mir hat es damals sehr weh getan, daß er sich von mir ab-
wandte, und es ging mir nahe, daß wir immer getrennt geblieben sind.«[24]

Rudolfs Mutter reagiert gekränkt und kritisch auf den Entschluß des Sohnes. Ihr Brief muß ihn sehr getroffen haben,
denn er belegt, daß sie ihn nach wie vor gering einschätzt und
für unfähig hält, ein normales Leben zu führen: »Ich war nach
allem Erlebten so fest davon überzeugt, daß Du nicht heiraten
würdest, daß deine innere Unruhe, deine kritische Art und
deine Unbeständigkeit Dir in einer Ehe kein Glück bringen
würden, und auch der nicht, die Du erwählst. Aber nun ist es
einmal geschehen. Nach Deiner impulsiven Art hast Du Dich
über diese schweren Bedenken schnell hinweggesetzt. Ich habe
nun doch die Pflicht in mir gefühlt, daß ich das noch einmal
sage.«[25]

Irritiert über das Schweigen der Schwestern anläßlich seiner
Heirat, schreibt Hans Fallada einen Brief an Ibet, dessen ge-
stelzter Stil seine Unsicherheit dokumentiert, zugleich aber listig Tante Adas Schützenhilfe erwähnt: »Mutti schrieb mir,
daß sie Euch Geschwistern von meiner Verlobung und auch
von meiner vor einem Monat... erfolgten Hochzeit Mitteilung
gemacht habe. Aus Deinem Schweigen über diesen Punkt
möchte ich schließen, daß Dir Nachrichten hierüber nicht angenehm sind, ich will aber für alle Fälle dies doch hier erwähnen,
und Dir sagen, daß, wenn Du Mitteilungen hierüber wünschst,

sie Dir natürlich jederzeit zu Gebote stehen. Die Eltern nehmen die *eine* Stellung zu der Sache ein, daß man auch ohne Begeisterung und doch gerecht eine *andere* Stellung haben kann, hat mir ein ganz reizender Brief von Tante Ada, der mir sehr wohlgetan hat, bewiesen.«[26]

»Du Anfang und Du Ende, Du all mein Glück...«[27], formuliert prophetisch der junge Ehemann in einem Brief an Suse. Wie recht er mit dieser Anrede hat, zeigen die folgenden Jahre. Die Verbindung wird für beide Partner lebensbestimmend. Für Rudolf ist sie der Rettungsanker vor einem weiteren Absturz, die positive Wende seines Daseins. Als er sich nach fünfzehn Ehejahren von Suse abwendet, kündigt sich zugleich das Ende seines Lebens an. Ohne sie hat er keine Kraft, gegen seinen inneren Feind zu kämpfen. Für Suse bedeutet die Heirat Aufgabe und Erfüllung ihres Lebens. »Er war der Führende, der Produktive. Ich hatte keine Schulbildung, aber ich gab ihm Sicherheit. Ohne mich wäre er nicht zum Schreiben gekommen. Er lag ja vollkommen brach, und ich habe ihn wieder aufgerichtet... Als er mich verließ, ging er zugrunde«[28].

1943 wird der Mann, der in seinen Büchern stets hinter seiner Gegenwart zurückbleibt, jene Sätze formulieren, die nicht ahnen lassen, daß die einst so glückliche Ehe bereits hoffnungslos zerrüttet ist: *»Am Anfang und am Ende dieses Buches und auf allen seinen übrigen Seiten ist von meiner Frau Suse die Rede – auch wo nicht von ihr gesprochen wird. Sie erst hat mich zu dem gemacht, was ich geworden bin, sie hat einen Verbummelten wieder das Arbeiten gelehrt, einen Hoffnungslosen die Hoffnung. Durch ihren Glauben, ihre Treue, ihre Geduld wurde aufgebaut, was wir heute besitzen, was uns alle Tage freut. Und das alles geschah ohne viele Worte, ohne Aufhebens, ohne Schulmeisterei, einfach dadurch, daß sie da war, daß sie in guten und schlimmen Stunden zu mir hielt. Daß sie an mich glaubte. Daß sie so war, wie sie war. Güte und Geduld und Verzeihenkönnen, auch wo sie nicht verstand.« (Heute, S. 7)*

11.

»Ich glaube, daß wir uns damals beide brauchten«

Es sind zwei Außenseiter, die sich zusammengefunden haben. Unüblich ist schon das Lebensalter zum Zeitpunkt ihrer Heirat. Er ist fast 36 Jahre alt und sie 28. Beide hatten einen Beruf ergriffen, der nicht ihren Fähigkeiten und Wünschen entsprach. Jeder hatte auf seine Weise der freudlosen Gegenwart Widerstand geleistet. Während sie lethargisch abwartend Erlösung aus ihrem monotonen Dasein erhoffte, hatte er sich fast zugrunde gerichtet. »Im Leben war er gescheitert und durfte nicht mehr zu seinen Eltern nach Hause kommen... Sie hatten ihren Sohn verstoßen.«[1] Die Klassenunterschiede werden gleich von zwei Familien moniert. »Meiner Mutter war es nicht recht, daß er kein Arbeitersohn war. Er kam aus sehr gutem Hause... Seinen Eltern war es nicht recht, daß er ein Arbeitermädchen heiratete.«[2] Wie sehr sich die Ehepartner von ihrer Vergangenheit distanzierten, zeigt auch die gegenseitige Ansprache. Sie nennt ihn nie bei seinem richtigen Vornamen, sondern immer nur ›Junge‹. »Er war mein Junge und blieb es auch.«[3] Er nennt sie niemals bei ihrem Taufnamen Anna Margarethe, sondern immer nur Suse, später, als die Kinder geboren sind, auch Mummi.

Beide waren bisher mit ihrem ganzen Leben, der Arbeit, den Träumen und Hoffnungen allein auf sich gestellt: er war deklassiert, sie isoliert. Jetzt sind sie sich einig, daß sie nur gemeinsam das Wagnis eines totalen Neuanfangs bewältigen können. Suse formuliert es rückblickend knapp und nüchtern: »Ich glaube, daß wir uns damals beide brauchten«.[4]

Der so ersehnte Neuanfang in Neumünster gestaltet sich zäh, vor allem in jenen ersten vier Monaten des Jahres 1929, in denen Rudolf Ditzen noch ohne seine Frau dort lebt. In erster Linie soll der neue Inhaber einer diffusen Stelle Annoncen für die Zeitung ›General-Anzeiger für Neumünster‹, bei der Berthold Geschäftsführer ist, werben und Abonnements verkaufen, dann muß er als Sekretär das Büro des Verkehrsvereins organisieren, und bleibt ihm dann noch Zeit übrig, darf er Veranstaltungen besuchen und im ›General-Anzeiger‹ kleine Artikel darüber veröffentlichen.

Das Werben von Inseraten »ist ein sehr bitteres Brot..., vor allem, da ich nicht die geringste Eignung besitze, jemand, der seine Ladenhüter absolut nicht loswerden kann, davon zu überzeugen, durch ein Inserat bei uns fliegen sie nur so...«[5], berichtet er der Schwester Ibeth. *»In dreißig Geschäften bin ich gewesen! Kann ich die Leute notzüchtigen? Soll ich ihnen die Inserate aus der Nase ziehen? Wenn sie nicht wollen, wollen sie nicht. Ich bettele schon –«*, (BBB, S. 11) läßt Hans Fallada seine Romanfigur Max Tredup jammern. Sechs Jahre nach seiner Tätigkeit als Annoncenwerber kehrt diese Arbeit als Momentaufnahme zurück, *»wenn er... mit Kraft und Freese zappelig vor Spannung auf Fräulein Utnehmer wartete, die die Zeitung der Konkurrenz brachte, und sie stürzten sich alle drei über den Inseratenteil, und Kraft sagte vorwurfsvoll: ›Die haben doch eine Viertelseite von Haase und wir nicht!‹ und er unwirsch antwortete: ›Bin heute früh dagewesen, hat mir gesagt, er will noch nicht inserieren, der alte Kaffer, rücke ihm heute nachmittag wieder auf die Bude – aber die Löhne haben wir allein und den Wilms auch –‹«* (Blechnapf, S. 340).

Noch härter ist das Werben um Abonnements: *»Es gab... zwei Zeitungen in dieser Stadt, eine große und eine kleine, eine gute und eine schlechte, und ich hatte leider die kleine, schlechte Zeitung zu vertreten. Ich hatte sie derart zu vertreten, daß ich von Haus zu Haus und von Wohnung zu Wohnung ging und neue Abonnenten warb. Ausgerüstet war ich dabei mit einem notariell beglaubigten Schriftstück, daß meine Zeitung noch 4000 Bezieher habe. Aber ich hielt gerne, wenn ich das Schriftstück vorwies, den Daumen auf das Datum, denn das war schon ein bißchen sehr alt, und unsere Bezieherzahl war unterdes weiter gesunken, ich glaube, wir hatten keine tausend mehr. Bei je-*

dem neuen Abonnenten, den ich warb, hatte ich 1,25 RM Bezugsgeld für den ersten Monat zu kassieren, und diese 1,25 RM waren mein einziger Lohn, mein einziges Einkommen«. (Schriftsteller, S. 291) Hier unterschlägt Fallada, daß er ein zwar karges, aber immerhin sicheres Grundgehalt von 150 Mark bezog, die 1,25 RM für jedes Abonnement waren zusätzliches Einkommen. Lediglich in einer Art Probezeit zwischen Oktober und Dezember 1928 hatte er sporadisch nur auf Provisionsbasis gearbeitet.

Immer wieder wird der Autor die psychologische Sperre erwähnen, den angesprochenen Menschen ein Abonnement zu verkaufen, und in verschiedenen kleinen Erzählungen anschaulich die täglichen Demütigungen beschreiben: *»Ich hatte geklingelt und stand vor der Tür, und nach einer Weile hörte ich einen Schritt schlurfen, und in dem Guckloch erschien ein Auge. Es sah immer sehr dunkel mit sehr viel Weiß aus, man konnte auch nie herauskriegen, ob es ein Männer- oder ein Frauenauge war. Da stand man dann, eine lange Weile schien es, und wurde betrachtet, und dann fiel mit einem leisen Klick die Klappe vor das Guckloch, und der Schlurfeschritt entfernte sich wieder. Oder die Tür ging auf, aber die Kette blieb davor, und man fing an zu reden durch den Spalt, und plötzlich, mitten im Satz, fiel die Tür wieder zu, und man stand und würgte an dem angefangenen Satz und schlich dann leise die Treppen hinunter.«* (Ich bekomme Arbeit, S. 65)[6] Ende 1932 wird diese Erzählung in einer Zeitschrift abgedruckt; da schmerzen die bitteren Erfahrungen noch und zeigen, wie autobiographisch der Schriftsteller alles Erlebte verarbeitet.

1934, als der ›Blechnapf‹ erscheint, erlebt die Romanfigur, ein Strafentlassener, in seinem verzweifelten Versuch, nach der Haft wieder Boden unter die Füße zu bekommen, Gleiches: *»Kufalt stand da und redete, wenn man ihn überhaupt reden ließ... Man hörte zu, aber dann sagte man, er wisse doch, wie knapp das Geld jetzt nach dem Fest sei, oder man erklärte auch gradezu, der Freund sei eben doch besser als der Bote. Der Bote brächte ja nicht ein Viertel der Familienanzeigen des*

Freunds und die müßte man doch mindestens haben. An man-
chen Tagen gab es sechs, sieben, ach, es gab zehn, zwölf Mißer-
folge nacheinander, und mit den Mißerfolgen kam die Mutlosig-
keit. Dann stand Kufalt geschlagene zehn Minuten vor so einem
Mietskasten mit zwölf Parteien und traute sich nicht rein, er ging
die Straße rauf und er ging sie wieder runter, der Nieselregen
durchkältete ihn bis auf die Knochen. Am schlausten war es,
nach Haus zu gehen, sich an den warmen Ofen zu setzen und zu
dösen – Aber da war der leere Quittungsblock, und Herr Kraft
erwartete um vier seine sechs Neuabonnements, und der hatte so
eine hundsgemeine Art zu sagen. ›So, heute nur zwei? – Heute
nur zwei. – Heute nur zwei!... Übrigens haben von Ihren Neu-
abonnenten aus dem Dezember siebenunddreißig den Boten
wieder abbestellt. Da hat Werbung eigentlich wenig Sinn –‹.«
(Blechnapf, S. 360)

Sogar noch 1946 wird sich der Autor an jede Einzelheit erinnern: *»Ich glaube, es war ein noch schwerer verdientes Brot als*
das Adressenschreiben für die Hamburger Exporthäuser, und
ich habe da etwas kennengelernt, was man die Angst vor dem
Klingelknopf nennt. Morgens stürmte ich ja mit frischem Elan
los, ich hatte mir einen bestimmten Stadtteil vorgenommen und
war guter Hoffnungen voll. Aber wenn ich dann so die ersten
zwanzig Klingelknöpfe gedrückt hatte und hatte nur böse oder
brummige Gesichter zu sehen bekommen, die Tür war mir in
meine ersten Worte hinein vor der Nase zugeschlagen worden, so
ließ der Eifer nach, ich wurde zögernd, abergläubisch starrte ich
auf die Namensschilder, überlegte, ob solch ein Name glückver-
heißend sei, streckte den Finger aus nach dem Klingelknopf und
zog ihn wieder zurück. Und nach einer Weile streckte ich ihn
wieder aus und zog ihn wieder zurück. Und dann beschloß ich,
daß mit diesem ganzen Haus nichts los sei, und schlich leise die
Treppe hinunter, und nach dem nächsten Mißerfolg verurteilte
ich die ganze Straße... Aber ich mußte am Tag mindestens vier
neue Abonnenten finden.« (Schriftsteller, S. 291 f.)

Die zweite wichtige Schiene seiner mindestens dreigleisigen
Arbeitsaufgaben war die Arbeit für den ›Wirtschafts-und Ver-

kehrsverein zu Neumünster‹. Der Verein ist eine typische Verzahnung von Politik und Kommerz, halböffentlich untersteht er dem sozialdemokratischen Bürgermeister, ist aber eine wirtschaftliche Vereinigung der wichtigsten Geschäftsleute von Neumünster. Rudolf Ditzen soll ein Verkehrsbüro organisieren, das die Interessen der Mitglieder wahrnimmt, aber auch die öffentlichen Anliegen der Stadt Neumünster fördert. Heute würde man eine solche Einrichtung als Fremdenverkehrsamt bezeichnen. Ditzen erteilt Besuchern Auskünfte, vermittelt Hotelzimmer, berät Vereine, schickt Stadt-Prospekte an Kurorte, veröffentlicht Busfahrpläne, redigiert die ›Verkehrszeitung‹ und verkauft die Reklameflächen auf den Litfaßsäulen.[7]

Die Sache hat nur einen Haken. Sein unmittelbarer Vorgesetzter im Verkehrsverein und im ›General-Anzeiger‹, Karl Heinz Berthold, erweist sich als windiger Bursche. Es stellt sich nicht nur heraus, daß er dubiose Finanzgeschäfte betreibt und Spendengelder veruntreut, sondern daß er auch Rudolf Ditzen beim Verkehrsverein eingestellt hatte, ohne dazu befugt gewesen zu sein. Er ist völlig verschuldet, und die Gerichtsvollzieher treiben bei ihm bereits einzelne Forderungen ein. Die undurchsichtigen Geldgeschäfte bedrohen seine einflußreiche Stellung.

Rudolf Ditzen hilft nach. Als er im Februar 1929 ungebührlich lange auf sein Gehalt warten muß und Berthold ihm zudem immer mehr Arbeit auflädt, beschafft er sich illegal die Beweise der unterschlagenen Spendengelder und geht damit zum Verleger des General-Anzeigers und zum Bürgermeister als Vorsitzenden des Verkehrsvereins. Der Erfolg ist die fristlose Entlassung des Geschäftsführers sowohl aus der Zeitung als auch dem Verkehrsverein. Diesmal empfindet Ditzen seine Denunziation nicht als ›Gemeinheit‹, sondern als Notwehr vor der drohenden Gefahr, Gehaltsansprüche und sogar die Kaution zu verlieren.

Wieder erhält er seinen Lohn. Zum 1. März 1929 wird er Redakteur beim General-Anzeiger. Im Verkehrsverein übernimmt er den Posten des ausgebooteten ehemaligen Vorgesetzten. Durch die Festanstellung auch noch bei der Zeitung kann er nunmehr gründlicher das dritte und ihm liebste Gleis seiner Tätigkeit ansteuern: den Journalismus. Davon hat er geträumt und dieser Traum war so intensiv, daß er ihn später bei seiner Romanfigur Max Tredup noch einmal belebt. Auch der Annoncenwerber Tredup hat seinen Posten als Belohnung für Verrätereien erhalten. Es ist – wie bei seinem Schöpfer – endlich die ersehnte Redakteursstelle: »*Und dann lauf ich zum Ostseekino und seh mir die Bilder an. Ich soll alles Lokale von denen kriegen, aber was ich kann, schreibe ich doch lieber selbst. Und zum Wochenmarkt gehe ich auch noch. Zum eigentlichen Marktbericht ist es zu früh, aber ich will ein Stimmungsbild schreiben, wie die Marktwagen kommen und die Stände aufgebaut werden und der Hänsel von der Marktpolizei rumgeht und verteilt die Plätze. Und wie zwei Händler sich um ihre Stände zanken. – Sowas lesen die Leute gerne. Eine feine Zeitung will ich machen... Elise, ich bin Redakteur... Redakteur bin ich!*« (BBB, S. 536f.)

Die berufliche Wirklichkeit des Redakteurs Rudolf Ditzen ist profaner. »Ich habe augenblicklich die angenehme Aufgabe, den Jahresbedarf unserer Zeitungsromane festzusetzen und lese zu diesem Behuf einige 50 Zeitungsromane, die uns die Korrespondenzen zugesandt haben... Ganz selten, daß wirklich einmal auch nur ein bissel Erfindung und ein bissel Fähigkeit deutsch zu schreiben dabei sind. Allerdings muß ich feststellen, daß das auch sofort erbarmungslos ausgesondert wird. ›Unser Publikum will das nicht.‹ Allerdings ist es mutig, von unserem Publikum zu reden. Wir sind eine sterbende Zeitung und über kurz oder lang wird die Bude zugemacht werden... wir dürfen beispielsweise keine lokalen Bilder bringen, grundsätzlich keine Honorare zahlen – die Zeitung wird bis auf den lokalen Teil ziemlich restlos zusammengestohlen...«[8], berichtet er seiner Schwester im Mai 1929. Zu Pfingsten reimt er ein sechsstrophiges Festgedicht zusammen und im Juni ersetzt er während der Urlaubszeit sogar den ›Chefredakteur‹, was eine ironisch gemeinte Übertreibung ist, denn die Redaktion des ›Generals‹, wie der Anzeiger meistens genannt wird, besteht aus insgesamt drei Mitarbeitern, von denen sowieso zwei, Rudolf Ditzen und ein Kollege, weiterhin primär Annoncen und Abonnements zu akquirieren haben. Dennoch: In diesen Monaten schreibt Ditzen mit immensem Fleiß sehr viele Artikel, lernt die Stadt von außen und vor allem innen kennen: »Neumünster ist ein Kaff. Alles erregt Anstoß, an jeder Ecke sind Interessen zu schonen,«[9] und es »ist ein so stupides Nest, von Fabrikarbeitern, die aus aller Herren Länder zusammengewürfelt sind... daß es ein Grauen ist.«[10] »Ich wollte, ich könnte wieder einmal draußen sein. Großstadt ist gut, Land ist gut, aber Kleinstadt, dies nicht Fisch- noch Fleischsein, ist einfach schlimm«.[11] In seinen Werken und Erinnerungen wird er sie ›Altholm‹ nennen.

Er verfaßt Artikel über Vorträge zur Todesstrafe, über den besorgniserregenden Geburtenrückgang, über die Arbeiterseele, über die Backstein-Baukunst, die Berufsethik des Arbeitnehmers oder die Bedeutung der Blutgruppen für die Rechtspflege, um nur einige Themen zu nennen. Er rezensiert Bücher und kritisiert kulturelle Veranstaltungen, er dichtet Kurzgeschichten und nachdenkliche Feuilletons, veröffentlicht Glossen und längere Betrachtungen. Der Journalismus wird ihm suspekt, je mehr er hinter seine Kulissen schaut. Aber er schiebt sie fleißig mit hin und her, je nach Interessenlage der Vorgesetzten oder Mächtigen. Er richtet sich ohne Skrupel nach deren Wünschen. Und wenn er aneckt, dann deshalb, weil er die Machtverhältnisse und Abhängigkeiten nicht richtig einschätzt. So ist für ihn bald »*Das schweinischste Handwerk auf der Welt: Lokalredakteur sein in der Provinz.*« (BBB, S. 20) denn, »*Zeitung ist Reklame, von der ersten bis zur letzten Zeile. Reklame für eine bestimmte Sorte Politik oder Waschseife. Aber immer Reklame*« (BBB, S. 93) »Im Kino war es schrecklich«, schreibt er an Suse, »denke Dir, die Qual dauerte von acht bis halb zwölf, ich war erledigt, als ich nach Hause kam. Vor allem deswegen, weil man nicht einmal seine Wut über diesen Mist auslassen darf, sondern zu schreiben hat, wie es die Interessen des Inserentenkontos gebieten.«[12]

Sein Arbeitstag ist unendlich lang, erstaunlich, wie er das körperlich durchhält. Von morgens um 8 bis 13 – und von 15 bis 18 Uhr schiebt er Dienst im Verkehrsbüro. Abends eilt er rasch nach Hause, ißt einige Happen und begibt sich zu den Veranstaltungen, die in der Regel um 20 Uhr beginnen. Zwischen 22 und 23 Uhr ist er wieder zu Haus, verfaßt den Artikel. Aber er ist ein lange nachdenkender Schreiber und muß jeden Satz zunächst handschriftlich aufs Papier bringen, was meist bis gegen Mitternacht dauert. Endlich geht er schlafen, aber morgens um 6 Uhr steht er schon wieder auf, korrigiert seine handgeschriebenen Zeilen, tippt das Manuskript in die Maschine und läuft mit den Blättern zur Setzerei, damit die dort noch vor acht Uhr andrucken können – wenn er schon wieder auf dem Weg zum Verkehrsbüro ist.

Mitunter besucht er pro Abend zwei, drei Veranstaltungen, schreibt aber auch ›kalte Berichte‹, also solche Artikel, bei denen er nur vorgibt, zugegen gewesen zu sein. »Frech muß man schon sein, das hilft nichts. Ich bin ja nur ein Mensch, und wenn ich dann wie gestern abend beispielsweise . . . warte mal, also da waren drei Kinos mit ihren neuesten Filmprogrammen zu kritisieren, im Wiener Cafe trat ein Vortragskünstler auf, der Reuter interpretierte, im Cafe Reimers war eine neue Tanzdiele gelegt, die eingeweiht wurde, und zu der Einweihung gab's auch noch Kabarettprogramm, die Nationalsozialisten hatten einen Sprechabend im Hofbräu, und in der Tonhalle hielt ein Dr. Kipke aus Berlin einen Vortrag über Gesundheit und Hochfrequenzgeräte. All dies muß unbedingt am nächsten Tage besprochen werden, da die Leute bei uns inserieren, und die Besprechung sozusagen die Quittung für das Inserat ist. Ich aber bin nur ein Mensch, die andern, die etwa in Frage kämen, hatten bei dem herrlichen Sommerwetter nicht die geringste Lust, in irgend einen gedeckten Raum zu gehen, und dann heißt es eben: Frechheit sieg! Die beiden Vorträge und das Kabarett habe ich schon am Abend vorher besprochen, am Programm errät man meistens, was da kommt, und als die lieben Leutchen ansetzten, und begannen, lag der Bericht über das, was sie redeten, schon gesetzt in der Maschine. Die Nationalsozialisten waren auch sehr einfach, die reden doch meistens dasselbe und sicherheitshalber fragt man dann am nächsten Morgen auf der Polizeiwache an, ob es etwa Schlägereien gegeben hat. Bleiben die drei Kinos. Zwei konnte ich nach den Anzeigen verarzten... im dritten, wo ich nichts erraten konnte... bin ich dann gewesen«.[13]

»Das alles ist sicher nicht sehr schön«, bedauert Fallada in seinem Brief an die Schwester, »aber... Ich bin auch überzeugt, daß es bei größeren Zeitungen nicht viel anders zugeht, wenn auch natürlich nicht so grob.«[14] Grundsätzlich – er betont es immer wieder – bereitet ihm das Schreiben und der Redaktionsalltag Freude, aber sie ist nicht ungetrübt, denn es sind zu viele kundenfreundliche Artikel, die er verfassen muß, zu banale Themen. Zudem ist einfach nichts los in Neumünster und *»Vor Ehrgeiz kam er um, der Grundeis. Manchmal rannte er nachts durch die dunkle Stadt und flehte zum Himmel, daß ihm vor der Nase irgend etwas passierte, es konnte nicht außergewöhnlich und schrecklich genug sein. Aber es geschah nie etwas, nicht die kleinste Sache.« (Gustav, S. 528)*

»Ein bissel Trost ist es, wenn man mal was schreiben kann, was einen freut, und sieht es dann wirklich gedruckt. Nicht aus Eitelkeit, sondern von wegen so Diri-Dara, Kies. Aber die Zeitschriften zahlen auch erbärmlich, beim ›Tage-Buch‹ hänge ich nun schon ein schieres Vierteljahr mit 50–60 RM. Gott soll schützen, wenn man von so was leben müßte«[15], klagt er seiner Schwester Ibeth.

Im Mai 1929 zieht Suse zu ihrem Mann nach Neumünster. Für 80 Reichsmark Miete wohnen sie zunächst in einer hellen, freundlichen und nett möblierten Wohnung am Kuhberg. Zwar hilft der Vater dem jungverheirateten Paar mit monatlich 65 Mark[16] – nach anderen Quellen[17] sind es sogar 85 –, aber dennoch kommen sie mit dem Geld, das Rudolf als Alleinverdiener nach Hause bringt, nicht aus. Suse ist wochenlang krank und als sie wieder gesund ist, wird sie schwanger. Sie kann also nicht mitverdienen. Die hübsche Wohnung wird zu teuer.

Im August 1929 beziehen sie eine möblierte Zweizimmer-
wohnung in der Kieler Straße mit einer kleinen Behelfsküche.
Die Miete kostet zwar fast 50 Prozent weniger als am Kuhberg,
aber schon am 13. August schreibt Rudolf dem Vater: »Unbedingt muß ich möglichst vor Winter noch ein anderes Quartier
zu bekommen suchen, da hier die Fenster nicht dicht sind, die
Wohnung auf allen vier Seiten und oben und unten von kalten
Räumen umgeben ist und dieser Kältedrohung nur ein eiserner
Ofen gegenübersteht. Zudem ist die Klosettfrage katastrophal.
Der Lokus ist nur durch folgende Halbtagestour erreichbar:
Man steige eine Treppe und eine zweite kleinere Treppe hinab,
betrete die Kielerstraße, gehe um die Ecke in die Joachim-
straße, dort durch einen Gang in einen Hof, eine Treppe in den
Keller und schon hat man – huschhusch – den Lokus erreicht.«[18]
Das Leben von Rudolf und Suse Ditzen in Neumünster ist
von Armut geprägt, zumal jetzt auch die betrogenen Gutsver-
waltungen die unterschlagenen Summen in Raten zurückfor-
dern. Rudolf bringt mit seinen Provisionen aus dem Anzeigen-
geschäft etwa 250 Mark pro Monat nach Hause. Gewissenhaft
führt er Buch über Einnahmen und Ausgaben; die Eltern erhalten eine Kopie, denn sie haben ihren Zuschuß an die krän-
kende Bedingung gebunden, allmonatlich zu belegen, daß ihr
Geld nicht verpraßt wurde.
In Hans Falladas wohl berühmtesten, in jedem Falle aber
erfolgreichsten Buch ›Kleiner Mann – was nun?‹[19] stellen Johannes und Lämmchen Pinneberg einen Normal-Etat auf, versehen mit der
»Anmerkung: Darf unter keinen Umständen überschritten
werden!!!!!
A. Einnahmen:
Gehalt pro Monat brutto   *200.– RM*
B. Ausgaben:
a. Lebensmittel:
Butter und Margarine *10,–*
Eier *4,–*

175

```
Gemüse  . . . . . . . . . . . .   8,–
Fleisch  . . . . . . . . . . . . .  12,–
Wurst und Käse  . . . . . . . .   5,–
Brot  . . . . . . . . . . . . . .  10,–
Kolonialwaren  . . . . . . . . .   5,–
Fische  . . . . . . . . . . . . .   3,–
Obst  . . . . . . . . . . . . . .   5,–      62,–
```

b. Sonstiges:

```
Versicherungen und Steuern  . . .  31,75
Dag-Beitrag  . . . . . . . . . .   5,10
Miete  . . . . . . . . . . . . .  40,–
Fahrgeld  . . . . . . . . . . . .   9,–
Elektrisches Licht  . . . . . . .   3,–
Feuerung  . . . . . . . . . . .   5,–
Kleidung und Wäsche  . . . . .  10,–
Schuhwerk  . . . . . . . . . . .   4,–
Waschen, Rollen und
Plätten  . . . . . . . . . . . . .   3,–
Reinigungsmittel  . . . . . . . .   5,–
Zigaretten  . . . . . . . . . . .   3,–
Ausgänge  . . . . . . . . . . .   3,–
Blumen  . . . . . . . . . . . .   1,15
Neu-Anschaffungen  . . . . . . .   8,–
Unvorhergesehenes  . . . . . . .   3,–    134,–
Gesamtausgaben  . . . . . . . . .              196,– RM
Bleibt Bestand  . . . . . . . . . .              4,– RM
```

Die Unterzeichneten verpflichten sich, unter keinen Umständen und unter keinem Vorwande Geld zu andern als den vorgesehenen Zwecken und nicht über den Etat hinaus der Kasse zu entnehmen.« (Kleiner Mann, S. 194f.)

Dieser ›Normal-Etat‹ im Roman entspricht annähernd den Finanzverhältnissen der jungen Familie Ditzen in Neumünster. Das Leben ist geprägt von Sparsamkeit, Einschränkung und Verzicht. Das »*Geld, dieses verdammte Geld! Ich quetsche aus meinem Blättchen heraus, was nur möglich ist. Wir kochen Erbsen für die halbe Woche, und weil unser Appetit auf Erbsen stark nachläßt, reichen die Erbsen für die ganze Woche – und dann feiern wir eine Orgie in frischen Krabben aus dem fettigen Papier und verschwenden alle Ersparnisse!« (Heute, S. 15)*

Eine Urlaubsreise kann nicht stattfinden, Arztkosten für Suse und die Babyausstattung belasten das Budget über Gebühr, ganz zu schweigen von den für einen neuen Haushalt notwendigen Grundanschaffungen wie etwa ein Bügeleisen oder ein Schmortopf. Tante Ada – immer wieder Tante Ada – verzichtet auf jedes Geschenk zu ihrem 70. Geburtstag und bittet stattdessen die Gratulanten um die Übersendung der ihr zugedachten Geschenke bzw. Geldsummen an die zwei Hungerleider in Neumünster.[20]

Trotz aller familiären Hilfe, es ist abzusehen, daß sich die klamme Situation der beiden noch verschlechtern wird: Der ›General‹ wird von seinem Verleger nur noch am Leben erhalten, um Inserate zu bekommen, die Fusion mit dem zum Wachholtz-Verlag gehörenden besseren ›Holsteinischen Courier‹ ist abzusehen. Dann wird mit dem Zeitungstitel auch seine dreiköpfige Redaktion verschwinden und Rudolf Ditzen hat eine Einnahmequelle weniger.

Er überschlägt sich geradezu, um über seinen Job hinaus in Neumünster Fuß zu fassen und durch gesellschaftliche Aktivitäten womöglich später eine Arbeitsstelle zu bekommen. Er ist Kassierer und Schriftführer der Reichsschriftpartei und der Krankenkasse ›Leipziger Fürsorge‹, er wird Mitglied der Karnevalsgesellschaft, auch hier in Neumünster Mitglied des Guttempler-Ordens, für den er sogar Jubiläumsepisteln schreibt, er erledigt die Korrespondenz für die Gastwirtsinnung[21], er läßt sich in den Vergnügungsausschuß der Mittelstandspartei wählen, um das Trachtenfest vorzubereiten[22], er pflegt seine in Hamburg beschlossene SPD-Mitgliedschaft, denn hier im sozialdemokratisch regierten Neumünster kommt sie ihm zugute und doch: Die allgemeine Arbeitslosigkeit hat längst auch die kleine Industriestadt mit ihren 40000 Einwohnern erfaßt. 1400 Stellungslose sind im Jahre 1928 registriert, die Tendenz ist steigend.[23] Da wird ein strafentlassener Betrüger noch weniger

Aussichten haben, einen existenzsichernden Job zu erhalten, als ein Arbeitsloser ohne Vorstrafe. Bereits im Dezember 1928 war Rudolf Ditzen kurzfristig festgenommen worden, weil man ihn für einen Betrüger hielt. *»Was macht Ihnen eine Nacht im Kittchen schon aus! Wenn Sie wirklich unschuldig sind, kommen Sie morgen wieder raus. Und für die Aufklärung ist es besser, Sie sind uns erst einmal aus dem Wege.«* (Blechnapf, S. 377) Der echte Gauner wurde allerdings rasch ermittelt und sowohl der Gefängnisdirektor als auch der Verleger Wachholtz hatten sich nachdrücklich für Ditzen eingesetzt und seine Reputation wieder hergestellt.

Jetzt aber, im Sommer 1929, geht sein ehemaliger Chef Karl Heinz Berthold, fleißig in der Stadt mit den Vorstrafen des Rudolf Ditzen hausieren, um sich für die Denunziation zu rächen. Mehr als einmal wird der Werber von potentiellen Anzeigenkunden giftig auf seine kriminelle Vergangenheit angesprochen.

Falladas Romanfigur ist wie auch ihr Schöpfer in der kleinen Stadt, *»über der als einziges Wahrzeichen... der Bau des Zentralgefängnisses in Zement und roten Steinen aufragt,... (ist) eine Art Gefangener, der freiwillig an den Ort seines Gefängnisses zurückgekommen ist – immer wenn er um eine Ecke kommt, läuft ihm ein Wachtmeister entgegen und sagt grinsend: ›Tag, Herr Kufalt‹. Oder aber die Mauern sind da. Die Backsteinzinnen, die kleinen Gitter in den großen Wänden«* (Blechnapf, S. 286f.).

Es ist also zu befürchten, daß er nicht nur seinen Redakteursposten beim ›General‹ verlieren wird, sondern durch die Hetze seines Feindes auch noch weitere Verdienstmöglichkeiten. Sein Romanheld Max Tredup resigniert angesichts der Situation: *»Hundertmal habe ich angefangen und bin nur tiefer in den Dreck gekommen. Wievielmal habe ich gehofft und hab mir Mühe gegeben, und immer nichts. Aus uns wird nichts, Elise. Es hat keinen Zweck, sich abzustrampeln.«* (BBB, S. 580) Rudolf Ditzen aber resigniert nicht. Zielstrebig bringt er sich bei Rowohlt immer wieder in Erinnerung. Nachdem sein erster

Brief vom August, ein weiterer vom Oktober 1928 nicht den erhofften Erfolg hatte[24], beruhigt er am 19. Dezember 1928 vermutlich seinen Verleger in Berlin mit der Nachricht von der Festanstellung im Verkehrsverein.[25] Im Januar 1929 schickte er den nunmehr vierten Brief an ihn ab, in dem er darüber hinaus hofft, »im Zeitungsbetriebe nach so vielen Irrfahrten zu landen«.[26]

Im April 1929 kündigt Fallada ihm Erzählungen an.[27] Rowohlt antwortet postwendend, versichert ihm, daß er die Manuskripte erwarte und prüfen wolle. Außerdem könne er ihm sicher behilflich sein, in Berlin Fuß zu fassen.

Am 6. Mai 1929 schreibt Ditzen wieder nach Berlin und klagt über den Rückgang des Inserentengeschäftes und befürchtet die Fusion seiner Zeitung. »Das Kurze und Lange von alldem ist, daß es hier unerquicklicher und aussichtsloser denn je, die persönlichen Unannehmlichkeiten wegen Vorleben gar nicht gerechnet. Ich klopfe nur ein bißchen an bei Ihnen, heute, möchte mich doch wieder in Erinnerung bringen.«[28]

Am 19. August 1929 erfährt die Schwester Ibeth: »Du weißt ja mit unserer Karte, daß wir gestern auf Sylt waren. Und weißt Du, wem ich dort in der letzten halben Stunde in den Weg laufe? Meinem Verleger Rowohlt, dem ich grade vor vier Tagen seit endloser Zeit zum ersten Mal wieder nach Berlin geschrieben, und der eben grade die Antwort an mich in den Kasten gesteckt hatte.«[29]

Weder das eine trifft zu, noch das andere. Nicht etwa einen Brief seit ›endloser Zeit‹, hat Fallada an seinen ehemaligen Verleger geschrieben, sondern mindestens sieben in zwölf Monaten. Rowohlt hatte das Schreiben vom Mai überhaupt noch nicht beantwortet, konnte es also auch nicht in den Kasten gesteckt haben. Das einzige, was zutrifft, ist das zufällige Treffen auf der Insel Sylt, wo Fallada zusammen mit Suse im Zuge einer kurzen Pressereise einen herrlichen Tag verlebte. Rowohlt erfährt jetzt mündlich von seinem Autor, wie es um jenen in Neumünster steht und verspricht zu helfen. Aber wieder geschieht nichts.

179

Hans Fallada setzt am 5. November 1929 beharrlich nach; er sei zum 1.1. stellungslos, seine Frau erwarte ein Kind und er schicke hiermit den ersten Abschnitt seiner Gefängniserinnerungen. Der Briefschluß klingt ebenso frustriert wie förmlich: »Vielleicht darf ich in nicht zu ferner Zeit einmal um Nachricht bitten...«[30] Diesmal antwortet Rowohlt schon neun Tage später. Er fragt nach dem erwünschten Existenzminimum, offeriert eine Halbtagsstellung in Berlin, »so daß Sie dann nachmittags eventl. für sich schriftstellerisch tätig sein könnten...«[31], und erbittet umgehend Nachricht. Die ist mit Sicherheit auch postwendend geschrieben worden, aber dann versiegen wieder alle Hoffnungen.

In diesen Tagen ist Fallada schwer mit Arbeit eingedeckt: »Ich weiß nicht, ob bis in Eure Konservengaue die Kunde von dem Landvolkprozeß gedrungen ist, den wir hier hatten. Eine an sich unbedeutende Demonstrationsgeschichte mit einigen blutigen Köpfen und der schwarzen Fahne Florian Geyers (in Gänsefüßchen). Zwölf Tage lang ist verhandelt, es war wirklich außerordentlich interessant. Landvolkbewegung, Städter, Reichsbanner alles in Antagonistenstellung, auch die Kommunisten spielten herein, eine ganze Stadt gab sich Stelldichein im Gerichtssaal, 120 Zeugen, und man kennt von seiner Tätigkeit nun schon alle Prominenten, man kiekt zwischen die Kulissen, es war ein Tohuwabohu, ein Intrigenspiel, ich verdarb's mit meiner Berichterstattung so mit einigen wichtigen Prominenten, daß ich schon dachte, man würde mir kündigen, aber der Tag ist vorbei ohne Kündigung... Alles ist sehr interessant, kostet aber unsinnig Nerven, und ich sitze eigentlich ununterbrochen zwischen zwei Stühlen.«[32]

Am 24. November 1929 schreibt Fallada einen verzweifelten Brief an Rowohlt: »...lassen Sie uns bitte nicht so lange im Ungewissen. Sie sind im Augenblick zum 1. Januar unsere ganze Hoffnung«.[33] Kurz vor Weihnachten kommt die erlösende Nachricht aus Berlin: »Ich erkläre mich also bereit, Ihnen ein Gehalt von 250 Mark, beginnend mit dem 15. Januar, für eine Tätigkeit von 9–2 Uhr zu zahlen. Es handelt sich um einen Posten, der zu diesem Termin frei wird, und der folgende Tätigkeit umfaßt: Verschicken der Rezensions-Exemplare, Verbuchen und Verarbeitung des gesamten eingehenden Kritikenmaterials.«[34]

Der Briefwechsel wird so ausführlich dargestellt, weil Fallada später in verschiedenen Variationen behaupten wird, die neue Stelle in Berlin sei nur aufgrund des zufälligen Wiedersehens mit seinem ehemaligen Verleger auf Sylt zustandegekommen.[35] Er verheimlicht in sämtlichen autobiographischen Darstellungen, daß er Rowohlt seit der Haftentlassung mit einer Kaskade von Briefen eindeckte, weil er sein Ziel nie aus den Augen verlor, über ihn in die Hauptstadt des Deutschen Reiches zu kommen.

Im Januar 1930 hat er es erreicht. Er fährt nach Berlin. An seiner Seite die hochschwangere Suse, im kargen Gepäck eine dicke Mappe mit Notizen, Zeitungsartikeln und Vorentwürfen zu seinem dritten Roman: ›Ein kleiner Zirkus namens Monte‹. Der kleine Zirkus wird für Hans Fallada, seine Leser und endlich auch für die Kritiker zur großen Arena.

12.
»Es war wie ein Rausch oft gewesen...«

In der Calvinstraße ist es wieder eine winzige mit fremden Möbeln ausgestattete Wohnung, in der Rudolf und Suse zunächst unterkommen. Fast die Hälfte seines Gehalts wird von der Miete geschluckt. Ohne Nebeneinnahmen und den Zuschuß der Eltern bleiben jetzt noch 130 Mark übrig und das Leben ist in der Großstadt teurer als in Neumünster. Suse kocht Eintöpfe, die mehrere Tage vorhalten müssen, die Fleischportionen sind winzig, Margarine ersetzt die Butter auf dem Brot. Die beiden schränken sich ein, so gut es geht, aber es geht eben nicht immer gut. Jede Straßenbahnfahrt, jedes Päckchen Tabak schlägt empfindlich zu Buche. Und dennoch: »Das Jahr, in dem ich Uli erwartete, und die Zeit, als er ein kleiner Junge war, erlebte ich als eine sehr schöne Zeit. Es war ein ganz neues Leben für mich. Ich lernte viel durch meinen Mann kennen«[1], erinnert sie sich.

Ditzen wiederum lernt erst jetzt seinen Verleger und Chef Ernst Rowohlt richtig kennen, diesen mächtigen Mann mit der dröhnenden Stimme, der aber mit seinem runden Kopf und der rosigen Gesichtsfarbe viele seiner Bekannten an einen zu groß geratenen Säugling erinnerte. Er war ein Freund von interessanten Frauen, gutem Essen und auserlesenen Weinen; vor allem aber war er ein Mann, »der immer mit den Menschen und von den Menschen lebte, ... ein Behorcher der Zeitströmungen. Er hatte einen unübertrefflichen Instinkt dafür, welch ein Buch die Menschen jetzt erwarteten, oft erwarteten, ohne es zu wissen. So hatte sein Verlag trotz aller Sprunghaftigkeit doch einen festen Rahmen, in dem er in immer stärkerem Maße mit den Jahren aktuelle Bücher brachte, die dem Zeitgeist entsprachen... Er war nie der Mann, der aus seinem Verlage nur ein geldverdienendes Institut machen wollte, sondern er war jederzeit bereit, die Gewinne aus einem aktuellen Erfolgsbuch in einen Autor zu investieren, der mit ziemlicher Bestimmtheit nur Verluste versprach.«[2]

Rowohlt ist auf Reisen, als der ehemalige Annoncenwerber am 15. Januar 1930 seinen Dienst in der Rezensionsabteilung antritt. Emsig wie immer, wenn er vor einer neuen Aufgabe steht, macht er sich an die Arbeit. Er entwarf *»ein Listenformular und konstruierte Heftmappen dazu. Alles fiel etwas überlebensgroß aus, sehr handlich waren diese Mappen nicht, aber was mußten sie auch alles enthalten! Hunderte von Zeitungen und Zeitschriften, sämtliche Neuerscheinungen mußten auf Jahre hinaus eingetragen werden können... Ich las, ordnete, klebte ein, buchte... Mir gefiel das ausgezeichnet. Meinem Verleger*

15 Ernst Rowohlt, Verleger und Förderer Hans Falladas.

weniger. Es kam der Tag... da ich vor meinen Chef befohlen wurde. Stolz auf meine vorzügliche Organisation ergriff ich die ungeheuern Mappen, ein freundliches Mädchen öffnete und schloß hinter mir die Türen, und ich trat in das Allerheiligste. Ich konnte meinen Chef nicht sehen, er mich auch nicht: die Mappen

183

verbargen die Hälfte meines Leibes. Er sah nur zwei Beine her-
einwandeln, sehr dünne Beine. Aber ich hörte ihn. Du lieber
Himmel, wie schrie er! ›Sie sind wohl wahnsinnig geworden!‹
schrie er. ›Was bringen Sie denn da an?! Das sollen Bespre-
chungslisten sein? Mist ist das! Ich soll mich wohl auf den Bauch
legen, wenn ich darin was nachsehen will? Um solchen Bockmist
anzurichten, habe ich Sie also aus Altholm geholt! Mit Idioten
hat man zu tun! Nur mit Idioten! Herr Meyer! Herr Müller!
Herr Schulze! Herr Schmidt! Fräulein Bauch!... Kommen Sie
doch mal her! Haben Sie das gesehen, was der Fallada da ange-
richtet hat?! – Und das haben Sie zugelassen?! Ich sage es ja,
alles Idioten, mein ganzer Verlag besteht aus Idioten! Kaum
kehrt man einen Augenblick den Rücken –‹ Mein guter alter Ver-
leger! Niemand von seinen Angestellten nahm seinen Wutaus-
bruch tragisch, er brauchte von Zeit zu Zeit so etwas! Aber ich,
sein neuester Angestellter, kannte diese Ausbrüche noch nicht.
Bleich stand ich hinter meinen Mappen, ich sah uns schon auf
der Straße, und wir ›erwarteten‹ in knapp anderthalb Monaten!
Trotzdem war ich noch immer von der Vorzüglichkeit meiner
Organisation überzeugt. Schwach gegen das starke Löwenge-
brüll anmeckernd, versuchte ich hinter den Mappen zu erklären,
zu zeigen, zu verteidigen – so sehr meine Kollegen auch abwink-
ten. Man mußte den Löwen brüllen lassen, dann hörte er von
allein auf. Ich machte ihn nur immer wilder. Schließlich flog ich
mit meinen Mappen aus dem Allerheiligsten. Zerschmettert,
schlimmster Ahnungen voll.« (Heute, S. 21 f.)

Doch die Ahnungen trogen. Rowohlt akzeptierte letztendlich die gewaltigen Vorlagen, wenn er bei ihrem Anblick auch
nachgrollend stets von ›Untieren‹ sprach. Und Fallada akzeptierte diesen merkwürdigen Vorgesetzten, denn »*Ich muß*
sagen, daß er nach jenem ersten Zornesausbruch... der ange-
nehmste Chef gewesen war. Er hatte nie den Arbeitgeber her-
ausgekehrt, sein Ton war immer freundschaftlich gewesen.«
(Heute, S. 23)

Und dabei war er ein vorzüglicher Geschäftsmann. Seine
Ende der zwanziger Jahre im ›Querschnitt‹ veröffentlichten

›Fingerzeige über Umgang mit Autoren‹[3], kaschieren satirisch, was das Geheimnis seines Erfolgs war. Nicht nur Instinkt für erfolgreiche Literatur und Intuition im Einschätzen von Menschen bestimmten sein Handeln, sondern auch kühle, geschäftsmäßige Strategie: ›Setz deinen Autor in einen bequemen Sessel, der niedriger ist als dein Stuhl, dann wirst du am besten mit ihm verhandeln können. Reiche ihm etwas zu rauchen hinunter. Setz eine leichtgefärbte Brille auf, damit er das Spiel deiner Augen nicht beobachten kann. Setz dich selbst möglichst in den Schatten und ihn in möglichst helles Licht. Selbstverständlich ist es, daß dich dein Schreibtisch wie ein Festungswall umgibt. Überlaß den Autor ungehemmt seinem Redefluß... Geht ihm der Atem aus, so fange schüchtern an zu sprechen... Selbst die längste Besprechung darf nicht länger als eine halbe Stunde dauern. Davon hast du nur fünf Minuten Redezeit, in der dreimal das Wort Wirtschaftskrise vorkommen darf... Wenn dir ein Autor erklärt, daß mehrere andere Verleger sich um ihn reißen, lehne das Angebot ab, ohne ihn weiter anzuhören... Es gibt Autoren, die sich nicht ohne ihre Gattin in deine Höhle wagen... Führt sie... bei den Verhandlungen das Wort, so bist du so gut wie verloren... Kein Autor ist so habgierig wie seine Frau... Will dein neuer Autor sein Manuskript erst schreiben oder vollenden, so zahle ihm nach Möglichkeit keinen Vorschuß, er hat dich an der Gurgel... Es gibt kein Mittel, ihn zum Arbeiten zu zwingen... Laß dem Autor die Überzeugung, daß ihr beide Kulturfaktoren seid, aber sei dir selber darüber klar, daß auch der Lumpenhändler, den du ja in Form von Makulatur reich belieferst, die gleiche Daseinsberechtigung hat wie du und dein Autor.«[4]

Auch Fallada lernt die Geschäftstüchtigkeit seines Verlegers kennen: »wenn er auch, mit Alkohol gefüllt, wie der sanfteste Säugling schien und kaum noch aus seinen Augenschlitzen schauen konnte, er war doch hellwach, und vor allem rechnen konnte er, daß es ein Grausen war! Ich habe einmal, in Unkenntnis dieses Zustandes und in einiger Geldklemme ihn in diesem Zustand über den Löffel balbieren und einen besonders günstigen Vertrag mit ihm schließen wollen... ich lachte mir ins Fäustchen über den endlich einmal hereingelegten smarten Geschäftsmann. Erst nach Wochen merkte ich..., daß ICH der Reingefallene war – und wie hereingefallen! Rowohlt war selbst so erschrocken über diesen Vertrag, daß er mir die Hälfte seines Raubes freiwillig wieder herausgab«.[5]

Anfang 1930 aber gibt es außer dem Arbeitsverhältnis für die Halbtagsstellung in der Rezensionsabteilung noch keinen Autoren – Vertrag mit Rudolf Ditzen. Der wirkt bis 14 Uhr im Verlag und sagt kein Wort über das, was er nach seinem frühen Feierabend macht. Rowohlt spricht ihn auch nicht darauf an, aber er läßt seinen Angestellten nicht aus den Augen. Abends erscheint er, beladen mit Bier und Lebensmitteln, bei ihm und Suse in der Calvinstraße[6] und macht Konversation. Man spricht über dies und das, aber kein Wort fällt über die handgeschriebenen Packen von Blättern, die auf dem Tisch liegen. Der gerissene Fuchs Rowohlt weiß also, daß Fallada schreibt und er ahnt, was er schreibt, denn bereits im August 1929 hatte der Annoncenwerber und Journalist ihm mitgeteilt: »Diesen Winter soll mein neuer Roman nun Tatsache werden... Der Titel ist fertig. ›Ein kleiner Zirkus namens Belli‹, und die Geschichte einer verkrachten Kleinstadtzeitung wird's.«[7]

Dem Vater aber schreibt er im selben Monat völlig anderes: »Ich weiß auch, daß es endgültig mit den alten hochfliegenden Träumen und Plänen vorüber ist, und ich würde mich statt ihrer schon sehr gern mit einer sicheren Stellung mit bescheidenem festen Einkommen begnügen.«[8] Der Doppelgänger läßt grüßen. Oder ist es Janusköpfigkeit?

Jetzt, in Berlin des Jahres 1930, ist er gegenüber seinem Verleger so schweigsam, weil er unsicher ist, ob das Werk gelingt: *»Daß ich das Buch je zu Ende geschrieben habe, verdanke ich nur meiner niederdeutschen Hartnäckigkeit. Ich war überzeugt, es war alles Mist – aber ich war hartnäckig wie ein Maulesel.« (Heute, S. 23)* Suse sitzt schweigend hinter ihm, solange er schreibt. Er braucht das, es beruhigt ihn. Ist sie nicht dabei, kann er schlecht denken. Sie stellt sich völlig auf ihn ein, will dazu beitragen, daß sein Traum vom Beruf des Schriftstellers Wirklichkeit wird.»Er mußte ja schreiben. Es war wie ein innerer Zwang, und ich war stolz darauf. Ich wollte, daß er schrieb, und tat alles, um es möglich zu machen.«[9] Wenn er im Rowohlt-Verlag ist, übt sie Schreibmaschine, damit sie später seine handgeschriebenen Manuskripte abtippen kann. Aber es wurde nichts daraus, ebenso wenig wie mit dem Diktieren, weil sie nie schnell genug hat schreiben können. Fallada fürchtete, daß ihm die Ideen verloren gehen würden, wenn er auf Suse warten mußte, denn selbst beim Diktat für die zweite Fassung veränderte er noch etliche Passagen, fügte neue hinzu; nur geübte Sekretärinnen konnten seinen raschen Einfällen und Korrekturen folgen.

Fallada ist so unsicher, daß er Kagelmacher seine täglich aufgeschriebenen Produktionsdaten schickt, damit der Freund ihm ein Horoskop für das Buch ausrechne:»Begonnen: 4. 2. 30, Pause bis 18. 2. 30, Pause am 21. und 22. Glatt weiter bis 13. 3. Pause bis 31. 3. Sehr qualvoll... glatt weiter bis dato.«[10] Die Pause zwischen dem 13. 3. bis zum 31. 3. hat ihre Ursache nicht mehr im Zweifel am Manuskript, sondern in der Geburt seines ersten Sohnes Ulrich, immer nur Uli genannt, am 14. 3. 1930.

Nach dieser Unterbrechung aber wird sein Schreibprozeß nur noch zu einem ständigen Kampf mit den Widrigkeiten der Materie:*»Ach, diese herrlichen Stunden, die ich da in meinem Zimmer in der Calvinstraße verbrachte... Ach, diese kläglichen Stunden, die ich mit den Schwierigkeiten der Technik kämpfte, da ich nicht wußte, was zuerst zu erzählen, wie eine Handlung vorzubereiten, etwas schon früher Geschehenes dem Leser nachträglich beizubringen war. Diese endlosen Dialoge mit ihrem ›sagte sie, sagte er, antwortete sie, widersprach er‹ – Wie da herauskommen? Wie mir der Kopf dampfte, wenn die Handlung sich immer mehr verwickelte... Wie oft bin ich abends zu Bett gegangen, spät, lange schon schlief meine Frau, und wußte bestimmt: morgen geht es aber bestimmt nicht weiter, hieraus findest du keinen Ausweg... Aber wie die Spinne immer wieder*

16 In der Rezensionsabteilung des Rowohlt-Verlages verdiente
    Fallada ab 15. Januar 1930 sein Brot.

*das immer wieder zerrissene Netz neu webt, so kehrte ich zurück
zu meinen Manuskriptblättern, ...ich fing an, irgendwas zu
kritzeln, irgendein Sätzchen... bloß um doch was zu schreiben –
Und plötzlich fängt die Feder an zu eilen, plötzlich weiß ich, wie
alles weiterzuführen ist... und mein Kopf wird immer heißer, so
schnell kann ich gar nicht schreiben, ich bekomme es mit der*

Angst, daß ich wieder vergesse, was mir eben für die nächsten Kapitel eingefallen ist. Und habe doch nicht die Zeit, mir Notizen zu machen, denn ich muß erst einmal das Nächstliegende aufzeichnen, und so jage ich denn hin, Stunden und Stunden und Stunden, und wenn ich zum Abendessen gerufen werde, so komme ich wohl, aber ich sitze dabei wie nicht von dieser Welt, und ich weiß nicht, was ich esse, und ich muß meiner Frau manchmal vorgekommen sein, wie ein Wahnsinniger.« (Schriftsteller, S. 297 f.)

Binnen neun Monaten – die Pausen und die Halbtagstätigkeit bei Rowohlt eingerechnet – verfaßt er mit seiner kleinen, spitzen Schrift Kapitel um Kapitel, es werden 600 Druckseiten. Suse liest es und korrigiert, Rowohlt liest es, seine Lektoren lesen es und alle ahnen, der Roman wird bei Lesern und Kritikern einschlagen, wie eine Bombe.

Rowohlt organisiert eine Pressekampagne, die es bis dahin in diesem Ausmaß noch nicht für eine Neuerscheinung eines kaum bekannten Autors gegeben hat: Zwei Millionen Prospekte werden im ganzen Reich kostenlos verteilt; im Inseratenteil von zweihundert Zeitungen erscheinen die ersten Sätze des Romans, in zweihundert Städten werden die Litfaßsäulen mit mannshohen Werbeplakaten beklebt.[11] Der neue Titel des Buches wirkt gleichfalls explosiv. Falladas Roman über den kleinen Zirkus Monte heißt jetzt: ›Bauern, Bonzen und Bomben‹.

Das Buch behandelt die Ereignisse um die Landvolkbewegung, eine Vereinigung von Schleswig-Holsteinischen Bauern, die zunächst mit Demonstrationen, dann mit passivem Widerstand und zuletzt mit Gewalt versuchen, auf ihre Not aufmerksam zu machen und die Regierung zum Einlenken zu zwingen.

Seit 1927 waren die Landwirte zunehmend in Bedrängnis geraten. Als Folge eines Überangebots von Milch, Milchprodukten, Fleisch und Gemüse sanken die Preise dramatisch. Diese Erzeugnisse waren die Haupteinnahmequelle der Marschbauern. Mißernten durch einen verregneten Sommer verschärften die Situation. Das Ergebnis der gesunkenen Kaufkraft waren steigende Zinsen für Kredite. Die Landwirte aber hatten durch die Inflation keine Rücklagen mehr und waren also von ihnen existentiell abhängig: im Frühjahr nahmen sie Darlehen auf, kauften Vieh, ließen es den Sommer über auf den fetten Marschweiden grasen und verkauften es zum Ende des Jahres. Durch die gesunkenen Fleischpreise verbuchten sie jetzt aber keinen Gewinn, sondern Verluste.

Die Krise spitzt sich zu, als die Reichsregierung beschließt, die Bauern nicht mehr wie bisher nach ihrem Einkommen, sondern nach der Größe ihrer Ländereien zu besteuern. Pfändungen und Zwangsversteigerungen sind die Folge. Anfang 1928 kommt es zu den ersten Protestversammlungen mit insgesamt 140 000 Teilnehmern; allein in der kleinen Holsteinischen Stadt Heide demonstrieren 20 000 Menschen.

Die Protestbewegung nennt sich ›Landvolk‹. Sie ist ein loser, parteienübergreifender Zusammenschluß mehrerer Bauernverbände, aber kein Dachverband im Sinne des Vereinsgesetzes. Es gibt dort keine Mitgliedskartei, keine offiziellen Führer. Umso suspekter ist sie den Regierungskreisen. Argwöhnisch liest man dort die am 1. Januar 1929 gegründete Zeitung ›Das Landvolk‹, die im ersten Jahr ihres Erscheinens ausschließlich von den inoffiziellen Führern der Landvolkbewegung, den Bauern Claus Heim und Wilhelm Hamkens, finanziert wird. Chefredakteur ist Bruno von Salomon, ein Bruder des wegen Teilnahme am Rathenau-Mord verurteilten Ernst von Salomon, der gleichfalls an der Zeitung mitarbeitet.[12]

Die Namen Heim, Hamkens und von Salomon stehen für die politisch diffusen Verhältnisse in der Landvolkbewegung. Claus Heim nannte man den ›Bauerngeneral‹. Er hatte zunächst aufgrund von Familienquerelen als Farmer in Südamerika gelebt, aber 1920 den 1 000 Morgen großen Familienbesitz in Norderdithmarschen übernommen. Heim galt den Gerichten als zur Gewalt entschlossener Aufrührer der Bewegung. Er war ein Gegner sowohl der rechtskonservativen Deutschnationalen Volkspartei als auch der Partei der Nationalsozialisten, der NSDAP.

Wilhelm Hamkens entstammte einer angesehenen Bauern-familie aus Tetenbüll auf der Halbinsel Eiderstedt. Er war ein ruhiger, besonnener, aber demokratieverdrossener und zum Widerstand entschlossener Vertreter des Landvolks. Für ihn war der beste Landwirt der ›blutreine, rassenstolze Norde, den wir zum Glück gerade in unserer schleswig-holsteinischen Heimat vertreten finden«.[13] Die Urheber allen Übels waren für ihn das ›jüdische Großkapital‹ und die Reichsregierung mit ihrer ›Enteignungspolitik‹.[14] Mit seiner Ablehnung der Demokratie als Staatsform und seiner Rassenideologie stand er den Nationalsozialisten nahe.

Der ehemalige Offizier Bruno von Salomon bezeichnete sich als Sozialrevolutionär. Nach dem Krieg ging er als einfacher Arbeiter in eine Hamburger Wollspinnerei, um ganz unten, an der Basis seine Erfahrungen zu sammeln. Seine Sympathie galt den kleinen Bauern und Landarbeitern. Er sah sich als Bindeglied zum städtischen Proletariat. Nur gemeinsam würden die Land- und Stadtproletarier gegen ihre Ausbeuter kämpfen können. Seine Linkslastigkeit führte dazu, daß ihm die Landvolkbauern 1930 den Redakteursstuhl vor die Tür setzten.

Die Fehde zwischen den Bauern und den städtischen Behörden trieb 1929 dem Höhepunkt zu. Heim und Hamkens hatten das Landvolk zum Steuerstreik aufgerufen. Zwar sei man bereit, Steuern zu zahlen, dies aber nur, wenn die Abgabe nicht die Substanz der Höfe angreife. Und die Substanz sei schon angegriffen, wenn den Bauern die Existenzgrundlage, das Vieh, aus den Ställen weggepfändet werde. Nach mehreren erfolglosen Protestkundgebungen wurden Steuerbescheide eingesammelt und den Finanzämtern in Säcken vor die Tür gestellt. Der nächste Schritt war der Widerstand gegen die Pfändungen. In Beidenfleth/Wilstermarsch kam es zum Aufruhr, als die Gerichtsvollzieher zwei Ochsen aus den Ställen holten. Zweihundert Bauern stellten sich den Gemeindevertretern entgegen. Sie zündeten Strohballen an, ließen das Feuerhorn heulen und sperrten die Wege ab, auf denen die Tiere fortgeführt werden sollten. Die verängstigten Pfandobjekte rissen sich los und stürmten in ihre Ställe zurück. Einige Tage später explodierten in Beidenfleth und zwei weiteren Dörfern bei den jeweiligen Amtspersonen die ersten Bomben, bestehend aus Schwarzpulver, Zündkapsel, Wecker und Seifenkiste.

In anderen Fällen gelang zwar die Pfändung, aber kaum, daß die öffentliche Versteigerung des Viehs begonnen hatte, erschienen Jungbauern hoch zu Roß und verhinderten, daß einer der Anwesenden Geld für die Tiere bot.

Die Behörden reagierten unnachsichtig. In Prozessen wurden wegen Pfandverschleppung und Widerstand gegen Amtshandlungen, Steuerstreik oder Landfriedensbruch Gefängnisstrafen zwischen sechs und acht Monaten verhängt.[15] Unter den Verurteilten war als Rädelsführer auch Wilhelm Hamkens. Als Folge dieser Urteile detonierten weitere Sprengkörper in Itzehoe, Oldenburg, Niebüll und Schleswig. Die Attentate verletzten keinen Menschen, aber sie richteten an Amtsgebäuden der Regierungsvertreter oder ihren Privathäusern großen Sachschaden an.

Am 1. August 1929 findet in Neumünster eine Demonstration des Landvolks statt. Protestiert werden soll gegen die harte Haltung der Regierung. Äußerer Anlaß ist die Haftentlassung von Wilhelm Hamkens, den man gebührend begrüßen will. Es kommt zu blutigen Auseinandersetzungen, als die Polizei, die Bauernfahne beschlagnahmt.

Heims und Hamkens fordern daraufhin die Entlassung des Polizeibeamten, der Demonstranten verletzt hatte, sowie die Amtsenthebung des zuständigen Polizeidezernenten. Bei Nichterfüllung dieser Forderung würde das Landvolk den wirtschaftlichen Boykott über die Stadt Neumünster verhängen.

Hans Fallada kommentiert als freier Mitarbeiter für das ›Tagebuch‹ die Sanktion: *»Die Unerfüllbarkeit dieser Forderung muß auch ihren Urhebern bekannt gewesen sein. Daß ein Magistrat Polizeibeamte, die doch der Regierung unterstehen, nicht entlassen kann, dürfte sich selbst in jenen Kreisen herumgesprochen haben. Es ist gar kein anderer Schluß möglich, als daß, um die Bewegung anzufachen, bewußt Unerfüllbares gefordert* *wurde. Das Ultimatum war mit 8 Tagen befristet. Aber auch diese Frist warteten die Bauern nicht ab. Schon am 9. August entschieden sie, daß das Schleswig-Holsteinische Landesturnier in diesem Jahre nicht wieder in Neumünster stattfinden sollte. Und das war das Signal für eine wahre Auswanderung von landwirtschaftlichen Organisationen, Tagungen und Märkten aus Neumünster. Zugleich begann ein Käuferboykott. Die Landwirte kaufen nichts mehr in Neumünster und von Neumünsteranern. Neumünstersche Reisende werden von den Höfen gejagt, aus den ländlichen Gastwirtschaften vertrieben. Die Bauern verkaufen weiter nach Neumünster, beziehen auch den städtischen Wochenmarkt. Aber ohne eine Wirtschaft und einen Laden zu betreten, verlassen sie die befehdete Stadt. Die Barbiere klagen, daß sie keine Bauernbärte mehr unters Messer bekommen, den Wirten fehlt der bäuerliche Trinker, die Viehhändler beschweren sich, daß die Bauern ihnen wohl Schweine verkaufen, sie aber nur bis an die Stadtgrenze fahren. Unter diesen Umständen ist es kein Wunder, daß der Gewerbetreibende, der Kaufmann, der Handwerker in Bestürzung gerät. Stattliche Summen werden als Verluste infolge dieses Bauernboykotts genannt. Sie sind zweifellos übertrieben. Erstens ist Neumünster eine Industriestadt, in der der Bauer als Käufer nie ausschlaggebend war, und zweitens gehen die Geschäfte der Ladeninhaber in diesem Sommer an und für sich faul ... Aber die Panik ist da. Die Bürgerschaft fühlt das Bedürfnis zu verhandeln ... um jeden Preis. Eine Kommission aus Vertretern des Wirtschaftslebens der Stadt, eine ›Versöhnungskommission‹, beginnt zu verhandeln. Sie erfährt die Mindestforderungen des Landvolks. Sie sind:*

1. **Ehrende und offizielle Übergabe der Fahne.**
2. **Buße von 10 000 RM (Privatrechtliche Forderungen vorbehalten.)**
3. **Angemessene lebenslängliche Pension für den verletzten Fahnenträger.**
4. **Verurteilung des Polizeidezernenten durch öffentliche Kundgebung.**

Forderer wie Beförderte waren sich klar, daß all dies ... un-

erfüllbar sei. Aber es **sollte** *ja unerfüllbar sein... Denn der Bauer will eben* **keine** *Versöhnung. Der Kampf, der ihn nichts kostet, bringt ihm Gewinn genug... der Regierungspräsident billigt* **einerseits** *die Maßnahmen der Polizei und entbindet* **andererseits** *den Polizeioffizier vorläufig vom Exekutivdienst! Es ist dies ein typisches Beispiel dafür, wie Nerven verloren werden. Wie das laute Geschrei Weniger das Schweigen Vieler übertönt... Wie man unfähig ist! Und die Bauern kämpfen weiter!« (Bauern-Krieg/Tagebuch 1929, S. 1517ff.)* [16]

Der monatelange Boykott wird nach Konzessionen der Neumünsteraner aufgehoben, der Prozeß über die Vorkommnisse endet mit milden Strafen. Maximal vier Wochen Gefängnis auf Bewährung werden verhängt, ein Angeklagter muß eine Geldbuße zahlen, zwei weitere werden freigesprochen.

Die beschuldigten Demonstrationsteilnehmer kommen in Falladas überregionaler Berichterstattung schlecht weg, denn *»Was sind das... schon für Angeklagte? Sie wollen Landvolkleute sein, also Bauern, aber da sitzen ein Dentist, ein Handlungsgehilfe, ein Bäckermeister. Muthmann ist ein sogenannter akademischer Landwirt, aber einen Pflug hat er wohl selten geführt... Ein kleiner Abenteurer, ein politischer Fanatiker, besessen von einer Idee, ein Kerlchen mit einem Tick. Der Hofbesitzer Adam Roß... neben ihm ist auch alles andre als ein Bauer, Typ des Kriegsoffiziers, der was durchgemacht hat... manchmal mit einem Blick voll Haß und Aufruhr: der Kopf, der Führer und direkt aus den Dämonen Dostojewskis. Der sechste, der letzte, Hell, das ist der einzige wirkliche Bauer, er wurde freigesprochen.« (Landvolkprozeß/Weltbühne, S. 832)* [17]

Als Opfer dieses Prozesses bezeichnet er den Polizeioffizier, der den Säbel gezogen hatte: *»In einer unseligen Stunde hatte er sich geirrt, dann verletzte Eitelkeit, Prestigegründe sein Handeln bestimmen lassen. Er hat schwer gebüßt.« (Landvolkprozeß/Weltbühne, S. 833)*

In einem weiteren Artikel im ›Tagebuch‹, gleichfalls noch 1929 erschienen, versucht er eine abschließende Analyse des Urteils: *»die Polizei hatte* **objektiv** *kein Recht zur Beschlag-*

nahme der schwarzen Landvolksensenfahne, **subjektiv** *war der Polizeioffizier aber im Recht. (Man nennt eine solche Entscheidung, glaube ich, salomonisch.) Die Angeklagten hatten kein Recht, sich zu widersetzen, aber – mildernde Umstände – ein kopfloser Beamter – Polizei ohne Selbstzucht... niemand ging befriedigt nach Hause.«* (Landvolkprozeß/Tagebuch, S. 2007)[18]

Bleibt noch nachzutragen, daß es im Prozeß gegen die Bombenleger, er fand vom 26. August bis zum 31. Oktober 1930 in Altona statt, unmißverständlich harte Urteile gegen die Attentäter gab. Angeklagt waren 23 Landvolkanhänger, unter ihnen auch Claus Heim, Wilhelm Hamkens und Bruno von Salomon. Insgesamt zwölf Bombenanschläge in Schleswig-Holstein und Niedersachsen wurden ihnen zur Last gelegt. Heim und ein weiterer Beschuldigter erhielten mit sieben Jahren Zuchthaus die höchsten Strafen, geringere Zuchthaus- und Gefängnisstrafen wurden gegen andere Beklagte, unter ihnen vier Bauern, ausgesprochen. Wilhelm Hamkens hatte eine Geldbuße zu zahlen, Bruno von Salomon wurde freigesprochen.[19]

Die Landvolkbewegung hatte zu diesem Zeitpunkt ihren Zenit überschritten, ihre Vertreter waren untereinander politisch zerstritten. Immer häufiger kam es zu Zusammenstößen zwischen linksgerichteten und rechtsradikalen Anhängern. Am Ende siegten die Nationalsozialisten unter ihnen. Die NSDAP-Gefolgsleute schlossen die Linken aus und verwandelten die Vereinigung in eine parteikonforme Bauernorganisation. Damit hatte die Landvolkbewegung aufgehört zu existieren.

Soweit die historische Wirklichkeit dieser Bauernbewegung. Über den Landvolkprozeß in Neumünster hatte Rudolf Ditzen fast täglich als Lokalreporter für den ›General-Anzeiger‹ geschrieben. Nicht so, wie er gerne wollte, sondern so, wie nach seiner Interpretation die Mächtigen seiner kleinen Zirkusarena Neumünster es wünschten: *»Nichts von dem, was ich bei diesem Zuhören empfand, durfte ich damals schreiben –*

aber es sammelte sich in mir, meine alte Ader war getroffen: die fanatische Liebe zu allen Unterdrückten, der Haß gegen die Bedrücker.« (Von mir über mich, S. 20)

Aber auch in der ›Weltbühne‹ und im ›Tagebuch‹ wiesen seine Artikel zwar über den begrenzten Horizont der Schleswig-Holsteinischen Kleinstadt hinaus, bezogen aber doch eindeutig Stellung zugunsten seines Arbeitgebers und der städtischen Leser. Seinem Vorgesetzten, dem Bürgermeister Lindemann, stellt er – heute wissen wir es – vordergründig das beste Zeugnis aus, denn als er die Artikel schrieb, war noch unklar, ob Rowohlt ihn nach Berlin holen würde:

»Dieser Sozialdemokrat, den die Arbeiterschaft der Industriestadt so jung auf seinen Posten berufen, hat eine Liebe für die Bauernschaft. Ihm war es in den zwei Jahren seines Wirkens gelungen, wirkliche, innere Verbundenheit zwischen der Industriestadt und dem flachen Lande zu schaffen. Krönung seines Werkes war eine landwirtschaftliche Ausstellung... die ein großer Erfolg war. Er kannte viele Bauern, er verkehrte viel mit ihnen, er saß mit ihnen beim Teepunsch.« (Landvolkprozeß/ Weltbühne, S. 832) [20]

Jetzt in Berlin aber braucht er keine Rücksichten mehr zu nehmen. Neumünsters Bürgermeister Lindemann, personifiziert in der Romanfigur des Sozialdemokraten Gareis, wird an vielen Stellen des Buches die Interpretation seines politischen Handelns grimmig zur Kenntnis genommen haben. Jetzt ist er ein kalter Machtpolitiker, der bedenkenlos andere Menschen seinen Zielen opfert, denn *»Er... hat sich seinen Weg von unten bahnen müssen. Wer von unten kommt, darf nicht empfindlich sein gegen Schmutz.« (BBB, S. 136)* Redakteur Stuff erklärt dem Bürgermeister, weshalb er sich niemals mit ihm und seiner sozialdemokratischen Partei arrangieren kann: *»... ich kann Sie nicht ausstehen. Sie sind mir zuwider. Sie sind mir zuwider als ein Vertreter jener Schicht, die ich für den Verderb Deutschlands halte... Sie sind ein Bonze und Sie bleiben ein Bonze. Ihre Pläne, Ihre ehrlichsten Absichten werden stets von der Partei mitbestimmt und verfälscht..., die den Kampf gegen alle andern*

196

Schichten auf ihr Papier geschrieben hat... ich bin hier in Altholm großgeworden. Damals lag noch Infanterie hier, ein ganzes Regiment. Wenn dann die Musik durch die Straßen zog, lief ich als Junge barfüßig daneben her. Ich versäumte jede Schule und das beste Essen, um dabei sein zu können. Später habe ich hier gedient. Sie haben das zerschlagen. Ihre Partei hat Deutschland klein gemacht. Sie haben die Leute in den Schützengräben aufgeputscht. Das sitzt im Blut. Das sitzt im Gefühl. Immer wenn ich Sie sehe, immer wenn ich Ihre Stimme höre, fühle ich es: der Bonze. Der dicke, vollgefressene Bonze.« (BBB, S. 487 f.)

Die Bauern, in den lokalen und überregionalen Artikeln herablassend-negativ dargestellt, werden jetzt in ihrer Existenznot einfühlsam geschildert. Auf einem Hof mit knapp fünfzig Morgen magersten Boden lebt Bauer Banz. »Dort gibt es keine Knechte und Mägde. Bauer Banz und Frau und neun Kinder besorgen alle Arbeit allein. Wenn die Frau... nach Stolpermünde kommt, mit ihren Kindern, so klagt sie wohl, daß sie so klein geblieben sind: ›Das macht die schwere Arbeit von früh auf und daß sie nicht satt zu essen kriegen‹... Manchmal hat der Bauer ein Pferd, manchmal hat er keines. Dann werden Frau und Kinder vor Pflug, Egge und Kartoffelhäufler gespannt... Zur Schule kommen die Kinder fast nie. Welches Kind kann vierzehn Kilometer Schulweg gehen? Aber einmal vor anderthalb Jahren fand ein Vollstreckungsbeamter den Weg... seitdem gibt es dort auch nicht mehr periodisch ein Pferd. Damals verschwand auch der Bauer für einige Zeit, es war nicht glatt abgegangen bei der Pfändung, so durfte er sich ausruhen ein paar Monate im Gefängnis. Als er wiederkam, hängte er ein Schild an die Hauswand: ›Dieser Hof wurde im Winter 1927 von Landjägern und Vollstreckungsbeamten der deutschen Republik räuberisch überfallen.‹« (BBB, S. 164)

Vor so geschildertem sozialen Hintergrund ist es eher nachzuvollziehen, daß einige Mitglieder der Landvolkbewegung mit dem Terror sympathisierten.

Während des Schreibens am Buch geschieht Fallada etwas

Merkwürdiges. Die Geschichte weitet sich aus, verselbständigt sich:»*Gewiß, in großen Zügen weiß ich wohl, wohin die Straße geht. Ich kenne auch schon die Szenen, um derentwillen das Buch eigentlich geschrieben wird. Aber wie der Weg dahin geht, die Biegungen, die plötzlichen Ausblicke, Hindernisse, die ich nicht voraussah, die im Charakter des Helden liegen, die seine Mitspieler ihm bereiten – das alles weiß ich nicht, das alles überrascht mich genauso wie meine Leser!*« *(Heute, S. 142)* Die Figuren entwickeln sich beim Schreiben, der Stoff schwillt an. Der kleine Zirkus Monte ist nur noch eine Randepisode; die Landvolkbewegung wird zum tragenden Element, die Kleinstadt Altholm mit ihren Menschen zu ihrem Äqivalent. Kagelmacher erfährt eine völlig veränderte Handlungsstruktur:»...Landvolkbewegung, kleine Stadt. Ein Stein fällt in den Tümpel... es ist eigentlich die Geschichte von den kleinen Interessen, der Kampf mit der Eigensucht... auch das Vernünftige nur aus Eigensucht. ...Anständige, die auch unanständig sind, Unanständige, die wider Willen auch mal anständig sein müssen. Was sie sogar auch fertig bringen. Ein Gewimmel, eine kleine Stadt... das flache Land ringsum, die Behörden, die Finanzämter, eine ganze Provinz...«.[21]

Damit hat Hans Fallada das umrissen, was ›Bauern, Bonzen und Bomben‹ ausmacht. Es ist eben nicht nur die Geschichte der Landvolkbewegung, sondern weit darüber hinaus der Bericht über eine Provinz, in der Freunde zu Feinden werden, Gegner zu Verbündeten. Ob beabsichtigt oder nicht, es wird auch ein Schlüsselroman der sterbenden Weimarer Republik und der einzelnen Betroffenen in diesem Sterben. Der halbverrückte Justizbeamte Mall-Gruen formuliert es stellvertretend für viele Personen:

»*Beamteneid. Wahrhaftig! Wie die sich haben mit ihrem bissel Republikeid, und ganz ohne den lieben Gott. Verfassung – na ja, was man so Verfassung nennt –*« *(BBB, S. 247)*. Und über seine neue Dienstkleidung:»*Das ist so eine Republikuniform. Früher war ich Deckoffizier. Da hatten wir Blau oder Weiß. In den Uniformen haben wir nicht gehungert. Nein.*« *(BBB S. 380)* Die Marotte von Mall-Gruen ist stadtbekannt und sein Kriegskamerad Stuff berichtet über ihn: »...*wenn die Rechten schwarzweißrot flaggen, dann kann er an keiner Flagge vorüber. Zieht den Hut und verkündet: ›Unter dieser Fahne haben wir nicht gehungert‹.« (BBB, S. 41)*

Da sind die einflußreichen Mächtigen aus Wirtschaft und Politik, die trotz Intrigen, Kalkül und Machthunger zugleich zum Spielball gegensätzlicher politischer Interessen werden. Sie sind ebenso Opfer wie die Beamten, die versuchen, den ausgegebenen Befehlen zu folgen, um hinterher von ihren Vorgesetzten verraten zu werden. Da ist der kleine Mann, der verzweifelt um seinen Job kämpft und ihn doch verliert, der Journalist, der sich mehr Freiheit wünscht und immer wieder ausgebremst wird, der Bauer, der unter ärmlichsten Bedingungen versucht, mit seiner Familie zu überleben und doch vor dem Ruin steht. Vor allem den kleinen, armen Leuten geht es schlechter als je zuvor. Es ist ein Buch der Verlierer.

Aus Furcht vor Beleidigungs-und Verleumdungsprozessen hatte Fallada alle Namen verändert und die gesamte Handlung nach Pommern verlegt. Aber weil das Werk nicht nur historisch, sondern auch bezüglich der handelnden Personen so genau ist, werden sich die Neumünsteraner sofort in den einzelnen Figuren wiederfinden, den Freund oder Feind erkennen. Ob Neumünsters Bürgermeister Lindemann als Altholms Bürgermeister Gareis, ob Polizeioberinspektor Karl Bracker als der unglückselig agierende Polizeioberinspektor Frerksen, ob Schleswig-Holsteins Regierungspräsident Wilhelm Abegg als Temborius, sie alle sind rasch zu identifizieren. Entscheidend aber ist, daß die Schilderung der Ereignisse von Neumünster/›Altholm‹ von Lesern und Rezensenten als Parallele zur politisch desolaten Situation im ganzen Deutschen Reich empfunden werden.

Das neue Buch ist noch nicht auf dem Markt, aber die ›Köllnische Illustrierte‹ beginnt ab 15. November 1930 mit dem Vorabdruck in Fortsetzungen. Das ist werbewirksam. Als Ende März 1931 die letzte Folge abgedruckt ist, wird endlich auch das

Buch ausgeliefert. Die Rezensenten spitzen die Federn. Kaum ein Kritiker von Rang und Namen wagt es, an dieser Neuerscheinung vorbeizusehen. Und fast alle urteilen positiv.

»Das Buch ist ein Roman. Es ist ein Stück bitterer Wirklichkeit. Hans Fallada trägt seine Farben kräftig auf, bisweilen zum Ekel dick, aber wenn man am Ende ist und das Buch schließt, kann man sich des Eindrucks kaum erwehren: Das alles geschah. Das alles geschieht täglich und stündlich in einem Volke, das verzweifelt am Boden liegt, dem alles gleich ist und das doch wieder heraus will aus dem Elend«[22], schreibt Wolfgang Unger in den ›Weltstimmen‹.

Paul Alverdes findet, daß »sämtliche Mitwirkende, mit kaum einer Ausnahme schwarz in schwarz gemalt sind... Es kommt in dem ganzen, sehr umfangreichen Personale dieses Buches kaum ein Mensch vor, der sich nicht wenigstens einmal höchst unanständig oder töricht benimmt. Da wird gehetzt, gespitzelt, gestohlen, bedroht, genötigt, erpreßt, zum persönlichen, zum Parteiwohle und zum allgemeinen Besten, daß einen das Grausen überläuft... sie sind Menschen, Menschen aus einer so abgründigen Kenntnis des Menschen und seiner Schwachheit heraus gestaltet, daß für die Kraft, die hier am Werke ist, und die Hoffnung, welche der deutsche Zeitroman auf sie setzen darf, kein Wort zuviel sein mag.«[23]

Für den nächsten Kritiker gibt es »kein Buch, welches schärfer das Deutschland von 1931 gezeichnet hätte, kein Buch, das über eine auch nur annähernd so plastisch durchgeführte Menschenreihe verfügte wie dieses. Kein Buch, welches wahrer die Schäden des politisch zerrissenen Deutschland da aufzeigt, wo sie tatsächlich sind.«[24]

Die wohl berühmteste Rezension schreibt in der ›Weltbühne‹ von 1931 ein gewisser Ignaz Wrobel, seinen Lesern besser bekannt unter seinem tatsächlichen Namen Kurt Tucholsky: »Ein politisches Lehrbuch der Fauna Germanica, wie man es sich besser nicht wünschen kann: ›Bauern, Bonzen und Bomben‹ von Hans Fallada... Ein paar Stellen sind darin, an denen schlägt ein Herz. Nein, ein großes Kunstwerk ist das nicht. Aber es ist echt – es ist so unheimlich echt, daß es einem graut. Gezeigt wird das politische Leben einer kleinen Provinzstadt; ihre Intriguen und ihre Interessenten; ihre Stammtische und ihre Weiberkneipen; ihr Rathaus und ihre Polizeiwache – es ist schmerzhaft echt. Das hat einer geschrieben, der diese Umwelt wie seine Tasche kennt, einer, der sich aber doch so viel Distanz dazu bewahrt hat, sie schildern zu können. . . . nah, aber nicht zu nah . . . Es ist die Atmosphäre der ungewaschenen Füße. Es ist der Mief der Kleinstadt, jener Brodem aus Klatsch, Geldgier, Ehrgeiz und politischen Interessen . . . Dieses Werk hier habe ich in zwei Nächten gefressen, weil es uns politisch angeht . . .«[25]

Tucholsky kritisiert, daß die Bauern unecht wirken, daß ihre Sprache auf dem großen Thing, auf dem der Boykott gegen ›Altholm‹ beschlossen wird, eher an tragische Oper oder den Neuruppiner Bilderbogen erinnere, daß etliche Passagen zu lang geraten seien, und »Es wäre anzumerken, daß der Künstler Fallada nur an einigen wenigen Stellen triumphiert«,[26] aber er hält das Buch trotz aller Vorbehalte für »den besten deutschen Kleinstadtroman«.[27]

Tucholsky formuliert einen Satz, der im doppelten Sinne auf die Biographie des Schriftstellers Hans Fallada zutrifft: »Ein Anfang ist gemacht, ein günstiger Anfang«.[28] Zum einen begründet dies Buch Falladas Karriere als Schriftsteller. Damit hat er den Sprung in die literarische Welt geschafft. Zum anderen zeigt es einen Wandel im Selbstverständnis des Autors.

Das Werk ist wie die ersten beiden Romane auf großen Strecken autobiographisch. Aber jetzt sind es nicht mehr die unbewältigten Pubertätsprobleme eines Heranwachsenden, über die der Autor weit über sein tatsächliches Lebensalter hinaus lamentiert. Er interessiert sich nicht mehr ausschließlich für sich selbst. Er hat sich schreibend befreit und lebt nach Drogenflucht und Gefängnisaufenthalt wieder in der Gegenwart. Er sieht das Leben nicht mehr aus dem Mikrokosmos seiner Kinderstube oder seiner Gefängniszelle, sondern aus dem Makrokosmos der Gesamtgesellschaft.

Noch etwas fällt auf. Seine Selbsteinschätzung ist differenzierter geworden. Seine Autobiographie ist nicht mehr wie in seinen ersten beiden Romanen und frühen Erzählungen in einer Romanfigur zu finden, sondern in mindestens zweien. Er ist einerseits der kleine, ewig gescheuchte Annoncenwerber Max Tredup, andererseits der trotzig Widerstand leistende Redakteur Stuff, von dem die Kleinstädter sagen: »*Man muß . . . unterscheiden zwischen dem Menschen Stuff, den wir lieben, und dem Journalisten, der ein Schwein ist.*« *(BBB, S. 267)*

›Bauern, Bonzen und Bomben‹ ist aber zugleich das Werk eines Mannes, der sich politisch nicht festlegen mag, der nur beschreibt, nicht aber analysiert. Er wird sich auch künftig davor hüten. Immer wird er stattdessen versuchen, sich durchzulavieren, auch in einer Zeit, wo eindeutige politische Stellungnahmen lebenswichtig werden. Dort, wo er aus Angst oder Opportunismus wider besseres Wissen dennoch Parteinahme signalisiert, wird er scheitern.

Tucholsky hat das gespürt und sieht gerade in der fehlenden politischen Ideologie eine Gefahr für Hans Fallada: »Er hat kaschiert. Seine Helden heißen nicht Knut, sondern Tunk. Wird diese Tarnkappe genügen? Begeistert wird die kleine Stadt von seiner Schilderung grade nicht sein –, nicht davon, wie er sie entblößt; wie er aufzeigt, daß weit und breit keine Juden da sind, die man für alles verantwortlich machen könnte; weit und breit keine Kommunisten, die etwas bewirken. Fallada, sieh dich vor. Es gibt ein altes Grimmsches Märchen von der Gänsemagd, die eine Prinzessin war und die nun als Magd dienen muß. Den Kopf ihres treuen Rosses haben sie ans Stadttor genagelt, und jeden Morgen, wenn sie ihre Gänse da vorübertreiben muß, sieht sie es an und spricht:

›O Fallada – daß du hangest!‹.

Wenn sie dich kriegen, Hans Fallada, wenn sie dich kriegen: sieh dich vor, daß du nicht hangest! Es kann aber auch sein, daß sie in ihrer Dummheit glauben, du habest mit dem Buch den Sozis ordentlich eins auswischen wollen, und dann bekommst du einen Redakteurposten bei einem jener verängstigten Drukkereibesitzer, die in Wahrheit die deutsche Presse repräsentieren.«[29] Was Tucholsky sich nur als entweder respektive oder vorstellen konnte, wird geschehen – beides.

Noch ahnt Fallada nichts von den Nöten, in die er in den kommenden Jahren geraten wird. Er genießt stattdessen die Genugtuung, endlich als Schriftsteller akzeptiert zu sein. Er ist stolz über die Kritiken und weiß, daß er den Durchbruch geschafft hat.

Aber noch etwas viel Wichtigeres ist geschehen: »*Immer in der nächsten Zeit, wenn ich herumging und nichts zu tun hatte, immer, wenn ich den Tisch ansah, an dem ich ›Bauern, Bonzen und Bomben‹ geschrieben, spürte ich ein Gefühl der Leere in der Brust... Und dann dachte ich wieder an die hohen Stunden, die ich bei der Niederschrift meines ersten Buches gehabt. Es war wie ein Rausch oft gewesen, aber ein Rausch über alle Räusche, die irdische Mittel spenden können. Noch die schlimmsten Stunden, die ich ganz und gar daran verzweifelt war, wie es weitergehen sollte, schienen mir besser als jetzt meine schönsten Freistunden. Nein, es war schon so, ich hatte von einem Gift getrunken, das ich nicht wieder loswerden konnte aus meinem Körper und Geist, und nun dürstete es mich danach, mehr von diesem Gift zu trinken, immer zu trinken, jeden Tag, den Rest meines Lebens hindurch... Was ich sagen will, ist dies, daß ich nicht mehr aufhören konnte, da ich nun einmal angefangen, daß ich unter einem Zwange handelte, als ich beschloß, noch einen Roman zu schreiben.*« (Schriftsteller, S. 299)

Der ewig Abhängige, der hoffnungslos Süchtige hat die Rauschdroge seines Lebens gefunden.

13.
Ein kleiner Mann
kommt ganz groß raus

Dem Zwang folgend, den ›Rausch über alle Räusche‹ erneut zu erleben, beginnt Fallada bereits am 2. März 1931 mit einem neuen Roman. Da ist die Buchausgabe von ›Bauern, Bonzen und Bomben‹ noch nicht einmal auf dem Markt. Geplant ist ein Werk über den Menschen im Strafvollzug: ›Kippe oder Lampen‹ überschreibt er es zunächst.

Die Materialsammlung ist sein ›Greifswalder Gefängnistagebuch‹ von 1924, das Archiv selbst aber sein Kopf, in dem er vor allem seine Erlebnisse aus den Haftjahren in Neumünster gespeichert hat. Darüber hinaus wird als Jurist der Schwager Bechert angeschrieben. Er gibt bereitwillig Auskunft über Delikte und ihre gerichtliche Sühne, über die Möglichkeiten, eine Strafe auf Bewährung auszusetzen und summarische Urteile bei mehreren Rechtsbrüchen.

Die Vorbereitungen werden zum Ritual, zu einer Zeremonie, die sich bei allen weiteren Büchern wiederholen wird, denn die »*Stunden, da ich alles für die neue Romanarbeit vorbereite, gehören zu den glücklichsten meines Lebens*«. (Heute, S. 139) Etliche Bleistifte werden angespitzt, der Füllfederhalter ausgewaschen, der Tintenlöscher mit einem frischen Blatt bezogen, das Papier sorgfältig ausgesucht. Undenkbar, für dasselbe Manuskript einmal karierte und einige Kapitel später linierte Blätter zu verwenden. »*Ich loche das Schreibpapier, und mit Lineal und Zentimetermaß ziehe ich Seite für Seite einen sauberen Bleistiftstrich, der einen Rand für Verbesserungen und Einschaltungen abgrenzt. Dann wähle ich einen Schnellhefter für die Arbeit aus. Jedes Buch verlangt eine bestimmte Farbe... Dann lege ich die Zettelchen an, die geliebten Zettelchen. Über einem steht ›Personen-Namen‹. Ich weiß schon eine ganze Menge Personennamen des neuen Romans, sorgsam, mit der besten Schrift der drei Wochen ausgeruhten Hand werden sie eingetragen. Auf den zweiten Zettel kommen die Ortsnamen... Der dritte Zettel wird die Kapitelüberschriften tragen, eine Überschrift weiß ich. Sie wird hingeschrieben. Nun kommt der vierte, der wichtigste Zettel. ›Arbeitskalender‹ steht darüber. Sorgfältig ziehe ich Linien, mache Karos. Vom morgigen Tag an schreibe ich die Daten der Tage in den nächsten zwei Monaten hin. Hinter jedem Tagesdatum ist ein Karo frei, dort wird das erfüllte Tagesquantum in Seiten eingetragen... Oh, was für ein Pedant ich bin, ich weiß es wohl!« (Heute, S. 139)*

Falladas Arbeitskalender wird dazu führen, daß er sich von Woche zu Woche mehr an Leistung zumutet, denn das Ergebnis vom Vortag muß mindestens gehalten, möglichst übertroffen werden, so das Gesetz, das er für sich erlassen hat. *»Ich bin ein alter Arbeitsesel. Sitze ich erst einmal über der Arbeit, so muß ich jeden Tag... mein gesetztes Pensum schreiben, mindestens mein gesetztes Pensum. Ob es stürmt oder die Sonne scheint, ob mir ein Kind krank ist, ich Streit mit Suse hatte, ob lieber Besuch kommt – alles ganz egal, erst kommt das Tagespensum. Und wenn ich mir die Zeit stehlen muß, wenn ich nachts um zwei Uhr aufstehen muß...«* (Heute, S. 138). Und nur vollgeschriebene Blätter werden gezählt, nicht die angefangenen!

Am 10. März 1931 sind bereits 37 Seiten geschrieben. *»Schon bin ich verloren, schon weiß ich, jetzt geht die Hetzerei los... Ich halte das Tagespensum auf zwölf, und dann steigere ich es... Schon nach einer Woche fühle ich in der rechten Schläfe ständig, erst nur leicht, bald schwerer, den Kopfschmerz, den ich immer von zu vieler Arbeit bekomme. Mein Schlaf wird ganz dünn und kurz, ununterbrochen mahlt das Gehirn, um Stoff für vierzehn Druckseiten zu schaffen! ...Dann packt mich der Zahlenwahn von neuem!... Und ich rase weiter. «* (Heute, S. 147) Aber plötzlich, am 17. April 1931, bricht er die Arbeit ab. Das Fragment, das er als ›Monstrum‹ [1] bezeichnet, wird erst eineinhalb Jahre später wieder in Angriff genommen.

Hans Fallada hat ein anderes Thema im Kopf, das ihn nicht

mehr losläßt, denn als »*mein Buch B.B.B. fertig war, blieb mir nur eine Figur übrig: der kleine Angestellte Tredup. Im Roman war er erschlagen worden, aber in mir lebte er weiter, der kleine, kummervolle, emsig bemühte Angestellte. Ich bin mein Lebtag selbst ein kleiner Angestellter gewesen, sein Glück mein Glück. Und wenn ich nun daran ging, nur ein wenig von seinem Schicksal zu erzählen, so habe ich von mir erzählt und von den Menschen, die ich kennenlernte, die lebten wie ich...«*[2]

Erneut ist Skepsis geboten, wie immer, wenn der Schriftsteller betont, er schreibe autobiographisch. Der Held seines neuen Romans, Johannes Pinneberg, ist ohne Zweifel ein Selbstbild, aber nur im Sinne einer positiven Wunschvorstellung. Diesem Johannes Pinneberg werden alle Tücken und Finten fehlen, und er wird nicht in der Lage sein zu lügen, schon gar nicht zu denunzieren oder zu erpressen. Hans Fallada hat all dies in Neumünster getan, um oben zu bleiben oder auch nach oben zu kommen. Sein Held Johannes Pinneberg wird Charakter zeigen, selbst dort, wo ihn diese Charakterfestigkeit einem asozialen Leben ausliefert. Obwohl er schon lange arbeitslos ist und in ärmlichsten Verhältnissen lebt, lehnt er das Angebot seines Freundes ab, dessen Photographien aus der Freikörperkultur zu verkaufen, weil sie ihm zuwider sind.

Der Mutter berichtet Fallada im Juni 1931: »es soll eine Kinder- und Ehegeschichte werden, mit sozialem Hintergrund, kleines Angestelltenschicksal. Nicht lang, höchstens 30 Druckseiten...«[3] Hier irrt er, wie so häufig, wenn er sich vornimmt, nur eine kleine Geschichte zu schreiben: »*Ich habe gedacht, dies wird ein Büchlein, und nun wird es doch wieder ein Wälzer.*« *(Heute, S. 149)* Der Titel steht für ihn schon fest: ›Pinneberg und sein Murkel‹.[4] Pinneberg ist er selbst und ›Murkel‹ der Sohn Uli, der auch von Suse und vom Vater oft mit diesem Spitznamen gerufen wird. Zu keinem seiner später geborenen beiden Kinder wird Fallada so eine tiefe Beziehung entwickeln, wie zu seinem Ältesten. Er kümmert sich viel um ihn und geht stundenlang mit ihm spazieren: »*Jeden Morgen, wenn Suse den Hausstand besorgte, zog ich mit meinem Sohn im Kinderwagen los. Er lag darin, spielte mit seinen Fingern oder seiner Nase und sah mit blauen Augen in den blauen Himmel. Manchmal schrie er, meistens war er friedlich. Ich schob den Wagen, ich schob ihn durch Altenhagen, ich schob ihn durch Neuenhagen, ich schob ihn durch Bollensdorf, durch Hoppegarten... Leise schaukelnd und ächzend fuhren wir durch ganz neue, herrlich gepflasterte Straßen, über Kopfsteine, durch Straßen, die es erst dem Namen nach waren, über Feldwege, Grasraine, Chausseen. Überall tauchten wir auf, der Kinderwagen und ich, wir gehörten zum Straßenbild der Gegend. In einer Gemüsehandlung erfuhr Suse, daß wir schon einen Namen hatten, ich hieß nur ›Der arme Arbeitslose mit Kind‹.«* (Heute, S. 25) Das Exposé, das Fallada am 24. September an seinen Verleger schickt, hat bereits einen anderen Schwerpunkt. Es ist die Geschichte von einem Angestellten. »Er erlebt die Miseren Arbeitsamt, Wohlfahrtsamt und landet schließlich im Proletariat, in der Fabrik, wo ihm der Schwiegervater, ein SPD-Mann, Arbeit besorgt.«[5] Die Fabrikarbeit beim Schwiegervater wird er später auslassen, aber die Grundtendenz der Miseren bleibt.

Daß sich die Kindergeschichte mit dem Murkel zur Sozialgeschichte eines Arbeitslosen verändert, ist kein Zufall. Hans Fallada hat Gelegenheit bekommen, den gesellschaftlichen Hintergrund seines kleinen Angestellten am eigenen Leibe zu erleben. Bereits am 28. Februar 1931 hatte er an Kagelmacher geschrieben: »Rowohlt geht es auch nicht grade glänzend, wer kauft heute Bücher? Immerhin hoffen wir, daß das Mitte des Monats endlich erscheinende Fallada-Buch[6] ein Erfolg werden wird. Gott gebe es, ich kann es brauchen, werde aber vorerst einmal Schulden bezahlen, mit denen habe ich es dicke .... jetzt muß es was werden oder ich gebe die Schriftstellerei auf. – Natürlich gebe ich sie nicht auf, da sie mich nicht aufgibt. Im Gegenteil will ich nun endlich am Montag den ersten Stein zum neuen Roman legen...«[7]

›Bauern, Bonzen und Bomben‹ verkaufen sich trotz des Vorabdrucks, trotz der gewaltigen Reklame, trotz der guten Kritiken schlecht. Nicht zuletzt deshalb wird der Rowohlt-Verlag

17 *Titelblatt zu »Bauern, Bonzen und Bomben«.*

jetzt zahlungsunfähig und von einem Treuhandkonsortium zwangsverwaltet. Die Treuhand sorgt dafür, daß Rowohlt im Juni allen Mitarbeitern vorsorglich zum September 1931 kündigt. Zu diesem Zeitpunkt stehen Hans Fallada allein vom Vorabdruck – Honorar der ›Köllnischen Illustrierten‹ noch 11 000 Mark zu, die ihm aber nicht ausgezahlt werden können, da sie in der Konkursmasse gebunden sind.

Der Schriftsteller erlebt eine paradoxe Situation: »... *an allen Anschlagsäulen hatte das große schwarzweißrote Plakat geklebt: Hans Fallada: Bauern, Bonzen und Bomben! Ich hatte davorgestanden, keinen Groschen in der Tasche, und hatte gedacht: das ist also der Ruhm! Dein Name auf jeder Anschlagsäule und der Gerichtsvollzieher im Anmarsch! Dies erinnerte doch ein bißchen gar zu sehr an den armen Dichter in der Dachkammer, dem der Hunger den Pegasus beflügelt.*« (Heute, S. 26)

Daß der Rowohlt-Verlag saniert wurde, hat er einem Welterfolg zu verdanken. Diesen Welterfolg schrieb der arme Dichter in seiner Dachkammer, bedrängt von Kreditschulden für die neue Wohnung, von Zahlungsbefehlen der Gutsbesitzer, die er einst betrogen hatte und immer wieder die Arbeit am Roman unterbrechend, um für verschiedene Zeitungen geldbringende Kurzgeschichten und Rezensionen zu verfassen. Dennoch: binnen vier Monaten entsteht in Tag- und Nachtarbeit ein Roman, der Ende Juni 1932 herauskommt und den Fallada für schwach hält.[8] Das Buch heißt nicht mehr ›Pinneberg und sein Murkel‹, sondern: ›Kleiner Mann, was nun?‹

Das Arbeitslosenschicksal im Kleinen Mann hat zwar autobiographische Bezüge, aber Fallada ist nicht wie sein Held Pinneberg fast zwei Jahre, sondern lediglich zwei Monate lang arbeitslos und ohne Gehalt gewesen. Ab November 1931 hatte er vom Rowohlt-Verlag bis Ende März 1932 monatlich 250 Mark erhalten, um in dieser Zeit das neue Buch zu schreiben. Mit dem kurzfristigen, aber dennoch das Leben über Monate sichernden Autorenvertrag geht es Fallada besser als Millionen von Menschen in der Weimarer Republik. Die wirtschaftliche Situation im Deutschen Reich ist katastrophal. In der ›Weltbühne vom 23. Juni 1931 berichtet Sebastian Franck, daß Menschen bereits verhungert sind, wenige zwar, aber sie sind für ihn der traurige Höhepunkt der allgemeinen Armut, in der vor allem die Arbeitslosen leben müssen. Hunderttausende hungern schon lange, es friert sie, weil das Geld für die Feuerung fehlt, etliche können die Miete nicht mehr bezahlen und haben sich im günstigen Falle eine Schlafstelle besorgen können, anderen fehlt sogar hierfür das Geld, und sie leben auf der Straße. Ein Ende des Massenelends ist nicht abzusehen, es wird bald auch jene betreffen, die noch Arbeit haben. »Die deutschen Löhne sind im Laufe von zwölf Monaten um etwa zwölf Prozent abgebaut worden. Je zur Hälfte in Form von Tarifkürzungen und in Form von abgebauten übertariflichen Zulagen. Die zweite Lohnabbauwelle steht bevor, hat in vielen Industrien bereits begonnen. Die Unternehmerschaft hat... angekündigt, ... daß die Löhne zu hoch seien... Von der gesamten deutschen Wirtschaft sind jetzt etwa 34 Prozent vollkommen arbeitslos. 20 Prozent stehen in Kurzarbeit, und nur der Rest, nicht einmal die Hälfte der gesamten deutschen Arbeiterschaft, steht in voller Arbeit.«[9] Franck weist auf das Schicksal jener Schicht hin, die in Falladas Kleinem Mann die Hauptrolle spielt: »Es gibt außer den eigentlichen Arbeitslosen... die die Statistik anführt... noch Millionen von arbeitslosen Menschen, die... in dieses undefinierbare Elendsreservoir abgesunken sind, das sich heute großstädtischer Mittelstand, großstädtisches Kleinbürgertum nennt. Diese Schicht, die sich nur noch durch den Stehkragen, und sei er schwarz vor Schmutz, oder aus Gummi, vom eigentlichen Proletariat unterscheidet, die diesen Unterschied aber gewissermaßen als ihren einzigen Lebensinhalt betrachtet... Diese ›mittlere‹ Schicht hat heute tatsächlich nichts zu verlieren als ihr Elend, und sie ist deshalb bereit, sich... dem Nationalismus der Herren Hitler und Hugenberg zu verschreiben.«[10] Der Stehkragen spielt auch für Johannes Pinneberg eine wichtige Rolle. Sein ehemaliger Vermieter fordert ihn auf: »»*Machen Sie sich doch den Kragen ab... Das Ding ist ja ganz dreckig. Über'n Jahr arbeitslos und läuft noch mit 'nem*

Gipsverband. Solchen ist wirklich nicht zu helfen.‹« *(Kleiner Mann, S. 345)*

Die Wirtschaftskrise hatte also auch Hans Fallada erneut gestreift. Dabei hatte für ihn alles so gut begonnen: glänzende Kritiken für ›Bauern, Bonzen und Bomben‹, ein gesundes Kind, eine neue Wohnung mit Gärtchen am Rande von Berlin und das erste größere Geld für den Vorabdruck des Romans in der ›Köllnischen Illustrierten‹. Allein der Vorschuß für die Veröffentlichung war so hoch wie vier Monatsgehälter Falladas in der Rezensionsabteilung bei Rowohlt. Bei dieser Gelegenheit erfuhr Suse zum erstenmal, was es bedeuten kann, wenn ein Mensch Alkoholiker ist. »Wir hatten als Anzahlung 1000 Mark bekommen. Das war für uns natürlich sehr viel Geld, was ziemlich sinnlos ausgegeben wurde, die Hälfte davon mindestens, das war... traurig. Er wollte endlich einmal wieder... ausgehen... ich hatte an Theater und sowas gedacht und von ihm aus wurde es ein Barbesuch... die alten Stätten, die er früher mal besucht hat... die wollte er mal wiedersehen. Und wenn er was getrunken hatte, das kannte ich ja noch gar nicht richtig und wußte es nicht... dann war es aus, dann konnte er nicht haltmachen... Es war ein großer Schock für mich... In einer Nacht fast 500 Mark auszugeben, ...jedem Geld geschenkt... Es war fürchterlich. Und dann am nächsten Tag ein wahnsinniger Kater...«[11]

Wir wissen nicht, ob es Suse und ihrem Mann damals bekannt war, daß ein ›trockener‹ Alkoholiker nach seinem Entzug kein einziges Glas mehr trinken darf, weil damit die Abhängigkeit schlagartig zurückkehrt. Erinnern wir uns, selbst Ernst Rowohlt, der ja von der Sucht wußte, brachte seinem Autor neben den Lebensmitteln auch Bier, also Alkohol, in die Berliner Wohnung mit. Das spricht dafür, daß alle drei die Gefahr eines Rückfalls sehr gering einschätzten. Der erste große Rausch von Hans Fallada seit seiner Heirat führt dazu, daß Suse ihren ganzen Einfluß auf ihn in die Waage wirft, um weitere Exzesse zu verhindern: »Da sagte ich... zu ihm, ›na, nun ist's geschehen und das werden wir nicht wieder machen.‹«[12]

211

Das gelingt ihr in der ersten Zeit auch. Fallada bleibt zu Hause und verfaßt seinen vierten Roman.

Es ist ein Arbeitslosenschicksal, das er beschreibt. Johannes Pinneberg, der kleine Konfektionsverkäufer, verliert seine Stellung. So sehr er sich auch bemüht, wieder Arbeit zu bekommen, es gelingt ihm nicht. Er erduldet demütigende Stunden auf dem Arbeitsamt, muß erleben, wie seine Arbeitslosenunterstützung von Monat zu Monat geringer wird und die Sorge um das tägliche Brot zunimmt. Bald kann er die Miete nicht mehr bezahlen und zieht in die Gartenlaube eines Freundes am Rande der Stadt. Er steigt sozial unaufhaltsam ab, bis er in seinem zerschlissenen Jackett, den fleckigen Hosen und den ramponierten Schuhen als asozialer Hungerleider durch einen Polizisten mit Stößen und Püffen vom Bürgersteig herunter auf die Fahrbahn gescheucht wird. In den Augen des Ordnungshüters hat er kein Recht mehr, sich die Auslagen der feinen Läden im Schaufenster anzusehen und kann es nicht fassen.

»Pinneberg möchte sprechen, Pinneberg sieht den Schupo an, seine Lippen zittern, Pinneberg sieht die Leute an. Bis an das Schaufenster stehen die Leute, gutgekleidete Leute, ordentliche Leute, verdienende Leute. Aber in der spiegelnden Scheibe des Fensters steht noch einer, ein blasser Schemen, ohne Kragen, mit schäbigem Ulster, mit teerbeschmierter Hose. Und plötzlich begreift Pinneberg alles, angesichts dieses Schupo, dieser ordentlichen Leute, dieser blanken Scheibe begreift er, daß er draußen ist, daß er hier nicht mehr hergehört, daß man ihn zu Recht wegjagt: ausgerutscht, versunken, erledigt. Ordnung und Sauberkeit: es war einmal. Arbeit und sicheres Brot: es war einmal. Vorwärtskommen und Hoffen: es war einmal. Armut ist nicht nur Elend, Armut ist auch strafwürdig, Armut ist Makel...« (Kleiner Mann, S. 353)

Das Buch ist Autobiographie und Wunschvorstellung zugleich. Das karge Leben in Neumünster passiert im »Kleinen Mann« noch einmal Revue. Erbsen auf Knochen gekocht müssen die Fleischmahlzeit ersetzen, aber man sieht es gelassen, denn *»Erbsen sind sehr nahrhaft und das viele Fleischessen ist* *ungesund«. (Kleiner Mann, S. 71)* Der ›Normal-Etat‹ für die monatlichen Ausgaben sieht immerhin noch fünfmal pro Woche Fleisch vor. Aber ausgehen soll nur gestattet werden, wenn es kostenlos ist. Ein Museumsbesuch bietet sich da an. Für das geliebte Kino allerdings werden dann doch drei Mark pro Monat zurückgelegt. Alle zwei Jahre gibt es nach der Planung einen neuen Anzug, alle sechs Jahre einen Wintermantel.[13]

Die Wunschvorstellung ist im Charakter des Johannes Pinneberg manifestiert, der versucht, seinen Weg zu gehen, ohne dabei Anstand und Würde zu verlieren, aber das wird immer schwerer. Der Erwerbslose pendelt allwöchentlich zwischen Wohnung und Arbeitsamt hin und her. Jedesmal muß er seine Arbeitswilligkeit schriftlich dokumentieren, die Bescheinigung abstempeln lassen, um seine ›Stütze‹ zu erhalten. Er wartet stundenlang vor jeder Tür, um von den Beamten hastig und unfreundlich binnen weniger Minuten abgefertigt zu werden, dann darf er wieder nach Hause fahren. *»Ja, wenn Pinneberg so eine Stunde in der Bahn sitzt, so hat er alle möglichen Scheite zusammenzutragen und es gibt alles in allem ein ganz hübsches Feuerchen aus Wut, Haß und Erbitterung. Aber es ist doch nur ein Feuerchen. Wenn er sich dann mit dem grauen, eintönigen Strom der andern durch das Arbeitsamt schiebt, so viele verschiedene Gesichter, so viel verschiedene Kleidung und alle die gleichen Sorgen, alle der gleiche Krampf, alle die gleiche Erbitterung – Ach, was hat es für einen Sinn? Er ist drin in diesem Betrieb, einer von sechs Millionen schiebt er sich an den Schaltern vorbei, warum sich aufregen? Zehntausenden geht es schlimmer, Zehntausende haben keine tüchtige Frau, Zehntausende haben nicht ein Kind, sondern ein halbes Dutzend – weiter, Mann Pinneberg, nimm dein Geld und hau ab, wir haben wirklich keine Zeit für dich, du bist nichts so Besonderes, daß wir uns mit dir aufhalten könnten.« (Kleiner Mann, S. 343 f.)* Daher quält die Arbeitslosigkeit ihn zwar, aber sie vernichtet noch nicht sein Selbstwertgefühl.

Es wird ein Buch nicht nur über Hans Fallada, wie er gerne wäre, sondern eines über Suse, wie er sie sieht. Ihr setzt er in dem neuen Roman ein Denkmal. Es ist so standfest, daß er es in etlichen Kurzgeschichten kopieren und wiederholen wird.[14] Suse wird im Roman das ›Lämmchen‹ an Pinnebergs Seite, liebend, ausgleichend und sanft korrigierend. Lämmchen, die – wie Suse – sehr viel politischer denkt als Johannes Pinneberg, ist sicher, daß die allgemeine Arbeitslosigkeit zur politischen Katastrophe führen wird, denn *»was sie jetzt machen, mit den Arbeitern schon lange und mit uns nun auch, da ziehen sie lauter Raubtiere hoch und da werden sie was erleben.« (Kleiner Mann, S. 197)* Es empört sie, daß der Einzelne nur danach eingeschätzt wird, wie erfolgreich er im Beruf ist, daß man ihm kündigt, weil er die Verkaufsquoten nicht erfüllen kann: *»was sind denn das für welche, daß sie einen Menschen deswegen aus allem Verdienst und aller Arbeit und aller Lebensfreude herausschmeißen?! Sollen die Schwächeren denn gar nichts mehr sein? Einen Menschen danach bewerten, wieviel Hosen er verkaufen kann... rasend wütend kann mich so was machen.« (Kleiner Mann, S. 197)* Die fehlende Arbeit führt in ihren Augen zu einer verkehrten Welt, denn *»ich geh am Tag nähen und er besorgt das Haus und das Essen und das Kind. Er schimpft nicht. Er macht's sogar wirklich gerne, aber was ist das für ein Leben für ihn?... soll denn das ewig so weitergehen, daß die Männer zu Haus sitzen und machen die Hausarbeit und die Frauen arbeiten?« (Heute, S. 356)*

Lämmchens Größe besteht in der realistischen Einschätzung der Situation und damit verbunden im Verständnis ihres einerseits schlichten, andererseits aber hochkomplizierten Mannes, den sie – wie Suse auch Hans Fallada – meistens nicht bei seinem richtigen Vornamen, sondern einfach ›Junge‹ nennt. Lämmchen versucht Jachmann, dem dubiosen Freund ihrer Schwiegermutter, die Situation ihres Mannes zu erklären: *»Er hat's ja nicht leicht. Wenn man seit vierzehn Monaten arbeitslos ist – ... Sie werden... schon sehen, was die in zwei Jahren aus meinem Mann gemacht haben. Und er ist doch wirklich ein anständiger Kerl... Das ist ja gerade das Schlimme, daß er hier draußen sitzt und nichts hat, worum er kämpfen kann. Er*

kann nur warten – worauf? Auf was? Auf gar nichts! Warten –
sonst nichts... er ist ja so kaputt... Er kann nicht mehr viel aus-
halten...« (Kleiner Mann, S. 355 ff.) Doch als Jachmann dem
verzweifelten Lämmchen Geld leihen will, lehnt sie es ab:
»Geld hilft nichts. Durch kommen wir schon. Geld hilft zu gar
nichts. Arbeit würde helfen, ein bißchen Hoffnung würde dem
Jungen helfen... Ein bißchen besser durch sechs, acht Wochen
leben, was ändert das? Nichts.« (Kleiner Mann, S. 358 f.).

Jachmann möchte sich um eine Stellung für Pinneberg bemü-
hen, aber da er zwar menschlich denkt, jedoch meistens zwie-
lichtige Geschäfte betreibt, lehnt Lämmchen auch diese Hilfe
ab, denn es *»darf nicht wieder mit Schwindel und Lüge kom-*
men. Der Junge muß raus aus der Angst, muß sich wieder frei
fühlen.« (Kleiner Mann, S. 359) Für Jachmann ist diese Einstellung in solchen Notzeiten überflüssiger Luxus, aber Lämmchen
ist davon überzeugt, daß gerade diese Art von Luxus das einzige ist, was Pinneberg vor dem endgültigen Absturz retten
kann: *»Sehen Sie,... die andern stehlen sich hier Holz für die*
Feuerung. Wissen Sie, ich finde es gar nicht schlimm, aber ich
habe zu dem Jungen gesagt, du darfst das nicht. Er soll nicht
runter, Jachmann, er soll nicht! Das soll er behalten. Luxus – ja,
vielleicht, aber das ist unser einziger Luxus, den halt ich fest, da
passiert nichts... Der Junge ist wie sein Vater, ... alles hat genau
sein müssen bis auf's Tittelchen... Wie er losgelaufen ist am
Abend, wenn am Morgen eine Rechnung gekommen war, und
hat sie sofort bezahlt. ›Wenn ich sterbe‹, hat er gesagt, ›und die
Rechnung kommt weg, kann einer sagen, ich bin ein unehrlicher
Mann gewesen‹. Genauso ist der Junge. Und darum ist es kein
Luxus, Jachmann, das muß er behalten, und wenn er jetzt
manchmal denkt, er kann sein wie die andern: er kann nicht. Er
muß sauber bleiben. Und dafür passe ich auf, Jachmann, deswe-
gen nimmt er keine Stellung wieder an, die auf Schwindel aufge-
baut ist.« (Kleiner Mann, S. 359 f.)

Pinnebergs Stolz als Angehöriger der Schicht der Angestellten ist bald eine Schimäre, aber die soziale Situation treibt ihn
weder wie seinen Kollegen Lauterbach zu den Nationalsoziali-

sten, noch wie seine Frau es gerne hätte, zu den Kommunisten. Pinneberg wählt den privaten Weg. Seine Arbeitslosigkeit sieht er nicht politisch, sondern persönlich. Und als es ganz schlimm kommt, er endgültig sozial randständig geworden ist und nicht einmal mehr auf dem Bürgersteig verweilen darf, bleibt ihm als einziger Trost und letzter Halt seine kleine Familie mit Murkel und dem Lämmchen.

Ab 20. April bis zum 10. Juni 1932 erscheint eine für die Tageszeitung bearbeitete Fassung des Romans in der ›Vossische(n) Zeitung‹ in Berlin und erregt im Gegensatz zu ›Bauern, Bonzen und Bomben‹ schon im Vorabdruck ungeheures Aufsehen. Obwohl der Roman in der Privatheit endet, gelingt es Hans Fallada, das Schicksal der Arbeitslosen im Deutschen Reich des Jahres 1931 so dicht darzustellen, daß sich die Leser persönlich angesprochen fühlen. Was er schildert, ist für sie ihr eigenes Leiden, das von Verwandten und Bekannten, ja, das Leben von Millionen Unbekannten. Es ist ein Roman über die Gegenwart, geschrieben zur richtigen Zeit. Auch die Kulturredakteure von den Tageszeitungen sind fasziniert. Insgesamt 50 Provinzblätter ziehen sofort nach. Sie erwerben das Zweitrecht und bringen gleichfalls den Vorabdruck.

Bevor die Rezensenten sich äußern, schreiben viele Zeitungsleser an Hans Fallada oder sogar an Johannes Pinneberg. Sie bieten ihm und Lämmchen Arbeit an, laden den unterernährten Murkel zu sich ein und geben Tips zur Arbeitsuche. Sie berichten, daß Pinnebergs Schicksal auch das ihre sei, fühlen sich mit ihm solidarisch. Andere begreifen durch ihn die ganze Misere der sozialen Situation. Sie hoffen auf politischen Wandel, wie der zwanzigjährige Lehrling aus Heidelberg: »Ich habe die Geschichte von Lämmchen und Pinneberg gelesen, und ich habe Druck am Herzen gehabt, und die Tränen sind mir in die Augen gekommen, und ich habe das Buch fortgelegt, um die Decke anzugucken und zu sagen: Ja, ja, ja! – – – Kein Buch hatte ich so erwartet, wie ›Kleiner Mann, was nun?‹ Und die Sehnsucht nach einer Änderung habe ich noch nie so verwandt empfunden...«[15] Schauspielerinnen möchten mit Falladas

Hilfe in dem zu erwartenden Film die Rolle des Lämmchens übernehmen, ausländische Dichter die Dramatisierung des Romanstoffs, Arbeitslose bitten ihn um die Vermittlung einer Arbeitsstelle, um Geld, um ein Paar Schuhe. Es ist eine Flut von Briefen, die den Schriftsteller überschwemmt. »Es ist ganz komisch«, schreibt Fallada am 1. Juni 1932 an einen Kunstkritiker, »B.B.B. fanden die Leute auch gut, aber auf B.B.B. habe ich keinen einzigen Brief bekommen, jetzt kriege ich jeden Tag Liebeserklärungen.«[16]

Die Buchausgabe ist seit dem 10. Juni 1932, jenem Tag, an dem in der ›Vossischen‹ die letzte Fortsetzung abgedruckt wurde, auf dem Markt. Fallada, der sich endlich einmal einen Urlaub leisten kann und zusammen mit Suse und Uli auf der Insel Usedom Ferien macht, glaubt im Gegensatz zu seinem Verleger noch immer nicht an einen durchschlagenden Erfolg und schreibt im Juli an Kagelmacher: »Mein neues Buch... scheint ein Erfolg zu werden, kein großer, aber so ein mittlerer, grade recht für kleine Leute – und da gab es ein schreckliches Gekakel und darum auch sind wir geflohen. Ob es finanziell ein Erfolg wird, müssen wir abwarten, ich habe jetzt einen Generalvertrag mit Rowohlt, der mir bis Ende 1933 ein bestimmtes monatliches Fixum garantiert hat... Wir sind ziemlich hoffnungsfroh, zumal auch die Verfilmung des Romans schon verkauft ist – vielleicht können wir uns dann auch für eine kleine Verbesserung Ihrer Ernährung einsetzen.«[17] Das wird kein leeres Versprechen bleiben. Kagelmacher hatte sich durch seinen exzentrischen Lebensstil und die kühnen landwirtschaftlichen Experimente ruiniert. Zuletzt gründete er auf Gudderitz einen Rennstall, spazierte in Jockey-Kluft durch das Dorf und lebte trotz drückender Schulden so verschwenderisch, daß er die Löhne nicht mehr zahlen konnte, ihm die Arbeiter davonliefen und sein Hof zwangsversteigert wurde. Nun hauste er in einer kargen Wohnung in Leipzig und versuchte, mit astrologischen Expertisen seinen Lebensunterhalt zu verdienen. Hans Fallada wird diesem Freund bis zum Ende seines Lebens treu bleiben und ihm häufig finanziell unter die Arme greifen, denn Kagelmacher wird immer tiefer im Elend versinken. Zum Zeitpunkt, als er den Brief schrieb, hatte Fallada noch keine Ahnung, daß ihn sein vierter Roman ›Kleiner Mann, was nun?‹ nicht nur weltberühmt, sondern auch wohlhabend machen würde. Aber er erfährt es bald: binnen drei Wochen nach Erscheinen der Buchausgabe werden mehr Exemplare verkauft als von ›Bauern, Bonzen und Bomben‹ seit der Auslieferung an den Buchhandel. Bis zum Jahresende sind vom ›Kleinen Mann‹ fast 50000 Exemplare abgesetzt. Rowohlt verkauft die Übersetzungsrechte nach Skandinavien, England, Frankreich und in die Vereinigten Staaten. Das bringt viel Geld. Jetzt erhält der Autor eine andersgeartete Post:

»Alle möglichen Leute schrieben mir plötzlich, und die meisten wollten Geld von mir, und wenn es mit einer Widmung abging, so war es gnädig. Und ich sollte da reden und dahin zu Besuch kommen und dort was eröffnen und für diese Zeitung einen Artikel schreiben und jenem Verlag meinen nächsten Roman geben und diese wunderbare Erfindung finanzieren, die mich unbedingt zum Millionär machen würde. Und Schlösser wurden mir zum Kauf angeboten...« (Schriftsteller, S. 307)

Die Rezensionen der Kritiker erscheinen. Die des Schriftstellers und freien Publizisten Arno Schirokauer ist bereits am ersten Tag der Buchauslieferung zu lesen. Ihm folgen Besprechungen von Hermann Hesse, Lion Feuchtwanger, Albert Ehrenstein, Ernst Heilborn, Walter Kiaulehn, Robert Musil, Thomas Mann, Jakob Wassermann und Carl Zuckmayer, um nur die Schriftsteller zu nennen, die sich – überwiegend positiv – über die Neuerscheinung ihres Kollegen Fallada äußern, ganz zu schweigen von den hauptberuflichen und nebenberuflichen Literaturkritikern. Insgesamt wurde das Buch über 750mal rezensiert.[18]

Die meisten Kritiken erschienen in den Tageszeitungen, die als gemäßigt galten, dicht gefolgt von den Zeitungen, die politisch eher rechts ausgerichtet waren, die wenigsten in den linksorientierten. Dennoch ist eine konforme Aussage im Sinne der jeweiligen Parteirichtung der Zeitungen und Zeitschriften

Hans Fallada
Kleiner Mann
was nun?

nicht auszumachen, lediglich die Tendenzen der Beurteilungen verrieten manchmal die politische Heimat der Journalisten. Die gemäßigten Blätter, zu deren Lesern überwiegend der Mittelstand und die Kleinbürger zählten, lobten das Buch als gelungene Analyse der bedrängten Angestellten im Deutschen Reich. Die konservativ bis rechts stehenden Zeitungen wiesen auf den bevorstehenden Umbruch hin. Die Linken kritisierten – allerdings sehr verhalten – Pinnebergs Ausweg in die private Idylle und bedauerten seine unpolitische Einstellung.

Zahlenmäßig gering, aber ausführlich und fachlich sehr kompetent waren die Rezensionen in den Kultur- und Literaturzeitschriften. Eberhard Meckel schreibt zum Beispiel in ›Die Literarische Welt‹ vom Juli 1932: »Einer sprach aus, was alle leiden. Einem wurde Gestalt, was alle ahnen. So geschah das Wunder, an das wir nicht mehr glaubten: einer zersplitterten Gesellschaft, einem ›Interessenhaufen‹, einer Nation, die nichts gemeinsam zu haben scheint als die Not und den von ihr erzeugten Haß eines jeden gegen jeden, diesem mißhandelten Volk entstand in Falladas Roman ein Volksbuch. Jeden geht es an... Wie trampeln alle auf dem gänzlich unheroischen Hans Pinneberg herum: die Arbeitgeber, die Vorgesetzten, die Bureaugewaltigen und die Kollegen. Er tut wacker seine Pflicht... Aber endlich verfällt er doch der Massenepidemie, der wir so hilflos gegenüberstehen wie das Mittelalter dem Aussatz: der Arbeitslosigkeit. Ein armer Teufel unter Millionen Seinesgleichen. Das Leben geht weiter. Ihm bleiben Weib und Kind. Und das ist alles... Der Ausländer, der sich ein Bild vom Deutschland von heute machen will, erfährt aus der Geschichte... viel mehr als aus Zeitungen, Parteiversammlungen und Programmen. Hans und Lämmchen! Um dieser beiden Gerechten willen wird Sodom vielleicht doch noch gerettet.«[19] Der nächste Rezensent empfindet den Roman als ein »Stück sozialer Wirklichkeit... Ein Roman von großer Not und kleinem Glück – von kleiner Not und großem Glück. Lämmchen spricht Ungezählten aus dem Herzen, wenn sie sagt, ›daß unsereiner immer Angst haben muß, und daß es eigentlich ein

Wunder ist, wenn es eine Weile gutgeht...‹‹[20] Für Hermann Hesse machen die »Wahrhaftigkeit in der Darstellung des Milieus und der Zeit, die Liebe zum Kleinen, Einzelnen, ohne Trübung des Blickes für das Ganze, die unendliche Fülle an schönen, genau und sauber gezeichneten, liebevoll beobachteten Einzelszenen... das Buch zur Dichtung, nicht nur zum Zeitdokument.«[21] Carl Zuckmayer ist so angetan, daß er Fallada vergesellschaftet. Er gesteht zu, daß die kleinen Leute wie die Pinnebergs das Licht der Öffentlichkeit scheuen dürfen, aber »Über den Fallada... kann man sich ungeniert äußern, er hat das Recht auf die Tarnkappe, unter der er lange gehaust haben mag, verwirkt, er gehört uns mit Haut und Haaren, er ist ein Besitz geworden und wird es bleiben! Er hat etwas geschaffen, was weit über den sogenannten ›Zeit-Roman‹ hinausgeht.«[22]

Der Vergleich mit der verwirkten Tarnkappe trifft zu. Fallada wird allen wichtig. Er soll Reden halten, Stellung nehmen, Fragen zu seiner Person beantworten, er soll Beiträge liefern, Geschichten schreiben. Zunächst erfreut über das Interesse, spielt er mit. Er schreibt Artikel und Geschichten, er spuckt sie geradezu aus. Er liefert gute und mäßige. Einige Erzählungen sind längst geschrieben und werden nun veröffentlicht, andere entstehen erst jetzt in großer Hast und sind mitunter fast eine Kopie einzelner Szenen aus dem ›Kleinen Mann‹. Er schreibt darüber hinaus Rezensionen, nimmt zu kulturpolitischen Themen Stellung, verfaßt autobiographische Skizzen, die den Lesern gefallen, aber wenig mit der Wahrheit zu tun haben. Er quält sich mit dem Filmdrehbuch zum ›Kleinen Mann‹ herum, weil der Ko-Autor der Filmgesellschaft andere Szenen wünscht, als jene, die er für wichtig hält. Er setzt sich wieder an sein Fragment vom Gefängnisroman. Aber all das ist zuviel für einen Menschen, der nur effektiv ist, wenn er ungestört, in völliger Ruhe und der Abgeschiedenheit seines Arbeitszimmers arbeiten kann.

Der ständige Themenwechsel, die permanente Korrespondenz mit Zeitungen und Verlagen, die Gespräche mit vielen fremden Menschen nehmen ihm die innere Ruhe. Sein Leben lang hat er auf den großen Erfolg und ein gesichertes Einkommen gehofft. Jetzt kann er weder den über ihn hereinbrechenden Ruhm noch das unerwartet hohe Einkommen verkraften. Allein von Rowohlt erhält er bis Ende 1932 rund 30.000 Mark an Tantiemen. »*Das Geld strömte nur so herbei. Wir hatten von zweihundertzwanzig Mark glücklich gelebt, unsere Sorgen fingen da an, als wir plötzlich über große Summen zu verfügen hatten. Suses Sorgen fingen da an, ich selbst verlor völlig den Kopf. Der Übergang war zu plötzlich, aus dem Sparsamen, dem Überängstlichen wurde ein Verschwender. Ich gab das Geld auf die sinnloseste Weise aus, es konnte ja nicht alle werden, es strömte immer weiter. Nicht schnell genug konnte ich es ausgeben. Nächtelang saß ich in den dümmsten Bars, hielt das halbe Lokal frei und fuhr mit einem schweren Kopf heim. Ich bekam für mein Geld nichts anderes als Kopfschmerzen, Arbeitsunlust, Reue, Gewissensbisse. Und fing doch wieder an. Suse hielt getreulich zu mir. Sie machte alle diese Fahrten mit, sie brachte mich nach Haus, sie legte mich ins Bett, sie tröstete mich in meinem Kater. Sie verlor nie den Mut.*« (Heute, S. 26)

Der Alkoholismus, Falladas ständige Bedrohung, hat ihn wieder gepackt. Schon im Sommer 1931 war es zu kurzen Entgleisungen gekommen, als er an seinem Manuskript zweifelte, aber er hatte sie mit Suses Unterstützung rasch wieder in den Griff bekommen. Er blieb vorsorglich zu Haus und mied jede Gelegenheit, rückfällig zu werden. Das Geld war knapp, das Leben karg, die Zukunft ungewiß. Jetzt aber, häufig unterwegs, zusammensitzend mit Menschen, die selbstverständlich Wein, Bier oder Schnaps tranken, auf den Rückwegen viele verlockende Bars streifend, kann er nicht mehr widerstehen. Auch der finanzielle Grund, den Alkohol zu meiden, ist entfallen. Im Blechnapf, es ist das Romanmanuskript, an dem er jetzt wieder schreibt, formuliert der heruntergekommene Berthold seine Motivation zum Trinken, die zugleich Falladas Versuch sein könnte, sein zwiespältiges Leben in diesen Tagen des Weltruhms zu bewältigen: »*Natürlich bin ich besoffen... Ich*

bin frei, wenn ich trinke. Ihr seid gefangen, wenn ihr trinkt. Ich
kann alles, wenn ich trinke, ihr gar nichts.« (Blechnapf S. 110)
Aber schon wenig später gibt Berthold die Fragwürdigkeit seiner trügerischen Freiheit zu, nennt ihren Preis: *»seht meine*
Hände, nichts kann ich mehr halten, so einen Tatterich... Eine
Plage ist das... Ich tret' wieder dem Blauen Kreuz bei. Ich
schwör' den Schwur. Und ich halt ihn auch. Ein Mann muß kön-
nen, was er will.« (Blechnapf, S. 111)

Auch sein Schöpfer will können, was er will. Um den ständigen Versuchungen der Bars und Kneipen Berlins nicht weiter
zu erliegen, zieht die Familie Mitte November 1932 nach Berkenbrück bei Fürstenwalde in ein schönes Zweifamilienhaus
mit 8.000 Quadratmetern Land. Hans Fallada übernimmt die
auf dem Haus lastenden Hypotheken und überläßt den Eigen-
tümern das Wohnrecht auf Lebenszeit für die untere Etage. Im
ersten Stockwerk wohnen Suse, Uli und er. Die Flucht vor der
Sucht in der Wüste seiner Abhängigkeiten endet zunächst in
einer Oase. Der Schriftsteller kann wieder arbeiten, die abge-
schiedene Lage des Hauses garantiert die Konzentration. Suse
sorgt für ein geregeltes Leben und stellt sich dabei zurück:
»Mein Mann stand sehr früh auf, wenn es ihm keine Ruhe ließ,
manchmal schon um drei Uhr. Von drei bis sieben war seine
beste Arbeitszeit. Wenn er zum Frühstück kam, hatte er schon
ein großes Pensum hinter sich. Nachmittags schlief er und fing
dann noch einmal an zu schreiben. Dann mußte alles ruhig sein.
Ich durfte nicht im Garten sitzen und mit dem Kind spielen,
keine Geräusche durften wir machen. Es war selbstverständlich für mich, daß ich mich danach verhielt. Er mußte doch
schreiben, und ich stellte mich ganz und gar auf ihn ein. Es war
ganz natürlich für mich, daß die Frau die zweite Rolle spielt,
daß sie sich unterordnete. Es gab ja auch nichts in meinem Leben, was mir wichtiger gewesen wäre.«[23]

Alles ist wieder im Lot, Fallada hat den Rückfall in den Alkoholismus überwunden. Eingeigelt in seine abgeschirmte
Welt, beginnt eine neue, intensive Phase seines Schaffens. Die
politischen Veränderungen im Deutschen Reich nimmt er nur

vage wahr, sie interessieren ihn nicht, schon gar nicht, daß der Österreicher Adolf Hitler die deutsche Staatsangehörigkeit erhält, die Schlägertruppen SS und SA der Nationalsozialisten verboten und dann doch wieder zugelassen werden, nur am Rande, daß eine Notverordnung den Reichstag suspendiert und die Regierung Papen zurücktritt. Die Nationalsozialisten beginnen ihren Siegesmarsch. Ihr Aufstieg wird zum Auslöser des Abstiegs von Hans Fallada.

14.
»Wahr, trotz der falschen Etikette«

Das Jahr 1933 besiegelt das Schicksal der seit langem schwer angeschlagenen Weimarer Republik. Am 30. Januar beruft der greise Reichspräsident Paul von Hindenburg den Nationalsozialisten Adolf Hitler zum Reichskanzler. Hitler, endlich am Ziel seiner Machtträume, agiert jedoch noch sehr vorsichtig. Lediglich zwei Nationalsozialisten werden zu Ministern ernannt. Das wichtige Innenministerium erhält Wilhelm Frick, einen Ministerposten ohne Geschäftsbereich Hermann Göring. Die übrigen Kabinettsmitglieder, wie zum Beispiel Franz von Papen, Alfred Hugenberg, General von Blomberg oder Franz Seldte kommen aus den national-konservativen Parteien und der Harzburger Front. Sie war ein Kampfbund von Nationalsozialisten, dem Stahlhelm-Bund der Frontsoldaten und Vertretern der Deutschnationalen Parteien. Dennoch wurde der 30. Januar in den folgenden Jahren von der nationalsozialistischen Propaganda als ›Machtergreifung‹ gefeiert. Joseph Goebbels organisiert den ersten gigantischen Massenaufmarsch, der zugleich der Propaganda für die Reichtagswahlen im März dient. Tausende von SA- und SS-Anhängern sowie

Mitglieder des Stahlhelm-Bundes ziehen noch in der Nacht mit Fackeln durch das Brandenburger Tor in Berlin und feiern Adolf Hitler.

Hans Fallada ist seit Anfang Januar in Berlin. Die Europa-Filmgesellschaft bringt seinen Roman ›Kleiner Mann – was nun?‹ auf Zelluloid. Täglich bis zu vierzehn Stunden verbringt er in den Filmateliers, übernachtet erschöpft und ausgepumpt in der Pension Stössinger. Bis Anfang März werden ihn die Filmarbeiten in Anspruch nehmen, tägliche Auseinandersetzungen um das Drehbuch vergällen ihm die Tage. Die Regie strebt eine Kolportagehandlung an, Fallada die authentische Umsetzung seines Buches. Abends trifft er sich mit Rowohlt, natürlich wird wieder getrunken und Suse, die ihren Mann begleitet, hat die größten Schwierigkeiten, die gröbsten Alkohol-Exzesse zu vermeiden.

Am 1. Februar 1933 wird als Folge der ›Machtergreifung‹ der Reichstag erneut aufgelöst. Hermann Göring, nicht nur Reichsminister ohne Geschäftsbereich, sondern auch Preußischer Ministerpräsident und in Personalunion dessen Innenminister, beginnt, in Preußen mißliebige Politiker und Beamte ihrer Ämter zu entheben und durch nationalsozialistische Gefolgsleute zu ersetzen. Joseph Goebbels startet für die Reichstagswahl, die am 5. März stattfinden wird, einen nationalsozialistischen Propagandafeldzug in bislang noch nicht erlebtem Ausmaß. Überall im Reich, gleichgültig ob Stadt oder Land, finden geordnete Aufmärsche von SA und SS statt, Vorträge werden gehalten, Flugzettel verteilt, Wahlkundgebungen organisiert. Flankiert wird der Propagandafeldzug durch die NSDAP-Blätter und Zeitungen des Hugenberg-Konzerns[1], die grundsätzlich positiv über die Nationalsozialisten und negativ über ihre politischen Gegner berichten. Die ›Machtergreifung‹ wird jetzt als nationale Revolution deklariert, Kommunisten und Sozialdemokraten als Verräter am Vaterland, als Erfüllungsgehilfen für den Schandfrieden von Versailles dargestellt. Die Dolchstoßlegende[2] wird wiederbelebt und findet gläubige Zuhörer. Hitler verspricht Ruhe und Ordnung im Land, eine völlige Beseitigung der Arbeitslosigkeit, ein gesichertes Einkommen für alle Bürger und den Kampf gegen das jüdische Großkapital als Urheber allen Übels. Tägliche Aufmärsche der NSDAP-Kampftruppen sorgen für zusätzliches Aufsehen.

Hans Fallada und Suse werden Zeugen dieser Tage und sind befremdet: »Kamen wir aber wieder mal nach Berlin und sahen die Gliederungen der Partei in ihren Braunhemden und mit ihren Standarten durch die Stadt marschieren, wobei sie wilde ›Kampflieder‹ sangen, von denen mir noch die eine Zeile erinnerlich ist, von dem Judenblut nämlich, das vom Messer fließen muß, so fingen meine Frau und ich zu laufen an, um an der nächsten Ecke abzubiegen. Denn es war die Verordnung herausgekommen, daß alle Passanten bei solchen Umzügen stehen zu bleiben und die Standarten mit der erhobenen Hand zu grüßen hatten. Wir waren bei weitem nicht die einzigen, die einem solchen erzwungenen Gruß entliefen. Wir ahnten noch nicht, daß unser damals vierjähriger Sohn eines Tages auch ein Braunhemd würde tragen müssen, und daß ich eines Tages eine Nazi-Fahne würde anschaffen und an meinem eigenen Haus an Festtagen würde hissen müssen.«[3]

Die Ahnungslosigkeit schlägt in Leichtsinn um. Am 27. Februar sitzen Fallada und Ernst Rowohlt mit ihren Ehefrauen in einem vornehmen Restaurant und haben nach einem Essen dem Alkohol bereits reichlich zugesprochen, sind laut und fröhlich. Der Oberkellner stürzt in den Raum und ruft: ›Der Reichstag brennt! Die Kommunisten haben ihn angesteckt!‹. Beide Männer springen auf, Rowohlt ruft mit röhrender Stimme den Kellner herbei: »Ganymed, zahlen!... Bestellen Sie uns eine Autotaxe. Wir wollen zum Reichstag, Göring kokeln helfen!«[4] Den erschrockenen Frauen gelingt es zwar nicht, die herumpolternden und spottenden Ehemänner am lauten Krakeelen zu hindern, aber immerhin, als das Taxi endlich kommt, fahren sie nicht zum brennenden Reichstag, sondern nach Hause.

Noch in der selben Nacht findet unter dem Vorwand der Mittäterschaft an der Brandstiftung die erste große Verhaftungs-

19 27. Februar 1933: Der Reichstag in Berlin brennt.

welle der Nationalsozialisten statt, die sich über Tage hinziehen wird und in erster Linie die linke Opposition trifft. Überwiegend sind es kommunistische Funktionäre, die in die neu eingerichteten Konzentrationslager eingeliefert werden, aber auch die Intelligenz ist betroffen. Die prominentesten Opfer aus dem Kulturleben sind der Schriftsteller Erich Mühsam, der Publizist Carl von Ossietzky, der Journalist Egon Erwin Kisch und der Schriftsteller Ludwig Renn. Erich Mühsam wird ein knappes Jahr später unter bestialischen Umständen im Konzentrationslager ermordet, Ossietzky stirbt 1938 im Polizeigefängnis an den Folgen der Mißhandlungen. Etlichen bedrohten Schriftstellern und Publizisten gelingt in diesen Nächten oder später die Flucht in die Emigration. Wer nicht freiwillig geht, wird ausgebürgert und muß das Land verlassen. Im Exil warten unter anderem die Brüder Thomas und Heinrich Mann, Klaus Mann, Walter Benjamin, Franz Werfel, Johannes R. Becher, Else Lasker-Schüler, Anna Seghers, Ernst Toller, Arnold Zweig und der nicht mit ihm verwandte Stefan Zweig, Bert Brecht, Alfred Döblin, Walter Hasenclever, Kurt Tucholsky, Lion Feuchtwanger, Erich Weinert, Ödön von Horvath und Erich Maria Remarque jahrelang auf das Erwachen aus diesem Alptraum. Einige von ihnen werden das Ausharren nicht überstehen und sich umbringen, wie zum Beispiel Kurt Tucholsky, Walter Benjamin, Stefan Zweig, Ernst Toller und Walter Hasenclever.

Die Verordnung zum ›Schutz von Volk und Staat‹ wird vom Reichspräsidenten nur einen Tag nach dem Reichstagsbrand unterzeichnet. Sie schränkt fast alle in der Weimarer Verfassung geltenden bürgerlichen Rechte ein, unter ihnen die Pressefreiheit, das Versammlungsrecht sowie das Recht, Vereine und Verbände zu gründen. Umgehend werden alle kommunistischen und sozialdemokratischen Zeitungen verboten, aber auch etliche Zeitungen des Zentrums. Mit dem Verbot der oppositionellen Parteien wartet man noch bis zum März, um den Reichstagswahlen am 5. März den Eindruck von Legalität zu verleihen, aber als sie stattfinden, sind dennoch etliche linke Abgeordnete bereits in Haft. Zusammen mit der ›Kampffront Schwarz-Weiß-Rot‹ erreichen die Nationalsozialisten eine knappe Mehrheit von 52 Prozent.

Das ›Gesetz zur Behebung der Not von Volk und Reich‹ vom 23. März 1933, auch ›Ermächtigungsgesetz‹ genannt, wird von einer ⅔ Mehrheit im Reichstag angenommen, obwohl ihm die Sozialdemokraten als einzige Partei die Zustimmung versagen. Es waren also nicht nur die 52 Prozent Nationalsozialisten, die dafür stimmten.

Erst das Ermächtigungsgesetz bedeutet die tatsächliche Machtübernahme der Partei Adolf Hitlers. Die Reichsregierung erhält für vier Jahre das Recht, Gesetze ohne Zustimmung von Reichstag, Reichsrat und Reichspräsident zu erlassen sowie internationale Verträge abzuschließen. Das ist das Ende der Demokratie, denn mit diesem Gesetz wird der Reichspräsident ebenso überflüssig wie das gesamte parlamentarische System. Alle Einschränkungen der Grundrechte werden verschärft. Die Palette der Restriktionen ist groß genug für eine totalitäre Herrschaft: erlaubt werden durch Anschlußverordnungen zum Ermächtigungsgesetz Verhaftungen ohne richterlichen Beschluß, auch ›Schutzhaft‹ genannt. Möglich ist die willkürliche Haftverlängerung ohne Strafprozeß, die Einführung von Sondergerichten, in denen Juristen überflüssig sind.[5] Briefe darf man abfangen und kontrollieren, Telefongespräche mithören. Büroräume und Privatwohnungen können jederzeit und ohne richterliche Unterschrift durchsucht und das Eigentum von Verhafteten beschlagnahmt werden. Mißliebige Parteien können verboten werden. Dieser Passus trifft sofort die KPD und die SPD, später folgen weitere Parteien, bis nur noch die NSDAP übrig ist.

Die von Göring gegründete Geheime Staatspolizei (Gestapo) beginnt mit ihrer Arbeit. Joseph Goebbels wird Reichsminister für Volksaufklärung und Propaganda.[6]

Am 12. April 1933 streift auch Hans Fallada der mörderische Atem der Diktatur. Die Mitbewohner und ehemaligen Besitzer seines Hauses, das Ehepaar Sponar, hatten ihn denunziert. Der

Schriftsteller Ernst von Salomon machte sich während eines Besuches bei den Ditzens über die neuen Machthaber im Lande lustig, Fallada lachte mit. Das Hausmädchen hatte das gehört und erzählte es den Sponars, die erzählten es einem Ortsgruppenführer der NSDAP, der erzählte es der SA. Sie fungiert bereits als Hilfspolizei und erscheint mit einem Trupp und unter der Bedeckung eines Gendarmen, der die Legalität der Aktion dokumentieren soll, bei den Ditzens. Das Haus wird von etwa 20 SA-Leuten umstellt. Suse muß in der Küche warten, Fallada in seinem Arbeitszimmer stundenlang Rede und Antwort stehen. Während ein SA-Mann den Schriftsteller verhört, durchsuchen weitere sein Arbeitszimmer nach verdächtigen Indizien. Sie klappen Bücher auf und stöbern nach bedenklichen Notizzetteln in ihnen, sie blättern in Akten, sie lesen die Briefe, wühlen im Papierkorb nach verräterischen Schnitzeln. Nichts Belastendes findet sich.

Der SA-Mann besteht trotzdem auf einer vorsorglichen Verhaftung. Der Gendarm weigert sich, da nichts Verdächtiges gefunden wurde und verläßt das Haus. Äußerlich ruhig und besonnen, aber kalkweiß im Gesicht und mit flatternden Nerven steht Fallada der Situation hilflos gegenüber, zumal ihm nicht gesagt wird, was der eigentliche Grund dieser Heimsuchung ist. »Das ging ein paar Stunden in seinem großen Arbeitszimmer. Ich saß draußen und war entsetzlich unruhig«[7], erinnert sich Suse. Sie darf weder mit ihrem Mann sprechen, noch mit einem Anwalt telephonieren. Im Garten stehen Posten und hindern sie am Verlassen der Wohnung. Ein Auto wartet vor der Tür, Fallada wird verladen und unter Bedeckung ins Amtsgericht Fürstenwalde transportiert. »Und dann nahmen sie ihn mit und da ich schon ziemlich hochschwanger war mit der Zwillingsschwangerschaft, da hatten die mir nicht die Wahrheit gesagt: Er käme bald wieder, es wäre nur noch ne Untersuchungssache.«[8]

Erst bei den Verhören im Untersuchungsgefängnis erfährt der Verhaftete, daß man ihm die Verunglimpfung des Führers und den Verkehr mit unzuverlässigen Leuten vorwirft.

Falladas Pech ist es, daß der Name von Salomon jüdisch klingt. Sein Glück wird es, daß Salomon zum einen kein Jude ist, zum anderen wegen seiner Teilnahme am Mord des Juden und ›Erfüllungsgehilfen von Versailles‹, dem Außenminister Walther Rathenau, im Zuchthaus gesessen hat und damit den Nationalsozialisten näher steht, als ihm lieb ist. Daher wird Salomon, der in Berlin gleichfalls verhaftet wurde, bereits nach einem Tag wieder freigelassen. Doch das wissen die Beamten in Fürstenwalde nicht.

Suse erfährt nichts Genaues von dem Gefängnisdirektor. Sie versucht, mit Rowohlt zu telephonieren, aber nur das Besetztzeichen ist zu hören, vermutlich ist ihr Anschluß gekappt. Rowohlt selbst ahnt nichts von den Ereignissen, er wundert sich lediglich, daß er seinerseits immer nur das Besetztzeichen hört, wenn er in Berkenbrück bei seinem Autor anruft. Suse schreibt an Rowohlt, aber auch die Post wird offensichtlich abgefangen, denn sie bekommt keine Antwort. Verzweifelt fährt sie nach Berlin, und nun erfährt endlich auch der Verleger was geschehen ist. Er engagiert den nazifreundlichen Rechtsanwalt Dr. Sack, dem es tatsächlich gelingt, Hans Fallada freizupauken, dies allerdings nicht stehenden Fußes.

Elf Tage lang[9] wird er festgehalten, immer wieder verhört, erst nach vier Tagen darf er seinen ersten Brief an Suse schreiben. Ihn formuliert er noch sehr vorsichtig, verbindet seine Zeilen mit Verhaltensmaßregeln, die wohl auch für den Zensor seiner Post gedacht sind: »Ich bitte Dich also jedes unnötige Telephongespräch, jede briefliche, mündliche Mitteilung zu vermeiden...«[10] Danach aber wird, vermutlich durch die Intervention von Dr. Sack, seine Stimmung optimistischer. Er wird als Untersuchungsgefangener jetzt offensichtlich anständiger behandelt und darf sogar an seinem Manuskript arbeiten. Es ist – Duplizität von Romanthema und Situation – ausgerechnet der Gefängnisroman, der später heißen wird ›Wer einmal aus dem Blechnapf frißt‹.

Erst im Dezember 1944 wird der Schriftsteller zunächst im ›unerwünschten Autor‹, Ende 1945 in der Artikelserie ›Osterfest 1933 mit der SA‹ diese Erlebnisse dokumentieren, allerdings auf seine Weise, denn Schriftsteller haben ein besonderes Verhältnis zur Wahrheit. Aus seinen elf oder vierzehn Tagen Haft werden »Monate, und manchmal war alles dumpf und stumpf in mir.«[11] Die ihn abtransportierende SA-Truppe täuscht mitten im Wald eine Autopanne vor und empfiehlt ihm, sich ein wenig die Füße zu vertreten. Aber er hat wiederholt von angeblichen Fluchtversuchen Verhafteter und ihrem tödlichen Ende durch einen Schuss in den Rücken gehört. So klammert er sich in panischer Angst auf dem Rücksitz fest und will den Wagen nicht verlassen; ›Schmeißt das Schwein raus!‹[12] brüllt der SA-Führer. Nur der zufällig vorbeikommende Hausarzt der Ditzens verhindert den Meuchelmord. Suse hat nach einiger Zeit durch die Zeitungsfrau illegale Informationen über ihren Mann zugeflüstert bekommen und weiß nun endlich, wo er geblieben ist. Sie täuscht listig alle Bewacher und Denunzianten und stolpert hochschwanger mit Uli auf dem Arm durch den dunklen Wald, um ihn zu besuchen, fährt anschließend nach Berlin, erreicht jetzt durch die Hilfe von Rowohlt und dem bestellten Anwalt die Freilassung. Außer der letzten Passage ist so gut wie nichts wahr an dieser Darstellung. Im April 1933 gab es diese illegalen Hinrichtungen während der Verhaftungen noch nicht, das geschah erst später. Die Zahl der eskortierenden SA-Leute ist ebenso übertrieben wie die Länge der Haft, zudem wußte Suse vom ersten Tag an, wohin man ihren Mann gebracht hatte. Aber auch die elf Tage ›Schutzhaft‹ waren so fürchterlich für Fallada, daß er als Nervenbündel zurückkehrt und seine Angst sofort im Alkohol ertränkt, sich zusätzlich Morphium spritzt. Was er dort in den ersten Tagen erlebt hat, berichtete er nicht in seinen Manuskripten, sondern mit dem Flehen um größte Geheimhaltung in der Zeit zwischen 1935 und 1936 der Krankenschwester Sophie Baumgarten. Sie hatte ihn zuerst im Sanatorium und anschließend in seinem Zuhause gepflegt: »... die Geschichte mit der Haft hat mir Fallada selbst erzählt und mir gesagt, daß er sich verpflichten mußte, nichts über die Tage zu erzählen, die er dort verbracht hat. Nur eine Bemerkung hat er gemacht, die ist mir unvergeßlich: ›Wenn Sie einmal aus dem Schuh eines Wachtpostens hätten trinken müssen, dann wüßten Sie, wie furchtbar es gewesen ist‹«.[13]

Noch am Tag seiner Haftentlassung erklärt Fallada den Sponars, daß er den Kaufvertrag des Hauses kündige. Es ist ihm unmöglich, weiterhin mit den Verleumdern unter einem Dach zu leben, und er flieht mit Suse und Uli in die Pension Stössinger in Berlin. Alkohol und Morphium, massenhaft Zigaretten und kannenweise Kaffee sind Falladas einziger Ausweg, den Schock zu überstehen. Er bekommt Halluzinationen, bekämpft sie mit allen ihm zur Verfügung stehenden Drogen und bricht dann zusammen, nicht zuletzt deshalb, weil Sponars mit Hilfe ihres SA-Gönners die Kündigung des Vertrags erfolgreich anfechten. Dr. Sack wird es gelingen, den Hauskauf dann doch zu annullieren, aber Fallada wird dabei viel von seinem eingebrachten Kapital einbüßen. Suse erinnert sich mit Grauen an jene Tage in Berlin: »und dann kam so eine Art Verfolgungswahn, also ein richtiger Nervenzusammenbruch war das. Er fühlte sich immerzu verfolgt und dachte, er würde nun wieder abgeholt werden.«[14]

Peter Suhrkamp, der sich in diesen Tagen um seinen Freund Hans Fallada bemüht, bringt ihn in ein Sanatorium in Waldsieversdorf am Rande Berlins. Hier verbringt der Schriftsteller sieben Wochen. Er kommt wieder auf die Füße, aber er trinkt weiter. Zusammen mit Suse und Uli haust er in der Pension Stössinger. Suse kann sich durch die Schwangerschaft nur noch schwer bewegen. Hans Fallada zieht allein durch Berlin, macht kurze Bekanntschaften mit anderen Frauen, verbringt mit ihnen eine Nacht und kehrt verkatert und mißgestimmt in die Pension zurück. Für Suse war das verständlich, denn »Ich war so unförmig, daß ich nicht mehr allein auf die Straße gehen konnte. Da war ich keine Frau mehr für ihn.«[15] Die Erklärung für ihr tolerantes Verhalten liefert sie im selben Interview, das sie lange nach seinem Tod einer Autorin gab: »es war eine große Liebe. Ich glaube, daß es auch für ihn Liebe gewesen ist, aber er war eben so, daß er von Frau zu Frau ging. Männer sind anders als Frauen. Man kann es nur hinnehmen, wie sie sind. Ändern kann man es nicht... Ich war glücklich, daß ich ihn hatte.«[16]

Am 18. Juli 1933 kommt Tochter Lore, stets nur ›Mücke‹ genannt, in einem Berliner Krankenhaus auf die Welt. Die Zwillingsschwester von Mücke stirbt bei der Geburt. Da Fallada bei jedem Kind fürchtet, seine ungünstige Veranlagung, von der er überzeugt ist, könne sich vererben, veranlaßt er eine Obduktion. Aber das kleine Mädchen hatte sich beim Austritt die Fontanelle verletzt, es war also ein Unglücksfall während der Geburt. Suse ist nach der Entbindung monatelang krank und bleibt im Krankenhaus. »Mein Mann besuchte mich jeden Tag, aber er hatte keine Ruhe. Er konnte nicht lange bei mir sitzen, und ich war immer enttäuscht, wenn er gleich wieder ging.«[17]

Wie stets, wenn sie nicht bei ihm ist, gerät Hans Fallada völlig aus der Fassung und unter die Räder. Er zieht volltrunken durch Berlin, er besorgt sich Rauschgift, er verbringt die Nächte mit irgendwelchen Frauen. Er kann sich kaum noch aus dem Bett erheben, und gelingt es ihm endlich am frühen Abend, wankt er in die nächste Bar und setzt sein wahnsinniges Leben fort.

Peter Suhrkamp läßt seinen gefährdeten Freund nicht aus den Augen. Er besucht ihn häufig und versucht, ihn aus seinem jämmerlichen Zustand herauszureißen. Er macht Fallada klar, daß er nur fern der Großstadt überleben könne. Das gelte psychologisch bezüglich der permanenten Verlockung zu Drogen, aber auch politisch. In Berlin würde es immer Zusammenstöße mit den Nationalsozialisten geben. Daher müsse er Berlin sowie andere Städte meiden und aufs Land ziehen. Fallada hört sich das an, findet die Idee gut, unternimmt aber nichts, lethargisch und geschwächt durch die Ausschweifungen fehlt ihm jede Entschlußkraft.

»Dann lag ich eines Morgens im Bett, ziemlich erledigt. Seit Tagen plagte mich ein ununterbrochener Schlucken[18], er kam so regelmäßig wie das Ticken der Uhr, jede Minute soundsoviele

Male. Der Arzt hatte mir Eisstückchen mit etwas Kognak dage-
gen verordnet, eine sehr erwünschte Verordnung, denn nun
konnte ich schon am frühen Vormittag Kognak trinken. Das
Eis, na, meinetwegen, ab und an auch ein Stückchen, aber ich
vergaß nie, daß Eis eigentlich Wasser ist –. Da tat sich die Tür
auf, und unser Freund Peter[19] *trat ein... ›Hören Sie mal Fal-*
lada‹, sagte er. ›Ich war eben bei der Suse. Sie meint, dieses An-
gebot ist endlich das richtige. Stehen Sie auf, wir wollen gleich
hinfahren.‹ ›Ach was!‹ sagte ich und versuchte mit Mühe, die
Beschreibung des Maklers zu lesen. ›Das ist ja doch wieder
nichts. Außerdem bin ich krank und kann nicht fahren. Meck-
lenburg? In meinem Zustand Mecklenburg, kommt ja gar nicht
in Frage!‹ ›Fallada!‹ sprach Peter. ›Ich habe von der Suse den
Auftrag, Sie dorthin zu bringen, und ich bringe Sie dorthin! Da
hilft Ihnen alles nichts! Ich habe einen Tag Urlaub genommen,
ein Auto steht vor der Tür, in einer halben Stunde fahren wir!‹
›Ich bin krank, ich kann unmöglich fahren‹, stöhnte ich, immer
von Schlucken unterbrochen. ›Eben war der Arzt hier. Ich soll
immerzu dies Zeug trinken‹. ›Was ist das? Kognak, schätze
ich. Nun gut, Sie sollen im Auto soviel Kognak trinken, wie Sie
wollen, aber mit müssen Sie! Ich habe von der Suse den Auf-
trag.‹ Und mit mußte ich, es half mir alles nichts. Ich wurde in
ein Auto gesetzt, neben mir saß Peter, zwischen uns war die
Kognakflasche, und los fuhren wir. Aber weiter weiß ich auch
von dieser Fahrt fast nichts, da ist ein großes Loch in meinem
Gedächtnis. Ich erinnere mich einzig und allein daran, daß ich
in einem grünen Kaffeegarten sitze und ziemlich aufgeregt
sage: ›Dies kaufe ich. Auf der Stelle kaufe ich.‹« (Heute,
S. 27f.)

Was Fallada im Juli 1933 volltrunken erwirbt, ist die kleine
Büdnerei Nr. 17 in Carwitz. Sie besteht aus Wohnhaus,
Scheune, Stallgebäuden, Schuppen und sechs Morgen Land. Er
kauft Pferd, Hofhund, Kuh, Federvieh und Ackergerät gleich
mit. Carwitz ist ein verwunschenes kleines Dorf im Gebiet der
Mecklenburger Seenplatte. Das Grundstück liegt 500 Meter
vom Carwitzer See entfernt, der mit sechs weiteren Seen

in direkter Verbindung steht. Herrliche Kiefern- und Buchen-
wälder stehen in unmittelbarer Umgebung. Euphorisch bezeichnet der Schriftsteller das Wohngebäude mit seinen sieben
Zimmern, »die durch Ausbau des Dachgeschosses leicht auf 9
erhöht werden können« als »richtiges altes Gutshaus«[20], aber
das war es dann doch nicht. Für die Bewohner des 180-Seelen-
Dorfes Carwitz galt es immerhin als stattlich, wenn auch völlig
verkommen: In einer Kneipe der nächstgelegenen Kleinstadt
Feldberg hört Fallada einen Gast spotten: »›Da hat ja so'n Berliner Dösbartel das Haus von dem Pendel in Mahlendorf[21] gekauft. Zwölftausend Mark soll er dafür gegeben haben. Daß die
Dummen nicht alle werden!‹ ›Dat segg man, Päule!‹ stimmt der
Wirt eifrig zu, ›Zwölfdusend Mark – und is doch bloß ne Ba-
racke, die alle Tage einfallen kann! Herrgott, wie groß ist dein
Tiergarten!‹« (Heute, S. 29)

Auch Hans Fallada muß rasch feststellen, daß der Vorbesit-
zer auf Komfort und Reparaturen offensichtlich wenig Wert
gelegt hatte: »Daß keine Wasserleitung im Hause war, ist verständlich, natürlich gab es überhaupt keine Wasserleitung im
ganzen Dorf, nur Brunnen. Daß aber dieser Brunnen bei uns
direkt neben einem grün schillernden Jauchetümpel lag, war weniger schön. Auch die bewußten Herzhäuschen direkt bei der
Küche gefielen mir nicht so recht, ich mußte immer an die mun-
tere Zirkulation der Fliegen denken. Keine Diele war heil, nur
zwei Stuben heizbar, die Räume entweder preußischblau oder
schweinfurtergrün gekalkt, soweit der Kalk noch an den Wänden saß. Zum Boden führte eine wacklige Stiege empor. Dort
oben gab es Heureste, einen zertretenen Lehmboden und einen
Verschlag für etwaige Mädchen. Heil war nichts, aber auch gar
nichts, in Haus und Hof... Da war kein Schaufelstiel, der nicht
angebrochen, kein Baumpfahl, der nicht abgefault war. Von den
Hämmern flogen die Köpfe durch die Luft, die Wagen wieder
waren mit Stricken geflickt und brachen boshaft zusammen, sobald man eilig zur Bahn mußte, die Klositze rutschten überraschend unter einem fort.« (Heute, S. 30f.) Und der Hund hatte
die Räude, das Pferd war tückisch und selbst die angeblich

20 *Carwitz, ein kleines Dorf im Gebiet der Mecklenburger Seenplatte, wurde im Juli 1933 zum Domizil für Fallada und seine Familie.*

friedliche und genügsame Kuh erwies sich als heikler Problemfall.

Fallada mietet sich in Feldberg ein und beginnt, nachdem er den größten Schutt und Schmutz aus dem Augiasstall hat entfernen lassen, mit dem Ausbau des Hauses. Ständig ist er auf der Baustelle, berät sich mit dem Architekten, erteilt den angeworbenen Arbeitern Aufträge. Alle bereits vorhandenen Zimmer werden renoviert, neue kommen hinzu. Aus der Räucherkammer wird ein Baderaum, aus einem unnützen Vorratskäfterchen ein Kinderzimmer. Der Schornstein wird neu hochgezogen, die Wasserleitungen verlegt, die Stallgebäude erweitert und sogar schon der Garten durch eine Frau aus Carwitz versorgt.

Im Oktober 1933 findet endlich der feierliche Einzug von Suse, Mücke und Uli statt. Da Suse noch sehr geschwächt ist, wird eine ›Stütze‹ für den Haushalt und ein Kindermädchen engagiert. Der Hausausbau ist noch nicht abgeschlossen, er wird es auf Jahre nicht sein, aber jetzt ist es, zwar noch etwas provisorisch, immerhin schon wohnlich. Fallada kann sich nun auf seine Lehrzeit als Landwirt besinnen und die Bepflanzung der sechs Morgen planen.

Die Äcker sind durchsetzt mit Geröll, Steinen und soliden Felsbrocken. Sie stammen vom Auftauen und Auseinanderfließen vorzeitlicher Gletscher. Die Dörfler haben es längst aufgegeben, sie abzusammeln, weil sie behaupten, sie würden nachwachsen. Hans Fallada sagt den Gletscherresten den Kampf an: *»Das werden wir ihnen schon beibringen, das Nachwachsen« (Heute S. 29)* und schafft sie jahrelang von den Feldern herunter, bis der Boden endlich mehr Ertrag bringt. Sein Traum ist es, aus diesem Gütchen den besten Obst- und Gemüsegarten der ganzen Gegend zu machen. Dafür wäre ein Fachmann nützlich, und so schreibt er am 12. Oktober 1933 an Kagelmacher, weil »wir Sie eigentlich fragen wollten, ob Sie nicht Lust hätten, Leipzig zu verlassen und zu uns zu ziehen. Dazu wäre aber notwendig, erst einmal ein Zimmer auszubauen – und dazu reicht das Geld noch nicht. Ich habe nämlich ein wenig schlecht disponiert und sitze jetzt geldlich in schwersten Sorgen. Vor Januar habe ich keine Einnahmen... Also, lieber Kagelmacher, mit der Anfrage muß ich noch ein wenig warten. So haben Sie noch Zeit, sich alles gut zu überlegen. Wir würden es natürlich so einrichten, daß jeder Part ganz selbständig lebt und wir nur zusammenkommen, wenn's einen gelüstet.«[22] Es gelüstet Hans Kagelmacher offensichtlich nicht. Einen Monat später antwortet er etwas geheimnisvoll, er sei im Frühjahr 34 nicht mehr im Lande, berichtet von Bepflanzungsexperimenten auf Rügen, ohne zu erklären, ob er sie durchführt oder nur von ihnen gehört hat und geht nicht auf die Einladung zum Zusammenleben ein.[23]

Daß Fallada vom 1. Januar 1934 als nächstem Datum spricht, ab dem mit Einnahmen zu rechnen ist, liegt neben der Januar-Abrechnung der Verlage für die Tantiemen bereits gedruckter Werke auch an seinem neuen Buch. Es ist laut Vertrag mit Ro-

238

wohlt im Oktober 1933 abzuliefern. Fallada hat zwar schon im Feldberger Hotel am Manuskript geschrieben, sowie er über einige freie Stunden verfügte, aber der Termin ist durch die Bauarbeiten nicht zu halten. Nach dem Einzug in Carwitz setzt er sich sofort mit der gewohnten Intensität an die Arbeit, um den ›Blechnapf‹ zu beenden. Lediglich drei Wochen später als vereinbart erhält der Verlag den neuen Roman.

Zwischen Hauskauf, Ausbau, Einzug in Carwitz und der Vollendung des Manuskripts liegen fünf Monate. Etwas Bedeutsames ist geschehen. Im Juli, als Fallada Carwitz erwarb, befand er sich in einem Zustand höchster Drogenabhängigkeit. Durch sie entfloh er der Gegenwart, weil er die Zukunft fürchtete. Er war nicht mehr in der Lage, auch nur sein normales Leben zu organisieren. Plötzlich aber streift er die Sucht ab, ohne dabei ärztlich unterstützt zu werden. Die Lebensangst ist zurückgedrängt. Das Ziel, das er nun vor Augen hat, macht den künstlichen Rausch überflüssig. Die geradezu atemlose Beschäftigung mit dem Hofausbau ersetzt die Notwendigkeit. Ausschlaggebend für die Bewältigung seiner Sucht ist also das Wissen um eine verheißungsvolle Aufgabe. Verliert er sie aus den Augen, fällt er in seine alten Abhängigkeiten zurück, betäubt sich. Jede selbst gestellte Anforderung ist für ihn auch die Frage nach dem Sinn seines Lebens und der Kauf des kleinen Hofes bedeutet ihm mehr, als nur der Besitz eines freundlich-friedlichen Anwesens. Es ist sein Versuch, der äußeren Bedrückung durch die Nazis zu entkommen und zugleich die Probe, ob er hier wieder zu sich selbst finden wird.

Zunächst erweist sich Carwitz tatsächlich als ländliches Exil vor innerer und äußerer Bedrohung. Es wird zum Refugium und Mittelpunkt seines Lebens. In den zehn Jahren, die er dort verbringt, wird er achtzehn Romane und etliche Erzählungen schreiben. Aber die Druckwellen des politischen Terrors werden ihn auch in dieser Einöde erreichen, nur das weiß er noch nicht, aber er befürchtet es. Darum besteht er auf einem befremdenden Vorwort zum neuen Roman. Rowohlt und sein Lektor haben es gelesen und sprechen sich vehement dagegen aus. Für sie bedeutet es eine Abwertung des Buches, eine völlig unnötige Konzession an die Nationalsozialisten. Aber sie setzen sich nicht durch. Hans Fallada hat die elf Tage Schutzhaft als das aufgefaßt, was sie auch waren: ein Warnschuß der nationalsozialistischen Macht. Er besteht auf seiner Einleitung, denn weniger Rowohlt, noch weniger sein Lektor Paul Mayer, sondern er als Autor muß gegebenenfalls seinen Kopf hinhalten, wenn er mißfällt.

Der Roman ›Wer einmal aus dem Blechnapf frißt‹ erscheint im Frühjahr 1934. Fallada schätzt auch sein jüngstes Werk wieder gering ein. Diese Unsicherheit wird sich bei den meisten seiner wirklich guten Bücher wiederholen. Die Familie hat Ende 1933 eine Kopie zum Lesen erhalten. Die Mutter meldet ihre Vorbehalte gegen den Gefängnisstoff an, findet es überflüssig, für sie so Schmerzliches noch einmal literarisch aufzuwärmen. Der Sohn antwortet mit einer Erklärung, die gleichzeitig enthüllt, wie wenig er sich von eigenen Vorstellungen und Themen leiten lassen kann: »Aber es ist ja auch kummervoll für mich. Ich habe nie zu den Schriftstellern gehört, die sich ihre Themen auswählen, ich muß schreiben, was ich schreiben muß.«[24] Kagelmacher äußert sich bereits einige Tage nach dem Erscheinen des Romans sehr begeistert, aber Fallada winkt ab: »Das Buch überschätzen Sie wie die meisten – die Presse ist recht günstig und auch der Verkauf ist nicht schlecht –, der Fehler ist, daß mein Held sich gar nicht entwickelt, er ist doch ein garzu jämmerliches Geschöpf. Mich offengestanden, kotzt dies Buch nur an, ich wollte, ich hätte es nie geschrieben, ein platonischer Wunsch...«[25]

›Wer einmal aus dem Blechnapf frißt‹ ist die bittere Geschichte des kleinen Ganoven Willi Kufalt, der nach seiner Haftentlassung beseelt ist von dem Vorsatz, nunmehr ein straffreies Leben zu führen und ganz von vorn wieder anzufangen.

Kufalts erste Station, das christliche Heim für entlassene Strafgefangene, erweist sich als bedrückendes Ersatzgefängnis, das Heimpersonal ist eine Meute von verlogenen und geldgierigen Ausbeutern. Der Versuch einer bürgerlichen Karriere als Adressenschreiber endet in einem Fiasko. Der Konkurrenzdruck zu groß, die angeheuerten Kollegen faul oder unehrlich. Er rackert sich ab. Aber was immer er beginnt, wo immer er sich vorstellt, wann immer er eine Bewerbung abschickt, stets wird entweder auf die allgemeine Arbeitslosigkeit und überzeugendere Konkurrenten verwiesen oder auf seine Vergangenheit als Sträfling. Kufalt versinkt in Hamburgs Hinterhofzimmern im Alkohol, er bleibt tagelang im Bett, bis er auch aus der miesesten Behausung herausgeworfen wird, weil er die Miete nicht mehr zahlen kann.

Die autobiographischen Bezüge liegen auf der Hand. Auch Willi Kufalt kommt aus gutbürgerlichem Hause und hat einige Gymnasialjahre hinter sich gebracht, bis er die Schule wegen einer Knabentorheit abbrechen muß; auch Willi Kufalt ist ein kleiner Betrüger, der seine erste Haftstrafe Eltern und Geschwistern verschwiegen hat, nach der zweiten von der Familie verstoßen wird; danach das ›Friedensheim‹ als Resozialisierungsmöglichkeit, das Adressenschreiben in Heimarbeit, das deprimierende Annoncenwerben für ein kleines Lokalblättchen in einer Schleswig-Holsteinischen Industriestadt, ständig begegnet man dem Lebenslauf von Rudolf Ditzen. Doch dann trennen sich die Wege Willi Kufalts von denen seines Schöpfers. Rudolf Ditzen schafft den Aufstieg, sein Held Willi Kufalt stürzt ab.

Kufalts letzter Ausweg ist der Rückfall in die Kriminalität. Zunächst nur ein kleiner Hochstapler, der vorgibt, ein Schauspieler zu sein, wird er bald darauf zum Einbrecher und zum gewalttätigen Straßenräuber, der den überfallenen Frauen brutal das Gesicht zerschlägt, bevor er sich mit der geraubten Handtasche seiner Opfer davonmacht. Seine Verhaftung wird zur Rückkehr in eine vertraute, einfache Welt: Im Gefängnis gilt das Gesetz des Starken, und ist er nicht stark, so zumindest das des Listigen, Überlegenen. Jemand befiehlt etwas, und der Schwächere gehorcht. Der Tagesablauf ist festgelegt, die kleinen Freiheiten gilt es, zu ergaunern oder zu erpressen. Es ist für

Kufalt wie eine Heimkehr. »*Fein, wenn man wieder so zu Hause ist. Keine Sorgen mehr. Fast, wie man früher nach Haus kam, mit Vater zur Mutter. Fast? Eigentlich noch besser. Hier hat man ganz seine Ruhe. Hier quatscht keiner auf einen los. Hier braucht man nichts zu beschließen, hier hat man sich nicht so zusammenzunehmen. Schön, so'ne Ordnung. Wirklich ganz zu Haus. Und Willi Kufalt schläft sachte, friedlich lächelnd ein.*« (Blechnapf S. 497)*

Das Buch ist eine flammende Anklage gegen eine Gesellschaft, die es einmal Gestrauchelten unmöglich macht, wieder auf die Füße zu kommen. Es schildert zwar einen besorgten Gefängnisdirektor, der seinem Häftling wieder den Weg in das normale Leben ebnen möchte, aber die scheinheiligen Hilfsinstitutionen werden dies verhindern. Es beschreibt auch ruhige, besonnene Gefangenenwärter, die Kufalt alles Gute für die Zukunft wünschen, und ihn bei seiner Haftentlassung als gleichwertigen Menschen behandeln. Aber kaum in Freiheit, erlebt der Entlassene die Realität: unhöfliche Beamte der Sozialbehörden, menschenverachtende Polizisten, die sich über ihn lustig machen, saturierte Personalchefs in den großen Firmen. Alle zusammen bilden ein Kartell und tragen dazu bei, daß ein besserungswilliger Mensch wie Willi Kufalt doch wieder gezwungen wird, in seiner Gefängniszelle aus dem Blechnapf zu fressen.

Das umstrittene Vorwort verfärbt die Tendenz des Buches in Richtung der braunen Ideologie, denn »*Mit diesem Roman rennt sein Verfasser offene Türen ein: der sogenannte humane Strafvollzug, dessen lächerliche, wie groteske, wie beklagenswerte Folgen auf seinen Seiten dargestellt werden, ist nicht mehr. Während der Autor noch schrieb, verwandelte sich auch dies Stück der deutschen Wirklichkeit. Wenn nun Willi Kufalt, dieser beschattete Bruder des kleinen Mannes Pinneberg, doch vor die Lesewelt tritt, so darum, weil sein Schöpfer alle Hoffnungen für ihn hat: kein Geschwätz von Humanität für Strafgefangene, sondern Arbeit für Strafentlassene. Keine öde berufsmäßige Betreuung, sondern Verständnis. Keine Gnade, sondern Strich drun-*

ter, und nun zeige, wer du bist...« (*Blechnapf, Erstausgabe 1934*)

Verwandelt hatte sich im Jahr 1934 der Strafvollzug in der Tat. So fragwürdig das bei Fallada geschilderte ›Friedensheim‹ für entlassene Gefangene auch war, die Grundidee war human: Den ehemaligen Häftlingen wurde Unterkunft und Arbeit garantiert. Derartige Resozialisierungsinstitutionen wurden unter den Nationalsozialisten rasch aufgelöst. Inhaftierte, die ihre Strafe abgesessen hatten, konnten keineswegs sicher sein, auch zu dem in ihrem Urteil vorgesehenen Zeitpunkt entlassen zu werden; immer häufiger wurden sie, vor allem wenn sie als Rückfalltäter eingesessen hatten, ohne richterliches Urteil aus dem Gefängnis als ›asoziale Elemente‹ in Konzentrationslager abtransportiert. Dort verbrachten sie Jahre, wenn sie es überhaupt überlebten, denn Folter und Mißhandlungen waren an der Tagesordnung. Später verschleppte man sogar Bettler und Vagabunden in die Lager.[26] Für die Nationalsozialisten waren nicht die Gestrauchelten zu bemitleiden, sondern die Gesellschaft, gegen deren Werte und Normen sie verstoßen hatten. Was bei Hans Fallada mit dem Satz ›Wer einmal aus dem Blechnapf frißt‹ als Anklage gemeint war, wird bei ihnen zum Ziel: Der kriminelle Wiederholungstäter muß abgesondert bleiben, auch wenn er seine Strafe abgebüßt hat und soll bis ans Ende seines Lebens aus dem Blechnapf fressen. Das war die Antwort der Nationalsozialisten auf den in Falladas Vorwort erwähnten humanen Strafvollzug in der Weimarer Republik. Was das für die Häftlinge bedeutete, muß auch Hans Fallada bekannt gewesen sein. Suse bestätigt, daß er und sie von der Einrichtung der Konzentrationslager gewußt haben, denn einige befanden sich in unmittelbarer Nähe von Carwitz.[27]

Monty Jacobs, der Feuilletonist der ›Vossischen Zeitung‹, ist einer der wenigen, die sich sofort mit Falladas Neuerscheinung befassen. In seiner Rezension vom 18. März 1934 fordert er seine Leser indirekt dazu auf, das Vorwort zur Kenntnis zu nehmen, aber den Roman sehr aufmerksam zwischen den Zeilen zu lesen.[28] Die übrigen Kritiker schweigen zunächst. Sie wollen offensichtlich abwarten, wie die nationalsozialistischen Kollegen das Buch einschätzen. So sind die im Ausland lebenden Literaten die aktuellsten Kritiker. Sie beziehen bereits im März und April 1934 zu Falladas neuem Roman Stellung.

Thomas Mann schreibt keine Rezension, aber er fragt in seinem Tagebuch am 14. März nach dem Grund des irritierenden Vorworts: »Wozu der feige Eselsfußtritt nach dem Besiegten, Gefallenen? Das Buch tritt ein für den Schutz des besserungsfähigen Verbrechers nach der Strafverbüßung. Es hat selber eine humane Tendenz. Mit ihr mußte wohl eine Staatsmacht versöhnt werden, nach deren Willen einem einmal Bestraften überhaupt keine Hoffnung auf Leben und Versöhnung mit der Gesellschaft bleibt... Um in Deutschland möglich zu sein, muß ein Buch seine menschenfreundliche Gesinnung in einer Einleitung verleugnen und in den Boden treten.«[29]

Für Hermann Hesse[30] hat das Buch trotz aller Dunkelheit »das Licht der Liebe, der Liebe zum Menschen und der Liebe zur Wahrheit, es hat die Tapferkeit des Erkennenwollens und die Treue der Zeichnung, die nichts weglassen oder verschönern will, und es ist... gedrängt voll von Sehnsucht nach dem anderen, dem Schönen, ...dem tieferen Menschentum. Diese Verbrecher und ihre Wärter und Peiniger stellen in ihrer Gesamtheit eine... teuflisch entartete Widerwelt dar, deren mechanisierte und organisierte Wirklichkeit zum Himmel schreit und bis zum Unerträglichen geladen ist mit der Sehnsucht nach Explosion, nach Zertrümmerung und Neubau.«[31]

Der Schriftsteller Albert Ehrenstein stellt den ›Blechnapf‹ »hoch über... (den) für mein Gefühl zuckersüßen Engelhornroman ›Kleiner Mann – was nun?‹ Der Blechnapf ist ein Buch für Richter, Anwälte, Gerichtsärzte, Geschworene und überhaupt jedes Wesen, das mit dem... meist sadistisch-bürokratisch gehandhabten Strafvollzug oder der Sträflingsfürsorge zu tun hat... Lebenswahr ist Falladas Werk – von dem Rotwelsch seiner Verbrecher bis zur Flucht seines Helden in die glückliche Geborgenheit des Gefängnisses... Er flieht aus einer Hölle der Jagd, des Lebenskampfes, in die grauen Mauern des so frag-

244

würdig gewordenen Strafvollzugs – der ärmste Kleinrentner des Schicksals.«[32] Das Vorwort zitiert er und tut es dann lapidar als »Ölung des Zensors« und »politisches Schutzmäntelchen«[33] ab.

Die ›Prager Presse‹ formuliert in ihrer Rezension einen Satz, der die Einleitung als »Maske« entlarvt und damit den negativen Eindruck abschwächt. Ausschlaggebend ist für sie nicht das kleine Vorwort, sondern der ihm folgende große und bedeutende Roman. Der ist »Ein seltsames Dokument – wahr trotz der falschen Etikette.«[34]

Ernst Rowohlt, der offensichtlich schon vor Wochen Leseexemplare an die Kritiker geschickt hat, schreibt am 16. März 1934 an Hans Fallada in Carwitz, daß der Verkauf gut laufe, aber die Zeitungen kaum Rezensionen veröffentlichten: »Sie sehen: Hosen gestrichen voll, wo man hinsieht ... Das sind nun einmal die Zeiten«.[35]

Ja, die Zeiten sind schlecht. Das gilt auch für Hans Fallada. Das Jahr 1934 wird zum Wendepunkt. Kann er sich weiter hinter seiner falschen Etikette verstecken und dennoch schreiben, woran ihm liegt?

15.
Die Nazis machen sich ein Bild von Fallada

Unmittelbar nach Abschluß der Arbeiten am ›Blechnapf‹ im November 1933 hatte Hans Fallada begonnen, jenen neuen Roman zu schreiben, den er Zeit seines Lebens als sein liebstes und bestes Werk bezeichnen sollte. Und obwohl Hans Kagelmacher darin die Hauptrolle spielen wird, deutet er ihm gegenüber zunächst nur vage das Generalthema Rügen an. »Übrigens fällt mir – und ich lächele dabei – ein, daß es doch früher meine Gewohnheit war, über jedes ungelegte schriftstellerische Ei zu kakeln, jedem Menschen, dem ungeeignetsten zuerst, Bruchstücke vorzulesen usw. Wie der Mensch sich ändert – es ist mir heute vollkommen unmöglich, mit irgendeinem Menschen, nicht einmal mit Suse, irgend etwas über mein Buch zu reden, ehe es fertig ist, und vorlesen – ach, du lieber Gott, ich danke auch schön. Nein, lieber nicht!«[1] In einem weiteren Brief an seinen Freund einige Tage später wird er aber doch deutlicher und nennt den Roman das »Fiddichower Buch… Was Sie dazu sagen werden, ist mir freilich eher zweifelhaft, Dichtung und Wahrheit könnte darüber stehen, und von Ihnen ist eine ganze Portion drinnen, d. h. es könne alles beinahe so gewesen sein, aber schließlich war alles doch ganz anders. So wie mein Held Johannes Gäntschow sind Sie nun freilich doch nie gewesen.«[2]

In der unvorstellbar kurzen Zeit von 23 Tagen schreibt er 800 Manuskriptseiten, also durchschnittlich rund 35 pro Arbeitstag. Er schreibt nicht, nachdem er sich Szenen und Handlungsabläufe ausgedacht hat, sondern er denkt beim Schreiben, hetzt von Einfall zu Einfall: »*Der Stoff wollte es so, ich stehe von Stund an unter dem Gesetz des Stoffes, unter höherem Befehl… meine Arbeitsart, zu der ich nun einmal von Natur her verdammt bin, lastet auf allen Hausgenossen.*« *(Heute, S. 138)* In der atemlosen Stille, die er allen Hausbewohnern aufzwingt, hastet er täglich weiter von Kapitel zu Kapitel. »Und das Schlimme war«, erinnert sich Suse, »daß dann zum Schluß tatsächlich fünfundzwanzig Seiten geschrieben wurden und alles große, große Seiten in einer ganz winzigen Schrift. Und je intensiver er schrieb, desto kleiner wurde die Schrift… es war alles bei ihm Sucht.«[3]

Fallada gerät meist unmittelbar nach der ersten Niederschrift seiner Bücher in eine tiefe Krise. Er hat während des rasenden Schreibens nur mit seinen ausgedachten Figuren in seiner Buchwelt gelebt. Die Umstellung von der Fiktion in den realen Alltag gelingt ihm nicht. Suse nimmt dann ihren verstörten

246

›Jungen‹ wie ein Kind an die Hand und zieht ihn zu Aufgaben, die dringend auf dem Hof erledigt werden müßten, sie schickt ihn mit Kindern und Hund auf lange Spaziergänge oder sie lädt Gäste ein, die ihn ablenken könnten. Meistens ist es vergeblich. Von Schlaflosigkeit gequält, von rasendem Kopfschmerz gepeinigt, immer noch hochgradig erregt, streitsüchtig und jähzornig, werden Falladas tägliche Ausfälle so pathologisch, daß ihm nur noch die Geborgenheit eines Sanatoriums helfen kann. Manchmal ist er es selbst, der diesen Ausweg vorschlägt. Meistens aber packt Suse ihn spätestens nach einem Nervenzusammenbruch resolut in einen Wagen und liefert ihn in der Heilstätte ab.

»Eines Tages bin ich dann wieder ziemlich in Ordnung. Den Vorsprung zwar, den ich durch mein gehetztes Arbeiten gewonnen, habe ich unterdes dreimal wieder eingebüßt. Aber das stört mich nun, da die Niederschrift beendet ist, gar nicht mehr so sehr. Auch beim Tippen, an das ich nun gehe, habe ich es nicht übermäßig eilig . . . Morgens in der Frühe sehe ich das Manuskript durch, schreibe um, verbessere, feile stilistisch. Am Tage tippe ich, und abends sehe ich das täglich Getippte auf Tippfehler durch und verbessere die, in vier, fünf Exemplaren. Dann bekommt Suse regelmäßig als erste täglich ihre zwanzig, dreißig Seiten zu lesen. Endlich macht sie Bekanntschaft mit dem, was mich durch Monate beschäftigt . . . Sie liest das neue Buch mit Notizblock und Bleifeder in der Hand, sie jagt nach übersehenen Tippfehlern. Sie notiert: ›Seite 67, Zeile 5 von oben: nicht wahrschienlich, sondern wahrscheinlich‹. Sie könnte ja den Fehler alleine verbessern, aber da es vier, fünf Exemplare sind, die verbessert werden müssen, ist dieser umständliche Weg notwendig. Sie ist aber auch ein unübertrefflicher Spürhund für das Auffinden von Unstimmigkeiten. War auf Seite 73 eine Steppdecke rosa, und ist sie auf Seite 698 rot – Suse entdeckt diesen Farbenwechsel! . . . dann bekomme ich das Manuskript zurück . . . und wieder verbessere ich, lese nach, prüfe ihre Änderungsvorschläge, die sie auch macht . . . Man bedenke: 1. Niederschreiben. 2. Durchfeilen. 3. Tippen. 4. Erste Tippkorrektur. 5. Zweite Tippkorrektur . . .« (Heute S. 154)

Am 27. Februar 1934, der ›Blechnapf‹ ist noch nicht erschienen, erhält Rowohlt das fertige Manuskript. Die 800 Seiten gefallen ihm, er wird auch dies Buch drucken, aber er schlägt kleine Veränderungen und wesentliche Kürzungen vor.

Das Manuskript »*geht aber auch an irgendeine Zeitung, und die Herren von der Zeitung würden den Roman ganz gerne bringen. Aber er müßte kürzer sein und diese oder jene Szene ist für eine große Lesergemeinde, die alle Alter und Berufe umfaßt, zu kraß. Also: 6. Verlagsänderung, 7. Zeitschriftenänderung... Jetzt wird das Buch gesetzt, und der Autor bekommt zu lesen: 8. die Fahnenkorrektur, 9. den Umbruch... Um diese Zeit, bei diesen Korrekturen, habe ich schon die größte Schwierigkeit, meine Aufmerksamkeit auf den Text zu konzentrieren. Ich kenne jeden Satz auswendig, ich weiß, was im nächsten Abschnitt, was auf der nächsten Seite stehen wird – das Buch elendet mich an! Papier, nichts mehr vom Leben. Ich hasse das Buch nicht, aber es ist mir völlig gleichgültig. Es ist tot, es liegt begraben unter der neunfachen Erdschicht neunmaligen Durcharbeitens!*« (Heute, S. 154 f.)*

Vom 17. Juni bis zum 27. September 1934 erscheint der um etwa auf die Hälfte zusammengekürzte Roman ›Wir hatten mal ein Kind‹ in der ›Berliner Illustrirte(n) Zeitung‹. Vom ursprünglichen Titel ›Fiddichower Geschichten‹ bleibt die Ortsbestimmung Fiddichow auf Rügen als Handlungsebene und der Untertitel: ›Eine Geschichte und Geschichten‹.

Es ist der Roman über den Bauernsohn Johannes Gäntschow, einem ebenso dickköpfigen wie außergewöhnlichen Außenseiter unter den Landwirten auf Rügen. Querköpfig und streitsüchtig versucht er, sein Leben nach seinen Vorstellungen zu gestalten und die Anforderungen, die die konventionelle Gesellschaft an ihn stellt, zu ignorieren. Allerdings ist er so unglücklich veranlagt, daß ihm alles, was er beginnt, zunächst zwar gelingt, aber dann durch seinen Starrsinn und sein kompliziertes Wesen zunichte wird. Der Hof des Vaters ist völlig verkommen, als er ihn erbt. Johannes Gäntschow schafft es, einen Musterbetrieb daraus zu machen, aber seine Unfähigkeit, mit seinen Landarbeitern umzugehen, bringt den Ruin, sein Unvermögen, die voreilig geheiratete Frau Elise menschlich zu behandeln, beschert ihm ihre Rache. Weil er über Monate mit seiner Geliebten verreist, verläßt sie ihn und zieht fort. Seinen Hof aber verwüstet sie vorher. Zwar hatte er einen Verwalter angestellt, aber der erwies sich nicht nur als Komplize bei der Revanche, sondern auch noch als tröstender Liebhaber. Bei seiner Rückkehr trifft Johannes Gäntschow auf eine gespenstische Szenerie: die Äcker sind nicht bestellt und durchsetzt von Unkraut, die Jahrhunderte alten Linden, die hohen Pappeln und alle sorgsam gepflanzten neuen Obstbäume des Gartens sind umgelegt. *»Die Scheunen sind leer und die Ställe sind leer. Es gibt keine Ackerwagen mehr, es gibt kein Gerät mehr, Ratten huschen, Mäuse laufen... Langsam mit schweren Füßen steigt er an den blutenden Lindenstümpfen vorbei, die Treppe zum Haus empor. Er stößt die Tür auf. Voller Angst starrt er in den halbdunklen Vorraum. Nein, kein Schrank mehr, der Schritt hallt wieder, die Zimmer sind geleert, die Spinnen weben in den Ecken ihre Netze, die Scheiben sind grau, verstaubt. Ein peinigender Trieb, doch wenigstens irgend etwas noch zu finden, treibt ihn die Treppe hoch, er öffnet die Tür zu seinem Kinderzimmer: auch das Kinderzimmer ist leer. Nein, es ist nicht leer. In der Mitte der ausgeräumten Stube steht ein häßlicher, eiserner Gartenstuhl und über dem Stuhl, mit Bindfaden angemacht, hängt ein Pappschild, ein Stück Karton, mit Rotschrift darüber gemalt in Elises Schrift: Herzlich willkommen! Er starrt auf das Schild. Seine Augen werden langsam blind vor überquellenden Tränen. Er läßt sich langsam und schwerfällig auf diesen Eisenstuhl des Hasses nieder, und dann stützt er den Kopf in die Hände und fängt an zu weinen, wie er noch nie in seinem ganzen Leben geweint hat.« (Kind, S. 381)*

Die titelgebende Episode ›Wir hatten mal ein Kind‹ kommt in dem Roman nur am Rande vor: Einmal, als seine Ehefrau Elise eine Fehlgeburt hat, und dann noch einmal, als das Kind seiner Jugendfreundin und Geliebten Christiane kurz nach der Geburt stirbt. Die Umstände dieses Todes sind der eigenen Biographie entnommen, das kleine Wesen verscheidet aus dem gleichen Grund wie Mückes Zwillingsschwester. Wir wissen, wie stark sich bei Hans Fallada das ursprüngliche Konzept in eine von ihm kaum noch zu beeinflussende Richtung entwickelt, umso erstaunlicher ist es, daß er diese für die Handlung unrelevanten Ereignisse als Buchtitel wählt. Der Tod des eigenen Kindes hat sich ihm doch sehr schwer auf die Seele gelegt.

Einerseits ist der Roman tatsächlich eine Beschreibung seines Freundes Kagelmacher, vor allem was dessen untrüglichen Instinkt für die Landwirtschaft angeht, andererseits aber steckt in der Figur des Johannes Gäntschow eine Menge an Autobiographie des Rudolf Ditzen. Der eigene Vater wird – übrigens erstmals ausnahmslos positiv – in der Figur eines hilfsbereiten Geheimrats abgebildet. Dessen Sohn tritt als weiteres Spiegelbild in einer Nebenhandlung auf. Es ist genau das bleiche, bebrillte wadenlose Gespenst bei den Wandervögeln, als das sich Hans Fallada einst selbst bezeichnete. Aber das wichtigste Selbstbild bleibt die Hauptfigur Johannes Gäntschow in ihrer Mischung aus ein wenig Kagelmacher und viel Rudolf Ditzen. Seine Lehrzeit und Arbeit als Landwirtschaftseleve passiert ebenso Revue, wie sein rätselhafter Hang zum Selbstzerstörerischen: *»Was aber war ich? Ein Mann, der mit einem seltenen Geschick sich selbst alle Lebensmöglichkeiten zerstört, der alle hilfreichen Hände müde gemacht hatte.«* *(Heute, S. 13)*

Johannes Gäntschow reflektiert kritisch über sich selbst: *»Er hat einen starken Kopf und er vermag einem großen Betrieb mustergültig vorzustehen – aber von sich weiß er nichts. Sich vermag er nicht zu leiten, sich kann er nicht vorstehen. Er wirft Tassen gegen die Wand und denkt, er ist ein vorzüglicher Mann, ein herrlicher Mann, ein mustergültiger Gatte... Das denkt er. Nein, er denkt es nicht. Er weiß alles von sich, er weiß, daß er ein schlechter Gatte ist und untauglich zur Ehe, er weiß, daß er nicht die rechte Liebe zu seiner Frau hat, er weiß, daß er ein armes, ihn hilflos liebendes Würmlein oft grausam quält – das alles weiß er. Aber trotzdem er das alles weiß, trotzdem zürnt er ihr weiter... ballt die Fäuste, knirscht mit den*

Zähnen und flucht vor sich hin... Und dabei laufen ihm die blanken Tränen über das weiße, verkrampfte Gesicht.« (Kind, S. 277)

Hans Fallada über sich: »*Aber wie ich meinen Mitmenschen eine Last war, wurde ich mir selbst zur Not.*« (Damals, S. 227)

Johannes Gäntschow: »*Er ist genau das, was man einen Wüterich nennt, und er wird sein Lebtag ein Wüterich bleiben. Nicht, daß er ganz ohne Gefühl wäre – aber es macht ihm direkt ein Vergnügen, gegen alle Welt, sich eingeschlossen, zu wüten.*« (Kind, S. 253)

Falladas cholerische Anfälle sind gefürchtet. Auch er wirft, vor allem wenn er getrunken hat, das Geschirr an die Wand, ist häufig ebenso rätselhaft und unbeherrscht wie sein Held. Die auf die Sekunde einzuhaltende Tagesordnung, die Johannes Gäntschow seiner Frau abverlangt, finden ihre Ergänzung in den Berichten von Suse über das Leben mit Hans Fallada in Carwitz: »Er war penibel und besessen. Besessen auch von Pünktlichkeit. Wenn er morgens nach der Arbeit herunterkam, mußte das Frühstück um sieben Uhr fünfzehn auf dem Tisch stehen. Um sieben Uhr sechzehn war es eine Katastrophe.«[4]

Johannes Gäntschow verbreitet Druck und Angst, obwohl er selbst darunter leidet. Der Rivale Wendland gesteht Johannes Gäntschow: »*Auch ich habe Angst vor Ihnen. Jeder Mensch hat vor Ihnen Angst. Man weiß nie, was Sie in der nächsten Sekunde tun werden*«. (Kind, S. 442)

Und Suse erinnert sich: »Wenn ich heute die Bilder aus Carwitz anschaue, dann sehe ich auch den Druck, den er ausübte, in den Gesichtern... Es gab ja oft Schwierigkeiten, wenn ich es nicht schaffte, auf die Minute pünktlich zu sein. Die Familie mußte sich unterordnen, und mehr und mehr wurde mein Mann ein Despot.«[5]

Diesmal liefert Rowohlt die Buchausgabe nicht mit dem Abdruck der letzten Fortsetzung Ende Juni in der Zeitung aus, sondern er legt dem Roman ›Wer einmal aus dem Blechnapf frißt‹ einen Verlagsprospekt bei, in dem er ›Wir hatten mal ein Kind‹ zu Weihnachten 1934 ankündigt und darin aus jenem

Brief Falladas zitiert, der das neue Buchmanuskript begleitete:
»Mein lieber Vater Rowohlt, hier sende ich Ihnen nun mein
liebstes und schönstes Buch. Es ist fertig. Ich laufe umher im
Garten und auf dem Feld, leer und unsagbar glücklich, daß ich
dies habe schaffen können: es ist schon eine Wonne zu schreiben! Alle meine andern Bücher... werden mir blaß und un-
deutlich vor diesem neuen Buch. Wie ich nach rund zwanzig
Jahren städtischen Umhergetriebenseins wieder heimgefunden
habe auf das Land, so habe ich, glaube ich, heimgefunden zu
meinen liebsten geistigen Vätern: Jean Paul und Wilhelm
Raabe. Mir ist, als hätte ich meinen ersten Roman geschrieben,
das Buch, das ich wirklich bin... wenn Sie nun auch, geplagte-
ster aller Verleger, jetzt beim Lesen werden lernen müssen, wie
man Weizen mäht und die Blattläuse auf den Saubohnen ver-
tilgt, so werden Sie doch außerdem und hauptsächlich von
einem guten Dutzend deutscher Menschen erfahren, ... und
der Christiane Freiin von Fidde vor allem... Ich kann es ja gar
nicht abwarten, was die deutsche Leserwelt zu dieser schönen,
stolzen und wahrhaftigen Schwester meines Lämmchens sagen
wird: zu Christiane... Aber nicht wahr, das sagen Sie meinen
Lesern möglichst bald, daß sie ein ganz anderes Buch von mir
zu erwarten haben, ein schönes, ein reiferes, ein reicheres?! So
recht aus meinem Eigenen geschrieben, wie ich heute an diesem Vorfrühlingstage in meinem Eigenen sitze, alles Vogelge-
tier schwätzt und lärmt und freut sich schon und ist hoffentlich
so glücklich wie Ihr Hans Fallada. Geschrieben 4. März, Im
Mäckelnbörgischen, In der Welteneinsamkeit, Auf der Büdnerei Nr. 17.«[6]

Es ist unwahrscheinlich, daß drucktechnische Schwierigkeiten für die relativ spät ausgelieferte Buchausgabe ausschlaggebend waren, sehr wahrscheinlich, daß politische Gründe Rowohlt leiteten: Die nationalsozialistischen Kritiker hatten den
›Blechnapf‹ endlich gelesen und bliesen geschlossen zur Jagd
auf Hans Fallada.

Einer der ersten war am 10. Mai 1934 Bernhard Payr, der
Archivleiter der ›Reichsstelle zur Förderung des deutschen

Schrifttums‹.[7] Für ihn ist der ›Blechnapf‹ »ein nicht ungeschickter Versuch, die heroische Lebensansicht unserer Zeit durch wirkungsvolle liberalistische Mittel zu sabotieren… Was ein derartiges Buch im nationalsozialistischen Deutschland soll, bleibt unverständlich.«[8] Genau einen Monat später findet Hellmuth Langenbucher, einer der einflußreichsten Literaturfunktionäre des nationalsozialistischen Kulturlebens[9], noch viel schärfere Formulierungen. Er spricht von einem Naturalismus aus der Gasse, von Makulatur und der ausnahmslos negativen Hauptfigur, die nicht in die neue Zeit passe, denn »Kufalt ist einer von jener Sorte degenerierter Menschen, für die wir heute die Sicherheitsverwahrung haben«.[10] Im Juli ergänzt Will Vesper: »Ein in vieler Hinsicht peinliches Buch, schlecht und gewissenlos gemacht. Arbeit auf Bestellung.«[11] Wer da was bestellt hat, erfährt weder der Leser der Kritik noch Fallada, der dem diffamierenden Schreiber einen empörten Brief schickt. Will Vesper antwortet allgemein und unverbindlich.

Die meisten nationalsozialistischen Rezensenten verbinden ihre negative Kritik mit einer Warnung an die Verkäufer des Romans. Langenbucher: »Und der deutsche Buchhandel? Nun, er sorgt dafür, daß Falladas Blechnapf eine Auflage bekommt, die zu erreichen zehn dichterisch wertvollen Werken zusammengenommen nicht gelingt. Wie lange noch?«[12] Will Vesper appelliert an »den versagenden Buchhandel« und schließt mit dem Satz: »Ich warne immer wieder, weil ich den deutschen Buchhandel liebe und sein Weiterbestehen wünsche.«[13]

Der deutsche Buchhandel versteht die Botschaft und nimmt den ›Blechnapf‹ aus den Schaufenstern heraus; der Verkauf stagniert. Die bürgerlichen Rezensenten halten sich nun vorsichtig zurück. Sie besprechen das Buch sehr knapp oder gar nicht.

Hans Fallada, der mit seinem Vorwort zum ›Blechnapf‹ gehofft hatte, den Wolf zu streicheln, weiß jetzt, daß es vergeblich war. »Von der behördlich anerkannten Literatur setzt augenblicklich ein konzentrischer Angriff gegen mich ein, der offensichtlich das Ziel hat, mir das Schreiben unmöglich zu machen. Das wäre bitter für mich, denn ich kann nicht wie andere Helden mich ins Ausland absetzen und da Literatur schreiben, ich sitze hier so fest im Norddeutschen, daß ich keine andere Umwelt zum Produzieren mir denken kann«[14], schreibt er am 17. Juni 1934 an Kagelmacher.

Um sich seiner potentiellen Feinde zu erwehren, um überhaupt veröffentlichen zu dürfen, muß er sich für den nationalsozialistischen Kulturbetrieb legalisieren. Den Boden dafür hatte er – früher als die meisten seiner Schriftstellerkollegen – bereits anläßlich der Machtübernahme der Nationalsozialisten vorbereitet. Er war im Januar 1933 aus dem ›Schutzverband Deutscher Schriftsteller‹, einer parteineutralen Organisation, ausgetreten. Im Juli 1933 unterschrieb er den Aufnahmeantrag des just gegründeten ›Reichsverband(es) Deutscher Schriftsteller‹.[15]

Die Nationalsozialisten hatten so überraschend die gesamte Macht im Deutschen Reich übernommen, daß sie für die Kulturgesetzgebung noch etliche Monate benötigten, um ihre Position auch auf diesem Gebiet zu festigen. Das ›Reichskulturkammergesetz‹ vom 22. September 1933 erfaßte nunmehr die Gebiete: Film, Bildende Künste, Theater, Musik, Rundfunk, Presse und Literatur. Die erste Durchführungsverordnung der Reichskulturkammer (RKK) vom 1. November 1933 zwang alle Künstler, ihr beizutreten, sofern sie ihre Werke veröffentlichen und damit verkaufen und davon leben wollten. Das galt für bildende Künstler ebenso wie für die Autoren der schreibenden Zunft, gleichgültig, ob sie Journalisten oder Schriftsteller waren. Allerdings konnte die Mitgliedschaft den Antragstellern auch verweigert werden. Dies geschah bis 1935 vor allem aus politischen Gründen, wenn sich das neue Werk gegen die Interessen des Dritten Reiches richtete, aber auch, wenn der Autor vor der nationalsozialistischen Ära als Kommunist oder Sozialdemokrat aufgefallen war. Mit den ›Nürnberger Gesetzen‹ vom September 1935 wurden dann auch jene Mitglieder ausgeschlossen, die den Ariernachweis nicht erbringen konnten.

Eine Ablehnung der Mitgliedschaft kam einem Berufsverbot gleich, denn kein Verleger würde es wagen, die Werke eines solchen Autors zu veröffentlichen. Für Schriftsteller wie für ihre Verleger drohten in einem solchen Falle hohe Geldstrafen. Die Verleger konnten darüber hinaus zwangsverwaltet oder enteignet werden.[16]

Trotz der harten Bestimmungen befand sich die Reichsschrifttumskammer in einem Übergangsstadium, etliche Funktionäre gehörten z. B. noch nicht der NSDAP an. Daher wurde am 16. April 1934 von der Partei eine eigene Stelle für Schrifttumsüberwachung – man vermied sorgfältig das Wort Zensur – gegründet. Es war die ›Parteiamtliche Prüfungskommission zum Schutze des nationalsozialistischen Schrifttums (PPK), die sich eigentlich nur mit Veröffentlichungen beschäftigen sollte, die mit der nationalsozialistischen Bewegung zusammenhingen, die aber auch in Fälle eingriff, die weit von ihrem gesetzten Ziel abwichen. Und da die übrigen Funktionäre der Reichsschrifttumskammer zunächst noch nicht zur vollen Zufriedenheit der NSDAP arbeiteten, gründete das Propagandaministerium eine Abteilung ›Schrifttum‹, deren Vorsitzender gleichzeitig auch der Vizepräsident der Reichsschrifttumskammer war. Diese Abteilung sorgte dafür, daß Listen von ›unerwünschten Autoren‹ aufgestellt und Verbotsanträge gegen einzelne Schriftsteller und Journalisten erarbeitet wurden. Sie sprach Buchverbote und Berufsverbote aus.[17] Damit war der Kreis geschlossen, die Macht über die Kulturschaffenden etabliert. Die erste Schleuse war die erzwungene Mitgliedschaft, und als Sicherheitstür fungierte die Liste der unerwünschten Autoren, die unbotmäßige Mitglieder ausschloß.

›Unerwünschte Autoren‹ hatten zwar kein Schreibverbot, aber auch die Publikation ihrer Werke im Selbstverlag war verboten. Den Verlagen, die Bücher von unerwünschten Autoren veröffentlichten, drohten die oben angeführten Sanktionen, den Buchhandlungen offiziell verkündeter Boykott oder im Wiederholungsfalle das Berufsverbot für die Inhaber. In den schlimmsten Fällen wurde der Besitzer als staatsfeindliches

Element ins Konzentrationslager gebracht und sein Betrieb durch Nationalsozialisten übernommen.

Hans Fallada hatte also weit vor diesen Gesetzen und Verordnungen seine Mitgliedschaft in der nationalsozialistischen Berufsorganisation beantragt. Aber seit einem Jahr lag sein Brief unbearbeitet auf den Tischen der Kulturbürokraten.

Beunruhigt hierüber und gewarnt durch die negativen Kritiken, macht er weitere Konzessionen. Der Film ›Kleiner Mann – was nun?‹ ist fertiggestellt. Fallada, der sich bereits empört über die verhunzte Umsetzung seines Buches aus der aktiven Mitarbeit bei den Dreharbeiten gelöst hatte, wollte ursprünglich der Filmgesellschaft untersagen, seinen Namen im Vorspann anzuführen. Jetzt unterläßt er das. Aber er ist so verbittert, daß er nicht zur Premiere erscheint. Auf dem Fuße folgt das nächste Entgegenkommen an die neue Macht. Die Neuauflage des Kleinen Mannes wird mit einem optimistischen Cover versehen, denn sowohl die nationalsozialistischen Kritiker als auch etliche Leser hatten die Titelzeichnung von George Grosz als zu negativ und grob empfunden. Schwerer wiegen die inhaltlichen Veränderungen: Fallada verwandelt den prügelnden Verkäufer Lauterbach, ein SA-Mitglied, in den unpolitischen Torwart eines Fußballvereins, der seine Fäuste nunmehr gegen die sportlichen Gegner schwingt. So wird Pinneberg jetzt auch nicht mehr entlassen, weil es einen SA-Mann und seine rechtsextremen Schläger zu schonen gilt, sondern, weil der Sportverein eine wichtige Interessengruppe in der kleinen Stadt ist. Aber immerhin bleibt Lämmchens Empfehlung stehen, die KPD zu wählen, und Frau Nothnagel klagt nach wie vor über den Antisemitismus im Lande.

Das Zugeständnis ist zu halbherzig, die Nationalsozialisten haben sich ihr Bild von Hans Fallada gemacht und die Hatz wird fortgesetzt; das neue Wild ist der Roman ›Wir hatten mal ein Kind‹. Am 24. Oktober 1934 erscheint in den ›Münchner Neueste(n) Nachrichten‹ unter der provozierenden Überschrift ›Wir hatten mal einen Fallada‹[18] die Rezension von Walter Julius Bloem: »Vier Bücher. Das erste: ein Bauernbuch, in dem alles niederbricht aus blanker Wut. Das zweite: ein Arbeitslosenbuch aus lauter Niederbruch und Not. Das kreischende Inferno des tief wahrhaftigen dritten: Buch eines Sträflings, darin geht Jegliches ins Unglück an der Kaltherzigkeit der Menschen.«[19] Die Kritik des vierten Romans ›Wir hatten mal ein Kind‹ schließt mit der lakonischen wie richtigen Feststellung:»Fallada abgesägt.«[20]

Das Zentralorgan der Nationalsozialisten, der ›Völkische Beobachter‹ stellt am 18. November 1934 in diesem Sinne fest:»Der Unsere ist er nie gewesen!«[21] Hellmuth Langenbucher streift gleichfalls Falladas vorher erschienenen Romane, bevor er zur Neuerscheinung Stellung bezieht. Er unterstellt Fallada Opportunismus. Mit ›Bauern, Bonzen und Bomben‹ habe er auf die völkische Seite seiner Leser gesetzt, der ›kleine Mann‹ sei, als das nicht so recht klappte, dann für die Linken geschrieben worden. Schlimmer noch, in ihm verrate Fallada die völkische Idee: die Freude, mit der Pinneberg auf sein einziges Kind hinweise und andere Arbeiter bedaure, die davon ein Dutzend hätten, gefährde in ihrer Aussage auch den biologischen Fortbestand des deutschen Volkes, aber das Buch sei ohnehin nur eine scheinheilige Fassade. Der ›Blechnapf‹ biedere sich im Vorwort bei der nationalsozialistischen Bewegung und ihrer neuen Welt an, aber auch dieses Buch von »Figuren, die ohne Zwang und Wesen sind, (ist) nur möglich in einer vorgetäuschten Wirklichkeit«.[22] ›Wir hatten mal ein Kind‹ sei eine Ansammlung von Scheußlichkeiten, der Sittenlosigkeit und des Ehebruchs. Alles in ihm sei »ohne Glauben, ohne Hoffnung und ohne Zukunft; es ist nur Niedergang, weniger offen als im ›Blechnapf‹, aber für den Kundigen darum nicht weniger deutlich... Wir erkennen den Unterhaltungsroman an, ... aber wir verlangen von ihm Sauberkeit und eine anständige Haltung; wir sind allem Neuen aufgeschlossen... auch wenn nicht die Spur eines braunen Erlebnisses darin ist, wenn es nur anständig ist und deutsch, im Innern und Äußern.«[23] Die Drohung steht am Ende der Rezension:»Wir wollen uns... zu denen scharen, die das ewige Deutschland wollen, dessen Führer heute Adolf

Hitler ist; und wir wollen ein waches Auge haben auf alle die andern, die nicht willens sind, mit ihrer Arbeit den ›betonten Forderungen unserer Tage‹ Rechnung zu tragen.«[24]

Die gehässigste Kritik schreibt Theodor Jakobs in einer Fachzeitung der Hoch- und Fachschulen. Sein Artikel zeigt zugleich, welche Töne jetzt bei der Bekämpfung der ideologischen Gegner angeschlagen werden. Vor zwei Jahren habe man vor der Universität einen Schandpfahl errichtet, um dort die »Bücher der Schinder des deutschen Schrifttums und deutschen Volkes« zu brandmarken. Dazu gehöre auch Johannes Gäntschow, »ein verkommenes Subjekt, welches nach Kognak und Stinkfisch riecht«. Dieser Johannes Gäntschow wolle ›Held‹ und ein Kind von Hans Fallada sein, mehr noch, dieses Subjekt reiche ihm, Theodor Jakobs, auch noch andere Bücher Hans Falladas: »Ich fasse sie mit der Feuerzange an, blättere die Seiten mit einem nassen Schwamm um, schlage sie aber schnell zu, weil daraus ein Dunst emporsteigt, der gräßlicher ist als der Kadavergeruch bei Verdun. ›Der junge Goedeschal...‹ betitelt sich die eine Schwarte, die andere ›Wer einmal aus dem Blechnapf frißt‹... Wenn Sie, Herr Hans Fallada, in die gemeinsten Tiefen des viehischen Menschentums hinuntersteigen, welches es m.E. kaum in unseren Gauen gibt, so mögen Sie es tun. Ihre Pflicht als Dichter eines Volkes aber wäre es, ihre würdelosen Buchgestalten aus dem niedrigen Grad der Handlung in das helle Licht der befreienden Tat hineinwachsen zu lassen... Sie, Herr Hans Fallada, müßten wissen, daß unser Volk durch seinen edlen Führer neu in der Prägung begriffen ist, und daß es sich in seiner ganzen neuen Würde im Schrifttum wiederfinden will. Sie aber ziehen es in den Kot... Ich will nun schweigen. Ich hoffe aber, daß ich bald Hammerschläge höre, die das Machwerk ›Wir hatten mal ein Kind‹ an den Schandpfahl nageln«.[25]

Fallada ist überrascht, konsterniert und verunsichert über die nationalsozialistische Kritik. Er kann es nicht fassen, daß ausgerechnet dieses Buch auf soviel Ablehnung und Emotionen stößt. Aber es kommt noch schlimmer für ihn. Es zeigt sich, daß Fallada mit seinen halbherzigen Zugeständnissen zwischen Baum und Borke gerät. Auch die Emigranten greifen ihn jetzt an. Ihrer Irritation über das Vorwort im ›Blechnapf‹ folgt überwiegend die krasse Ablehnung des neuen Romans: »Zweifel über die Bedeutung des Vorworts sind jetzt beseitigt. Das im faschistischen Deutschland geschriebene Buch ›Wir hatten mal ein Kind‹ zeigt den Autor auf dem künstlichen Boden ›arteigener‹ Ideologie. Der Sprung vom ›Asphalt‹ auf die ›Scholle‹ ist vollzogen. Ein Talent ist dabei ausgeglitten, es hat sich das zarte Rückgrat gebrochen. Doch freudig bekennt der Autor in einem verabredeten Brief an seinen Verleger: Dieses Buch ist mein liebstes und schönstes. Denn Macht ist Macht und Haus ist Haus und Wohlstand – Wohlstand«.[26]

Trude Richter spricht verbittert vom gleichgeschalteten Fallada. »Der begabte bürgerliche Dichter, für den seit 1933 keine gesellschaftlichen Zusammenhänge mehr existieren, der keinen Anlaß sieht, die Barbarei des Dritten Reiches zu bekämpfen, der ist dem Faschismus mit Haut und Haaren ausgeliefert... Was man auch von ihm verlange – er wird keinen Widerstand leisten, er wird alles schlucken, um sein Häuschen und seine Ruhe zu retten, und er wird in artistischen Einsiedlermärchen seinen einträglichen Zeitvertreib finden. Die Nazis können ihm dankbar sein: er lieferte den Beweis, daß ein bürgerlicher Schriftsteller, der nicht in Opposition zur faschistischen Politik tritt, ihr faktisch ausgeliefert ist, nicht bloß als Staatsbürger, sondern auch als Dichter.«[27]

Für Hans Koeser ist der Roman in erster Linie »eine tolle Mischung von Abnormitäten und Scheußlichkeiten, von wiederbelebten Vorzeitsagen und Delirien, von Sodomie und Irrsinn, die das Gesetz, unter dem der Held handelt, glaubhaft machen soll.«[28] Auffallend ist für Koeser, daß Fallada sich mit dem ›Blechnapf‹ bei den Nazis angebiedert habe, und als dies vergeblich gewesen sei, den Lesern und Kritikern nunmehr seine Ansichten über die Lebensart der Bauern anbiete, »als wären sie aus den Schriften der nationalsozialistischen Theoretiker abgeschrieben... Das Buch Falladas ist ein zustimmender

Beitrag zum Faschismus als politischer und kultureller Erscheinungsform.«[29]

Kurt Kersten zitiert die Vorankündigung Rowohlts in voller Länge, um sie dann in seiner Glosse mit drei Sätzen zu karikieren: »Kein Witz, keine Satire kann die traurige Rolle der deutschen Talente, die sich dem Faschismus ergeben haben, deutlicher zum Ausdruck bringen als ihre eigenen Erzeugnisse. Grauenhafter Absturz aus einem beginnenden Realismus in die verkitschte Sphäre eines Jungnickel. Da müssen sie landen, alle Wege führen zu Blubo.«[30]

Der Zorn der Emigranten ist nachzuvollziehen. Zum einen kommt Fallada tatsächlich mit einigen Szenen seines neuen Buches zumindest in die Nähe jener Blut-und Boden-Theorie. Sie war vom Reichsbauernführer und Reichsminister für Ernährung und Landwirtschaft, Richard Darré, entwickelt worden und bildete das Grundgerüst der nationalsozialistischen Rassenideologie. Der erbgesunde Bauer kann nur den nordischen Rassen entstammen. Seine enge Verbundenheit mit seiner Rasse, Sippe, Familie und dem von ihm bebauten Boden ist die Grundlage seines Lebens. Damit gilt er, so der Titel eines Buches von Darré, als ›Neuadel aus Blut und Boden‹. In die Nähe von ›Blubo‹ gerät Fallada, wenn er die Familie seines Helden beschreibt: »*Der Bauernstamm Gäntschow, in fremdes Land verpflanzt, aber darum nur umso reiner erwachsen. Unverfälscht.*« *(Kind, S. 189)* Oder: »*Ausgeklügelte Spitzfindigkeiten eines Pubertätsnarren? Nein, uraltes Bauerntum. Ererbter Instinkt von tausend Höfen, in denen man sich nicht an die Liebe verlieren darf, da man den Hof behalten muß. Die Liebe, Gott, mein Gott, die Liebe! Es gab genug anderes für einen heranwachsenden Menschen...*«; *(Kind, S. 196)* oder: »*Die Bauern hatten schon ganz recht, wenn sie sich nicht auf Liebe einließen, wenn sie ihre Frauen wie Haustiere hielten, wenn sie nur, wie es dem Hof guttat, heirateten. Der Hof lebte, die Menschen starben, Acker blieb immer, aber Liebe verging*«. *(Kind, S. 381)* Dennoch ist der Vorwurf der Emigranten eine Fehlinterpretation. Johannes Gäntschow ist ein Außenseiter und weder mit seiner Sippe, seinen Eltern und Geschwistern, noch mit seiner Ehefrau verbunden. Die große Harmonie der bäuerlichen Lebensgemeinschaft fehlt also. Im Gegenteil, wo immer er auftritt, gibt es Unheil, Chaos und Angst. Gäntschow wird daher gründlich scheitern. Seinen Hof läßt er monatelang im Stich, um sittenwidrig mit seiner Geliebten das Glück zu suchen. Die Tatsache, daß er ein körperlich gesunder, leidenschaftlicher Landwirt ist, reicht für eine Blut- und Boden-Charakteristik nicht aus. Aber schon ihre Nähe war den Emigranten verdächtig, und sie vermischten die Blut-und Boden-Ideologie mit dem Idealbild, das die Nationalsozialisten vom deutschen Mann propagierten, der am besten hart wie Krupp-Stahl, zäh wie Leder und flink wie der Windhund sein sollte. Auch Johannes Gäntschow ist hünenhaft gewachsen und besteht nur aus stahlharten Muskeln ohne ein Gramm Fett auf den Knochen. Seine mächtigen Hände sind in der Lage, Eisenstücke zu verformen.

Der Vorwurf, Fallada habe sich aus materiellen Gründen mit den Nazis arrangiert, wiegt schwerer, denn er bezieht das systematische Schweigen der im Lande gebliebenen Schriftsteller über die Unterdrückungsmethoden der Nationalsozialisten mit ein. Kurt Kersten nennt – grimmig auf Falladas Vorwort zum ›Blechnapf‹ hinweisend – die immerhin schon 1934 bekannten Maßnahmen der nationalsozialistischen Justiz: »Konzentrationslager, Entmannung, ›Sicherheitsverwahrung‹. Der Strafvollzug wurde grauenvoll verschärft; es wurde ausdrücklich erklärt, daß das Wort ›Zucht‹ mit dem Wort ›Züchtigung‹ verwandt sei. Wer im Zuchthaus saß und sitzt, kann lange warten, bis er nach der Strafverbüßung wieder herauskommt, und wenn es geschieht, so kann er froh sein, wenn er mit heilen Knochen in der ›Freiheit‹ verhungern darf. Und den Rückfälligen erwartet ›Sicherheitsverwahrung‹ auf Lebenszeit. Fallada wußte dies. Und wußte mehr . . . Fallada fühlt sich wohl. Er hat Konzessionen gemacht, um sich zu salvieren. Es geht ums Häuschen. Um nichts anderes. Er ist ein banaler Fall.«[31]

»Der Autor befand sich auf einem guten Weg«, lobt Werner Türk. »Da fuhr plötzlich, aus heiterem Himmel, ein hakenkreuzgezackter Blitz nieder. Der Autor erschrak, dachte an Weib und Kind und an sein Häuschen, das ihm der ›Kleine Mann‹ erobert hatte«.[32]

Daß die Emigranten so gallig vor allem über die Vorankündigung zum ›Kind‹ herfielen, ist verständlich, denn ihre Lebensverhältnisse bildeten den Kontrast zu jener Idylle, die Fallada so euphorisch schilderte. Nachdem sie die deutschen Grenzen mit viel Not und Glück passiert hatten, erlitten fast alle Flüchtlinge das Gleiche: sie mußten um ihre Bestätigung als Asylant ringen, mitunter flohen sie von Land zu Land, immer wieder hoffend, jetzt endlich anerkannt zu werden und eine Lebensgrundlage zu finden. Sie lebten entwurzelt und ohne Freunde unter kümmerlichsten Umständen, oft genug geplagt von Hunger und Geldsorgen. Es mußte sie erbosen, wenn dann ein Kollege, den sie bislang als einen der ihren betrachtet hatten, die Umstände, die sie ins Exil getrieben hatten, nicht wahrnahm und stattdessen selig über Vogelgezwitscher, Weizen und Saubohnen ohne Blattläuse plauderte und dann auch noch sein eigenes Domizil in der Welteneinsamkeit lobte. Vermutlich deshalb fiel auch ihr Urteil über den neuen Roman so negativ aus.

Die Einzigen, die sich uneingeschränkt positiv über das neue Buch äußern, sind ausgerechnet die sonst so kritischen Eltern. Mit diesem Roman gelingt es dem verkannten Sohn endlich, auch von ihnen akzeptiert zu werden und sogar Verständnis beim bisher so unaufgeschlossenen Vater zu finden. Hans Fallada hatte ihnen bereits die Druckfahnen geschickt, weil er sicher war, daß das neue Buch ihnen mehr Freude bereiten würde als der ›Blechnapf‹. Er hat recht, mehrfach lesen die Eltern den Probedruck. Danach lesen sie die gekürzte Illustriertenfassung und anschließend noch einmal das Buch. Sie sind begeistert. Die Mutter berichtet: »auch Papa ist ganz gefesselt, erregt, oft tief bewegt, so daß ich dann weiterlesen muß. Oft lesen wir über die übliche Zeit hinaus, weil er sich nicht losreißen kann«[33]. Der Vater erkennt im Protagonisten sofort das Spiegelbild seines Sohnes: »...so kann ich auch Gäntschow bis zu einem gewissen Grade verstehen... und be-

262

greife, ... wie alte Erinnerungen mächtig in Dir geworden sind, sehe auch den Mann vor mir, der nicht zum Glück kommen konnte, weil er ein unglückliches Erbteil seiner Väter in sich trug.«[34] Fallada hat es also endlich geschafft, von den Eltern anerkannt zu werden, die seine Individualität und seine Lebensziele bislang so negativ beurteilten. Aber das Verständnis kommt zu spät, die Wunden, die sie ihm bis jetzt geschlagen haben, klaffen zu tief. Drei Jahre später wird die unglückselige Rolle des eigenen Vaters in der Figur des eisernen Gustavs doch noch einmal zurückkehren.

Doch so glücklich er kurzfristig auch über das Lob der Eltern ist, den Druck nimmt es ihm nicht von der Seele. Der kommt von außen. Die Nationalsozialisten haben sich auf ihn eingeschossen und wollen ihn zwingen, entweder für sie zu arbeiten oder aber die Konsequenzen zu ziehen. Noch immer glaubt er, sich durchlavieren zu können. Aber die journalistische Hetze, die Ablehnung von rechts und links, vor allem aber das Verkennen seines geliebten Romans ›Wir hatten mal ein Kind‹ zerrt an seinen Nerven, bringt ihn um sein Selbstbewußtsein, läßt ihn an seinen schriftstellerischen Fähigkeiten zweifeln. Seine finanzielle Situation ist schlecht. Durch die Pressekampagne werden seine Bücher kaum noch verkauft. Die Buchhändler haben alle Fallada-Titel aus den Schaufenstern und den Regalen genommen, die wenigen Mutigen halten seine Bücher unterm Ladentisch verborgen und verkaufen sie nur auf Anfrage. Immer wieder erscheinen negative Kritiken zum ›Kind‹ und immer häufiger hält Fallada den Druck nicht mehr aus und läßt sich mit Alkohol vollaufen. Gegen die Schlaflosigkeit schluckt er Luminal, zum Wachbleiben trinkt er kannenweise Kaffee. Schon dieser permanente Wechsel zwischen Aufputsch- und Beruhigungsmitteln bringt ihn auf den Hund. Er bastelt am Haus herum, hat diese oder jene Idee, schreibt aber nicht. Er versucht, die Krise auszusitzen und natürlich mißlingt ihm das.

Ablenkung soll im September 1934 eine Reise mit Suse nach Berlin bringen. Aber hier gerät er, wie immer in der verführerischen Großstadt, erst recht in die alten Bahnen seiner Abhängigkeiten. Nach einigen ihn selbst erschreckenden Alkoholnächten schickt er seine Frau nach Hause und flieht auf die Insel Hiddensee. Dort geht er stundenlang spazieren und findet einen Ausweg. Er wird sich nicht mehr die Finger verbrennen, sondern gezielt billiges Lesefutter für schlichte Gemüter produzieren. Er muß es tun, um in Deutschland schreibend überleben zu können. Ich »habe viel gegrübelt und mir überlegt, wie man ein aktuelles Buch schreibt, ohne es aktuell zu machen«[35], teilt er der Schwester mit.

Er kehrt nach Carwitz zurück und beginnt im November mit der Arbeit. Sie fällt ihm schwer, denn »Nur aus dem Unbewußten kann ich schreiben, und auch nur aus dem Ungewußten.«[36] Jetzt zwingt er sich aus rationalen Motiven zu einem unverfänglichen Stoff. Er erfindet eine Geschichte, die nicht seinem innersten Anliegen entspricht. Die Routine als Schreiber muß ihm jetzt dabei helfen, sich selbst zu verleugnen. Dies ist umso nötiger, als er zum Jahresende 1934 auch noch einen Steuerbescheid in Höhe von fast 30 000 Mark erhält. Die Summe ist binnen kürzester Frist zu zahlen. Er entläßt seine Sekretärin, tippt selbst oder setzt Suse an die Schreibmaschine.

Er quält sich bis Ende Januar 1935 mit dem Manuskript herum. ›Und wenn der ganze Schnee verbrennt‹, heißt es zunächst, später wird er es ›Altes Herz geht auf die Reise‹ nennen. Er hat schwere Skrupel, das Buch zur Veröffentlichung anzubieten, denn er findet es banal, und es ist auch banal. Nach Art des typischen Illustriertenromans wird die Geschichte eines alten, weltfremden Gelehrten erzählt, der überraschend von seinem Patenkind angeschrieben wird, das in Not geraten ist und ihn um Hilfe bittet. Nach etlichen Abenteuern in der ihm fremden ländlichen Welt seines Patenkindes kommt das Geschehen zu einem guten Ende. Das Ganze ist im Stile Wilhelm Raabes geschrieben und erinnert an eine Mischung aus dessen Erzählungen ›Horacker‹ und ›Das Odfeld‹.

Man sollte annehmen, daß eine solche dem Biedermeier sehr verwandte Geschichte nun keinen Anlaß mehr zur Kritik birgt, aber auch mit diesem kleinen Buch wird Hans Fallada sofort ins Fadenkreuz der Nationalsozialisten geraten. Doch das ahnt er noch nicht. Genau weiß er allerdings jetzt schon, daß die Geschichte flach im Inhalt und verkrampft im Stil ist, so zum Beispiel jene Szene, in der ein zerlumpter, schwachsinniger Briefbote den Hilferuf des Patenkindes bringt und der Gelehrte sich entschließt, ihm zu folgen: *»›Liebe Witwe Müller‹, sagte der Professor Gotthold Kittguß und war nun wieder ganz daheim in seiner milden Ferne. ›Es ist ausgemacht und mit vielen Stellen der Heiligen Schrift belegt, daß Gott seine Boten und Engel durchaus nicht immer in der seligen weißen Flügelgestalt auf diese Erde sendet, wie wir als einfältige Kinder wähnten... Genug und übergenug, es ist endgültig beschlossen: ich folge dem Ruf. Morgen in der Früh fahre ich nach Unsadel.« (Altes Herz, S. 15)* [37]

Das ›Alte Herz‹ ist ein »mit nachlassenden Lenden geschriebenes Buch« [38], wird er sich später bei Kagelmacher entschuldigen und gegenüber seiner ehemaligen Sekretärin klagen :»ich werde unter dem Einfluß meines Romans immer doofer..., wenn der Roman wirklich so doof ist, wie er mir jetzt vorkommt, wird er todsicher ein Welterfolg. Aber leider wird er dafür wieder nicht doof genug sein.« [39]

Das nunmehr bei Rowohlt abgelieferte Manuskript ist ein Werk des rationalen Kalküls zum Überleben. Irrational und ohne etwas dagegen unternehmen zu können, aber hadert Hans Fallada mit sich. Er wirkt fahrig und ist überreizt. Bei jedem kleinen Anlaß reagiert er jähzornig, brüllt herum, wird immer unberechenbarer. Er findet keine Ruhe, er ist sich selbst zuwider, daß er diesen Mist geschrieben- und auch noch abgeliefert hat. Im Februar 1935 hält er sich nur noch mit Alkohol und Schlaftabletten aufrecht. Das Leben in Carwitz wird durch seine Ausfälle nicht nur ihm, sondern auch allen Menschen, die mit ihm zusammenleben, zur Hölle. Sein Verstand sagt ihm, daß die grausame Konzession an sein schriftstellerisches Talent lebensnotwendig war, aber seine Psyche boykottiert den rationalen Intellekt.

Am 16. März 1935 ist er plötzlich verschwunden. Rowohlt ruft irritiert bei Suse an. Hans Fallada habe ihn in Grünheide besucht und einen fürchterlichen Krach angezettelt, der nur mit größeren Mengen von Whisky in ruhige Bahnen geleitet werden konnte. Wo er jetzt sei, wisse er nicht. Hans Fallada aber sitzt achtundvierzig Stunden lang in irgendwelchen Eisenbahnzügen und fährt ziellos durch das ganze Land. Am 18. März ruft er volltrunken Suse aus München an. Die Verbindung wird aber sofort wieder unterbrochen. Den nächsten Anruf erhält sie von den Münchner Freunden Gundermann. Dort war Fallada auch plötzlich aufgetaucht, hatte herumgeschrien, wirr geredet, irgend etwas zu erklären versucht, was keiner verstand. Mit vielen guten Worten beruhigten ihn die Freunde und – brachten ihn in eine psychiatrische Klinik. Das ist die Situation eines in den Augen der Emigranten so gemütlich in seinem Eigenen sitzenden und wohlbestallt verbliebenen Schriftstellers im Dritten Reich!

Ende März fährt Suse nach München und holt ihren Mann nach Hause. Jetzt ist er nicht mehr der selbstbewußte weltberühmte Schriftsteller Hans Fallada, der den ›Kleinen Mann‹ geschrieben hat. Jetzt ist er nur noch ›ihr Junge‹, der gerade so weit wieder hergestellt ist, daß er schwer auf ihren Arm gestützt mit zittrigen Knien und unbeholfenen, kleinen Schritten neben ihr hergeht. In diesem Zustand will er versuchen, dem psychologischen Druck der Nationalsozialisten zu widerstehen.

16.
Die Schlinge zieht sich zu:
Unerwünscht!

In Carwitz trinkt Hans Fallada ungehemmt Alkohol und bleibt zudem wochenlang apathisch im Bett, »tatenlos, willenlos... leider dauern die Depressionen an. An irgendwelche Arbeit natürlich kein Gedanke – und ich stand direkt vor dem Schluß des Buches, das uns vielleicht auch finanziell geholfen hätte« [1], klagt er gegenüber Kagelmacher. Der Feldberger Arzt versetzt ihn in eine Art Dauerschlaf, um die in München diagnostizierten ›manischen Depressionen‹ abzuschwächen. Als das nichts fruchtet, hilft er trotz Suses dringender Bitte, dies nicht zu tun, mit Morphium nach. Sie glaubt zunächst, daß es sich um ein Beruhigungsmittel handelt, bemerkt aber rasch an den Folgen, daß es doch wieder Rauschgift ist: »Ich mußte ihn spritzen, konnte das auch... und er lag... so da, daß er morgens auf die Spritze wartete, und dann den Tag über schon auf die Abendspritze wartete.« [2] Fallada bekommt entzugsbedingte Halluzinationen, da die Morphiumdosen bald nicht mehr ausreichen. Er tobt, schlägt um sich, redet wirr, bis die erlösende Spritze gesetzt ist. Dann schläft er sanft ein. Kaum ist er aus seinem Drogenrausch erwacht, beginnt der Wahnsinn von neuem.

Anfang Mai 1935 bringt Suse ihn in die geschlossene Abteilung der Charité. Ihr Brief von Ende Mai an den besorgt nachfragenden Kagelmacher schildert Einzelheiten: »Wie es dann nicht mehr weiter ging, habe ich ihn nach Berlin zu dem Arzt, der ihn vor zwei Jahren so glänzend behandelt hat, gebracht. Bei dem hat er dann eine Entziehungskur durchgemacht, aber stattdessen hat der ihm zu schwere Schlafmittel gegeben, was eine ganz schwere Schlafmittelvergiftung zur Folge hatte. Es war schrecklich, diesmal habe ich wirklich geglaubt, er würde geisteskrank werden.« [3] Im Juli erfährt Kagelmacher vom Patienten selbst Genaueres: »Also, ich bin wieder unter den meinen, auch unter den Lebenden, auch unter den Verständigen. Schlimm war es diesmal schon. Wenn wir einmal wieder beisammen sind, erzählen Suse und ich von diesen Ärzteirrungen, und all ihrem Drum und Dran... Vierzehn Tage fehlen ganz aus meinem Gedächtnis, Gottlob! – das war die Zeit, in der ich fast die Schwelle überschritten hätte. Aber während ich bisher in meinem Leben doch fast stets das Gefühl gehabt habe: es kann mir nichts geschehen, ist mir diesmal etwas von der Todesangst, die ich während meiner Halluzinationen gehabt haben muß, geblieben. Ergebnis: etwas achtsamer werde ich leben. Und mit ständigem Verzicht auf jedweden Alkohol. Das ist doch wenigstens ein positives Ergebnis.«[4]

Die Furcht vor einer andauernden Umnachtung ist nicht unberechtigt, nur liegt sie vermutlich nicht an der fragwürdigen Behandlung, sondern an der mittlerweile hohen Anzahl der abrupten Abstinenzen. Jeder Entzug von Drogen hinterläßt Spuren an Körper und Geist, gleichgültig, ob von Alkohol oder von Rauschgift entwöhnt wird. Bei Fallada handelte es sich auch noch um eine doppelte Abhängigkeit. Das Herz wird ungemein belastet und der Kreislauf droht zusammenzubrechen. Das Hirn reagiert mit Wahnerscheinungen und Angstdelirien. Bei Alkoholikern wie bei Morphinisten kann das bis zum Wahnsinn führen. Je mehr Entziehungskuren ein Süchtiger hinter sich bringt, umso heftiger melden sich die Nebenerscheinungen, umso gefährlicher sind die Nachwirkungen und umso bedrohter ist auf Dauer seine Gesundheit.[5]

Hans Fallada benötigt Wochen, um wieder auf die Beine zu kommen. Er wird von einer Krankenschwester betreut, zwingt sich zur Beschäftigung, aber er schreibt nicht. Er widmet sich der Landwirtschaft, offensichtlich auch mit dem Gedanken, vielleicht nur noch vom Ertrag seiner Gärten und Felder zu leben, wenn man ihm das Schreiben unmöglich machen sollte. Er baut die Bienenzucht aus, pflanzt, was man in Carwitz noch nicht kennt, Mais an, und sammelt mit seinen Leuten die ›nachwachsenden‹ Steine von den Feldern. Er geht viel mit den Kindern spazieren, spannt den tückischen Schimmel vor die Kut-

21 Hans Fallada mit Sohn Uli.

sche und fährt nach Feldberg zum Einkaufen. So lebt er in seiner ›Welteneinsamkeit‹ und wartet ängstlich ab, was ihm die
folgenden Wochen und Monate bescheren werden. Aber der
politische Druck erreicht ihn auch hier: »Und dann kam dieser
neue Bürgermeister... und der war auch Lehrer bei uns im
Dorf... ein reiner Nazi, ein Hundertfünfzigprozentiger«, berichtet Suse, »der hat meinen Mann... immer denunziert.«[6]
Uli wird bald zur Schule kommen, es gilt also, vorsichtig zu sein
und jede Bemerkung zu vermeiden, die das Kind weitertragen
könnte. Auch gegenüber den Haustöchtern und den Hofarbei-
tern ist Argwohn angebracht, man kann nie wissen, wer wem
etwas zuträgt. Damit hat die sozialdemokratisch erzogene Suse
die größeren Schwierigkeiten, sie ertappt sich erschrocken bei
leichtsinnigen Kommentaren. »Aber ich hatte einen guten

Stand im Dorf, und die Leute haben nie etwas weitergesagt. Wir waren keine frohen Menschen damals.«[7] Auch Besucher in Carwitz erinnern sich an die bedrückte Stimmung, an das ängstliche Abbrechen eines begonnenen Satzes, sobald ein nicht einzuschätzender Mensch auf die Runde der Besucher traf.

Der lange Arm der großen Politik erreicht Fallada nun bereits auf dem Weg des vorauseilenden Gehorsams. Die ›Berliner Illustrirte Zeitung‹ des Ullstein-Verlages würde den neuen Roman ›Altes Herz geht auf die Reise‹ sehr gerne im Vorabdruck bringen, aber wesentliche Änderungen im Sinne der nationalsozialistischen Kulturpolitik sind die Voraussetzung dafür: »Da dürfen zuerst einmal Schliekers nicht ganz so schwarz sein, auch die Gaus nicht, sondern mehr humorig aufgehellt. Frau Schlieker darf nicht Epileptikerin sein, aber vielleicht bucklig? Der Philipp soll kein Psychopath sein – und der Gedanke, in Prof. Kittguss gar die ernsten Bibelforscher zu verherrlichen, ist grotesk«[8], schreibt Fallada gallig an seine ehemalige Sekretärin, die er aus Geldsorgen entlassen hatte und die – da sie den Ariernachweis nicht hatte erbringen können – vorsorglich nach Haifa ausgereist war. Vier Monate später berichtet er ihr von dem Ergebnis der Umarbeitung: »Die ›Berliner Illustrirte‹ wird nun bald das ›Herz‹ bringen, wann, weiß ich noch nicht... Es ist schrecklich umgearbeitet, Kittguss ist nicht mehr fromm, sondern ein trottelhafter Gelehrter im Griechischen, Schlieker ist nicht mehr böse, sondern ein Narr und so weiter und so weiter‹«.[9] Fallada ist so verärgert, daß er den Vorabdruck nicht lesen will, der sei nur dafür gut, die momentane finanzielle ›Bewölkung‹ aufzuhellen.

Der vorauseilende Gehorsam der Ullstein-Lektoren war das Erahnen der künftigen Kulturpolitik. Sie bestand im Jahr 1935 in den bereits angeführten Vorschriften, die eine gezielte Ablehnung des Nationalsozialismus ausschlossen. Dies aber wagte ohnehin kein Autor mehr nach der ›Machtübernahme‹ seinen Lesern zu empfehlen. Aber was für eine Literatur war den neuen Machthabern genehm, welche Aspekte literarischer

Aussagen wiesen sie zurück? Um dies zu erfahren, mußte man aufmerksam die nationalsozialistisch gefärbten Rezensionen der Neuerscheinungen lesen, ihre Verdammung alles Kranken, Hoffnungslosen und Negativen, aber bezüglich der Feinheiten gab es noch kein fixiertes Recht. Die polemischen Kritiken und Drohungen der Kulturfunktionäre ließen jedoch ahnen, daß dies noch kommen würde. Mit feinem Gehör vernahmen die Ullstein-Leute diese Töne und sorgten vor.

Das frisierte und zurechtgestutzte ›Alte Herz‹ ist noch nicht erschienen, kann also auch noch keine positive Wirkung zeigen. Am 12. September 1935 erhält Fallada von der Reichsschrifttumskammer den Bescheid, daß seine Mitgliedschaft abgelehnt und er hiermit zum ›unerwünschten Autor‹ erklärt werde. Einen Tag nach dieser niederschmetternden Nachricht schreibt er an Kagelmacher: »Sie haben ganz recht daran getan, auf meine Bemerkung, es würde nun wohl heller, zu schweigen. Unterdes ist es ziemlich dunkel geworden und in Kürze wird die Laterne wohl ganz ausgehen. Nach einigen Vorpostengefechten ist gestern von der Reichsschrifttumskammer der endgültige Bescheid gekommen, daß ich als ›unerwünschter Autor‹ anzusehen sei und daß der Vertrieb meiner Bücher im Auslande und der Verkauf von Übersetzungsrechten für heute und alle Zukunft mir verboten sei. Damit entfällt der Hauptteil all meiner Einnahmen, denn das deutsche Büchergeschäft war schon im letzten Jahre für mich schlecht. Vor allem ist aber damit zu rechnen, daß mir auch für Deutschland in Kürze das Schreiben verboten wird. Dann sitze ich ohne Beruf und ganz ohne Einnahmen da. Was aus uns werden wird, wissen wir noch nicht. Von Carwitz wird sich kaum leben lassen... Für Sie hat dies alles leider auch die schlimme Folge, daß wir Ihnen ab 1.1. keinen Zuschuß mehr geben können...«[10].

Der ›unerwünschte Autor‹ fährt zu Rowohlt nach Berlin, zusammen sprechen sie bei der Reichsschrifttumskammer vor und versuchen zu intervenieren. Sie verweisen auf die Devisen, die in Gestalt von Steuern durch die Veröffentlichungen im Ausland auch dem Deutschen Reich zugute kommen. Sie erläutern das neue Manuskript vom ›Alten Herz‹, geben sich regimefreundlich und moderat. Die Herren von der Reichsschrifttumskammer gestehen nichts zu, sie lehnen aber auch nichts ab, sondern versprechen die Überprüfung des Bescheids. Man darf also ein wenig hoffen, muß aber auch mit allem rechnen.

Zum ersten Mal stellt sich für Fallada ernsthaft die Frage nach dem Exil. In seinen früheren Briefen hatte er die Emigranten spöttisch als ›Helden‹ bezeichnet.[11] Er hält, wie er noch 44/45 in seinen Aufzeichnungen ›Der unerwünschte Autor‹ betonen wird, die Emigration für ein moralisch unerlaubtes Fortstehlen »in den Stunden der Not und Schmach«[12], und bezeichnet die Versuche der Geflüchteten, mit Flugblättern aus Paris oder Prag zum Widerstand aufzurufen, als das Werk von »Narren«. Diese Aufrufe seien nichts als »Kohl, vom sicheren Port aus geschrieben.«[13] Er nimmt an, daß die Geflüchteten in der Fremde ein sorgenfreies Leben führen. Er jedenfalls wolle nicht auf einem »doofen Emigrantenschmollstühlchen«[14] im Ausland sitzen. Am 20. September 1935 schildert er Kagelmacher seine Variante von einer möglichen eigenen Emigration. Wenn überhaupt, dann »natürlich nur gesetzlicher Art, so daß mir eine Rückkehr immer möglich wäre. Der Gedanke widerstrebt Suse wie mir sehr, denn was sollen wir schließlich in einem fremden Lande – Dänemark oder England käme in Frage? Dazu müßte man Carwitz, ja, alles Errungene aufgeben – nein, es wäre doch sehr bitter.«[15] Die Emigranten haben also recht gehabt, es ist doch ›das Häuschen‹, das den Ausschlag gibt auszuharren.

Daher setzt sich Fallada im Oktober an ein neues Buch: Das ›Märchen vom Stadtschreiber‹ wird er es nennen. Es wäre eine völlig unverfängliche Saga aus dem Dreißigjährigen Krieg, wenn es darin nicht eine Passage gäbe, die stutzig macht. Der in einen Vogel verwandelte Stadtschreiber Guntram lernt das Volk der Spatzen kennen. »›*Kein Korn dem andern!*‹ *ist ein Grundsatz gewesen, der das Volk der Spatzen groß gemacht hat. Es ist männiglich bekannt, daß es kein älteres, berühmteres, mu-*

*tigeres, klügeres Volk auf Erden gibt als das der Spatzen. Von
der stummen Larve im Baum bis zum mistenden Pferd, vom sich
ringelnden Wurm bis zum körnerbauenden Menschen hat alles
uns dienstbar zu sein, so hat es der große Urspatz bestimmt. Leider aber sind unsere Feinde, zu denen ich vorzüglich die gänzlich unnützen Nachtvögel rechne, noch immer zahlreich. Und
wenn auch zu erwarten steht, daß unsere Übermacht sie eines
Tages sämtlich vernichten wird – gelang es uns doch in der berühmten Schlacht am Tannenfluß, einen ganzen Eulenhorst voll
nackter Junger zu zerhacken...«. (Stadtschreiber S. 152)* [16]

Bei den Spatzen stehen menschliche *»Eigenschaften wie
Wahrheitsliebe, Rechtlichkeit, Edelmut, Hilfsbereitschaft«*
(Stadtschreiber, S. 153) unter Todesstrafe und die höchste Tu-
gend ist das *»Wüstpicken... Wenn etwa kurz vor der Erntezeit
ein Feld Weizen recht stattlich auf des Bauern Sense wartet, verabredet sich unser ein ganzes Volk, bricht ein, knickt, pickt wüst,
zerrt, läßt fallen, verstreut – und je größer die angerichtete Ver-
wüstung ist, umso strahlender ist auch der Ruhm, den solches
Volk erntet. Es gibt mutige Spatzenvölker, ... die lieber Dut-
zende von Toten auf dem Kampfplatz ließen, als daß sie auf das
Wüstpicken solcher Felder verzichtet hätten. Ewiger Ruhm ist
ihnen sicher!«* (Stadtschreiber, S. 164)

Diese Zeilen könnten eine Allegorie sein, mit der das faschi-
stische Deutschland im Rausch seiner Großmachtideologie
charakterisiert werden sollte. Es gibt noch weitere Verdachts-
momente. Die Spatzen sind braun. Die Schlacht am ›Tannenfluß‹ erinnert durchsichtig an die Schlacht von Tannenberg
1914, in der Hindenburg im Ersten Weltkrieg erfolgreich die
Russen schlug und die von den Konservativen sowie später von
den Nationalsozialisten als die größte Einkreisungs- und Ver-
nichtungsschlacht propagandistisch ausgebeutet wurde. Das
kluge Volk der Spatzen macht sich nicht nur andere Tiere, sondern auch Menschen untertan, die bei den Sperlingen als besonders niedere Tiere gelten, denn *»der große Urspatz hat es
schon weise eingerichtet, daß diese niederen Tiere in dunklen,
riechenden Höhlen leben müssen, ewig uns dienstbar als An-*

bauer unserer Nahrung.« *(Stadtschreiber, S. 154)* Stellt der Ur-spatz, der dies alles bestimmt und verfügt, den Führer Adolf Hitler dar? Dafür spricht einiges. Hitler hatte bereits in seinem Grundsatzbuch ›Mein Kampf‹ die Kinder aus Mischehen zwischen Ariern und anderen Rassen als ›Missgeburten zwischen Mensch und Affe‹ bezeichnet.[17] Dieser Vergleich wurde von den nationalsozialistischen Antisemiten wortgetreu übernommen und beispielsweise schon im August 1935 von Julius Streicher[18] bei einer öffentlichen Kundgebung in Hamburg vor rund 20000 Zuhörern verkündet. Nach der Ehe mit einem »Judenschwein«, liegt »ein kleiner Affe, ein Judenbengel« in der Wiege einer Arierin. »Alle Anzeichen dieser verkommenen Rasse waren vorhanden, die Nase, die Ohren, die behaarten Beine«.[19] Parallel zu diesen rassistischen Hetztiraden liefen seit März 1935 Pogrome gegen die jüdische Bevölkerung. Sie trafen zunächst die Geschäftsleute, deren Läden von SA-Trupps zerstört, ihre Inhaber mißhandelt und in ›Schutzhaft‹ genommen wurden. Diffamierende Schilder ›Deutsche! Kauft nicht bei Juden‹ standen bald vor jedem Geschäft, wurden an die Wände der Warenhäuser gemalt. Jüdische Arbeiter wurden entlassen, bereits im Frühsommer 1935 Juden das Betreten von Parks untersagt, der Besuch von Badeanstalten verboten, die Aufnahme ins Krankenhaus verweigert. Das geschah alles noch ohne gesetzliche Grundlage, entsprach aber dem Willen des Führers.

Falladas Spatzen könnten also in Wirklichkeit die marodisierenden Nazis sein, alles wüst pickend, humane Eigenschaften unter Todesstrafe stellend. Es ist eine auf den Kopf gestellte Welt. Die fleißig den Acker bestellenden Menschen werden in seinem Märchen zu armen Tieren, die man zwar ausbeuten und benutzen sollte, denen man aber auf keinen Fall zu nahe tritt. Wenn diese Auslegung zutrifft, wäre es ein gespenstisches Bild vom nationalsozialistischen Deutschland.

Für die These spricht, daß im September 1935, also historisch parallel zur Entstehungszeit des Märchens vom Stadtschreiber, die Nürnberger Gesetze verabschiedet wurden. Sie schlossen die jüdische Bevölkerung von der deutschen Staatsbürgerschaft aus. Juden durften keine öffentlichen Ämter mehr bekleiden, sie durften nicht mehr als Ärzte, Lehrer oder Rechtsanwälte für die Arier arbeiten. Jüdische Schulen wurden geschlossen, jüdische Professoren und Lehrer entlassen, den Kindern der Schulbesuch untersagt. Die Nürnberger Gesetze lösten oder verboten die Ehe zwischen Juden und Ariern, stellten eine außereheliche Beziehung als ›Rassenschande‹ unter Zuchthausstrafe. Der Vernichtungsfeldzug begann und endete in Deportation, Zwangsarbeit und der gezielten Ausrottung des europäischen Judentums. Die bisherige Willkür der Judenverfolgung wurde damit juristisch legalisiert. Ganz offensichtlich unter dem Eindruck dieser Nürnberger Gesetze fügt Fallada seine als »*Einsprengsel*« (*Stadtschreiber, S. 151*) bezeichnete Beschreibung über das Volk der Spatzen und ihre Parias in das Märchen ein.

Der Autor steht mit diesem Einfall nicht allein. Gleichfalls 1935 schreibt der tschechische Schriftsteller Karel Capek den utopischen Roman ›Der Krieg mit den Molchen‹, der Anfang des folgenden Jahres in Prag erscheint. Ein Kapitän entdeckt im Meer intelligente Molche und richtet sie zum Perlentauchen ab. Er vereinbart mit ihnen einen Geschäftsvertrag, der beiden Teilen entgegenkommt. Die Menschen profitieren von der Intelligenz und der Arbeitskraft der Echsen, die Molche wiederum werden ernährt. Doch mit dem Tod des Kapitäns ändert sich die Situation. Die freundschaftliche oder gar sexuelle Verbindung mit ihnen gilt als Skandal, die Molche werden von der menschlichen Gesellschaft getrennt und nunmehr als Arbeitstiere gnadenlos ausgebeutet. Sie werden deportiert und müssen in streng bewachten Arbeitslagern leben. Sie werden zu wissenschaftlichen Experimenten mißbraucht, bekämpft und zuletzt mit Bakterien ausgerottet. Damit glauben die Menschen, sich der Molche entledigt zu haben.[20]

Der Roman von Capek nimmt einen völlig unerwarteten Verlauf, auf den hier nicht eingegangen wird; wichtiger ist, daß zwei berühmte Schriftsteller mit allegorischen Vergleichen auf

22 *Aufruf zum Boykott jüdischer Geschäfte.*

die politische Entwicklung im Deutschen Reich reagieren. Der eine weist weit in die Zukunft, der andere weicht in die Vergangenheit aus. Beide nahmen ein Gesetz zum Anlaß, hinter dem der Wille stand, die menschliche Gesellschaft in Herrscher und lebensunwerte Sklaven aufzuspalten, die nur so lange leben durften, wie sie arbeitsfähig waren. Bei Capek arbeiten die Sklavenmolche unter folgenden Losungen: »Eure Arbeit – Euer Erfolg! Einen Meter Damm kann man in 57 Minuten errichten! Nutzt jede Sekunde! Der Tag hat nur 86400 Sekunden! Jeder ist nur so viel wert, als er Arbeit leistet. Wer arbeitet, dient allen! Wer nicht arbeitet, soll auch nicht essen!«[21] Wir wiederholen das Zitat aus Falladas Stadtschreiber: denn *»der große Urspatz hat es schon weise eingerichtet, daß diese niederen Tiere in dunklen, riechenden Höhlen leben müssen, ewig uns dienstbar als Anbauer unserer Nahrung«* (Stadtschreiber, S. 154). Zwei Schriftsteller haben unabhängig voneinander geahnt, was die Rassengesetze von Nürnberg nach sich ziehen würden!

Der im Exil lebende Kritiker Hans Günther macht bereits 1936 in der ›Internationale(n) Literatur‹ auf die verdächtigen Zitate aufmerksam. In seinen Augen beinhaltet das ›Märchen vom Stadtschreiber‹ eine unübersehbare Systemkritik.[22] Für den Fallada-Biographen Caspar ist diese Auslegung absurd, denn »Auch ein Märchen von Fallada will beim Wort genommen werden, und wer nach Verborgenem sucht und kaschierte Mitteilungen zu finden meint, der handelt sich allenfalls eine Blamage ein.«[23] Doch so abwegig ist die damals von Günther und noch 1961 von Theodor Lemmer in einer Dissertation vertretene These[24] nicht, zu viele Einzelheiten sind geradezu deckungsgleich mit der braunen Elitetheorie.

Daß Falladas Gleichnis bis in unsere heutigen Tage so selten erkannt wird, liegt an dem Umstand, daß die zeitkritischen ›Einsprengsel‹ ziemlich unzusammenhängend in einer märchenhaft zerfaserten, wirren Handlung stehen und relativ kurz sind. Auch die nationalsozialistischen Kritiker werden arglos die Szenen überfliegen, sie lesen gelangweilt über das ganze Märchen hinweg. Es ist für sie bedeutungslos in seiner konfusen Handlung, seinen aufgesetzten Zufälligkeiten, seiner betont altertümlichen Sprache. Hätten sie die Metapher zu den Nürnberger Gesetzen erkannt, wäre es um Hans Fallada geschehen gewesen, denn Intellektuelle gerieten schon aus viel nichtigeren Gründen in die Konzentrationslager.

Ende September 1935 wird der Schriftsteller Hanns Johst Präsident der Reichsschrifttumskammer. Ämterwechsel ziehen stets auch Personalwechsel nach sich, Johst wird sich andere Lektoren für die Mitarbeit aussuchen als der bisherige Präsident Hans Friedrich Blunck. Für Hans Fallada bedeutet dies, daß es nunmehr zur Entscheidung kommen wird, ob er ein ›unerwünschter Autor‹ bleiben wird oder nicht. Die Fronten sind aber noch nicht endgültig klar, und er schildert Kagelmacher die kulturpolitische Verwirrung: »Da ist unterdes der Öberste abgesetzt und ein neuer Öbberster eingesetzt, der alte

Öbberste behält aber die Abteilung, die grade über mich entscheidet, und nun weiß man gar nichts mehr. Und wartet. Halb und halb bin ich willens, Anfang November so mal leise und zart zu bohren, was die Herren sich so dächten? Und immerhin sei es ja so'ne Art Lebensfrage?«[25] Doch die Zeilen sind verzweifelter Galgenhumor. Er befürchtet, so sein ernsthafter Brief an Rowohlt, daß er jetzt von den Kulturbürokraten »als Streitaxt benutzt werde«.[26]

Sein Intellekt befiehlt ihm, jenen Weg fortzusetzen, für den er sich auf Hiddensee entschieden hatte: Unverbindliches, Unverfängliches zu schreiben. Er beginnt mit dem Roman ›Wizzel Kien. Der Narr von Schalkemaren‹. Es ist wieder eine mittelalterliche Geschichte, aber diesmal ohne jede Anspielung auf die Gegenwart, eine Mischung aus Wilhelm Raabe und Grimmelshausen, angestrengt im altertümlichen Stil, belanglos im Verlauf. Er wird sie nie zu Ende schreiben.

Wie immer, wenn er sich zum rationalen Handeln zwingt, reagiert seine Psyche mit Zersetzung. Hinzu kommt das Warten auf die Entscheidung der Reichsschrifttumskammer. Diesen zweifachen seelischen Druck hält er nicht lange aus. Er kann nicht schlafen und schluckt dagegen große Mengen Tabletten. Er leidet unter Kopfschmerzen und zwingt sich trotzdem verbissen zur Arbeit. Seine Wutanfälle setzen ein und daran anschließend die gefürchteten Depressionen, die ihn lähmen. Er versucht sie im Alkohol zu ertränken. Er greift, als auch das nichts hilft, erneut zur Morphium-Spritze. Er kommt, wie bei all seinen Suchtschüben, auf den Hund.

Diesmal ist er es selbst, der am 23. November 1935 seine Internierung anstrebt. Er flieht zu seinem Schulfreund aus Leipziger Tagen, Willi Burlage, der als Psychiater das Sanatorium ›Heidehaus‹ in Zepernick bei Berlin leitet. Zehn Wochen verbringt er bei ihm in der geschlossenen Abteilung, wird wieder einmal von seinen verschiedenen Abhängigkeiten entwöhnt. Er ist so zerrüttet, daß er die erlösende Nachricht von der Reichsschrifttumskammer von Ende Dezember, das Verdikt als ›unerwünschter Autor‹ sei aufgehoben, nur nebulös wahrnimmt. Klarer erinnert sich Sophie Baumgarten[27], seine Krankenschwester aus jenen Tagen, an die Behandlung: Hans Fallada wird in Dauerschlaf versetzt, vermutlich, um die ersten abstinenten Tage zu überbrücken, alle Stunde muß dabei sein Puls kontrolliert werden. Wird er wach und beginnt aufgrund der Entzugserscheinungen zu toben, werden kalte Wickel verordnet. »Das habe ich ein paar Mal mit ihm gemacht... Da wurde ein nasses Laken unten hingelegt, dann kam ein nasses Laken drauf, und die Arme zwischen die beiden nassen Laken. Und eine Wolldecke drum. Das war eine Angstpartie. Das ging so aufs Herz – eine Stunde lang. Da war er dermaßen schlapp hinterher, daß er froh war, wenn er in Ruhe gelassen wurde.«[28] Während die Wickel gräßlich kalt waren, durfte das Dauerbad, eine weitere medizinische Maßnahme zur Beruhigung, nicht erkalten. Bis zu zwei Stunden lang lag der Patient in der Wanne, das Wasser mußte immer wieder gewärmt werden.

Die Entziehungskur ist sehr teuer, die Sanatoriumsbedingungen aber wenig komfortabel. »Das Heidehaus war ein fürchterlicher Stall... Das war eine geschlossene Abteilung, auf die er auf eigenen Wunsch ging... Ich mußte in seinem Zimmer mit schlafen. Da wurde die Schranktür aufgemacht, damit ich ins Bett gehen konnte... Das Essen im Heidehaus war wirklich ganz schlimm... Es gab keine Messer im Haus, also war alles, was sie zum Essen kriegten, schon sorgsam zerpflückt.«[29]

Im Dezember 1935 erhält Hans Fallada Weihnachtsurlaub und fährt in Begleitung von Sophie Baumgarten nach Carwitz. Zu Hause gibt es keinen Alkohol, selbst Rowohlt darf während seiner Besuche nichts trinken, aber eine ständige Gefahr sind die Gasthäuser in Carwitz und Umgebung. Sophie Baumgarten bemüht sich redlich, sie während ihrer Spaziergänge mit Hans Fallada zu umgehen, aber das gelingt ihr nicht immer. »Da passierte es, daß er sich einen Korn bestellte und es war aus... Ich hab von da aus Mummi[30] angerufen, die kam uns sofort entgegen. Unterwegs versuchte er wegzulaufen. Er war besoffen von EINEM Korn... Gleich am nächsten Morgen hat er gesagt,

›Ich will wieder nach Zepernick‹... und wir fuhren wieder in Heidehaus.«[31] Sophie Baumgarten blieb den Ditzens bis zuletzt verbunden und verbrachte in den folgenden Jahren so manchen Urlaub in Carwitz. Sie besteht darauf, daß Hans Fallada nur anfallsweise und sehr selten getrunken habe. Aber das kann nicht zutreffen, denn ihr Bericht zeigt, daß er bereits damals der letztmöglichen Stufe eines Alkoholikers sehr nahe war, da seine Alkoholtoleranz rapide herabgesunken ist. Und die sinkt erst durch massiven, regelmäßigen Mißbrauch.

Bis Ende Januar 1936 bleibt Fallada im Heidehaus. Der ›Stadtschreiber‹ mit den heiklen politischen Passagen ist inzwischen erschienen und stößt sowohl bei den Rezensenten, aber auch bei den Lesern auf allgemeines Desinteresse.

Anders ist es mit dem belanglosen Roman ›Altes Herz geht auf die Reise‹, der bis zum Mai 1936 gekürzt und verändert in der ›Berliner Illustrirten‹ erscheint. Die Buchausgabe ist noch nicht auf dem Markt, da heulen schon die nationalsozialistischen Kritiker auf. Ein heilkundiger Schäfer, der kein richtiger Arzt ist, erregt ebenso ihren Zorn wie der debile Philipp, die kranke Frau Schlieker und ihr bösartiger Ehemann. In der ›Volksgesundheit‹ wird der ›Fall Fallada‹ behandelt. »Wir wollen Herrn Fallada nicht den Schmerz antun und uns gründlicher mit diesem seinem neuesten Machwerk beschäftigen... Wir wollen lediglich feststellen, daß Herr Fallada im Verlaufe der Fortsetzungen seines neuesten Romans sich auch bemüßigt fühlt, ein Gebiet zu streifen, das uns ganz besonders interessiert... Im nationalsozialistischen Deutschland nimmt man den Begriff der ›Volksgesundheit‹ eine ganze Portion ernster als in der Epoche, in der Herr Fallada seine größten Lorbeeren pflücken konnte... Wir sehen uns also gezwungen, Herrn Fallada zu bescheinigen, daß er immer noch in jenen Schuhen steckt, in denen er wandelte, als er seine Zuchthauspornographie schrieb und sich in einem System, das alles nur darauf anlegte, das deutsche Volk physisch und psychisch zugrunde zu richten, seinen ›Ruhm‹ erwarb... Wir sind nicht gewillt, durch irgend jemand, dem wir noch großzügig erlauben, in Deutschland sich sein Brot zu verdienen, uns unser Aufbauwerk an der deutschen Nation stören zu lassen. Das mag sich auch Herr Fallada für die Zukunft merken.«[32]

Der so Geschmähte, der sich gerade wieder gefangen hatte, verliert erneut die Nerven und flieht ins Heidehaus zurück. Von April bis Ende Mai 1936 läßt er sich dort behandeln, aber sein Zustand ist dennoch nicht so katastrophal wie bei seinem ersten Aufenthalt. Bald reißt er Witze, amüsiert sich über die ängstlichen Schwestern, denen er ankündigt, ihm sei heute Nacht sehr nach einem Lustmord zumute; Sophie Baumgarten und er beschließen feierlich, ab sofort weniger zu rauchen. Er hilft mit, einen randalierenden Patienten zu bezwingen, indem er einen Stuhl über ihn stülpt und sich als Gewicht oben drauf setzt, bis der Arzt mit der Beruhigungsspritze naht. Selbst seine eigenen Tobsuchtsanfälle sind nicht mehr ernst zu nehmen: »an einem Abend ging er in den allgemeinen Speiseraum und fing an – es gab nur so Henkeltöppe aus Steingut oder Porzellan für die Patienten –, damit zu schmeißen. Da habe ich gesagt: ›Wissen Sie was... damit das schneller geht und wir wieder ins Bett kommen, reiche ich Ihnen die Dinger zu.‹ Und da sagt er: ›Ach, mit Ihnen macht das überhaupt keinen Spaß!‹ Und die Sache war erledigt«[33], erinnert sich Sophie Baumgarten.

Fallada ist stabilisiert. Er hat begriffen, »daß das beste Sanatorium, der rührendste Arzt und die längste Schlafkur einem nicht helfen, die schwierigen Lebensprobleme zu lösen.«[34] Ihm ist angesichts der vernichtenden Schelte über das banale ›Alte Herz‹ zugleich klar geworden, daß er trotz größter Vorsicht niemals die unberechenbaren Kritiker wird zufriedenstellen können. Mit dieser Einsicht kehrt er nach Carwitz zurück. Vier Wochen lang geht er dort mit den Kindern spazieren, versorgt Haus und Hof, erledigt seine Korrespondenz. Doch das sind Ersatztätigkeiten. Er steht unter Strom, hat ein neues Buch im Kopf, denkt vor, läßt denken, entwirft Kapitel und Handlungsabläufe, zeichnet Personen, erfindet Namen.

Ende Juli 1936 setzt er sich an den Schreibtisch und schreibt »ohne Rücksicht auf die Folgen, den Roman ›Wolf unter Wölfen‹. Endlich hatte mich wieder einmal das alte Feuer gepackt, ich schrieb, ohne hochzusehen, ich schrieb aber auch, ohne mich umzusehen – weder nach rechts noch nach links.«[35] Nichts, keine Sucht, kein Sanatorium und keine Politik kann ihn mehr zurückhalten und beirren. *»Es ist doch ein wundervolles Abenteuer, dieses Leben! Er ist… herrlich, über Papier gebeugt zu sitzen und von dem größten aller Wunder, dem Menschen, zu schreiben, meinethalben auch einmal von sich. Wenn die dunklen Mächte sich regen in Hirn und Herz, wenn sie Gestalt annehmen, wenn sie zu wandeln anfangen, zu sprechen, Menschen wie du und ich, die doch nie gelebt haben – herrlich! Es ist eine Gnade, ein Geschenk der Götter – und nichts ist wahrer, als daß die Götter nichts umsonst geben. Man zahlt für alles Glück seinen Preis… Ich möchte kein anderes Glück…«* *(Heute, S. 148)* Der Schriftsteller Hans Fallada ist zu seiner Bestimmung zurückgekehrt.

17.
»Ich schreibe die Bücher ja nicht um der andern willen…«

Im Februar 1936 hatte Rudolf Ditzen gegenüber Tante Ada noch Resignation dokumentiert: »Es freut mich sehr, daß Dir mein Stadtschreiber gefallen hat. Ja, man muß ein bißchen ausweichen, ich habe übrigens nie zu schieben geglaubt, sondern wußte immer recht gut, daß ich geschoben wurde.«[1] Seit dem Sommer 1936, müde geworden der opportunistischen Versuche, seine borniertern Kritiker zufriedenzustellen, schiebt er endlich selbst und schreibt sein mächtigstes, sein bestes Buch, ein bewunderungswürdiges Meisterwerk. Er weiß das selbst und wird noch 1945 betonen: »Dieser Roman ›Wolf unter Wölfen‹ ist das letzte Buch von mir, das ich ganz unter der Einwirkung einer großen Eingebung schrieb, ...wie eben ein Buch geschrieben werden muß.«[2] Er glaubt, daß sein neues Werk zu brisant ist und geht davon aus, daß niemand es veröffentlichen wird. Sein Verleger Rowohlt ist ahnungslos und nimmt an, daß er neben einer geldbringenden Übersetzung kleine, unverfängliche Erzählungen verfaßt. Fallada läßt ihn in dem Glauben, schreibt nur für sich selbst und für die Schublade. Er hofft auf eine Zeit, in der es keine geistigen Beschränkungen mehr für Autoren geben wird. Er wird es abwarten können. Für ihn gilt in diesem Sommer 1936 endlich wieder das Motiv, das ihn zum Schriftsteller werden ließ: »*Ich schreibe die Bücher ja nicht um der andern willen, nicht um meine Leser zu erfreuen, ... ich schreibe sie nur mir zur Freude, mich wie ein kleiner Herrgott und Weltenschöpfer zu fühlen, darum schreibe ich sie.*« (*Schriftsteller, S. 301*)

Die kleine Welt des selbsternannten Schöpfers ist das große Panorama des Inflationsjahres 1923 im Deutschen Reich. Drei ehemalige Soldaten aus dem selben Regiment bestimmen das Geschehen. Sie reagieren in unterschiedlicher Weise auf den Zusammenbruch des Kaiserreiches. Der junge Fähnrich Wolfgang Pagel lottert sich zunächst orientierungslos als professioneller Glücksspieler durch das sündige Berlin, findet aber zuletzt durch die Hilfe einer Frau den Anschluß an die neue Zeit. Der Oberleutnant von Studmann versucht mit Anstand ein neues Leben zu beginnen. Doch die Bedingungen entsprechen weder seinem sozialen Hintergrund noch seinen Fähigkeiten. Er scheitert als subalterner Empfangschef eines großen Hotels ebenso wie als Geschäftsführer auf dem Rittergut seines Freundes. Er ist zu schwach und zu weich, zerbricht an der Irrationalität der ihn umgebenden Menschen und zieht sich zuletzt als Krankenpfleger in eine Heilanstalt zurück, wo die Patienten sein sanftes und ausgeglichenes Wesen zu schätzen wissen. Die tragischste Figur ist der Rittmeister von Prackwitz, der das Gut von seinem Schwiegervater gepachtet hat und von jenem systematisch ruiniert wird. Er ist völlig unfähig, eine andere Welt als die seiner Herkunft und Erziehung zu akzeptieren. *»Es war die Uniform mit all ihrem Drum und Dran gewesen, die ihn aufrecht gehalten hatte. – Als er die auszog, sackte er zusammen. Es erwies sich, daß er nichts in sich hatte, nichts, keinen Kern, nichts, das ihm Widerstandskraft gab, keinen Glauben, kein Ziel – Ohne Stern ging er in einer irren Zeit sofort irre.« (Wolf, S. 525)* Prackwitz flüchtet sich in die geistige Umnachtung.

Um diese drei Gestalten bewegen sich eine Vielzahl von eindrucksvollen Figuren, von denen jede einzelne es wert wäre, ausführlich beschrieben zu werden, weil sie so differenziert gezeichnet sind und zugleich eine bestimmte Klasse, eine Schicht, einen Berufsstand oder auch nur einen Menschentyp charakterisieren. Da ist die gescheite und gefühlskalte Eva von Prackwitz, die nur in der Lage ist, ihre Tochter Weio zu lieben, ein frühreifes und törichtes Kind. Dann der sterile, abartige Diener Hubert und sein Gegenspieler, der mysteriöse Kriminalist; der kleine, durchtriebene Inspektor Meier, der sich durchwurstelt; der fanatische Leutnant des Freikorps, der an seinem überholten Ehrbegriff zerbrechen und sich erschießen wird; der arme, verängstigte Förster Kniebusch; der wackere Gendarm aus der Stadt, der die zur Erntearbeit abgestellten Zuchthäusler zu überwachen hat; die burschikos-warmherzige Hühnermamsell, es ist die ganze Bandbreite aller menschenmöglichen Stärken und Schwächen. Jeder gute Mensch hat auch Makel, der mieseste Gewohnheitsverbrecher zeigt philanthropische Regungen. *»›Wolf unter Wölfen‹ ist ein Buch von sündigen, sinnlichen, schwachen, irrenden, haltlosen Menschen, von Kindern einer zerfallenen, irren, kranken Zeit. Aber auch von einigen Aufrechten, Mutigen, Gläubigen. Es ist alles in allem ein Buch für in jedem Sinne Erwachsene.« (Vorwort zu Wolf)* Petra Ledig, die kleine Verkäuferin und Freundin Wolfgang Pagels, ist die einzige Figur in diesem Buch, die ausnahmslos positiv geschildert wird. Sie setzt die Herausforderung der neuen Zeit um in eine Zukunftsperspektive, die im privaten Glück mit Mann und Kind liegt. *»Es ist kein Glück, das von äußeren Dingen abhängig ist... Eine Frau, die liebt und sich geliebt weiß...*

Eine liebende Geliebte ist das ruhige Glück, dem nichts mehr zu wünschen bleibt.« (Wolf, S. 734) Daß sie früher gelegentlich als Prostituierte gearbeitet hat, wird als Notwehr gegen die bittere Armut erklärt. Damit wird das Frauenideal des frühen Expressionismus noch einmal gefeiert. Der immer wieder durchbrechende Hang des Autors zum alles überdeckenden Rückzug in die private Idylle entspricht dem eigenen Leben in Carwitz.

Obwohl Hans Fallada im Vorwort zum Roman betont, daß *»Alles in diesem Buch: Figuren, Geschehnisse, Orte, Namen... erfunden«* seien, gibt es keinen anderen Roman von ihm, in dem so genau die autobiographischen Elemente zurückzuverfolgen sind. Das bezieht sich sowohl auf die Orte des Geschehens als auch auf die fiktiven Helden. Das Rittergut Neulohe im Wolfsroman ist mitsamt seinen Menschen das Rittergut Radach bei Drossen, auf dem Rudolf Ditzen 1923 als Gutssekretär arbeitete und wo er sich mit dem Inspektor Hans Joachim Geyer anfreundete. Der wird als Inspektor Meier im Buch allerdings Listen und Tücken entwickeln, derer sich der brave Geyer niemals bediente. Ditzens damaliger Vorgesetzter, Rittmeister Schwanecke, ist im Buch der Rittmeister von Prackwitz, dessen Romantochter Weio die damalige Haustochter Violet von Abercron, mit der Ditzen ein Verhältnis hatte, aber an ihrem aristokratischen Dünkel scheiterte. Der Rittergutsbesitzer von Pappritz, der seinen Schwiegersohn Schwanecke haßte und ihn durch die abhängige Stellung als Gutsverwalter demütigte, kehrt im Roman zurück als der gallegiftige Geheimrat von Teschow, der gleichfalls seinen Schwiegersohn nicht ausstehen kann und ihn unendlich erniedrigt. Der Protagonist Wolfgang Pagel ist Falladas Freund aus den wilden Berliner Tagen, Wolfgang Parsenow. Mit ihm zog er durch die Spielhöllen, mit ihm zusammen besorgte und spritzte er sich Morphium. Mit Gut Radach hatte Parsenow allerdings ebenso wenig zu tun wie Sophie Baumgarten, Falladas Krankenschwester, die ihn bis Mai 1936 zuerst im Heidehaus und anschließend in Carwitz betreut hatte. Unter dem

Eindruck ihrer frischen, resoluten Persönlichkeit wird sie zwei Monate später in dem neuen Roman zu Petra Ledig. Hinzu kamen Falladas Erfahrungen aus der Zeit als Gutseleve und Inspektor: *»Ich war nämlich fast immer mit Menschen zusammen, ich stand hinter den endlosen Reihen der schwatzenden Frauen beim Rübenhacken, beim Kartoffelbuddeln, und ich hörte die Frauen und die Mädels schwatzen, von morgens bis abends ging das. Abends schwatzte dann der Chef, und auch die Schweizer im Kuhstall schwatzten wie die Knechte beim Füttern im Stall. Ich konnte ja nicht anders, ich mußte zuhören, ich lernte, wie sie reden und was sie reden, was sie für Sorgen haben, was ihre Probleme sind. Und da ich ein sehr kleiner Beamter war, der auf keinem Pferd herumritt, sondern höchstens der Zeitersparnis halber das Dienstrad benutzte, so hatten die Leute auch keine Hemmungen, mit mir zu reden.«* (Schriftsteller, S. 280 f.) Und was er nicht selbst erlebt hatte, erfuhr er durch systematisches Fragen, so erinnert sich zum Beispiel Sophie Baumgarten: »Er hatte übrigens ein Talent..., daß die Menschen ihm erzählten. Ob sie wollten oder nicht. Ich habe ihm so viele Dinge erzählt – und es ist mir völlig unklar, warum, wieso. Er stellte irgendeine Frage... das machte er sehr geschickt. Er hat damals im Heidehaus sogar Burlage Tips gegeben, weil er sich mit den Patienten unterhielt. Dann ging er zu ihnen in die Zelle und setzte sich da hin oder am Ende vom Flur, wo ein Tisch mit zwei Stühlen stand, und fragte nach ihrem Leben.«[3]

Damit wird der Roman ›Wolf unter Wölfen‹ eine Mischung aus viel Selbsterlebtem, etlichem Erfragten und zusätzlich erfundenem Romanablauf. Er zeigt auf, welche Umwälzungen der Systemwandel und die Geldentwertung bei allen gesellschaftlichen Klassen und Schichten nach sich ziehen. Der Adel verliert seine Vormachtstellung als Klassenelite, die professionellen Militärs haben keine Lebensaufgabe mehr, da für die meisten von ihnen in der von den Siegermächten gestatteten kleinen Restarmee[4] kein Platz mehr ist. Der Mittelstand wird durch die Inflation ruiniert und gerät ins Kleinbürgertum. Der Kleinbürger kann nicht einmal mehr sein kleines Milchgeschäft erhalten und verdingt sich als Arbeiter. Der Arbeiter rutscht ins nackte Elend, weil die explodierenden Preise seinen kläglichen Lohn auffressen. Vor allem aber die finanziell schlecht gestellten Menschen hatten oft nur die Alternative, entweder zu verhungern oder sich mit ungesetzlichen Mitteln das Überleben zu ermöglichen. Im Berliner Polizeipräsidium werden die Straftaten erfaßt, die an einem einzigen Abend im Zuge einer Razzia aufgedeckt werden:

»Schlägerei

Unzucht

Widernatürliche Unzucht

Leichter Diebstahl

Taschendiebstahl

Einbruchdiebstahl

Leichenfledderei

Bettelei

Straßenraub

Verbotenes Führen von Waffen

Falschspiel

Verbotenes Glücksspiel

Hehlerei

Verbreitung von Falschgeld

Rauschmittelhandel

Kuppelei, leichte wie schwere

Erpressung

Zuhälterei

– eine endlose Liste, die ermüdende, tödliche Speisekarte von Verbrechen, Lastern, Vergehen, Übertretungen – Die Beamten nickten fast ein hinter ihren Maschinen, über ihren Protokollen – Dann plötzlich schrien sie los, bis ihnen die Stimme wieder völlig versagte – Und eine ununterbrochen steigende Flut von Lügen, Ausreden, Verdrehungen, Bemäntelungen, Denunziationen – (Und in der Reichsdruckerei, in fünfzig, in hundert Hilfsdruckereien rauschten die Papiergeldpressen, bereiteten den neuen Tag vor, die neue Fülle Geld, großmütig ausgeschüttet in betörendem Überfluß auf ein verhungerndes, verlumpendes Volk, dem alles

Ehrgefühl, jeder Anstand Tag um Tag mehr abhanden ka-
men –)«. (Wolf, S. 307)

Für die Menschen ist es sinnlos geworden, überhaupt noch zu
arbeiten: »Solange *sie einen festen, greifbaren Wert dafür am*
Ende der Woche, des Monats in die Hand bekamen, hatte auch
die ödeste Büroarbeit für sie einen Sinn. Der Marksturz hat
ihnen die Augen geöffnet... Sie sehen nicht ein, warum sie etwas
tun sollen, bloß um ein paar vollkommen wertlose Papierlappen
in die Hand zu bekommen.« (Wolf, S. 222)

So entsteht das Bild von einer kranken, selbstzerstörerischen
Gesellschaft in der Inflation, die Stadt und Land erfaßt. »*... in*
einer Zeit, die sich über nichts einig zu sein scheint, in der alles
zerfressen, verfault, zusammenstürzt«, (Wolf, S. 496) hat ein
neues System keine Chance, akzeptiert zu werden. Die Republik wird milde noch als »*Schwatzbude in Berlin« (Wolf, S. 522)*
abgetan, meistens jedoch einfach nur als »*Dreck« (Wolf,*
S. 523) bezeichnet.

Aber was an diesem Roman könnte gefährlich sein, warum
glaubt der Schriftsteller, für die Schublade zu schreiben? Damit hat gerade Hans Fallada Erfahrung. Zum einen sind es die
menschlichen Schwächen seiner fiktiven Figuren, die die nationalsozialistischen Fanatiker erbosen werden, auch wenn er sie
in eine Zeit stellt, in der die Nazis noch keine Macht hatten.
Aber er ist sicher, daß ihn das nicht retten wird, denn er
schreibt das Buch in einer Zeit, in der die optimistische Darstellung des menschlichen Wesens zur Pflicht wird. Einen besonders empfindlichen Nerv wird er darüber hinaus treffen, weil er
die Militaristen als lebensuntüchtige Versager schildert. Das
Soldatentum erfuhr im Dritten Reich, das dem Krieg zustrebte,
eine ungeheure Aufwertung. Es gab daher in der nationalsozialistischen Literatur nur Heldengeschichten, romantische
Schlachtengemälde und Hymnen an die Tapferkeit des Krie-
gers. Zur gleichen Zeit, zu der Hans Fallada an ›Wolf unter
Wölfen‹ arbeitet, erscheint ein Gedicht von Friedrich Georg
Jünger[5]:

»Der Krieg

Sing, o Gesang, den Krieg, den Krieg, der wilder entflammte,
Als es die Väter geträumt, sing der Zerstörung Gewalt.
Sing die Schlacht, die tagweit entbrennt, die Krieger und
    Waffen
Und verderbendes Erz, sing den verwundeten Mann.
Sing die dunklen Wasser des Stroms, der die Toten
    dahinträgt,
Und die Ufer der Flut, wo der Gefallene schläft.
. . . .
Unter Himmeln von Eisen umarmt sich die sterbende Jugend,
Furchtlos naht sie dem Tod, der mit Gesang sie begrüßt.
Falle, was mag! Verwelkst du schon Rose? Mit Hämmern
    zermalmet
Morschender Zeiten Gebild! Nimmer beklag' ich dich Tod,
Tod, du Meister des Walzwerks, du hammerkundiger
    Schwinger,
Auf in die Werkstatt der Schlacht! Auf an die Arbeit jetzt,
    Tod!
. . . .
Unruhvoll dringt es herauf, schon drängt die Jugend der
    Völker
In die Schlachten, es zieh'n Heere von Kämpfern hinaus.«[6]

Aber auch schlichtere Reime fanden uneingeschränkte Zustimmung. So dichtete zum Beispiel gleichfalls 1936 Hans Baumann[7]:

»Mein Vater war ein guter Soldat

Mein Vater war ein guter Soldat,
und ich muß noch ein besserer werden,
das hat er zu meiner Mutter gesagt,
sonst hätt er keine Ruh in der Erden.
Und ich hab mirs jetzt

in den Kopf gesetzt,
daß ich will ein Soldat nur werden.

Mein Vater war vier Jahre im Krieg,
und im vierten, da ist er gefallen.
Meine Schwestern weinten, die Mutter auch,
die weinte am meisten von allen.
Doch ich hab mirs jetzt
in den Kopf gesetzt,
daß ich will ein Soldat nur werden.

Und weil ich noch sieben Brüder hab,
So werden noch sieben Soldaten.
Und gestern, da hat mirs der Jüngste gesagt,
doch ich hab es ja längst schon erraten.
Und wer hätt es gedacht –
jetzt sind es schon acht,
die nun für den Vater marschieren.«[8]

Auch der politisch nicht sonderlich differenziert denkende Fallada konnte sich angesichts solcher Verse gut vorstellen, wie die herrschende Kulturszene auf seine Schilderung der Militärs reagieren würde. Sehr viel heikler aber war die einzig historisch korrekte Passage in seinem Buch, in der er vom erfolglosen Putsch des Majors Buchrucker von der ›Schwarzen Reichswehr‹ berichtete. Die ›Schwarze Reichswehr‹ war eine illegale Truppe, die in ihrer Führungsschicht aus ehemaligen Freikorps-Soldaten, Stahlhelmmitgliedern und Baltikum-Kämpfern bestand und am 1. Oktober 1923 bei Küstrin einen Putschversuch unternahm. Er brach jedoch zusammen, bevor er richtig begonnen hatte, da die Reichswehr die Zusammenarbeit verweigerte. Hans Fallada hatte den Staatsstreich selbst auf Radach miterlebt, kannte einige Aktivisten, wußte von den illegalen Waffenlagern in den Wäldern, von den geheimen Manövern, in denen der Aufstand geprobt wurde. Aber »*Ach, nun zeigt es sich, wie unsicher alles Vorbereitete ist! Eine Handvoll*

Leute, die Reste offiziell längst aufgelöster Freikorps, dazu ein
Landsturm von ein paar tausend Mann – stark, wenn die Reichs-
wehr mitmacht, eine lächerliche Horde, wenn sie sich entgegen-
stemmt.« (Wolf, S. 572 f.)

Der erfolglose Kapp-Putsch von 1920 wird im ›Wolf‹ übrigens nur mit einem Nebensatz gestreift: »*Der Kapp-Putsch ist*
auch mißlungen« (Wolf, S. 523), warnt Eva von Prackwitz ihren
Mann vor der Teilnahme an dem Aufstand des Major Buchruk-
ker, der im Roman durchsichtig ›Major Rückert‹ heißt. Der
historisch viel wichtigere Putschversuch von Adolf Hitler und
General Ludendorff in München am 8. und 9. November 1923,
also etwas mehr als einen Monat nach Buchruckers Versuch,
die Regierung zu stürzen, findet in dem Roman nicht statt.[9]
Buchruckers zusammengewürfelte Truppen kamen jedoch aus
dem gleichen Stall wie ein Teil von Hitlers Anhängern; beide
Führer waren mit ihren illegalen Truppen an der Passivität und
Regierungstreue der legalen Reichswehr gescheitert. Es war
also brisant genug, schon den einen der beiden Putschisten als
verknöcherten, militärisch strammen Aufwiegler zu schildern,
der gewissenlos ehemalige Soldaten, die jetzt nur noch marodi-
sieren wollten und Landsknechtsideale propagierten, verblen-
dete Aristokraten, die von einer Wiederbelebung ihrer unter-
gegangenen Welt träumten, tumbe Bauern, einfache Landarbeiter und fanatisierte Söhne von Kleinbürgern in den Kampf
um Leben und Tod schickte und auch noch Schiffbruch erlitt.

Ende November 1936 beendet Fallada den ersten Teil des
Romans. Er ist von seiner konzentrierten Gedankenarbeit und
dem rasenden Arbeitstempo vollständig erschöpft und erholt
sich – indem er anderes schreibt! Es entstehen so nebenbei,
zwischen den einzelnen Kapiteln, die ersten ›Geschichten aus
der Murkelei‹, Kindererzählungen für Uli und Mücke. Es sind
kleine Märchen mit pädagogischem Anspruch. Das ›Mäuseken
Wackelohr‹ besiegt alle Feinde, das ewige ›Unglückshuhn‹ will
sein Glück einfach nicht begreifen, der ›Getreue Igel‹ rettet
sogar seinen Feind und der ›Nuschel-Peter‹ wird nach etlichen
Mißgeschicken nur durch eine Tracht Prügel für alle Zeiten von

seinem Makel befreit. Aber auch diese Geschichten landen zunächst in der Schublade, denn »Ich möchte nicht in den Ruf eines ›liebenswürdigen‹ Autors kommen! Das könnte denen so passen – erst mal bin ich wieder ganz pampig«,[10] schreibt er der Schwester Itzenplitz. Aus Geldsorgen hat Fallada gleichfalls neben seiner Arbeit am ›Wolf‹ das zweite Mal ein Buch des Amerikaners Clarence Day übersetzt.[11]

Ab Januar 1937 aber widmet er sich wieder seinem großen Werk, dem ›Wolf unter Wölfen‹. Den zweiten Teil seines Romans setzt er unter die Dachüberschift: ›*Das Land in Brand*‹. *(Wolf, S. 335)* Er wird dabei nicht nur an die Weimarer Republik gedacht haben, sondern auch an die Gegenwart. Der Terror gegen die Juden ist zum Alltag geworden und der Kampf gegen die Kirchen zum Programm. Die Konzentrationslager füllen sich mit willkürlich von der Straße weg verhafteten Regimegegnern, deren Gegnerschaft einzig darin bestand, über die NSDAP einen Witz gerissen zu haben, sich gegen willkürliche Lohnkürzungen zugunsten des Winterhilfswerks zu äußern oder sich an der Haustür lauthals gegen den behördlich verordneten Eintopf – und der damit verbundenen Spendengeldsammlung – auszusprechen.[12] Die Wehrmacht wird aufgefordert, sich auf einen Krieg vorzubereiten, Luftschutzübungen stimmen die Zivilbevölkerung auf diesen Plan ein. Dies alles direkt oder durch Erzählungen erfahrend, bleibt der Wolf vorsorglich in seiner Höhle zu Carwitz und knurrt. Er will es den Nazis zeigen, ihnen beweisen, daß sie ihn nicht unterkriegen werden. Für ihn gilt schon jetzt, was er erst im Juli gegenüber Kagelmacher formulieren wird: »Nach zwei, eigentlich drei Ausruhebüchern, jedenfalls milden Büchern, wird es wieder hart, wenn auch nicht böse wie der ›Blechnapf‹... Es ist nicht mehr soviel zu verlieren, und manchmal sagt man sich, lieber ein Ende mit Schrecken als ein Schrecken ohne Ende.«[13] Er schreibt Seite um Seite, Kapitel um Kapitel. Im April wird die Arbeit jäh unterbrochen. Der Vater erliegt in seinem 85. Lebensjahr einem Krebsleiden. Zur Beerdigung in Leipzig erscheint auch Ernst Rowohlt, fragt natürlich nach, erfährt nun doch von der langmonatigen Arbeit und einem 600seitigen Manuskript. Er kommt gleich mit nach Carwitz, liest und ist, so berichtet Fallada, »hoch begeistert«[14]. Rowohlt will diesen Roman – das ist für ihn bereits nach der Lektüre des ersten Teils sicher – in jedem Fall bringen, aber es eilt, man weiß nicht, was sich die hohen Herren von der Reichsschrifttumskammer an neuen Pressionen ausdenken werden.

Hans Fallada muß jetzt zu einem Abschluß kommen. Er setzt sich wieder unter den ungeheuren Leistungsdruck, der ihn einerseits vorantreibt, andererseits aber körperlich und geistig an den Rand seiner Kräfte bringt. Im Mai 1937 bricht er alle bisherigen Rekorde und schreibt binnen einer Woche 123 Druckseiten, eine unglaubliche Leistung, die er mit strengster Abgeschiedenheit und der Reduzierung des Schlafes auf maximal drei Stunden erreicht.

Rowohlt erscheint am 23. Juni erneut in Carwitz und erhält die erste Arbeitsfassung. Er liest sie dort an, er liest sie während der Rückfahrt und er liest sie in Grünheide. Uneingeschränkt begeistert von Stoff und Ausführung, wittert er aber sofort Gefahr. Er befragt Felix Riemkasten und Ernst von Salomon als Schriftsteller, sowie seinen Generalvertreter Silomon, ob er es riskieren könne, dieses Buch zu bringen. Alle drei stimmen zu, Friedo Lampe, Theodor Eschenburg, Ernst Rowohlt und sein Sohn Heinrich Maria Ledig-Rowohlt schlagen allerdings in einem 16 Seiten langen Arbeitspapier Kürzungen und Korrekturen vor.[15]

Selten wurde ein Buch vor der Drucklegung von so vielen kompetenten Fachleuten geprüft. Es zeigt, wie hoch Rowohlt das Risiko einschätzte. Aber es ging nicht nur um die verfänglichen politischen Passagen. Gefürchtet war auch der Puritanismus der Nationalsozialisten. Fallada erinnert sich noch nach dem Krieg in einer Rundfunksendung an Einzelheiten: »Es waren seltsame Zeiten, während in den Varietés die (Leute) ungehindert triumphierten, gab das Propaganda-Ministerium... Richtlinien dafür heraus, was in Romanen stehen durfte und was nicht z. B. war die Erwähnung eines Ehebruchs streng verboten... ein Lehrer durfte nur lobend erwähnt werden, weil nämlich Mangel an Lehrernachwuchs bestand, und Pastoren waren totzuschweigen. Wenn wir ... (es) auch mit ›Wolf unter Wölfen‹ wagen wollten, so sollten doch die schlimmsten Steine des Anstoßes beseitigt werden, und dazu machten der Verleger und seine Lektoren dem Autor Vorschläge...: ›auf Seite (...) findet sich ein Schlüpfer, schon auf Seite 96 ein Schlüpfer und Büstenhalter. Auf S. 103 ist bereits die Achselschnur dieses Büstenhalters gerissen. Wir empfehlen doch, den Bedarf an Damenwäsche einzuschränken‹... und so erschien denn ›Wolf unter Wölfen‹ in leicht gereinigter Form, aber mit immer noch genug Anstößigem wie der Schwarzen Reichswehr, einem Lustmörder und vielem anderen mehr.«[16]

Rowohlts Vorsicht ist begründet. Er hatte unablässig die Nationalsozialisten provoziert, aber immer nur gerade soviel, daß man ihm nichts anhaben konnte, da die gesetzlichen Bestimmungen dafür noch nicht vorlagen. 1930 war in seinem Verlag eine negative Analyse der nationalsozialistischen Bewegung von Kurt Caro und Walter Oehme erschienen: ›Kommt das »Dritte Reich«?‹; 1931 schrieb Herbert Blank unter dem Bauernkriegspseudonym Weigand von Miltenberg das große Pamphlet gegen den zukünftigen Führer mit dem süffisanten Titel: ›Adolf Hitler – Wilhelm III.‹, und 1932 veröffentlichte Konrad Heiden im Verlag eine gallige Persiflage: ›Geschichte des Nationalsozialismus. Die Karriere einer Idee‹. Die Autoren mußten nach der Machtübernahme emigrieren oder landeten, wie der ehemalige SS-Führer Herbert Blank alias Weigand von Miltenberg, im Konzentrationslager.[17] Rowohlt, der dies noch nicht ahnen konnte, setzte, als Hindenburg Adolf Hitler zum Reichskanzler ernannte, noch eins drauf. Er inserierte im Buchhändler-Börsenblatt‹: »Hitler ist Reichskanzler! Jetzt ins Schaufenster: Konrad Heiden: ›Die Geschichte des Nationalsozialismus. Die Karriere einer Idee.‹«[18]

Tatsächlich ließen die neuen Machthaber ihn gewähren, hielten ihn aber an kurzer Leine. 1933 wurden von 140 Buchtiteln die Hälfte verboten[19], Rowohlt wich listenreich auf Veröffentlichungen von Büchern wie ›Die Wasserminna‹, dem ›Garten als Zauberschlüssel‹ oder sogar auf militärische Fachbücher wie ›Das Bombenflugwesen‹ aus, um gegen Angriffe gefeit zu sein. Regelmäßig aber wurde er zur Reichsschrifttumskammer zitiert und mußte dort Rechenschaft ablegen, Weisungen entgegennehmen, welche literarischen Aussagen nunmehr erwünscht- und wichtiger, welche unerwünscht seien. Während der Besprechungen lavierte er geschickt, hielt sich tapfer, aber in den Verlag kehrte er jedesmal mit hochrotem Kopf zurück, tobte herum, schloß sich in sein Zimmer ein und war für niemanden zu sprechen. Und dennoch: Da es ja keine Vor- sondern eine Nachzensur in Gestalt von Boykottaufrufen war und, wenn es schlimm kam, mit Berufsverboten für Autoren wie Verleger endete, ließ er es jedesmal darauf ankommen und veröffentlichte zwischen 1933 bis 1936 stur einunddreißig Bücher von ›unerwünschten Autoren‹. Unter ihnen war auch die zunächst sogar von den Nazis hochgelobte Stifter-Biographie eines gewissen Urban Roedl, der in Wirklichkeit Bruno Adler hieß und tschechischer Jude war. Das aber erfuhren die Antisemiten erst, als sie in ihren Parteigazetten das Werk schon enthusiastisch gefeiert hatten.[20] Und seine vierjährige Tochter hatte Rowohlt so abgerichtet, daß sie jedesmal, wenn sie einen Hitlergruß sah, die kleine Faust hob und rief: »Rot Front! – Mein Arsch ist blond!«[21]

Im Oktober 1937 gibt dieser mutige Verleger das Werk eines mutigen Autors heraus. Das »Gutachten eines mutigen Mannes, des Lektors Friedo Lampe ... (gab) den Ausschlag: ›Wenn der Verlag wirklich an diesem Buch zugrunde geht, so ist er wenigstens an etwas zugrunde gegangen, für das es wert war, ...und nicht wegen irgendeiner nationalsozialistischen Gemeinheit.‹«[22]

›Wolf unter Wölfen‹ erscheint Ende September 1937 und es geschieht ein Wunder. Die gleichgeschaltete Presse spendet Beifall. Das erste und zugleich höchste Lob erhält Hans Fallada von dem bekannten Schauspieler Mathias Wieman, der als Günstling des Propagandaministers Joseph Goebbels gilt. Bereits am 5.11.1937 sendet der Reichssender Berlin im ›Echo des Abends‹ seine Kritik. Wieman preist dieses »Werk, das meiner Meinung nach Dantes Göttlicher Komödie und Balzac's vierzig Bänden der Menschlichen Komödie ebenbürtig ist. Mir will es sogar scheinen, als sei es fast großartiger, handelt es sich doch um ein Inferno, das wir alle noch erlebt haben, zeigt es doch Gestalten, denen wir alle begegnet zu sein glauben, redet es doch in einer Sprache, die unsere Sprache ist, es redet das Deutsch unserer Gegenwart, die im Kriege begann und in der Nachkriegszeit ihre schreckliche Jugend hatte. Das Buch, welches ich meine, heißt: ›Wolf unter Wölfen‹ und ist von Hans Fallada... ein Gott (hat) dem Dichter die Feder (ge-)führt... Mich hat dieses Buch zwei Nächte gekostet. In der letzten Nacht habe ich die Uhr aufs Zifferblatt gelegt und bis zur letzten Zeile gelesen, wo steht: ›Gute Nacht. Gute, gute Nacht!‹ Aber da war es schon hell, und ich habe es nicht bereut.«[23]

Fallada kann es einfach nicht fassen.»Ich muß gestehen, ich saß fast wonnetrunken an dem Apparat, mit meiner ganzen Familie, und hörte glücklich zu. Seit Jahren war mein Name von der Partei eigentlich nur noch beschimpfend genannt worden, der Rundfunk war mir gesperrt, nie war dort noch mein Name genannt worden. Und nun plötzlich hörte ich eine menschliche Stimme, die Stimme eines unbekannten Freundes, aus dieser streng nationalsozialistischen Einrichtung klingen. Ich bin nie gierig nach dem sogenannten ›Ruhm‹ gewesen, aber ich hatte mich in den letzten Jahren – fast ohne alle Resonanz – doch manchmal recht einsam und verlassen in der nationalsozialistischen Hölle gefühlt.«[24]

Die Lobeshymne von Mathias Wieman wirkt vermutlich richtungweisend auf die nationalsozialistischen Rezensenten. Bereits am 20. November schreibt die Parteizeitung der NSDAP, der ›Völkische Beobachter‹, der Wolf sei »Ein grundanständiges Buch, das neben seinem Temperament und seiner typisch ›falladesken‹ Meisterschaft auch eine nicht zu unterschätzende zeitgeschichtliche Aufgabe erfüllt.« Die ›Sudetendeutsche Wochenzeitung – Rundschau‹ schließt sich im Dezember 1937 der Anerkennung an: »So kann das vorliegende Buch nicht nur wegen seiner spannenden Form, sondern vor allem deshalb empfohlen werden, weil es eine Darstellung gibt, die den Glauben an die Tüchtigkeit des deutschen Volkes lehrt«. Die ›DAK. Amtliche Korrespondenz der Deutschen Arbeitsfront‹ spricht von einem gelungenen Buch, das nur »so geschrieben werden (mußte). So und nicht anders«, und ›Der Dietwart. Amtliche Zeitschrift des deutschen Reichsbundes für Leibesübungen‹ findet im Roman sogar Völkisches, denn »Er lehrt den Glauben an die Urkraft unseres Volkes, das auch unter den schwierigsten Verhältnissen immer wieder zu sich selbst zurückfindet, deshalb kann der Roman auch nur empfohlen werden.«[25]

Jetzt ist das Deutsche Reich für Fallada keine ›nationalsozialistische Hölle‹ mehr, im Gegenteil. Er ist etabliert, anerkannt, belobigt. Die Früchte bleiben nicht aus. Die Tobis-Filmgesellschaft bietet ihm ein Filmprojekt an, in dem einer der bekanntesten Schauspieler des Dritten Reiches, Emil Jannings, die Hauptrolle spielen will. Schon am 12. November 1937 wird der Vertrag mit Hans Fallada unterzeichnet. Einen Tag später beginnt er – beflügelt von der allgemeinen Bestätigung – mit dem Drehbuch-Roman ›Der eiserne Gustav‹. Nun ist er ein bezahltes Mitglied des NS-Kulturbetriebes, ein Vasall. Er glaubt jedoch, seine schriftstellerische Freiheit wahren zu können. Aber die Freiheit der Sklaven ermißt man an der Länge ihrer Kette.

18.
Der eiserne Gustav wird Nazi
und darf erscheinen

Im November 1937 berichtet Rowohlt, daß die erste Auflage
des Wolfsromans vergriffen ist, die zweite Ende des Monats
herauskommt und die dritte bereits angedruckt wird.[1] Hans
Fallada schreibt eifrig am neuen Roman ›Der eiserne Gustav‹,
der ein Film werden soll. Also ein Erfolg auf der ganzen Linie?

Es kommt anders. Im Januar 1938 erscheint in der ›Bücherkunde‹ ein gnadenloser Verriß des Wolfsromans. Der Rezensent bleibt anonym. Er spricht vom »Wirrwarr einer zügellosen
Fantasie«, von »sentimentalen Tönen« auf dem »Niveau billiger Detektiv- und Abenteurergeschichten«, von Falladas »Vor-
liebe für das Widerliche und Ekelhafte« und seiner »Unfähigkeit, wirklich zu denken«. Die begeisterten Leser bekommen
auch gleich ihren Tadel: sie seien eine unkritische Menge, deren Unterhaltungstrieb billig befriedigt werde. Die Kritik endet mit dem Satz: »...es bleibt... immer unsere Aufgabe, gegen literarische Machwerke wie die Falladas auf das schärfste
die Stimme zu erheben.«[2] Da die ›Bücherkunde‹ das offizielle
Organ des Amtes für Schrifttumspflege ist, gilt der Verriß als
Signal. Die Buchhändler nehmen den ›Wolf‹ flugs aus den
Schaufenstern und von den Ladentischen, der Verkauf stockt.
Der noch vor Wochen so gepriesene Roman wird im Februar
1938 auf die Liste der ›Nicht zu fördernden Bücher‹[3] gesetzt.

Bis zu diesem Zeitpunkt hält sich Fallada, dann ist er wieder
reif für das ›Heidehaus‹ seines Freundes Burlage. Es muß offen
bleiben, ob sein Zusammenbruch durch die neuerlichen Angriffe ausgelöst wurde, oder ob er sich mit seinem wie immer
rasenden Arbeitstempo für den Filmauftrag ›Der eiserne Gustav‹ wieder einmal an den Rand seiner Kräfte gebracht hat.
Unbekannt ist, wie lange er im Heidehaus Schutz suchte. Sicher ist hingegen, daß er als Blatt zwischen die beiden Schnei-

den einer Schere geraten ist. Joseph Goebbels als Propagandaminister mit künstlerischen Ambitionen agierte in ständiger Konkurrenz zu Alfred Rosenberg. Er war der offizielle Beauftragte des Führers in der Reichsstelle des Amts für Schrifttumspflege. »Es kam oft vor, daß eine Dienststelle gegen die andere arbeitete, und die Nachtigall des Herrn Goebbels war sehr oft die Eule des Herrn Rosenberg... Kaum hatte Herr Rosenberg Kunde davon erhalten, daß Wieman den Fallada öffentlich im Rundfunk gelobt hatte, als er vor Wut fast zersprang«[4], berichtet Fallada im ›Unerwünschten Autor‹.

Rosenberg ist sehr mächtig und Goebbels wird vorsichtiger. Er liest aufmerksam Falladas dickes Manuskript vom ›Eisernen Gustav‹. Die äußere Rahmenhandlung beruht auf einer wahren Begebenheit: Am 28. April 1928 hatte der siebzigjährige Berliner Kutscher Gustav Hartmann eine monatelange, strapaziöse Fahrt mit seiner Pferdedroschke von Berlin nach Paris begonnen. Er wollte der Welt beweisen, zu was Pferd und Wagen noch fähig sind und damit gegen die neumodischen Autotaxen demonstrieren, die allen Pferdedroschken inzwischen überlegen waren. Weil Gustav Hartmann so verbissen an seiner Pferdekutsche festhielt, obwohl er mit ihr kaum noch etwas verdiente, nannte man ihn den ›Eisernen Gustav‹. Er schafft tatsächlich die Fahrt nach Paris und wieder zurück nach Berlin. Deutsche wie Franzosen feierten ihn begeistert in jedem Dorf, in jeder Stadt. Für etliche Wochen wurde er zum Medienspektakel. Seine Rückkehr nach Berlin war ein Ereignis. Tausende von Menschen begleiten seine letzten Kilometer im Triumphzug. Die Großstadtprominenz umgarnt ihn und sonnt sich im Licht seiner Volkstümlichkeit. Hartmann darf sich in das ›Goldene Buch‹ der Stadt Berlin eintragen, beim Festbankett neben der berühmten Stummfilmschauspielerin Henny Porten sitzen und immer wieder von seinem Abenteuer erzählen. Dann aber wird der ›Eiserne Gustav‹ rasch wieder vergessen.

Um dieses historische Ereignis rankt Fallada seinen Roman. Er wird zu einer Familiengeschichte, in der der ›Eiserne Gustav‹ als Vater eine unglückselige Rolle spielt. Im Kasernenhofton herrscht er über Frau und Kinder. Er treibt mit seinem Starrsinn den Ältesten in den Krieg, den nächsten ins Lotterleben, eine Tochter in die Prostitution. Die habgierige und kaltherzige älteste Tochter Sophie übt als Oberin eines Sanatoriums ein ebenso unbarmherziges Regiment aus, wie einst der Vater in seiner Familie. Nur der jüngste Sohn Heinz übersteht die Despotie des Vaters, ihm bleiben alle menschlichen Qualitäten. Als gescheiter und charakterfester junger Mann blickt er aufgeschlossen in die neue Zeit, natürlich, wie meistens bei Fallada, an der Seite seiner warmherzigen Frau.

Erneut werden die einzelnen Charaktere zu Stellvertretern einer bestimmten Schicht oder eines speziellen Berufes, aber im Gegensatz zum Wolfsroman bleiben sie merkwürdig blaß. Den Beschreibungen fehlt der Biß, sie wirken wie eine Pflichtübung. Hatte der ›Wolf‹ dadurch bestochen, daß die Figuren ambivalente Charaktere waren, so dominiert im ›Eisernen Gustav‹ eine schlichte Schwarz-Weiß-Gestaltung der Menschentypen. Der Zuhälter Eugen Bast ist nur grausam und widerwärtig, die Ehefrau des Gustav ausnahmslos geduckt und untertänig, ihre Tochter Sophie schon als Kind so spröde und hart wie später als Oberin. Im Figurenkabinett des ›Eisernen Gustav‹ sind es diesmal vor allem kleine Gauner und große Schieber, verzweifelte arme, alte Leute, dreist-kesse leichte Mädchen, verlogene Politiker, halbherzige Revolutionäre und servile Beamte, die das Geschehen bestimmen. Vor allem aber schildert Fallada noch einmal den Untergang der alten Welt, den Umbruch und den Aufbruch in eine neue, unsichere Zukunft. Der ›Eiserne Gustav‹ als Hauptfigur wird zum Relikt vergangener Zeiten. Sein Beharren auf der militärischen Tradition, die auf unbedingtem Gehorsam und Pflichterfüllung beruht, reißt seine ganze Familie in den Abgrund.

Daß Fallada die Geschichte in der Systemzeit enden läßt, ist gegen den Vertrag. Ausgemacht war ein Zeitablauf mindestens bis zur Machtübernahme der Nationalsozialisten. Am 25. Juli 1938 erhält der Autor von der Tobis-Filmgesellschaft ein Drehbuch, das auf diesen Punkt hinweist; am 28. Juli wird er zur

23 Hans Fallada in Carwitz.

Besprechung ins Propagandaministerium zitiert. Der Schauspieler Emil Jannings, der in dem Film den eisernen Gustav spielen soll, übermittelt ihm die Botschaft von Propagandaminister Goebbels: »Wenn Fallada immer noch nicht wisse, wie er zur NS-Partei stehe, so wisse die NSDAP, was sie von Fallada zu halten habe.«[5] Das bedeutet: Entweder verzichtet der Schriftsteller auf das Projekt, oder aber er führt den Roman im Sinne der Nationalsozialisten fort. Fallada erinnert sich: »Ich liebe nicht die hohe Geste, vor Tyrannenthronen mich sinnlos, niemandem zum Nutzen, meinen Kindern zum Schaden, abschlachten zu lassen, das liegt mir nicht; nach drei Minuten Überlegung nahm ich den Zusatzauftrag an. Was ich dann freilich mit mir zu Hause abzumachen hatte, das steht auf einem anderen Blatt. Der Monat, durch den ich diesen n. (Nazi, C.v.S.) Schwanz schrieb, steht mit schwarzer Tinte umrandet in meinem Kalender, die Welt kotzte mich an, ich mich selbst aber noch mehr.«[6]

Was Fallada dann allerdings, nachdem er sich für die opportunistische Lösung entschieden hatte, aus dem Roman macht, ist ein Sündenfall und ein kaum nachzuvollziehender Kotau vor den Machthabern. Er verändert die Handlung radikal und setzt darüber hinaus einen von ihm selbst so genannten über zweihundertseitigen ›Nazischwanz‹ an das Ende: Aus dem Fuhrunternehmer Gustav Hackendahl, so heißt der ›Eiserne Gustav‹ bei Fallada, wird ein überzeugter NSDAP-Anhänger. Zusammen mit seinem Sohn Heinz stürzt sich der alte Mann in den Kampf gegen die bösartigen Schläger von der Kommunistischen Partei.

Fallada liefert Anfang September das Manuskript bei der Tobis-Filmgesellschaft ab; eine Kopie geht an Propagandaminister Goebbels, der ja der Auftraggeber ist. Angesichts dieser Textfassung jubelt der ›Hinkepott‹, wie Fallada den Minister wegen seiner Behinderung bezeichnet. Goebbels habe, kolportieren die Filmleute, nach der Lektüre vom ›Wolf‹ darüber nachgedacht, ob Fallada »ein Preis oder das KZ«[7] zustehe. Jetzt, nach der Lektüre des so grausam umgearbeiteten ›Gustav‹ entscheidet er sich für die Anerkennung. Er überweist eineinhalb Millionen Reichsmark für die Filmproduktion. In Berlin beginnen umgehend die Dreharbeiten.

Aber Goebbels hat Alfred Rosenberg unterschätzt. Der hatte schon hinnehmen müssen, daß im Juli in Carwitz Falladas ›Altes Herz geht auf die Reise‹ verfilmt wurde, jenes Buch also, das von der Reichsschrifttumskammer so entschieden abgelehnt worden war. Nun aber schiebt er der Begeisterung des Propagandaministers einen Riegel vor. Er veranlaßt im Oktober den Abbruch der Dreharbeiten zum ›Eisernen Gustav‹, obwohl bereits sehr viel Geld für die Produktion ausgegeben worden war.

Fallada, der die Verfilmung begleitet hatte, kehrt mit dem Entschluß nach Carwitz zurück, jetzt den Roman für den Druck weitmöglichst wieder zu entnazifizieren. Das 9. und letzte Kapitel wird um etliche Seiten gekappt, die höchsten Lobpreisungen der NSDAP und die gröbsten Angriffe auf ihre politischen Gegner entschärft. Zwar wäre eine völlig bereinigte Fassung ein bodenlos leichtsinniger Affront gegenüber der Tobis und dem Propagandaministerium gewesen, aber was dann Ende des Jahres 1938 als Roman erscheint, ist noch schlimm genug.[8]

Zunächst geraten die kommunistischen Vertreter der Novemberrevolution von 1918 noch einmal unter Falladas kritische Feder. Die revolutionären Matrosen sind mädchenbegrapschende, wahllos herumschießende Marodeure.[9] Eine ihrer ersten Taten ist es, kriminelle Zuchthäusler freizulassen.[10] Als feige Bande zu fünfzig Mann schlagen sie auf drei Unteroffiziere ein.[11] Karl Liebknecht ist ein Verräter, weil er immer schon gegen den Krieg gehetzt hat[12], und seine Anhänger, die Matrosen, sind auch nicht besser. *»Diese Herren mit der nackten Brust bilden sich ein, sie haben die Revolution gemacht!... Ich war heute früh bei ihnen im Schloß! Wie das da aussieht! Saufen, plündern, huren... Nein, die Matrosen werden sich spätestens in einer Woche selbst erledigt haben.«* (Gustav I., S. 298) Diese Linken *»sind wirklich bloß feige, sie fliehen...*

Ihre Waffe ist der Schlagring, das abgesägte Bleirohr, der Sand-sack, höchstens noch die Pistole – alles Waffen, die man verstek-ken kann, heimliche Waffen.« (Gustav I., S. 737)

Dann das gebeutelte einfache Volk, das den Waffenstill-standsbedingungen der Siegermächte hilflos ausgeliefert ist, da die sozialdemokratischen Politiker ihm systematisch die Einzel-heiten der Kapitulation verschweigen.[13] Die Genossen von der SPD »*nannten es Waffenstillstand, aber der Krieg ging weiter –«* *(Gustav I., S. 354)* Das Volk hungerte, aber seine verräteri-schen Abgeordneten finden das nur gerecht: »*Deutschland trägt die Alleinschuld am Kriege! Deutschland hat den Krieg verloren! Der Besiegte muß sich unter das Joch des Siegers beu-gen, und dieses Joch muß schwer sein, denn unsere Schuld ist ungeheuer!«* *(Gustav I., S. 360)* Auch Heinz Hackendahl emp-findet dies ebenso als Schmach, wie die Tatsache, daß »*die Deutschen in der Provinz Posen abgeschossen wurden wie die Hasen«. (Gustav I., S. 361)* Das niedergeworfene Volk wußte um »*sein Schicksal: dieser Sieger war erbarmungslos.« (Gustav I., S. 368)* Die französischen Besatzungsmächte im Ruhrgebiet schlagen Kinder mit Reitpeitschen blutig, vergewaltigen Frauen, berauben Passanten durch dreiste Beschlagnahme ihres wenigen Geldes.[14] »*Aber über dem Friedensvertrag stand: aus eigener Schwäche. Selbst entmannt, stand darüber.« (Gu-stav I., S. 409)*

Die Genossen von der SPD bauen eine korrupte Filzokratie auf, kein neues Deutschland. Zum Inbegriff des käuflichen Po-litikers wird der Gönner von Erich Hackendahl, der sozialde-mokratische Rechtsanwalt. Er ist nicht nur machthungrig, cha-rakterlos und körperlich wie geistig verfettet, sondern auch noch homosexuell. Er wird Erich Hackendahl ruinieren, weil der nicht auf sein sexuelles Angebot eingeht.[15] Aber auch die makellosen Menschen trifft der Bannstrahl der nur eigennützi-gen Sozialdemokraten. Da Heinz Hackendahl sich nicht »*irgendeiner linksgerichteten Gewerkschaft anschließen (will)«* *(Gustav I., S. 487)*, ist er bei seinen Arbeitgebern schlecht an-geschrieben und wird letztendlich entlassen. »*Siehste, Mensch,* sagte einer der Stempelbrüder zu ihm, wenn du nun in der Partei wärst, dann hätten sie das nicht mit dir machen dürfen. Dann wärest du einfach zu deinem Distriktssekretär gegangen und der hätte den Brüdern eins auf den Deckel gegeben.« (Gustav I., S. 612) Und die Schwiegermutter ergänzt das schlechte Bild: »Det sind doch allens Bonzen. Ja, und diese Bonzen bestimmen über uns«. (Gustav I., S. 613)

Die Weimarer Republik wird erneut zur Schwatzbude: »sie streiten sich darum, ob ein Panzerkreuzer gebaut werden soll oder nicht, ein Panzerkreuzer, der zum Schutze von Ostpreußen gebraucht wird. Die einen sind dafür, die anderen sind dagegen, und so bedrucken sie Papier und halten Versammlungen ab und reden und schwatzen – Ach Gott, wie das alles Heinz ankotzt, Papier und Reden, und am Ende geschieht doch nichts – versinkt alles noch tiefer im Schlamm.« (Gustav I., S. 618f.) »Die haben bloß verstanden, uns arbeitslos zu machen« (Gustav I., S. 669), findet der inzwischen zum Nationalsozialismus bekehrte Heinz Hackendahl und träumt wie seine NSDAP vom Arbeitsdienst für alle Erwerbslosen. Aber das Weimarer Parlament lehnt ab. Das Land wäre noch zu retten, »Wenn sie einem doch nur freie Hand ließen! Wenn sie nicht immer dazwischen kämen!« (Gustav I., S. 669)

Nur die NSDAP – sie ist schon auf Seite 361 gegründet worden – bleibt makellos. Das Wort »Nazi hat er (Heinz, C.v.S.) bisher in seinen Aushangszeitungen nur als Schimpfwort gelesen, das sind irgendwelche Leute, die was gegen die Juden haben, sonst weiß er nichts.« (Gustav I., S. 622) Aber bald erfährt er mehr. Es sind arbeitsame, unaufdringliche, beinharte Männer aus allen Schichten, vom Adligen bis hin zum einfachen Arbeiter, die da zusammen unter ärmlichen Bedingungen in einer Stube hausen. Hitler wird nicht namentlich genannt, aber sein Bild hängt an der Wand der Stube, und der »würde den Laden schon schmeißen, er würde alles anders, aber alles richtig machen. Nein, sie redeten gar nicht, sie hatten einen Glauben... Er wird's schon schaffen, sagten sie, und wenn es hoch kam, ging dann ein rascher Blick zum Bild an der Wand.« (Gustav I.,

S. 631) Sie diskutieren nicht über die Politik, sondern übernehmen kritiklos die Position der Partei, denn *»es war so, daß die Partei die und die Stellung zu der Frage einnahm, und damit war die Frage für sie erledigt.«* *(Gustav I., S. 631)* Heinz Hackendahl ist so überzeugt von diesen opferbereiten Burschen, daß er schon nach einigen Tagen der Bekanntschaft mit ihnen Parteimitglied wird.[16] Damit kommt Heinz *»zu einem neuen Sinn und neuer Lebensfreude.«* *(Gustav I., S. 639)* Die nationalsozialistische Partei füllt jetzt sein bislang trostloses Leben aus. Der sonst so kritische Vater stellt fest: *»der Junge hatte sich in den letzten Monaten wieder rausgemacht. Er war ein meckriger Mießling gewesen, jetzt waren wieder Jugend, Frische, Übermut in ihn zurückgekehrt.«* *(Gustav I., S. 666)* Selbst Irma, die mißtrauische Frau von Heinz, ist angesichts dieser positiven Veränderung nunmehr auch überzeugt von der Partei, denn *»das kann doch nicht schlecht sein, was ihn so gemacht hat?«* *(Gustav I., S. 727)* Schließlich finden die Väter von gestern zu ihren Kindern von heute. In der letzten Szene versöhnt sich der greise Gustav mit seinem Sohn, nimmt auch die Hand des nationalsozialistischen Freundes von Heinz, *»drückt sie und sagt: ›Also denn: mit Euch!‹«* *(Gustav I., S. 738)*

Nach Falladas Tod hat es verschiedene Versuche gegeben, das Urmanuskript des ›Eisernen Gustav‹ wieder herzustellen. Die Rekonstruktion gestaltete sich allerdings schwierig, da in Falladas Nachlaß weder das handschriftliche Manuskript noch die Maschinenabschrift der ersten Fassung gefunden wurde. Peter W. Tügel wagte sich 1958[17] als erster an die Rekonstruktion. Der ›Nazischwanz‹ wurde gestrichen, dann ersetzte er vor allem die Passagen, in denen gegen die Kommunisten und Sozialdemokraten gehetzt wurde, durch moderatere Sätze. Aber er griff unzulässig in das Werk ein. Aus dem Gönner von Erich Hackendahl wurden sogar zwei Personen, ein braver Reichstagsabgeordneter und ein mieser Notar. Tügel schrieb ganze Absätze nicht nur um, sondern dichtete auch eigene hinzu, so daß der ›Eiserne Gustav‹ eindeutig verfälscht wurde und in dieser Fassung auch erschien.

In den sechziger Jahren bearbeitete Günter Caspar den Roman. Er stützte sich dabei auf Erinnerungen von Lilly und Johannes R. Becher, auf den von Fallada mit der Hand geschriebenen Nazischluß, Notizen auf dem ersten Ausdruck der NS-Fassung von 1938, Streichungen, die vermutlich durch den Rowohlt Verlag veranlaßt wurden, auf Inhaltsverzeichnisse und Arbeitsnotizen des Autors. »Ausgemerzt wurden solche politischen Entgleisungen – alles in allem sieben Druckseiten Text –, die dem nazistischen ›Geschichtsbild‹ entsprechen, ... der auf diese Weise hergestellte, hier vorgelegte Text macht achtundneunzig Prozent des ursprünglichen Manuskripts aus... eine Rekonstruktion im Sinne Hans Falladas.«[18] So entstand ein neuer ›Eiserner Gustav‹, der nicht mit der erfolgreichen Parisfahrt, sondern mit dem Tod des Zuhälters Eugen Bast endet.

Wenn sich Caspar auch konsequent auf die vorhandenen Unterlagen stützte, so ist selbst hier zu fragen, ob einige gestrichenen ›Entgleisungen‹ Falladas nicht seinem Opportunismus, sondern seiner tatsächlichen politischen Auffassung entsprachen. Sein gestörtes Verhältnis zur Weimarer Republik, den Kommunisten und auch zur Sozialdemokratie hatte er bereits in ›Bauern, Bonzen und Bomben‹[19] dokumentiert. Bei Caspar wird aber unter anderem gestrichen, daß Heinz Hackendahl das Weimarer Parlament als Schwatzbude bezeichnet, daß die Novemberrevolutionäre feige aus dem Hinterhalt über ihre Gegner herfallen. Beides hatte Fallada bereits in ›Bauern, Bonzen und Bomben‹ und im ›Wolf‹ erwähnt.[20] Sowohl ›BBB‹ als auch der ›Wolf‹ tragen aber kaum die Spuren des politischen Drucks, dem Fallada beim ›Eisernen Gustav‹ eindeutig ausgesetzt war. Somit ist auch bei den Korrekturen von Caspar zumindest Skepsis angebracht. Jene Textfassungen, die später herauskamen und angeblich auf Caspars Rekonstruktion fußen, sind übrigens gleichfalls unvollständig, denn sie enden nicht wie bei Caspar mit dem Tod von Eugen Bast, sondern rund 50 Druckseiten vorher mit dem erneut verarmten Kutscher Gustav, der seine Droschkenfahrten in Berlin wieder aufnimmt.[21] Der Leser wird in Hinblick auf das verloren gegangene Urmanuskript ohnehin wohl nie erfahren, was wirklich im ersten ›Eisernen Gustav‹ gestanden hat.

Es ist zu fragen, was Fallada zu diesem hohen Grad von Konzessionen bewogen hat. Hatte er sich nicht bei den Nationalsozialisten durch ›Wolf unter Wölfen‹ sogar eine Anerkennung ertrotzt? Hätte ihn diese Akzeptanz nicht nur zuversichtlich, sondern auch mutig stimmen können? Fallada war ein schwacher Mensch. Vielleicht konnte er das ständige Wechselbad zwischen Bestätigung und Ablehnung nicht verkraften? Wich er dem Druck, der nun erneut auf ihn einstürzte? Berücksichtigt werden sollte, daß er zunehmend in Existenzängste geriet. Der Krieg stand unmittelbar bevor, das wußte er. Die Nationalsozialisten würden noch lange am Ruder bleiben, auch das war ihm klar. Sein Verleger Rowohlt bekam immer mehr Schwierigkeiten. Dennoch bleibt dieser Grad von Konformismus zunächst schwer nachvollziehbar. Aber er hat System. Im Oktober 1938 wird Rowohlt aus der Reichsschrifttumskammer ausgeschlossen. Ihm wird zur Last gelegt, daß er Bücher von jüdischen Autoren veröffentlicht hat, unter denen ihm natürlich vor allem die Stifter-Biographie von Bruno Adler schwer angelastet wurde, da sich die nationalsozialistischen Rezensenten mit dem Pseudonym Urban Roedl hatten hereinlegen lassen. Ihm wird ferner vorgeworfen, daß er trotz mehrfacher Abmahnung immer noch eine jüdische Sekretärin in seinem Verlag beschäftigt. Ferner wiegen die Veröffentlichungen der Bücher von ›unerwünschten Autoren‹ schwer. Genannt werden Hans Fallada und Joachim Ringelnatz.[22] »›Sie haben die Ehre des deutschen Verlegers mit Kot besudelt‹«[23], schrieb Goebbels an Ernst Rowohlt und begrüßte das mit dem Ausschluß verbundene Berufsverbot.

Ernst Rowohlt setzt sofort seinen Sohn Heinrich Maria Ledig-Rowohlt als Geschäftsführer ein, aber es ist zu befürchten, daß die Familie Rowohlt ganz aus ihrem Betrieb herausgedrängt wird. Um diesen letzten Schritt zu vermeiden, müßte Rowohlt den Nationalsozialisten deutlich entgegenkommen. Im November 1938 erscheint die nazifreundliche Fassung des

›Eisernen Gustav‹ als Buch. Das ist kein Zufall. Der Sündenfall von Hans Fallada ist auch der seines Verlegers. Beide befinden sich in einer verzweifelten Situation. Fallada weiß nicht mehr, wie und was er schreiben soll, ohne Anstoß zu erregen und baut darauf, daß seine opportunistischen Passagen die Kulturbürokraten von seinem guten Willen überzeugen werden. Ernst Rowohlt sieht sein Lebenswerk bedroht und scheint gleichfalls darauf zu hoffen, die Mächtigen im Staate milde zu stimmen.

Die Rechnung geht nicht auf, zumindest was die Familie Rowohlt anbelangt. Sie wird zu Zeugen der ›Reichskristallnacht‹. Sie war eine gelenkte Aktion der Nationalsozialisten und galt als Revanche für das Attentat des 17jährigen deutsch-polnischen Juden Herschel Grünspan auf den Gesandtschaftsrat Ernst vom Rath in Paris. Einen Tag nach dem Mordanschlag werden am 8. und 9. November 1938 im gesamten Deutschen Reich die Synagogen angezündet, die Schaufenster jüdischer Läden und die Wohnungsfenster von jüdischen Familien zerschlagen, die Inneneinrichtungen verwüstet, das Mobiliar auf die Straße geworfen. Der Pöbel prügelt auf die aus ihren Wohnungen getriebenen Juden ein, zerrt Patienten aus Krankenhausbetten, treibt Kinder aus jüdischen Waisenhäusern auf die Straßen. Fast 100 Juden sterben an den Mißhandlungen. Die Polizei verhaftet in diesen Nächten fast 26000 Menschen, die in die Konzentrationslager Dachau, Sachsenhausen und Buchenwald deportiert werden. Den zynischen Namen ›Reichskristallnacht‹ erhielt das Pogrom durch die Tonnen von Glas, die zerschlagen wurden.[24]

Während die Synagoge brennt, die Juden von Prügelkommandos der SA aus ihren Häusern getrieben werden und der Mob über die Unglücklichen herfällt, verliert Rowohlts brasilianische Frau die Nerven und schreit dem Pöbel ihren Haß entgegen. Fallada erinnert sich: Noch in der ›Reichskristallnacht‹ fingen Rowohlts »an zu packen, es war die höchste Zeit, das Konzentrationslager winkte... Schon am folgenden Morgen waren ein paar Leute von der Partei in der Wohnung, fragten so dieses und jenes, zogen diesmal aber doch noch wieder ab. Das nächste Mal würden sie nicht mehr so unverrichteter Dinge wieder abziehen. Rowohlts siedelten erstmal nach Berlin in ein Hotel über, aber am Abend schon wollten sie in die Schweiz fahren, einen Paß hatten sie sich längst vorsorglich verschafft. Und nun kommt etwas ganz Rührendes... in all dem Trubel der Reisevorbereitungen, in der Sorge um das eigene Leben, eine Frau und zwei Kinder bei sich, ... da denkt der alte Rowohlt an seinen Autor Fallada, der im Begriff ist, seinen Verleger zu verlieren... Fallada muß einen neuen Verleger haben!«[25] Rowohlt bringt diesen neuen Mann gleich mit, als er in Carwitz auftaucht. Er formuliert einen Übernahmevertrag, der aber noch nicht unterschrieben wird. Er sagt erst jetzt, daß er in wenigen Stunden ausreise, sein Verlag werde wohl in andere Hände übergehen. Suse weint, auch Hans Fallada »ist es schwer ums Herz... Wieder ein Freund weniger – der schon so klein gewordene Kreis um den lebendigsten Freund gekommen.«[26]

Ende des Jahres wird der Rowohlt Verlag an die deutsche Verlags-Anstalt in Stuttgart verkauft. Rowohlt-Ledig bleibt zwar Geschäftsführer und der Name Rowohlt Verlag bleibt erhalten, aber er ist jetzt eine Tochtergesellschaft innerhalb eines anderen Unternehmens und siedelt nach Stuttgart über.

Ob der Verkauf eine notwendige finanzielle Transaktion war, oder durch politischen Druck zustande kam, ist aus keiner der Quellen zu erfahren. Aber angesichts der Tatsache, daß Geschäftsführer und der Name des Verlages bestehen bleiben, ist zu vermuten, daß es finanzielle Schwierigkeiten waren, die zum Verkauf führten. Für diese These spricht der Bericht des Rowohlt-Biographen Kiaulehn: »Als H. M. Ledig 1938 zum Geschäftsführer des Rowohlt Verlages bestellt worden war, konnte die Schrifttumskammer hoffen, daß der Dreißigjährige von sich aus den Absichten des Nationalsozialismus Verständnis entgegenbringen würde, denn er war ja ein unbeschriebenes Blatt; doch dauerte es nicht lange, bis man eingesehen hatte, daß der Rowohlt Verlag auch unter Ledig ein gefährliches Unternehmen blieb. Also wurde der ehemalige ›Reichskulturver-

walter‹ Franz Moraller, SA-Führer, der dem Propagandaministerium für Sonderaufgaben zur Verfügung stand, nach Stuttgart geschickt, um der Deutschen Verlags-Anstalt und dem
Rowohlt Verlag eine nationalsozialistische Tendenz aufzuzwingen. Damit begann für Ledig eine gefährliche Zeit...
Moraller kam in den Rowohlt Verlag 1939 und verließ ihn zwei
Jahre später, ohne etwas ausgerichtet zu haben.«[27]

Ernst Rowohlt versucht zunächst in der Schweiz, anschließend in Frankreich und in England eine neue Existenz aufzubauen. Aber es gelingt ihm nicht. Im Februar 1939 verläßt er
Europa und schifft sich nach Brasilien ein. Bei seinem Schwager auf der Hazienda reitet er Pferde zu und verkauft sie anschließend. Ein geflügelter Pegasus wäre ihm lieber gewesen.
Aber »Rowohlts bestes Pferd im Stall«[28], bleibt verlassen in
Deutschland zurück.

Hans Fallada hat jetzt endgültig die Chance verpaßt zu emigrieren, denn ab Anfang 1939 werden die Grenzen hermetisch
abgeschlossen und die Kontrollen auf Bahnhöfen und in den
Zügen verstärkt. Aber er will es auch gar nicht. Seine Situation
scheint sich zu entspannen. Der Film vom ›Eisernen Gustav‹ ist
zwar abgesetzt, aber das Buch verkauft sich gut. Der Weihnachtsbrief Falladas an den Freund Kagelmacher berichtet von
etwa 10 000 verkauften Exemplaren, eine erstaunlich hohe Anzahl für knapp vier Wochen nach Auslieferung an den Buchhandel.[29]

Der Schriftsteller kann also trotz der umwälzenden Ereignisse relativ beruhigt der Zukunft entgegensehen. Die Tantiemen fließen und er hat im Zweifelsfalle einen neuen Verleger,
sofern der Rowohlt Verlag endgültig aus dem Kulturleben im
Deutschen Reich verschwinden wird. Das Propagandaministerium und die Reichsschrifttumskammer scheinen sich auf einen
Waffenstillstand geeinigt zu haben und lassen ihn in Ruhe.
Jetzt kommt es für ihn nur noch darauf an, alles zu unterlassen,
was die schlafenden Hunde wecken könnte.

19.
Zuerst die Peitsche,
dann das Zuckerbrot

Die Kulturpolitik der Nationalsozialisten gerät in eine neue, verschärfte Phase. 1937 schon hatte Wolfgang Willrich in seinem Buch über die ›Säuberung des Kunsttempels‹ auch für die Autoren jene Sätze formuliert, die programmatisch festlegten, daß unter Kunst und Literatur nur etwas »Edles, Gesundes (zu) verstehen (sei), eine natürliche Lebensäußerung aus Volk und Art, für Volk und Art.«[1] Notwendig sei ein grundlegender Optimismus, eine Lebensbejahung im »wesenhaften heiligen Sinn.« Nur derartige Kunst und Literatur werde zur »Spenderin von Kraft... durch Besinnung und Erhebung.«[2] Die »Literatur-Giftprodukte« der entarteten Schriftsteller aber würden das Volk verblöden und es hinabziehen: »Ewig wiederholen sich dieselben jämmerlichen Privaterlebnisse kleiner Ich-Menschen, die aus dem gemeinsamen Sumpf heraus annähernd dasselbe Lied quaken, nur mit verschieden hohem Stimmaufwand und verschiedenen Variationen desselben Themas von Klassenhaß, Weltangst, hysterischer Prophetie, echter oder simulierter Geistesstörung, verkrampfter perverser Brunst.«[3] Der Bücherverbrennung folgt 1939 daher nun auch der Vernichtungsfeldzug gegen Kunstwerke: Alle modernen Gemälde und Plastiken, die unter den nationalsozialistischen Begriff der ›entarteten Kunst‹ fallen, werden entschädigungslos beschlagnahmt, teilweise zerstört, etliche aber auch gegen Devisen ins Ausland verkauft. Hellmuth Langenbucher definiert die für alle Autoren verbindliche literarische Aufgabe: »Der Dichter erhält seinen Auftrag von den Lebensnotwendigkeiten seines Volkes, und er hat... dem Volk zu dienen. Erfüllt er diese Forderung nicht, geht von dem Gehalt seiner Dichtung keine aufbauende Wirkung auf das Leben der Volksgemeinschaft aus, so verliert diese für uns an Bedeutung.«[4]

In den ›Kulturpolitischen Pressekonferenzen‹ des Reichs-verbandes der deutschen Presse werden an die Journalisten Anweisungen ausgegeben, was inhaltlich bei Rezensionen der Populärliteratur scharf zu verurteilen ist: eine deutsche, blonde, blauäugige Frau darf sich keinesfalls mit einem Südlän-der einlassen, denn das widerspricht der Rassenehre des nor-dischen Menschen. Eine geisteskranke Mutter kann unmöglich ein gesundes Kind zur Welt bringen, denn nach der nationalso-zialistischen Lehre erwächst aus Krankem auch nur Krankes. Ein Fünfzigjähriger soll sich nicht auf Kleiderkarte einen guten Anzug kaufen, nur um damit einem Mädchen zu imponieren. Für dieses Motiv ist er entschieden zu alt. Er darf aber auch nicht von seiner baldigen Pensionierung träumen, denn dafür ist er wieder zu jung. Der Hintergrund für diese groteske Richt-linie war, daß durch den Krieg die jüngeren Männer fehlten und viele ältere Arbeiter und Angestellte weit über ihr Pen-sionsalter hinaus arbeiten mußten.

Grundsätzlich hat im Rahmen einer Handlung der negativen Tat sofort eine positive zu folgen, denn angestrebt wird die Er-haltung des Guten. Privatdetektive dürfen daher nicht mehr als Helden auftreten, da sie meistens negativen Menschen und Straftätern auf der Spur sind. »Es gab fast nichts mehr, worüber Autoren noch unbefangen hätten schreiben können.«[5] Und na-türlich ist die Republik zu verdammen und das neue Reich der Nationalsozialisten zu preisen. Diese Selbstverständlichkeit wurde auf den ›Kulturpolitischen Pressekonferenzen‹ nicht mehr als Anweisung ausgegeben, weil sie seit 1933 ohnehin oberstes Gebot war.

Fallada korrigiert sich und Fallada arrangiert sich. Ende No-vember 1938 schreibt er für die Neuausgabe von ›Bauern, Bon-zen und Bomben‹ ein opportunistisches Vorwort, in dem die erwürgte Weimarer Republik von ihm noch einen Fußtritt er-hält: ». . . jeder, der dieses System zu halten suchte, verteidigte, war mitschuldig, jeder, der es bekämpfte, schuldlos.«[6] Be-kämpft hatten dies demokratische System die reaktionären Kräfte, die jetzt zusammen mit den Nationalsozialisten die

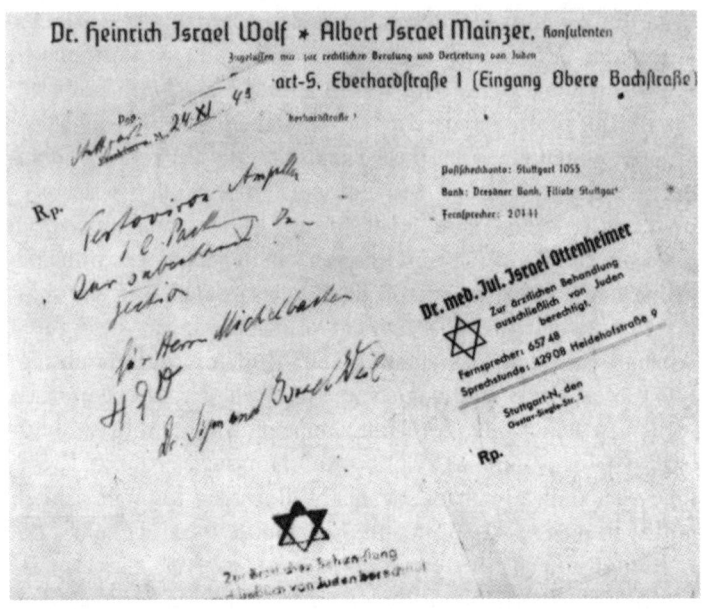

24 Die Dienstleistungen der jüdischen Mitbürger beschränken sich nur noch auf Juden.

Diktatur errichtet hatten. Die Angst ging um im neuen Reich dieser ›Schuldlosen‹.

Die abgeriegelten Grenzen verhindern ein Entkommen, das Land ist gespickt mit Konzentrationslagern. Der Terror gegen die verbliebenen Juden ist zum Alltag geworden. Sie dürfen nach 20 Uhr nicht mehr die Straße betreten und haben zu Hause zu bleiben, auch Besuche bei Freunden sind nicht erlaubt. Später dürfen sie Straßenbahnen nur noch benutzen, wenn sie zur Arbeit fahren. Sie dürfen dabei aber keinen Sitzplatz beanspruchen, sondern müssen hinten im Wagen auf der damals noch zugigen Plattform stehen. Und damit man sie beim Überschreiten der Verbote sofort identifizieren kann, erhält ihr Personalausweis einen großen Stempel ›J‹, für Jude, die Männer als zusätzliche Schikane den Vornamen Israel, die

Frauen Sara. Sie dürfen keine jüdischen Verwandten bei sich aufnehmen. Sie müssen zunächst ihre arischen Hausangestellten oder Arbeiter entlassen, wenig später werden ihre Betriebe enteignet und an arische Bewerber vergeben. Versicherungsverträge werden annulliert, Hypotheken aufgekündigt. Privatleute müssen alles Silber und Gold aus ihren Haushalten abliefern, sie werden zunehmend aus ihren Häusern vertrieben und ihr Eigentum zu Spottpreisen an jene Deutschen verkauft, die nach der abstrusen Rassenlehre als Arier gelten.[7]

Der Terror trifft auch Arier, Gesetzlosigkeiten gegenüber Systemgegnern sind alltäglich: »Recht ist künftig in Deutschland, was wir Nationalsozialisten für richtig halten«[8], hatte der Leiter des Reichsrechtsamtes, Dr. Hans Frank, bereits 1933 erklärt. 1938 wird ergänzt: »Recht ist, was dem deutschen Volke nützt.«[9] Da wird ohne richterlichen Beschluß umgehend verhaftet, zum Beispiel, wenn ein Volksgenosse eine abfällige Bemerkung über die NSDAP macht, oder wenn er im Abstimmungsraum gegen die nicht geheimen Wahlen zum Reichstag protestiert.[10] Die geheime Wahl ist eigentlich sein verbrieftes Recht, aber es gilt stattdessen: »Ein Deutscher, der es ehrlich meint, braucht bei der Wahl keinen ›Wahlkäfig‹.«[11]

Die geheime Staatspolizei lauert in Betrieben, in Straßenbahnen, an Gasthaustischen, selbst in den Wohnungen auf ihre Opfer. Viele Verhaftungen kommen durch die Denunziationen von Nachbarn zustande. Jene haben deutlich durch die Wand gehört, daß die Bewohner von nebenan den Feindsender, meist ist es der englische BBC, hören. Und das ist verboten. Sie erinnern sich genau an den gehässigen Witz, den eine Hausfrau beim Treppenputzen über den eitlen Reichsmarschall Göring gerissen hat, sie vernehmen aus dem Mund eines neunjährigen Knaben, daß seine Eltern den Führer Adolf Hitler verachten.

Nonkonformistische Deutsche zuckten angstvoll zusammen, wenn im Morgengrauen Motorgeräusche eines Autos vor der Wohnung zu hören waren. Die Gestapo kam stets um diese Zeit. Sie trommelte an die Türen, brach sie, wenn man nicht sofort öffnete, mit Gewalt auf, und zerrte die Verdächtigen mit brutalen Faustschlägen aus ihren Betten. Die Denunzierten landeten in den Folterkellern der Polizei und wurden anschließend, wenn noch staatliches Mißtrauen blieb, mit oder ohne Gerichtsurteil in die Konzentrationslager deportiert. Das war der Unterschied zwischen einer Republik und einer Diktatur, zwischen Rechtssicherheit und terroristischer Willkür.

Fallada aber begrüßt diesen Umschwung: »...wie gewaltig hat sich Deutschland in so kurzem verändert! Mir war, als müsse es ein böser Traum... gewesen sein – und es sind doch nur neun Jahre vergangen! Das beglückt mich: nur neun Jahre, und alles wurde anders!«[12]

Der beglückte Autor veröffentlicht und schreibt ausnahmslos Unverfängliches. Ende 1938 erscheinen die ›Geschichten aus der Murkelei‹, die weder Leser noch Kritiker zu interessieren scheinen. Er setzt die schon 1937 begonnene Schmunzette ›Kleiner Mann, großer Mann – alles vertauscht‹ fort. Es ist ein banales und auch noch schlecht geschriebenes Romänchen, aber er schreibt es, weil es ein Film werden soll und Geld bringt. Er vermeidet jedwede Politik und sinkt zugleich auf ein Niveau herab, das weit unter seinem Können liegt. Aber gefordert ist jetzt die flache Unterhaltung, das harmlose Amüsement. Doch das angestrengte Segeln mit dem Wind hilft ihm nichts.

Im März 1939 erscheint nach einigen freundlichen Besprechungen die entscheidende Kritik zum ›Eisernen Gustav‹ in der ›Bücherkunde‹, dem Zentralorgan des Amtes Rosenberg. Der Kulturbeauftragte des Führers, der niemals seine Gegner aus den Augen ließ, vor allem, wenn sie Propagandaminister Goebbels gefielen, läßt den Roman durch Adolf Kriener in Grund und Boden rezensieren. Der stellt fest, »daß Fallada sich auch hier mit besonderer Liebe, Eindringlichkeit und.... Leidenschaft gerade solchen Gestalten widmet, die sich auszeichnen durch Schwäche, Erbärmlichkeit und Haltlosigkeit und die es gestatten, mit in die tiefen und tiefsten Abgründe menschlicher Niedertracht, Unanständigkeit, Schlüpfrigkeit und Häßlichkeit hinabzusteigen. Wie fast immer, so sind es auch hier Gestalten ohne jedweden inneren Halt, deren Leben angefüllt ist vom Mißton widerlicher Szenen, gezeichnet in den Farben nicht zu überbietender Derbheit und Naturalistik... Warum noch einmal all diesen Schmutz, diese Verworfenheit, diese Fäulnis?... wir verzichten gern auf die Beschäftigung mit asozialen Elementen... vor allem aber verzichten wir mit Nachdruck auf das lüsterne Hervorzerren unseliger, endlich und lange überwundener Zeiten und ihre Verquickung mit dem Aufbruch der neuen Zeit.«[13] Kriener entlarvt den ›Nazischwanz‹ im letzten Kapitel als aufgesetzt. Er findet, daß der Ausgang des Romans »sich weder in den Zusammenhang des Ganzen fügt, noch daß er überzeugt.«[14]

Der ›Eiserne Gustav‹ wird auf die ›Liste des schädlichen und unerwünschten Schrifttums‹ gesetzt und verschwindet sofort aus den Leihbüchereien, vor allem aber aus den Schaufenstern der Geschäfte. Dort, wo es noch nicht geschehen ist, tauchen SA-Trupps auf und helfen nach.

Was bleibt Fallada jetzt noch zum Schreiben übrig? Kann er nach diesem Verriß, nach diesem erneuten Bannstrahl überhaupt noch etwas veröffentlichen? Zunächst nicht. Die Nationalsozialisten schwingen erneut die Peitsche und machen ihm klar, daß er noch viel zugänglicher werden muß. Der Film ›Altes Herz geht auf die Reise‹ wird verboten, angeblich, weil Goebbels an heruntergekommenen Bauernhöfen Anstoß genommen habe, aber eine offizielle Begründung erhält Fallada nicht.[15] Es muß ihm reichen, daß wieder ein Werk von ihm unerwünscht ist. Das Propagandaministerium hatte es längst nicht mehr nötig, die Gründe für einen Befehl zu nennen. Aber nachdem das geschehen ist, winkt man dem Schriftsteller plötzlich mit dem Zuckerbrot: Fallada darf ein neues Filmprojekt erarbeiten. Es soll ein Streifen über einen Deutschen werden, der aus dem Ausland ins Deutsche Reich zurückkehrt. Die Skizze nennt er zunächst ›Zuflucht‹, später wird er sie in ›Dies Herz, das dir gehört‹ umbenennen. Dafür unterbricht er im August 1939 die Arbeit an einem weiteren unverfänglichen Ro-

man, genannt ›Der ungeliebte Mann‹, der literarisch unwesent-
lich ist, aber biographisch höchst interessant. Wir werden darauf noch zurückkommen.

Von August bis Dezember 1939 erscheint seine Illustrierten-
Schmunzette ›Kleiner Mann, großer Mann – alles vertauscht‹
unter dem Titel ›Himmel, wir erben ein Schloß‹ in der Zeitschrift
›Die Dame‹. Es ist die Geschichte des kleinen Angestellten Max
Schreyvogel, der ein Schloß erbt, durch den damit verbundenen
Reichtum aber verlottert, alle Freunde verliert und erst wieder
glücklich wird, als er bankrott ist und wieder der kleine Angestellte sein muß. Der Roman gefällt in seiner Belanglosigkeit
den Nationalsozialisten, sie schlagen die Verfilmung vor. Aus
dem Heimkehrerfilm wird nichts werden, aber ›Himmel, wir
erben ein Schloß‹ wird tatsächlich umgesetzt und bringt schon
jetzt, Ende 1939, Geld für die Filmrechte. Der Autor soll möglichst umgehend weitere Bücher im Sinne der jüngsten Werke
produzieren.

Hans Fallada hat sich also noch mehr angepaßt und wird endlich akzeptiert, aber um welchen Preis? Er schreibt für ein
beschränktes Leserpublikum ein banales Unterhaltungs-Ge-
schichtchen nach dem anderen und nimmt Filmaufträge glei-
cher Qualität an. Er verrät sein Talent, aber angesichts des von
ihm eingeschlagenen Weges bleibt ihm nun keine andere Wahl
mehr. Es ist zu spät für die Alternative, er muß versuchen, im
Nationalsozialismus zu überwintern.

Die stumpfsinnige Lohn- und Brot-Produktion schlägt ihm
aufs Gemüt. Seine Depressionen nehmen zu, die Krisen mit
allen ihn umgebenden Menschen in Carwitz gleichfalls. Die
Ehe zwischen Suse und Hans Fallada beginnt zu wanken. Er
kompensiert seine permanente dichterische Frustration durch
Ausfälle in jeder Hinsicht. Suse ermattet unter all den Konzessionen, die dieser außergewöhnliche Mann immer aufs neue
von ihr fordert. Sie muß für seine Ruhe während der Arbeit
sorgen. Sie soll seine Suchtschübe – natürlich trinkt Fallada
schon wieder – abfangen. Sie soll tolerieren, daß er einen Sei-
tensprung nach dem anderen begeht, sei es mit Haustöchtern,

sei es mit irgendwelchen Bardamen, sei es mit den Ehefrauen seiner Bekannten. Nebenbei muß Suse das gesamte Leben in Carwitz organisieren und den Kindern eine gute Mutter sein. Uli ist hochintelligent, aber unbequem, Mücke zwar leichter zu dirigieren, aber sehr empfindsam und unendlich langsam in allen Dingen. Zusätzlich ist Suse erneut schwanger. Und als sie sich langsam gegen das Übermaß an Aufgaben zu wehren beginnt, reagiert ›ihr Junge‹ mit verzweifelter Selbstzerstörung. Sein Alkoholismus und Schlafmittelmißbrauch bringt ihn ab Ende November 1939 wieder einmal ins Sanatorium ›Heidehaus‹. In einem seiner letzten Werke, dem ›Alpdruck‹, der neben dem ›Trinker‹ die meisten autobiographischen Züge trägt, läßt er seinen Helden Dr. Doll gleichfalls zum wiederholten Male in dasselbe Sanatorium flüchten. Doll fragt einen ihm unbekannten Pfleger: »›Ist denn noch jemand von den alten Leuten auf der Station? Sie haben sicher gehört, ich war hier schon öfter, bin gewissermaßen Stammgast auf der Station.‹ Er sagte das nicht ganz frei von Stolz. Dies war ein Haus, in das er immer gegangen war, wenn ihn seine überreizten, nie sehr starken Nerven im Stich gelassen hatten. Schwere Stunden hatte er in diesem Haus erlebt, Depressionen, in denen er sich völlig aufgegeben hatte, in denen er selbst an seinem Verstande gezweifelt hatte, aber immer hatte er sich wieder aufgerappelt. Plötzlich – von heute auf morgen – hatte er sich dann für gesund erklärt und war wieder an die Arbeit gegangen.« (Alpdruck, S. 120)[16]

Im Januar des Kriegsjahres 1940 ist Fallada wieder in Carwitz. Es entstehen in loser Reihenfolge einzelne Kapitel für den geplanten Film ›Dies Herz, das dir gehört‹. Im April wird Sohn Achim geboren. Suse geht es schlecht und Fallada geht es schlecht. Er murkst an seinem Roman ›Der ungeliebte Mann‹ herum und schreibt etliche kleinere Geschichten. Im Oktober ist er wieder reif für das Sanatorium seines Freundes Willi Burlage, das er bis Weihnachten nicht mehr verlassen wird. Er weiß, daß es so nicht weitergeht, aber er hat keine Ahnung, wie es weitergehen könnte.

Lediglich das Weihnachtsfest in Carwitz hebt seine Stimmung. Das Telefon klingelt und vermittelt ein Ferngespräch aus Bremen. Eine wohlbekannte Stimme röhrt: ›Blockadebrecher!... vorgestern in Bordeaux angekommen. Lasse mich nächste Woche oder so bei Ihnen sehen. Muß mich natürlich sofort bei der Truppe melden. Rufe nochmal an!«[17] Ernst Rowohlt war freiwillig zurückgekehrt und hatte als Matrose auf einem Passagierdampfer die von den alliierten Kriegsgegnern verhängte Seeblockade durchbrochen. Der Ausbruch des Krieges habe ihn zu diesem Schritt bewogen: »...ich kann nicht ruhig in diesem Affenlande sitzen, wenn sich meine alten Kameraden hier herumschlagen. Natürlich hat es Krach gegeben mit meiner Frau. Sie wollte mich durchaus nicht fortlassen... Es wird wohl eine Scheidung daraus werden.«[18] Aber Patriotismus und Kameradschaftstreue waren wohl nur für die Lauscher im Telegraphenamt erwähnt worden, den wahren Grund seiner Rückkehr enthüllte Rowohlt später selbst: »Ich glaubte fest an den bevorstehenden Zusammenbruch des Hitler-Regimes. Und ich wollte die letzte Phase in Deutschland erleben, um das Recht zu erwerben, sofort wieder Verleger zu sein.«[19] Armer Rowohlt, er war politisch ebenso ahnungslos wie sein Autor Fallada. Der fürchterliche Krieg stand gerade am Anfang und würde noch bis zum Mai 1945 dauern. Die Nationalsozialisten honorierten zudem den propagandistisch ganz effektvollen Blockadedurchbruch nicht und beließen es kühl bei dem Berufsverbot. Umgehend verpflichten sie den 53jährigen Verleger zum Wehrdienst.

Von Januar bis März 1941 versinkt Hans Fallada wieder in Alkohol, Depressionen und Krankheit, doch dann beschäftigt ihn ein neuer Stoff, der ihm nach all den mißlungenen Filmdrehbuchversuchen die Freude am Schreiben zurückbringen wird. Im April bittet er die Schwester Itzenplitz um einige Anekdoten aus der Familiengeschichte. Er erinnert sie daran, daß sie einst in Berlin auch ein Tagebuch führte und erläutert ihr seine Buchidee : »Alles soll... freundlich gehalten sein, nichts Düsteres, auch möchte ich dabei Papa, Mutti und vor allem auch Tante Ada eine Art Denkmal setzen. Genau an der Wahrheit werde ich mich nicht halten, sondern auch zuerfinden, pointieren usw. Also etwas Rosenrotes und Amüsantes...«.[20]

Rosarot und amüsant wird das neue Buch, das er binnen dreier Wochen schreibt, tatsächlich, obwohl er die fürchterlichen Entwicklungskrisen seiner Kindheit und sein Martyrium in der Schule sehr authentisch beschreibt. Aber da er seine Erinnerungen versöhnlich und verständnisvoll schildert, zudem vorsichtig seine pubertären Schwierigkeiten umschifft und sie lediglich anekdotisch erwähnt, entsteht endlich wieder ein inhaltlich zwar nicht sehr tief greifendes, aber handwerklich gut geschriebenes Buch, das er ›Damals bei uns daheim‹ nennt. Es findet begeisterte Leser, schon als ›Die Dame‹ einen auf ein Viertel des Gesamtumfangs reduzierten Vorabdruck von September 1941 bis zum Januar 1942 bringt. Rowohlt hat das Buch sofort unter Vertrag genommen, kann es aber erst im Frühjahr 1942 ausliefern, da das Papier rationiert wird. Die ersten Kritiken sind freundlich.

Fallada gewinnt endlich den Glauben an seine schriftstellerischen Fähigkeiten zurück, den er in den vergangenen zwei Jahren eingebüßt hatte. Jetzt hat er den Mut, wieder etwas Substantielles zu planen. Aber er kommt mit seinem Projekt den Nazis einen weiteren Schritt entgegen. Er bietet 1941 dem Propagandaministerium die literarische Umsetzung des Bankenskandals der jüdischen Brüder Barmat-Kutisker an, deren wilde Spekulationen einen Bankrott verursachten und Hunderttausende von Anlegern um ihr Spargeld brachten. 1927/28 fand der Prozeß gegen die Brüder statt. Bereits im ›Eisernen Gustav‹ hatte er die Affäre kurz gestreift, als er unseriöse Bankgeschäfte erwähnte: »*Es gab ganz andere Bankhäuser... es gab große Herren, die Barmat hießen, die Kutisker hießen – Herren, derentwegen schon mancher Beamte gezwungen worden war, aus dem Dienst zu gehen –.*« *(Gustav, S. 478)* Das Propagandaministerium geht sofort auf Falladas Vorschlag ein, denn ein Roman über diesen Betrugsskandal kann nur ein antisemitischer Roman werden. So erhält er im September vom

Reichsjustizministerium die Erlaubnis, die Gerichtsunterlagen einzusehen, mehr noch, er kann nach einem dreiwöchigen Aufenthalt in der Berliner Behörde Ende September sogar die wichtigsten Aktenbände mit nach Carwitz nehmen.

Doch er unterbricht die Arbeit, denn wieder ist ihm ein Stück Zuckerbrot auf den Tisch gelegt worden: Er darf für einen weiteren Film eine Romanvorlage schreiben und macht sich sofort an die Arbeit: »Ein Mann will hinauf«, lautet der Arbeitstitel. Im Gegensatz zu den seit zwei Jahren produzierten Schmunzetten für das Illustrierten-Publikum, schimmert in diesem Buch wieder ein wenig vom meisterlichen Fallada auf. Er schildert eindrucksvoll den Aufstieg des märkischen Kleinstadtjungen Karl Siebrecht, der in die Großstadt Berlin zieht und dort als Fuhrunternehmer Karriere macht. Sein Weg zum Erfolg ist hart, die Eroberung von Berlin vollzieht sich auf Kosten seiner menschlichen Qualitäten. Am Ende hat Karl Siebrecht seine Karriereträume verwirklicht, aber die ihn ehrlich liebende Ehefrau und fast alle Freunde verloren. Seine zweite, kühle und ihn beherrschende Frau zieht am Ende bittere Bilanz: *»›Ich finde, dein Traum hat dich und andere ziemlich viel gekostet. Und was ist von ihm geblieben?‹ ›Ja, was ist von ihm geblieben?‹ fragte auch Karl Siebrecht.«* [21]

Die Filmgesellschaft findet den Roman gut, wünscht aber die Fortsetzung der Handlung über das Jahr 1930 hinaus, also bis zum Sieg des Nationalsozialismus. Aber diesmal lehnt Fallada das Ansinnen ab: »Gebranntes Kind scheut Feuer: Sie wissen, ich habe dies auch einmal auf ausdrückliche Anordnung bei einem Jannings-Film tun müssen, und trotzdem meine Ausführung von allen Stellen gebilligt wurde, wäre ich doch beinahe darüber zu Fall gekommen.« [22] Er aktualisiert den Schluß zwar vertragsgemäß, aber Parteien und vor allem die Nationalsozialisten werden nicht erwähnt. Wohl deshalb wird auch aus diesem Manuskript kein Film, aber immerhin ein Illustrierten-Abdruck.

Die Verweigerung eines erneuten ›Nazi-Schwanzes‹ ist ein erstaunlich mutiger Schritt. Fallada wird ihn damit bezahlen müssen, daß die Buchausgabe des Romans zu seinen Lebzeiten nicht mehr erscheint. Dennoch glaubt er, jetzt endlich einen Weg gefunden zu haben, auf dem er sich an keiner Ecke mehr den Kopf anstoßen wird. Indem er systematisch jeden politischen Bezug ausspart, verhindert er, daß man ihn gängelt. Er hält das handwerkliche Niveau, das er mit ›Damals bei uns daheim‹ zurückgewonnen hat, und schreibt neben verschiedenen Erzählungen von März bis Mai 1942 den Anschlußband an seine Jugenderinnerungen: »Heute bei uns zu Haus«. Fallada berichtet vom Leben in Carwitz, er preist Suse und ihre unendliche Geduld, er analysiert liebevoll alle drei Kinder. Er beschreibt die Hausgemeinschaft mit Arbeitern, Haustöchtern und Kindermädchen, schildert die Katastrophen bei der Bienenzucht und plaudert über etliche Vierbeiner auf dem kleinen Hof. Er karikiert sich selbst und belächelt seine menschlichen Unzulänglichkeiten, seinen Hang zum Streit, zur Kleinkrämerei, zu Wutanfällen, wenn er nervös-vibrierend an einem neuen Buch sitzt und ihn bellende Hunde, kreischende Kinder, knarrende Treppen und klapperndes Geschirr um die Konzentration bringen. Er gesteht seinen exzessiven Genuß von Kaffee und das ebenso undisziplinierte Schlucken von Schlafpillen. Er lobt Suses Versuche, ihm die Tabletten nur in kleinen Dosen zu bewilligen. So entsteht das Bild einer familiären Idylle, die schon deshalb harmonisch bleibt, weil sie kleine Auseinandersetzungen zuläßt, zuletzt aber doch immer wieder zum häuslichen Frieden führt.

Kritiker und Leser sind angetan. Sogar der ›Völkische Beobachter‹ wird das 1943 erscheinende Buch »einfach köstlich«[23] finden, aber es trifft nicht mehr die wirkliche Situation. Das Leben in Carwitz ist keine Idylle mehr. Die Ursache hierfür ist Falladas Unbehagen über die Qualität seiner schriftstellerischen Arbeit. Er weiß sehr genau, daß er Besseres schreiben könnte, wenn man ihn ließe, wenn er sich traute. Aber der Widerstandsgeist, der ihn beflügelt hatte, als er ›Wolf unter Wölfen‹ verfaßte, ist unter dem Druck der staatlichen Pressionen gebrochen. Zuerst verriet er sich und seine Ziele, dann paßte er sich erfolglos an und schrieb anschließend nur noch miserabel. Immerhin, die formale Talsohle konnte er überwinden und zu seinem handwerklichen Können zurückkehren, aber das Wesentliche, die Inhalte, für die es sich lohnt zu schreiben, fehlen ihm nach wie vor. Falladas Unzufriedenheit mit sich und seiner literarischen Produktion provoziert Szenen, Ausfälle und Streit. Sein Alkoholmißbrauch verursacht immer häufiger Gewalttätigkeiten. Seine ständigen Frauengeschichten machen ihn im Ort unbeliebt und führen zur erklärten Feindschaft gegen ihn. Nicht Suse, der die ganze Anteilnahme der Dörfler von Carwitz und der Kleinstädter von Feldberg gilt, wird denunziert, sondern ihr Mann. Im betrunkenen Zustand schimpft er sich an den Gasthaustheken von Feldberg die Frustration von der Seele, aber bis nach Berlin zur Gestapo gelangen diese Denunziationen zu seinem Glück nicht. So ist es auch erklärlich, daß sich das Propagandaministerium an Fallada erinnert, als es darum geht, den ›Reichsarbeitsdienst‹ (RAD) in positivem Lichte darzustellen. Man benötigt für diese Aufgabe einen talentierten Schreiber, der die einzelnen Orte bereisen und darüber berichten soll. Fallada willigt zähneknirschend ein, denn lehnt er diesen Auftrag ab, würde er den Burgfrieden gefährden, den die Mächtigen im Staate seit drei Jahren mit ihm geschlossen haben. Das traut er sich nicht zu.

In der Kleiderkammer erhält er eine Majorsuniorm und reist im Mai 1943 als ›Sonderführer des RAD‹ für sechs Wochen in das besetzte Frankreich. Umgeben von Generälen und Truppen besichtigt er täglich ein anderes RAD-Lager und füllt sein Tagebuch mit Notizen.

Nach Carwitz zurückgekehrt, findet er wieder einen Brief des Propagandaministeriums vor. Ein Dr. Erkmann fragt nach seinem Kutisker-Roman, denn »...Im Laufe der letzten Wochen ist unsere gesamte propagandistische Arbeit wieder konsequent auf die alte gegen das Judentum gerichtete Linie eingeschwenkt, deren konsequente Verfolgung von größter Bedeutung für die Erreichung des Sieges sein wird... Es ist daher als ein besonderer Glücksfall anzusehen, daß Sie sich mit einem

Stoff bereits befaßt haben, der weitgehend gestattet, die jüdische Frage zur Darstellung zu bringen.«[24] Fallada schickt im August ein Exposé nach Berlin und erwähnt Arbeitsergebnisse, die darauf schließen lassen, daß bereits Kapitel vorliegen müssen, allerdings bittet er um Aufschub, da eine weitere RAD-Reise bevorstehe. Zugleich fragt er bei seiner langjährigen Sekretärin Else Marie Bakonie an, ob sie bereit sei, das Manuskript zu tippen. Sie lehnt es aus politischen Gründen ab. Fallada reagiert verständnislos auf diese Absage und schreibt ihr: »... Wegen Ihrer geradezu gehässigen Bemerkungen über den Kutisker-Roman verdienen Sie gründlich eins aufs Dach. Sie glauben doch nicht, daß der Fallada, der's in der Ungnade nicht getan hat, jetzt, da die Sonne etwas heller scheint, einen billigen antisemitischen Roman im ›Stürmer‹-Stil schreiben wird? ... Sie wissen doch, daß mich dies Kutisker-Thema schon seit über zwei Jahren beschäftigt, und daß nur Gründe, die im Stoff lagen, mich von der Ausführung abgehalten haben! ... ich werde zweifelsohne einen alten Juden zeichnen, aber einen Wahnsinnigen, vom Geldkomplex Besessenen ... Keine Weibergeschichten, kaum Bestechungen, keine Prunkgelage – nur Geld, Geld, Geld! Ich glaube, Sie hätten den Roman ganz gut tippen können ohne Schaden für Ihr Seelenheil und Ihre Sympathien, aber lassen wir es also! ...«[25]

Dieses Schreiben wird Else Marie Bakonie ab Dezember 1945 ebenso wie einen weiteren Brief von seiner zweiten RAD-Reise in etlichen Zeitungen öffentlich machen. Sie will damit sein opportunistisches Handeln unter der »Goebbelsche(n) Gnadensonne«[26] beweisen und verhindern, daß Fallada unter den Besatzungsmächten erneut Karriere macht. In dem Brief – gleichfalls 1943 aus Frankreich – schreibt Fallada unter anderem: »... Ich bin noch nie so optimistisch gewesen, wie in diesen Tagen ... Ich weiß, daß wir nur noch zwei oder drei Monate Zeit brauchen, dann sind wir für einen ganz anderen Krieg fertig, und dann wird England in vier Tagen am Boden liegen, und dann wird auch Amerika spüren, was das ist: Krieg. Das sind Töne, die Sie nicht mehr gehört und die Sie auch nicht von mir erwartet haben, aber wir müssen an den Sieg glauben, ... wir sind die Herren der Welt, bestimmt die von Europa ...«[27] Es ist sehr wahrscheinlich, daß Fallada diese Zeilen für die Zensoren schrieb, denn nach Frau Bakonies Absage, den Kutisker zu tippen, mußte ihm klar sein, daß sie seinen Patriotismus nicht teilen würde.

Im Oktober 1943 wird die Deutsche Verlags-Anstalt vom nationalsozialistischen Parteiverlag Eher geschluckt. Der Rowohlt Verlag als Tochtergesellschaft hört auf zu existieren.[28] Die meisten Autorenverträge werden vom Eher-Verlag übernommen, Hans Falladas Generalvertrag jedoch nicht. Gleichfalls im Oktober erfährt Fallada, daß drei fertige Romane aufgrund der Papierknappheit nicht gedruckt werden können: ›Die Stunde, eh Du schlafen gehst‹, ›Ein Mann will hinauf‹ und der ›Jungherr von Strammin‹, alles unpolitische Geschichten, mit Ausnahme von ›Ein Mann will hinauf‹, schlichte und schlecht geschriebene Romane, die schon lange auf Veröffentlichung warten. Jetzt fehlt ihm also nicht nur ein Verleger für neue Werke, sondern auch noch die Publikationsmöglichkeit für bereits geschriebene Bücher. Hans Fallada ist wie gelähmt. Weder setzt er sich an die Ausarbeitungen seiner RAD-Reisen, noch schreibt er regelmäßig am Kutisker-Roman und etwas völlig Neues zu beginnen, scheint ihm in dieser Situation total aussichtslos. Ihm fehlt die Fantasie, die Ruhe und vor allem fehlt ihm Suses bedingungsloser Rückhalt.

Das Leben in Carwitz hat sich einschneidend verändert. Es ist jetzt eine große Lebensgemeinschaft geworden. Neben zwei einquartierten Müttern mit ihren Kindern, die evakuiert worden waren, lebt jetzt auch Falladas Mutter mit in Carwitz, da sie zunehmend hinfällig wurde. Die ausgebombten Schwestern von Suse flüchteten mit ihren Familien aus Hamburg und saßen nun gleichfalls mit am Tisch. Sie gingen Fallada zunehmend auf die Nerven, weil sie alles kommentierten und sich ständig einmischten. Jahre später wird sich der Sohn Uli an diese Situation erinnern:»Bei allem Respekt: Meine Mutter kam aus sehr einfachen Verhältnissen. Als sie in Carwitz waren ... kam es häufiger zu Spannungen. Sie nahmen nicht so Rücksicht auf sein Ruhebedürfnis während der Arbeit, und sie hatten sich ohnehin nichts zu sagen. Es war keine Dauerlösung mit den Hamburger Verwandten. Vielleicht war das sogar Ursache, daß er sich allmählich von meiner Mutter distanzierte. Wenn ich verheiratet bin und dann miterlebe, wie meine Frau allmählich abdriftet in das Feld ihrer Verwandten und sich mit mir nicht so recht abgibt, dann entsteht da eine Mauer. Und andererseits: Natürlich sitzt man mit seiner Mutter und den Geschwistern zusammen, wenn die nun mal da sind. Das war für meine Mutter ganz selbstverständlich. Daß mein Vater, der nicht eine der stärksten Persönlichkeiten war, da etwas den Eindruck haben mochte, daß er nicht mehr richtig gestützt und geachtet wurde, scheint mir naheliegend.«[29]

Fallada trinkt unmäßig und tyrannisiert seine Umgebung. Er gerät ständig aus der Fassung und brüllt herum, wirft Geschirr an die Wand, zertritt Stühle und wird gewalttätig. Er weiß, das ist nicht der richtige Weg, Krisen zu bewältigen, aber der permanente Alkoholrausch überdeckt jede rationale Einsicht. Einen seiner Romanhelden läßt er bekennen: »*Ich weiß gut, daß ich alles falsch mache. Ich sehe, wie verkehrt ich es anfange. Ich muß ihr ja einmal lästig fallen. Das ist keine Liebe von gleich zu gleich, das ist fast so, wie eine Mutter ihr Kind betreuen muß, und ich bin kein Kind mehr... Ich sehe das alles... Hundertmal, tausendmal nehme ich mir vor, mich zu ändern, und kann es nicht.*« (*Dies Herz, das dir gehört*, S. 135)[30] Zuletzt zieht er mit Anneliese, einer Haustochter, ins Gärtnerhäuschen. Der Ehebruch findet offen vor all den vielen Augen statt. Suse erträgt auch noch dies, aber sie will den Überblick behalten: »Ich hatte einen zweiten Schlüssel für das Gärtnerzimmer, und wenn er fort war, ging ich, um zu schauen, was er zu trinken hatte. Ich nahm es nicht weg, das wäre sinnlos gewesen, denn er hätte es sich sofort wieder beschafft. Aber ich wollte Bescheid wissen, und er merkte es jedesmal, wenn ich dagewesen war. Er schrieb mir auf einen Zettel, daß er es wüßte, und ich schrieb darunter, daß es stimmte. Es war entsetzlich zu sehen, wie er zugrunde ging, aber ich konnte es nicht aufhalten.«[31] Anneliese bringt Fallada ständig Alkohol mit, tratscht in Carwitz und Feldberg über die peinlichen Einzelheiten des familiären Krieges, sieht sich schon als Nachfolgerin von Suse und behandelt sie dreist und provozierend. Jetzt verliert auch die langmütige und leidensfähige Suse die Fassung: An einem Januartag des Jahres 1944 prügelt sie die Nebenbuhlerin aus dem Gärtnerzimmer hinaus, verweist sie des Hofes und stellt ihren Mann vor die Alternative, sich umgehend zu entscheiden, mit wem er künftig das Leben teilen möchte. Fallada reagiert darauf mit einem Akt der Zerstörung. Er randaliert wild herumbrüllend in Haus und Garten, zerbricht Geräte, wirft Eimer durch die Stallgasse, zerschmettert Flaschen; zuletzt reißt er die Fluglöcher der Bienenstöcke auf, zerrt die Abdichtungen heraus, zertritt die Futterwaben und bringt damit alle so sorgsam gehegten und gepflegten Bienenvölker um. Auf einen Zettel kritzelt er seine letzte Botschaft: »Ich sage allen Mitgliedern der Familie herzlich Lebewohl. Das Gärtnerzimmer bleibt in seinem jetzigen Zustand, also zu meiner ständigen Verfügung. Sämtliche Bienen sind getötet, verwendbarer Honig ist nicht mehr in den Waben. Ich gebe, sobald es mein düsterer Zustand erlaubt, Nachricht. Vorläufig bin ich in den Kuranstalten Westend... Ich hoffe von Herzen, daß von nun an Friede ins Haus einzieht...«[32]

Mit Anneliese im Schlepp verläßt er Carwitz in Richtung Berlin, doch schon im Zug kommt es zum Zerwürfnis, sie fährt zurück. Der Schriftsteller aber kann nicht mehr im Sanatorium Heidehaus seines Freundes Burlage Unterschlupf finden, es ist durch Bomben zerstört worden, Burlage selbst bei diesem Angriff mitsamt seinen Patienten umgekommen. Fallada findet Hilfe bei Professor Zutt in den Kuranstalten Westend. Mitte Februar vernichtet ein Bombenangriff das gesamte Stadtviertel, Patienten und Ärzte überleben in den Bombenkellern. Suse möchte nicht, daß ihr Mann jetzt schon zurückkehrt. In Begleitung einer Krankenschwester reist er nach Eisfeld zu Bekannten und wartet auf Suses Genehmigung.

Am dritten März darf er nach Carwitz zurückkehren. Er hält Suses Entgegenkommen für die Vergebung alles Vorangegangenen und hat nichts gelernt: er läßt sein Verhältnis mit Anneliese wieder aufleben, er trinkt ungehemmt. Erneut zwingt Suse ihn zur Entscheidung, zwischen ihr und Anneliese zu wählen. Fallada entschließt sich für die Trennung von Suse. Sein Brief vom Mai 1944 an die Schwester Itzenplitz zeugt von seiner Zerrissenheit, aber auch davon, daß das Verhältnis zu Anneliese nicht der ursächliche Grund, sondern nur die Auswirkung eines an sich selbst verzweifelnden Schriftstellers ist: »Was soll aus Suse werden, sie ist meine Gefährtin gewesen, es tut mir so bitter weh. Oft liege ich lange und frage mich, wozu ich überhaupt noch lebe. Nichts freut mich mehr. Die Kinder sind rasch vergehende Lichtblitze in einem tiefen Dunkel. Meine Arbeit freut mich nicht mehr. Ich bin sehr alt geworden, nicht nur äußerlich, ich bin lebensmüde. Was soll ich noch? Niemand scheint mich mehr zu brauchen. Der Traum, ein großer Künstler zu werden, ist ausgeträumt. Ich bin nur ein Bücherschreiber wie so viele. Vielleicht habe ich zu sehr nach Geld und Erfolg geschielt, ich weiß es nicht... Ich bin so allein, wie ich es nie für möglich gehalten hätte. Die, die ich liebte, nach den schwachen Kräften meines Herzens, sie verachten und hassen mich. Alle meine Freunde verlassen mich, und doch wollte ich einmal das Beste, daß es das nicht immer wurde – ich habe mich nicht selbst geschaffen...«[33]

Im Juli 1944 wird die Ehe geschieden. Hans Fallada verspricht, auf Carwitz zu verzichten und den Hof seinen Kindern zu überschreiben, Suse soll als Vorerbin eingesetzt werden. Er selbst lebt weiter im Gärtnerzimmer, aber als Geächteter, die Atmosphäre ist zum Ersticken. Man geht aneinander vorbei, spricht dies und das, hat sich aber nichts mehr zu sagen. Und wenn doch etwas gesagt wird, dann sind es Vorwürfe und Streitereien, die zu häßlichen Szenen führen. Die Verbitterung auf beiden Seiten ist ungeheuer. Fallada wirft Suse vor, sich von all den anderen Frauen der Hausgemeinschaft, vor allem von ihren Verwandten, beeinflussen zu lassen, das habe die Ehe auseinandergebracht und nichts anderes. In einem Brief an Kagel-macher klagt er: »Diese ganzen Weiber, die von meinen Wohltaten lebten... hetzten und stichelten nach Kräften auf mich, monatelang, und plötzlich war meiner Frau unerträglich, was durch 15 Jahre ertragen worden war. Ich war... an die Wand gedrückt. Ich sollte nur noch gut dazu sein, für diesen Chorus von Weibern Geld und Fressen herbeizuschaffen, im übrigen aber á conto meiner Sünden nichts mehr zu sagen haben... Kommt es einmal zu einer Unterredung, so werde ich nur ›Schwein‹ geschimpft... Das ist aus einer Ehe geworden, die eine der besten und glücklichsten war, die ich kenne, das ist aus einer Frau geworden, die ich schuldig und unschuldig immer verehrt habe... Ich stehe vor einem völligen Zusammenbruch meines bisherigen Lebens.«[34]

Hans Fallada versackt im Alkohol und im Morphium, er hat beim Konsum der Drogen eine Gefährtin. Es ist die zweiund-zwanzigjährige Ursula Losch, genannt Ulla. Sie ist die Witwe eines Seifenfabrikanten aus Berlin. Mit ihrer kleinen Tochter ist sie vor den Luftangriffen auf die Hauptstadt geflohen und lebt jetzt zusammen mit ihrer Mutter in einem Wochenendhaus der Familie Losch in Feldberg. Sie ist Alkoholikerin und Mor-phinistin. Zwei Abhängige haben sich getroffen und sind von-einander fasziniert. Ulla Losch, hübsch, jung, gescheit, unkon-ventionell und sorglos in jeder Hinsicht, ist das Gegenbild zu Suse. Ulla ist ausgefallen und frech, mondän und lebenslustig. Sie zieht den deprimierten Hans Fallada mit ihrer Unbe-schwertheit in Bann. Fallada macht keinen Hehl aus dieser neuen Verbindung. Auch seine ehemalige Krankenschwester Sophie Baumgarten wird eingeweiht: Er »...hatte mir einen Brief geschrieben, daß er die Losch kennengelernt habe und in einer sehr schwierigen Situation sei. Daß er jetzt in die Jahre käme, wo ein Mann sich überflüssig fühlte, daß er merkte, er würde alt – er sei jetzt fünfzig, und nun sei er einer Frau begeg-net.«[35] In einem späteren persönlichen Gespräch mit Sophie Baumgarten erläutert Fallada, was ihn an Ulla Losch so faszi-niert. Sie sei »das völlige Gegenteil von Mummi... Mummi,

25 Ulla Losch, Witwe eines Berliner Seifenfabrikanten, war
    nach Falladas Scheidung von Suse seine Gefährtin beim
    Alkohol- und Morphiumkonsum.

die Bewahrende, die Bodenständige, und hier eine schicke Frau, die sich totlachte, wenn ihr das Essen angebrannt war. Dann würde der Kochtopf eben weggeschmissen und... ein neuer gekauft. Also sie nahm vieles ganz leicht und regte wieder die Jugendseite in ihm an. Eine gutaussehende, temperamentvolle Person: Zu verstehen war das.«[36]

Als Romanfigur taucht diese Frau auch auf, allerdings zu einem überraschend frühen Zeitpunkt: *»Traute war anschmiegsamer gewesen, aber im Grunde langweilig. Lola aber konnte ihn immer unterhalten (wenn sie in Stimmung war), und vor allem: Lola hatte sein Blut entzündet. Er war jetzt vierzig. Er spürte, daß er auf diesem Gebiet nicht mehr viel Erfolge erzielen würde, er mußte jede Stunde mitnehmen. Und Lola war wundervoll, unersättlich, sie gab und verweigerte sich, ganz nach Laune... Unberechenbar war sie zärtlich wie eine Sechzehnjährige, stürmisch wie eine Verliebte und kalt wie ein Eiszapfen – Peter Siebenhaar hätte noch viel mehr ertragen, um sie bei sich zu behalten.«* (Ungeliebter, S. 212)[37] 1939 entstanden diese Passagen als Manuskript, 1940 wurden sie erstmals gedruckt.

Sowohl Suse als auch die Biographen des Schriftstellers meinen, daß Fallada Ulla Losch erst im Jahre 1944 kennengelernt hat[38], aber das kann nicht sein, denn zu durchsichtig autobiographisch sind verschiedene Einzelheiten. Der Name Ulla Losch wird zu Lola Bergfeld; Ulla hat den gleichen Wortklang wie Lola und vertauscht man die Teile des fiktiven Nachnamens, so ergibt sich der Stadtname Feldberg. Es ist jene Stadt, die Carwitz am nächsten lag. Hier hatte der Schriftsteller Ulla Losch als Trinker an den Theken der Gasthäuser tatsächlich kennengelernt. Das beschreibt er auch im ›Ungeliebten Mann‹, verbunden mit einer Charakterisierung dieser lebenslustigen Frau:*»Ach, wie wohl sich Lola Bergfeld fühlt, wenn sie so als einziges weibliches Wesen zwischen lauter Mannsbildern sitzt, Dörflern und Städtern, und sie fühlt all diese Begierde um sich, das kaum noch verhüllte Verlangen, wenn sie alle, alle jedes Wort, jedes Lächeln von ihr verschlingen, wenn sie der unbestrittene Mittelpunkt ist, wenn keiner sie anzweifelt –! Ihr Geltungs-*

drang und ihre Genußgier – beide kommen hier wie nirgends sonst auf ihre Rechnung – wie glücklich sie das macht!« (Ungeliebter, S. 52 f.) Und an anderer Stelle: *»Siegen oder untergehen! heißt... ihre Devise. Und so kämpft sie, der Alkohol hilft ihr, die Aussichten auf Reichtum stacheln sie, ihre Hemmungslosigkeit ist ihr nur nützlich – und vor allem schämt sie sich vor niemandem und nichts mehr! Ein wundervolles, nicht zu vertilgendes Unkraut...« (Ungeliebter, S. 187)*

Als der ›ungeliebte Mann‹ entstand, war Fallada 45 bis 46 Jahre alt, wieder ein autobiographischer Hinweis. Fallada und Ulla Losch müssen sich also bereits um 1939 kennengelernt und dann wieder aus den Augen verloren haben. Der Typus Ulla Losch wird in einem weiteren Buch zur Romanfigur. Im 1946 geschriebenen ›Alpdruck‹ ist es Dr. Dolls morphiumsüchtige und alkoholkranke Lebensgefährtin Alma, und dort heißt es verräterisch: *»Dann tauchte nach langer Abwesenheit die junge Frau wieder auf.« (Alpdruck, S. 52)* Und so wird es gewesen sein.

Fallada ist wie hypnotisiert von dieser Frau und kommt ständig mit ihr zusammen. Beide provozieren die Feldberger durch wüste Saufgelage in den Gasthäusern, durch provokante Bemerkungen über spießige Kleinstädter, die ihrerseits nicht mit spitzen Andeutungen über seine verlassene Frau in Carwitz hinter dem Berg halten. Das Paar wird zum Stadtgespräch. Alma und Doll *»wurden zueinander geführt, aus Trotz, aus Protest, aus einem Gefühl der Vereinsamung heraus. Endlich jemand, mit dem man wirklich sprechen konnte, der kein Verräter war. Später kam mehr dazu: aufrichtige Sympathie, sogar Liebe. Da war ihnen das Geklatsche der kleinen Stadt längst gleichgültig geworden. Sie zogen zusammen in das kleine Blockhaus der jungen Frau, die Mitbürger mochten über solche Schamlosigkeit toben!« (Alpdruck, S. 54)*

Suse versucht, als Fallada sturzbetrunken von Ulla Losch kommend in Carwitz aufläuft, ihm die Unmöglichkeit der Situation vor Augen zu halten. Fallada rastet aus. Er sei niemandem mehr Rechenschaft schuldig. Als Suse widerspricht, jagt er sie durch den Raum. Sie hetzt zum Telefon, ruft Dr. Hotop an, er möge mit Beruhigungsspritzen kommen. Er kann es nicht, er hat das Wartezimmer voller Patienten. Fallada randaliert weiter, telefoniert selbst wiederholt mit der Arztpraxis, tobt stundenlang herum. Hotops Frau erinnert sich: »dann ging das Telephon und da war die Suse am Apparat und sagte: ›Jetzt hat er auf mich geschossen‹.«[39] Aber Suse korrigiert diese Behauptung: »Er wollte mich nicht treffen, das nicht, das weiß ich genau, er schoß in den Küchentisch, in das Tischbein.«[40] Sie entwindet ihm die Waffe, läuft an den See, wirft sie hinein, beruhigt Fallada endlich und sorgt dafür, daß er ins Bett kommt, um seinen Rausch auszuschlafen. Sie ist fassungslos, als noch am gleichen Tag ein Gendarm erscheint, um ihren Mann abzuführen. Ein Staatsanwalt hat zufällig von dem Vorfall gehört und sofort einen Haftbefehl ausgeschrieben. Fallada folgt dem Polizeibeamten schlaftrunken taumelnd und sehr friedlich. Der Untersuchungsrichter ist sich noch unschlüssig. War es der Mordversuch eines gesunden Menschen oder die Tat eines Wahnsinnigen?

Hans Fallada wird zur Beobachtung in die Landesanstalt Strelitz eingewiesen, einem Aufbewahrungsort für geistesgestörte Kriminelle. Über ihm schwebt die Gefahr einer erneuten, aber diesmal lebenslänglichen Entmündigung. Jetzt ist er genau an jenem Punkt angelangt, an dem sich einst sein Leben so entscheidend veränderte. Nach dem Selbstmordduell von Rudolstadt hatten die Gutachter ihm Unzurechnungsfähigkeit bescheinigt. Damals war dieser Befund seine Rettung vor dem Zuchthaus gewesen. Jetzt aber würde eine solche Diagnose ihn nicht nur endgültig hinter die Mauern einer Anstalt bringen, sondern akut sein Leben gefährden. Es wurde zwar offiziell nie zugegeben, war aber längst bekannt, daß die Nationalsozialisten im Rahmen ihrer Euthanisierungsprogramme geistesgestörte Menschen umbrachten. Es muß Hans Fallada gelingen, die Ärzte von seiner Normalität zu überzeugen!

20.
»Oder handle ich unter einem unwiderstehlichen Zwang?«

Fallada wird wankend und übermüdet in die Heilanstalt einge-liefert. Dennoch brennt sich der erste Eindruck in sein Ge-dächtnis ein. *»Ein Eisengitter und noch ein Eisengitter, und nun treten wir auf einen langen, düstern Gang, der voll steht von fah-len Gestalten. Es stinkt hier, stinkt durchdringend nach Abort, nach Kohl, nach schlechtem Tabak. Hinter dem Gangfenster draußen verglüht das letzte Abendrot, ich sehe über die hohe, eisengittrige Mauer hinweg in das friedlich-abendliche Land mit Wiesen und schon langsam reifenden Feldern bis fern an den Horizont zum niedrigen Waldstreifen. Um mich stehen schwei-gend die fahlen Gestalten, lehnen an den Wänden. Ich kann manchmal ein Stück von ihrem Gesicht erkennen, wenn die Glut an ihrer Pfeife aufleuchtet. Ein Mann, ein untersetzter, kräftiger Mann in weißer Jacke, holt mich in einen Verschlag am Ende des Ganges, es ist sein Heiligtum, ›der Glaskasten‹, wie dieser Ver-schlag genannt wird. Von diesem Glaskasten aus kann der Stäm-mige, der ›Herr Oberpfleger‹ tituliert wird, alles beobachten, was auf dem Gang geschieht, und er beobachtet sehr scharf, wie ich noch erfahren soll. Er sieht sogar Dinge, die er gar nicht sehen kann, er weiß, was in den Zellen geschieht, er kennt alles, was bei der Arbeit passiert – er ist das strenge Gewissen der Sta-tion 3, der Nachrichtendienst des Arztes.«* [1] *(Trinker, S. 126 f.)*

So erschöpft und alkoholumnebelt er ist, Fallada weiß, daß es nicht nur um die Attacke auf Suse geht. Zweimal bereits schwebte die Gefahr einer Entmündigung über ihm. Nach dem Selbstmordduell von Rudolstadt galt er als unzurechnungsfä-hig. 1923, als er sich wegen seiner Beschaffungskriminalität zu verantworten hatte, wurde eine Entmündigung zwar disku-tiert, aber dann doch von ihm abgewendet. Er hatte vor Ge-richt glaubhaft machen können, daß seine suchtbedingten Ausfälle nur zeitweilig waren und er seine kriminellen Taten rational kalkuliert hatte, um sich rasch Geld zu beschaffen. Jetzt, nach den Schüssen auf Suse, droht ihm die endgültige Verwahrung. Schon das Verfahren ist wie ein Urteilsspruch. *»Erst kommst du auf sechs Wochen in die Anstalt zur Beobachtung auf deinen Geisteszustand... aber du bist nicht mehr mit vernünftigen Menschen zusammen, sondern mit lauter Idioten! Und dann gibt der Arzt sein Gutachten ab, und du kriegst den § 51, und das Verfahren wird gegen dich eingestellt. Aber du wirst für geisteskrank und gemeingefährlich erklärt und deine dauernde Unterbringung in solcher Heilanstalt angeordnet, und da sitzt du, fünf Jahre, zehn Jahre, zwanzig Jahre, kein Hahn kräht nach dir, und langsam wirst du unter all den Idioten auch ein Idiot. Das ist es ja aber wohl auch, was sie von dir wollen.«* (Trinker, S. 110) Und er weiß das genau, schon als er eingeliefert wird. Er fragt sich: *»Wie werde ich diese Nacht hinbringen? Wie die sechsunddreißig Nächte der Beobachtungszeit? Und vielleicht viele, viele Nächte danach? Die unendliche Länge einer endlosen Zeit, in der nichts geschieht, legt sich wie ein Bleigewicht auf mich. Dieser kahle Raum, in dem nichts als das Allernotwendigste ist, erscheint mir wie ein Abbild meines künftigen Lebens. Nichts mehr zu erwarten, nichts mehr zu wünschen, nichts mehr zu hoffen – Leben und Warten, ein Leben, das sich nur auf das Künftige richtet, in dem jede Minute leer ist und auch das Künftige wird leer sein –.«* (Trinker, S. 127f.)

Nach einigen Tagen hat der Internierte die Nachwirkungen seines Rausches überwunden. Er muß jetzt beweisen, daß er nicht geisteskrank ist. Er darf in keiner Weise auffallen. Er beträgt sich einwandfrei, fragt nicht nach, wenn ihm etwas befohlen wird, er beschwert sich nicht über die unmenschlichen Zustände, das karge Essen, die verwanzten Zellen oder die gefährlichen Mitgefangenen, mit denen er aber gut auskommt, da er es im Laufe seiner Gefängnisjahre und jenen in Sanatorien und Heilanstalten gelernt hat: *»Nie war auch nur einen einzigen Tag Ruhe im Bau, immer war irgend etwas los. Man hörte schon gar nicht mehr hin, wenn zwei sich in der unflätigsten Weise be-*

schimpften. Man ging fort, wenn sie sich die Augen blau und die Nasen blutig schlugen. Man war froh, wenn man nicht selbst noch hineingezogen wurde. Man mußte auf jedes Wort achten, was man sagte, es wurde sofort weitergetragen, sofort kehrte es sich gegen seinen Sprecher.« (Trinker, S. 138f.) Hans Fallada verweist bei der Anstaltsleitung auf seinen Auftrag vom Propagandaministerium, den Kutisker-Roman fertigzustellen und beantragt Papier und Schreibwerkzeug.

Etwas Erstaunliches geschieht. Dieser seelisch und körperlich völlig gebrochene Mann findet hinter den Mauern einer Anstalt zu seiner Lebensaufgabe zurück. Den Alltag hat er nicht bewältigen können, seine Sucht nicht in den Griff bekommen, aber sein psychischer und physischer Zusammenbruch bewirkt die Rückkehr zum Künstler. »Und dann kam es über mich, daß ich hier ausgerechnet in diesem Haus, bewacht und belauert, mit diesen Aufzeichnungen beginnen mußte... Zu lange schon trage ich sie mit mir herum. Ich muß einfach. Und weiß, daß ich wahnsinnig bin. Ich gefährde nicht nur mein Leben, ich gefährde, wie ich immer mehr beim Weiterschreiben merke, das Leben vieler Menschen, von denen ich berichte. Ich besitze kein abschließbares Fach. Alles liegt jedem Zugriff offen. Ich schreibe in einer mir zugewiesenen Zelle, durch die ständig andere Gefangene laufen. Wachtmeister stehen alle Augenblicke bei mir, rauchen eine Zigarette und stellen dumme Fragen nach der Tätigkeit eines Schriftstellers. Sie bewundern meine sehr kleine Schrift, der einzige Schutz, den ich gegen neugierige Nachschnüffler habe. Ich weiß, daß jeder Brief, jede Zeile, die hier geschrieben wird, erst von der Staatsanwaltschaft zensiert werden muß, ehe sie hinausgeht. Ich habe noch nicht die geringste Ahnung, wie ich diese Zensur vermeiden, wie ich das M(anuskript) hinausschmuggeln soll. Ist es nur Leichtfertigkeit? Oder handle ich unter einem unwiderstehlichen Zwang? Alle diese Gedanken plagen mich Tag und Nacht, sie lassen mich mein eigenes Schicksal in diesem Totenhaus vergessen, nur wenn ich über diesen Aufzeichnungen sitze, lassen mich diese quälenden Gedanken frei.«[2]

337

Was er jetzt, kaum eine Woche nach seiner Einlieferung in seiner Zelle, ständig gestört, verfaßt, ist angesichts der politischen Situation und der Umstände in dieser Heilanstalt lebensgefährlich. Er schreibt jenes Manuskript, das der Fallada-Biograph Günter Caspar[3] die › Domjücher Erinnerungen‹ nennt, da der Schriftsteller in der geschlossenen Abteilung der Heilanstalt Domjüch im Gefängnis von Altstrelitz untergebracht ist. Dieses Manuskript enthält Erinnerungen aus der Nazizeit, tagebuchähnliche Situationsbeschreibungen des Haftalltags, eine Kindergeschichte für die Tochter Mücke und vermutlich als Alibi für eventuelle Kontrollen auch einige Seiten des Kutisker-Romans. Das Wichtigste aber ist der größte Teil des Romans › Der Trinker‹.

Die Seiten sind in einer denkbar winzigen Schrift mehrfach bekritzelt. Das Gekrakel soll das Mitlesen von Gefangenen und Wärtern verhindern. Sind die Linien vollgeschrieben, wendet Fallada das Blatt um und schreibt seinen Text in Gegenrichtung über die ersten Zeilen, dann wird der Vorgang noch einmal wiederholt. So entstehen – kaum noch zu entziffern – drei Manuskriptseiten auf einer.

Diese Urschrift[4] der › Domjücher Erinnerungen‹ wird erst Jahre nach seinem Tod im Nachlaß entdeckt. Auf den ersten Blick wirken die Blätter wie das Werk eines Geistesgestörten. Aber dann wird man feststellen, daß jedes Wort zu entziffern ist und in monatelanger Arbeit mit der Lupe Wort für Wort, Satz für Satz dechiffrieren.

Mit dem › Trinker‹ entstand noch einmal ein ganz großes Werk von Hans Fallada. Es wurde im September 1944 binnen sechzehn Tagen geschrieben und ist das erschütternde Dokument seines Leidensweges als Alkoholiker. Es ist kein Zufall, daß dieser Roman als Ich-Bericht verfaßt wird. Zwar erzählt Erwin Sommer von sich, in Wirklichkeit aber berichtet Hans Fallada hier über seine verhängnisvolle Sucht. Die Motive zum Trinken wechseln auch bei Erwin Sommer. Einmal ist es sein Eindruck, daß die Ehe nicht mehr glücklich ist, das nächste Mal ein geschäftlicher Mißerfolg, gekoppelt mit dem Gefühl von

338

Vereinsamung, weil er niemandem sein Versagen eingestehen mag. Der Alkohol *»war mein einziger guter Freund in diesen Tagen der Verlassenheit und Erniedrigung! Und kaum hatte ich mich ein wenig erholt, kaum gingen Atem und Herz etwas ruhiger, da griff ich wieder zur Flasche, trank von neuem, die Träume zu rufen, das Vergessen zu rufen, einzugehen in das süße Nichts, in dem man weder Sorgen noch Freuden kennt, in dem man weder Vergangenheit noch Zukunft hat.«* *(Trinker, S. 56)* Sommer trinkt und wirft sich mit schweren Gliedern irgendwo ins Gras. *»Sofort verfiel ich in Schlaf, in jenen tiefschwarzen Schlaf, den der Alkohol bringt, wobei man gewissermaßen ausgelöscht ist, einen befristeten Tod stirbt. Keine Träume gibt es da mehr, keine Ahnung von Licht und Leben – fort ins Nichts! Das ist es –.«* *(Trinker, S. 46)*

Noch glaubt Sommer, seine Abhängigkeit verbergen zu können, aber er ist sich nicht sicher, ob das auch gelingt: *»Ich hatte es schon erfahren, daß eine der schlimmsten Gaben, die der Alkohol mit sich bringt, dieses Unsicherheitsgefühl ist, ob irgend etwas an einem nicht ganz stimmt. Man kann sich noch so oft im Spiegel mustern, die Kleidung ablesen, jeden Knopf nachprüfen – nie, wenn man etwas getrunken hat, ist man ganz sicher, daß man nicht doch etwas übersehen hat.«* *(Trinker, S. 46)* Dann das heimliche Trinken. Überall hat er Flaschen versteckt, im Keller, auf dem Dachboden, im Abstellraum in Kisten, die selten geöffnet werden. Alkohol ist in Wasserkaraffen umgefüllt, Schnaps befindet sich im Schreibtischfach. Aber die längst argwöhnische Ehefrau von Erwin Sommer sitzt gezielt mit im Büro, beobachtet jede seiner Bewegungen. Der Trinker Sommer *»grübelte über einen Vorwand, sie hinauszuschicken. Einmal, als mir gar nichts mehr einfiel, ging ich sogar so weit, daß ich heimlich in ihrer Gegenwart – der Schreibtisch deckte mich gegen Sicht – die Flasche entkorkt auf den Boden stellte, dann den Radiergummi zu Boden fallen ließ und ihn mir umständlich suchte, zuletzt auf allen vieren, wobei ich unter der Wölbung des Schreibtisches, sehr vergnügt über meine List, beträchtlichen Kognak in mich hineingluckern ließ.«* *(Trinker, S. 39)*

Den zunächst befreienden Wirkungen des Alkohols, die ihm helfen, seine Lebenskrise durch eine Art Dauerbetäubung nur noch nebulös wahrzunehmen, folgt rasch die totale Abhängigkeit von der Droge, der Zwang, immer häufiger und immer mehr zu konsumieren. Zwar hatte Sommer am späten Abend noch getrunken, aber »*mitten in der Nacht, kurz nach ein Uhr, stand ich schon wieder barfüßig im Pyjama in der Speisekammer und leerte rasch nacheinander, was noch in den drei Flaschen drin war. Und während ich noch die letzte Flasche am Munde hatte, wurde mir mit schrecklicher Gewißheit klar, daß ich verloren war, daß es keine Rettung mehr für mich gab, daß ich dem Alkohol gehörte mit Leib und Seele.*« (Trinker, S. 38)

Die Auswirkungen der Sucht werden immer dramatischer. Der »*Körper verweigerte mir den Dienst, mein Magen streikte... Ich hatte mich aufs Bett gelegt... da fing mein Magen an zu würgen, er empörte sich, ich mußte hoch, ich mußte endlos und unter qualvollen Schmerzen erbrechen. Mein ganzer Körper war mit Schweiß bedeckt, meine Hände und meine Knie zitterten, mein Herz pochte laut und schmerzhaft, zögernd, als wollte es jeden Augenblick aussetzen. In meinen Augen standen Tränen, es flimmerte vor ihnen, durch mein Hirn zogen Schleier, oft war ich bewußtlos. Endlich lag ich wieder auf meinem Bett, zu Tode erschöpft, von einer wahnsinnigen Angst gepackt: Nahte jetzt schon das Ende? So schnell schon? Ich hatte doch noch gar nicht lange und gar nicht übermäßig viel getrunken? Wurde man so schnell zu einem Trinker? So rasch also baute der Alkohol einen Körper ab?*« (Trinker, S. 55f.) Sommer flieht vor seiner ewig wachsamen Frau und kommt in einem schäbigen Vorstadtzimmer unter, in dem er hemmungslos weitertrinkt. Er ist kaum noch in der Lage, klare Momente zu ertragen. Er verwahrlost, wäscht sich nicht mehr, liegt in Anzug und Schuhen im Bett und muß sich ständig übergeben. Er wartet nur auf den Zeitpunkt, wo ihm sein zwielichtiger Vermieter eine neue Flasche Schnaps reicht: »*... und dann endlich, nach einer langen, langen Zeit qualvollen Wartens bekam ich eine neue Flasche Korn und konnte wieder trinken und brechen,* *trinken und brechen.* So wurde aus einem Tag ein zweiter und ein dritter und eine Reihe von Tagen, und ich verließ die Stube... nie –.« (*Trinker, S. 57*)

Eingebettet in die fiktive Romanhandlung des kurzen Alkoholikerlebens von Erwin Sommer schildert Fallada die Umgebung, in der er sich jetzt befindet, die Lebensbedingungen einer Heilanstalt unter der Herrschaft der Nationalsozialisten. Es sind Existenzbedingungen, die oft zum Tode führen, indem man die Insassen fast verhungern läßt: »*alle hatten Hunger, immer, auch direkt nach dem Essen. Ich sah Kranke herumgehen und die kleinsten Kartoffelkrümelchen von dem Tisch fortstehlen, andere kratzten die ach so blanken Schüsseln nach; einen sah ich auf dem Flur den Saucenkessel mit dem immer wieder abgeleckten Finger blankpolieren. All dies geschah unter den Augen der Wachtmeister, die es als selbstverständlich ansahen. Mir erschien es unsäglich jämmerlich und gemein, Kranke so hungern zu lassen, aber auch sich zu solcher Schüsselleckerei und Abfallfresserei zu entwürdigen. Nur wenige Tage sollten vergehen, da dachte ich wesentlich anders darüber und war selbst sehr großzügig beim Schälen von Kartoffeln, d. h. glatte Stellen ließ ich grundsätzlich ungeschält. Es ist ein sehr einfacher Satz: ›Hunger tut weh‹, aber seine Einfachheit nimmt nichts von seiner Wahrheit. Wer Nacht für Nacht vor Hunger nicht in den Schlaf kommen kann, wer am Tag schwindlig wird vor Hunger, der hat nur noch wenig Bedenken hinsichtlich der Nahrungsmittel, mit denen er seinen Hunger stillen kann.*« (*Trinker, S. 136*)

Kranke Gefangene werden nur notdürftig versorgt. »*Der Oberpfleger holt die Leute zusammen, die zum Arzt sollen oder wollen, letztere nur, soweit er ihr Vorhaben billigt. Von unserer Abteilung allein an die zwanzig Mann... In der Hauptsache sind es Arm- und Beinverletzte, in der Arbeit erworbene Schäden... Der Oberpfleger ruft: ›Fußkranke vor, Füße freimachen!‹ Und nun geht es los, in einem atemberaubenden Tempo. Immer zu sechs Mann werden sie in das Arztzimmer gelassen, und spätestens nach einer Minute taucht schon der erste wieder*

drauβen auf, verarztet und behandelt! Der Oberpfleger ruft:
›Die anderen den Oberkörper freimachen! Hintereinander an-
treten!‹« (Trinker, S. 167) Zur Arztvisite sind auch junge Mädchen und Frauen als Patienten erschienen. *»Die Mädchen guk-*
ken, wie die Männer aus ihrem Hemde schlüpfen. Das erregt die
Wut der Aufseherin, einer derben, ältlichen Person mit rotem
Gesicht. Sie stürzt auf ein Mädchen zu, der ein paar Locken
unter dem Kopftuch in die Stirn hängen. ›Was soll das Gezot-
tel?!‹ schrie sie zornig. ›Nur Männer im Kopf, was? Warte, ich
will es dir zeigen, dich hier hübsch zu machen!?‹ Und sie riß dem
Mädchen roh das Tuch von Kopf. ›Was?!‹ schrie sie dann em-
pört. ›Sogar Locken hast du dir aufgesteckt?! Habe ich dir nicht
hundertmal gesagt, du sollst einen einfachen Scheitel tragen?
Aber ich will es dir zeigen!‹ Und sie riß das Mädchen an den
Haaren, riß die paar dürftigen Haarlöckchen auseinander. Das
Mädchen bewegte geduldig, ohne auch nur eine Miene von Pro-
test oder Schmerz, den Kopf hin und her, ganz wie ihre Peinige-
rin an den Haaren riß.« (Trinker, S. 167f.)

Der Tod eines Insassen wird von den Wärtern begrüßt. *»Ir-*
gendwelche Gefühle wurden an einen Erkrankten oder Sterben-
den nicht verschwendet, und soviel ist richtig, daß unser Ober-
pfleger ein harter Mann war, der Sentimentalitäten nicht kannte.
Die meisten Kranken schienen ihm unnütze Geschöpfe, die doch
zu nichts mehr gut waren. Es war schon besser, sie verschwan-
den von dieser Erde.« (Trinker, S. 149)

Die Beschreibung seiner Leidensgenossen in dieser Anstalt
gehört mit zu den dichterisch besten Passagen, die Fallada je
verfaßt hat und erinnern an Dostojewskis ›Aufzeichnungen aus
einem Totenhaus‹: *»Ich schließe die Augen und ich sehe sie da*
wieder stehen, hocken, schlurren, wie ich sie hundertmal gese-
hen habe und vielleicht noch tausendmal sehen werde. Da ist ein
langer, schlottriger Mann, sein kurzgeschorener, eisgrauer Kopf
ist dicht mit blutigroten oder eiternden Schweinsbeulen.... be-
deckt, sein stoppliges Gesicht ist hart und kantig, und seine
dunklen, tiefliegenden Augen sind völlig ohne Licht... Und da
ist jener andere... der stimmenhörende Schizophrene... er

schuffelt auf Pantoffeln, deren ganzes hinteres Ende fehlt,
rundum, rundum. Plötzlich aber bleibt er stehen, er hebt den
Arm, er droht gegen Himmel, Mauern und Gitter, aber er sieht
Himmel, Mauern und Gitter nicht, er sieht einen unsichtbaren
Feind, den er nun in der unflätigsten Weise beschimpft... daß er
ihn hindert, den Eltern selbst alles zu erklären... (Trinker,
S. 142 ff.) Da ist der junge, begabte, charmante und immer bril-
lante Hans Hagen, dem es gelingt, alle in seinen Bann zu ziehen
und sich damit Vorteile zu ergattern, die ein Anstaltsalltag zu
bieten hat. Berichtet wird über die Jugendlichen Kolzer und.
Schmeidler, die seit ihrem sechsten Lebensjahr in staatlichen
Einrichtungen lebten. Vom Waisenhaus gerieten sie über die
Fürsorge ins Gefängnis und landeten als unverbesserlich in der
Anstalt, weil sie als arbeitsscheu galten und sich als Strichjun-
gen durch das Leben geschlagen hatten. Jetzt würden die Sieb-
zehn-und Achtzehnjährigen wohl lebenslänglich interniert
bleiben, aber nicht nur sie. *»Alle, fast alle waren dazu verurteilt,*
immer in diesem Haus zu leben. Es war ganz gleichgültig, wie sie
das taten, es kam nicht mehr darauf an. Sie hatten zu arbeiten,
solange noch ein bißchen Leistung aus ihren ausgemergelten
Körpern auszupressen war... Mochten sie glücklich sein oder
verrecken, draußen war das Leben und dies war das Haus der
Toten!« (Trinker, S. 162)

Hans Fallada ist einer der wenigen, dem es gelingt, diesem
Totenhaus zu entkommen, der endgültigen Entmündigung
noch einmal zu entgehen. Während sein Romanheld Erwin
Sommer unter den § 51 fällt und davon träumt, sich in der Anstalt das Leben zu nehmen, kommt Fallada am 13. Dezember
1944 frei. Er wird wegen versuchten Totschlags zu drei Monaten und zwei Wochen Gefängnis verurteilt. Seine ›Unterbrin-
gungshaft‹ von rund drei Monaten wird auf die Strafe angerechnet. Man weist ihn allerdings eindringlich darauf hin, daß ein
weiterer Vorfall seine engültige Zwangsentmündigung zur
Folge haben wird. Fallada ist also ein drittes Mal davongekom-
men und in die Freiheit entlassen worden. Und als er die Anstalt verläßt, versteckt er das mächtige Manuskript der ›Dom-

jücher Erinnerungen‹ unter seiner Kleidung und schmuggelt es
so heraus.[5]

Als freier Mensch kehrt er mit den besten Vorsätzen nach
Carwitz zurück, er möchte wieder zusammen mit seiner Familie leben. Um seinen guten Willen zu beweisen, erfüllt er sein
Versprechen, das er bei der Scheidung gegeben hatte. Er überschreibt den Kindern den Hof und setzt seine Frau als Vorerbin
ein. Suse hat drei Bedingungen für seine Rückkehr gestellt: Er
soll dem Alkohol entsagen, jeden Kontakt mit der im Dorf Carwitz lebenden Anneliese meiden und er soll im Ganzen gedul-
diger werden.

Bereits am 14. Dezember sitzt Hans Fallada wieder an seiner
Arbeit. Er tippt Mückes Weihnachtsgeschichte ›Fridolin, der
freche Dachs‹ in die Maschine und beschäftigt sich viel mit den
Kindern. Heiligabend 1944 verläuft harmonisch: »Schönes
Weihnachtsfest. Aussöhnung mit Suse«[6], steht in seiner Tages-
kladde. Und Suse erinnert sich: »Und wenn ich vor seinem Zurückkommen nur an ein Freundschaftsverhältnis zwischen uns
gedacht und geglaubt habe, mußte ich doch bald merken, daß
das alte Gefühl für ihn trotz allem Geschehenen in mir immer
noch lebendig war, und ich war ehrlich bereit, wieder neu mit
ihm aufzubauen. Und nach seinem ganzen Verhalten mußte ich
dasselbe annehmen.«[7] Die Versöhnung ist so vollkommen, daß
beide darüber sprechen, wieder zu heiraten.

Am zweiten Weihnachtstag fährt Fallada mit dem Einverständnis von Suse zu Ulla Losch, um ihr die Versöhnung mitzuteilen und sich von ihr zu verabschieden. Er kehrt am nächsten
Morgen zurück – und hat sich mit Ulla Losch verlobt! Suse
bleibt angesichts dieses Schocks nur noch der lakonische Satz:
»Da war es denn aus mit uns.«[8]

Hans Fallada zieht in das Feldberger Blockhaus von Ulla
Losch und berichtet bereits am 2. Januar 1945 seiner Schwester
Itzenplitz von der bevorstehenden neuen Ehe: »Ich bin an
diese neue Heirat, um Euch gegenüber offen zu sein, mit sehr
kühlem Herzen gegangen. Ich wollte einfach bald wieder heiraten, weil ich nun einmal nicht allein leben mag und der jetzige

344

Zustand ja hier in Carwitz für mich vollkommen unerfreulich war. Dann habe ich meine Zukünftige, Ursula Losch, geb. Boltzenthal, immer besser kennengelernt und jetzt bin ich sehr glücklich über den Schritt, zu dem ich mich entschlossen, sehr glücklich und reichlich verliebt. Meine Ulla ist ganze dreiundzwanzig Jahre alt, also achtundzwanzig Jahre jünger als ich, sie kommt mir immer wie ein Kind vor, aber ein reizendes Kind.«[9]

Das ›Kind‹ weiß sehr genau, was es will: »*Er hat zwei Frauen auf das Schändlichste tyrannisiert, nun ist er dran, tyrannisiert zu werden. Sie wird sich nie und nicht im geringsten von ihm Vorschriften machen lassen. Sie hat schon mit einem Anwalt gesprochen: Sie wird einen Ehevertrag bekommen, der sie unter allen Umständen sicherstellt – auch wenn sie diese Ehe eines Tages wieder zu lösen wünscht.*« (Ungeliebter, S. 214) Aber da ist auch ihre Faszination und die gemeinsame Sucht nach dem Alkohol: »*Peter darf sich neben sie auf's Bett legen, sie zaust ihm die Haare, sie nennt ihn ihren alten grauhaarigen Esel – 'aber doch süß!' – sie erläßt ihm nicht die Feststellung, daß er am frühen Morgen schon Kognak trinkt, was sie ihr nicht erlauben will... Schließlich wird Lola milder, sie holt die Flasche herüber und sie trinken nun beide im Bett Kognak, wobei Scheidung, Hochzeitstermin und Hochzeitsreise ganz nach Lolas Wünschen besprochen werden.*« (Ungeliebter, S. 213)

Am 2. Februar 1945 findet in Berlin die Hochzeit statt. Auch Rowohlt ist eingeladen und folgt nur zögernd, seine ganze Sympathie gilt Suse. Wegen eines Bombenangriffs muß man – so die gesetzlichen Bestimmungen – verschiedene Keller aufsuchen. In den des großen Wohnhauses der Familie Losch dürfen nur die Bewohner, nicht ihre Gäste. Rowohlt hastet in einen anderen Bunker und kehrt nach der Entwarnung nicht an die Hochzeitstafel zurück. Er ist froh, der ihm unangenehmen Situation entkommen zu sein. Hans Fallada bekommt einen Wutanfall. Er schmeißt die vollen Schüsseln an die Wand, zertritt die Gläser, zertrümmert das Mobiliar und wirft alle übrigen Gäste mit den Worten: »Das ist eine richtige Fallada-Hochzeit!«[10] hinaus.

Zurück auf dem Hof in Carwitz bleibt seine ganze, inzwischen so große Familie inklusive seiner bettlägerigen Mutter. Elisabeth Ditzen wird dort bis zu ihrem Tode im Jahre 1951 leben. Falladas Sohn Achim kommentiert als Erwachsener diese Situation: »Mir ist eigentlich erst vor einiger Zeit klargeworden, daß meine Großmutter nach der Scheidung noch im Haus in Carwitz, also bei ihrer ehemaligen Schwiegertochter verblieb... Mir wird heute klar, daß meine Mutter sie aus zwei Gründen bei sich behalten hat. Zum einen wußte sie: Mit der alten Frau mußte was passieren, sie war nicht mehr in der Lage, sich selbst zu kümmern um ihr Leben, und zum anderen hat ihr die Rente tatsächlich auch geholfen, über die schlimmste Zeit zu kommen. Und dazu gab's in den ersten zwei Jahren noch eine kleine Unterstützung durch meinen Vater.«[11] Elisabeth Ditzen, deren Bett im Wohnzimmer stand, damit sie am gesamten Leben teilnehmen konnte, wurde zur Chronistin der Nachkriegszeit in Carwitz, denn auch sie schrieb ihre Erinnerungen.[12]

Hans Fallada und Ulla Losch pendeln ständig zwischen Feldberg und Berlin hin und her, es geht bei diesen Fahrten in die Großstadt vor allem um Morphium, das in Feldberg schwerer zu beschaffen ist. Ulla Losch ist reich und kennt zudem viele illegale Bezugsquellen. Ob in Feldberg oder in Berlin: Beide ruinieren sich; sie bleiben tagelang in den Betten und verdämmern ihren Rausch. Ist kein Morphium zu beschaffen, tut's auch der Alkohol, ist auch der zur Neige gegangen, helfen Barbiturate, die beängstigende Gegenwart zu vergessen, die Gedanken an eine ungewisse Zukunft zu überschlafen.

Am 28. April 1945 nehmen die sowjetischen Truppen kampflos Feldberg ein. Falladas Mutter erinnert sich: »Furchtbare Tage liegen hinter uns... Am 29. mittags 12 Uhr... traten die ersten fünf Russen in die Küche... Das Gesicht des ganz jungen Anführers werde ich nicht vergessen, froh lachend kam er herein, trat an den Tisch und sagte wie angelernt: ›Uhrrr, Uhrrr!‹ Dies haben wir nachher immer wieder gehört, oft sehr drohend... und wir haben nur noch die Küchenwanduhr und die Wanduhr im Schlafzimmer... Dann wurde alles durchsucht im Zimmer, viel eingesteckt, z. B. Füllfederhalter, photographische Apparate usw. Es sah bald wild im Zimmer drüben aus. Im Schlafzimmer hatten sie inzwischen alle anderen Schmucksachen entdeckt... dann sind im Laufe des Tages wohl 50 bis 60 gekommen, viele ganz asiatisch aussehend. Unheimliche Gestalten zum Teil. Ein einziger schien gebildeter zu sein, fragte nach den Bildern der Familie, er wäre Maler... Von dem, was sich noch ereignete, kann ich nicht schreiben, die arme Suse hat viel leiden müssen und ich komme nicht über diesen großen Kummer hinweg. Daß es vielen, vielen, wohl fast allen so ergangen ist, ist kein rechter Trost... Die Türen blieben offen. Sie hätten sie doch eingeschlagen... nachts... um ein Uhr (kamen) sehr furchterregende Männer. Einer setzte sich hinter meine Couch. Es wurde wie immer gefragt, ob keine SS-Soldaten da wären, überhaupt Soldaten, ob wir Deutsche wären, ob nicht ›Mein Kampf‹ im Hause wäre... Um 5 Uhr kamen wieder drei Leute, einer anscheinend ein Kommissar, fragte wieder nach allem... Wir waren alle sehr erschöpft.«[13]

Täglich gibt es neue Heimsuchungen. Die russischen Sieger plündern, nehmen die meisten Koffer mit, die Evakuierte in Carwitz abgestellt hatten, manchmal kommt auch nur ein Russe, zieht wortlos das Laken von einem Bett ab und verschwindet wieder. In der nächsten Nacht erscheint eine bedrohliche Horde, die wild herumbrüllt und mit Waffen herumfuchtelt. Sie schießen in die Zimmerdecke und nehmen fort, was ihnen wesentlich erscheint. Nach dem Plündern müssen Suse und die Frauen mitten in der Nacht Essen kochen und anschließend mit den Russen tanzen. Kaum sind jene endlich fort, fallen schon die nächsten ein.

Hans Fallada arrangiert sich wieder einmal mit den Mächtigen. Es gilt, den Boden vorzubereiten für eine Zukunft.

Am 3. Mai 1945 notiert Elisabeth Ditzen: »Nachmittags kam ganz unerwartet Rudolf mit seiner Frau... Er hat sich dem russischen Kommandanten zur Verfügung gestellt... Rudolf hat ja sehr gelitten unter all den Anfeindungen der N.S. Er wird sich sicher jetzt schadlos dafür halten.«[14]

Der russische Kommandant von Feldberg hört sich aufmerksam die Leidensgeschichte vom verfolgten Schriftsteller an und sagt zu , ihn sinnvoll einzusetzen. Das scheint sich rasch herumzusprechen. Jemand wirft auf das Grundstück der Loschs ein Bündel mit einer SS-Uniform, ein Denunziant holt diese SS-Uniform aus dem Garten wieder heraus und trägt sie zu den Russen. Am 8. Mai, dem Tag der Kapitulation, wird Hans Fallada zum Verhör abgeholt. Er kann aber rasch beweisen, daß er niemals SS-Angehöriger war, noch einen SS-Mann versteckt hält, und wird entlassen. Der Schock und die Angst werden im Alkohol ertränkt. Doch am nächsten Morgen stehen schon wieder sowjetische Soldaten vor der Tür und holen Fallada aus dem Bett. Er soll die Festrede anläßlich der Kapitulation halten. Seiner Mutter erzählt er, daß der Kommandant diese Rede verfaßt habe und er sie nur vorzutragen hätte[15], aber das ist sehr unwahrscheinlich. Zwar war der Kommandant ein literarisch gebildeter Mann, aber daß er die Buchhelden seines zwangsverpflichteten Festredners bei Namen kannte und in seinen Text inklusive des Buchtitels einflocht, ist doch sehr zu bezweifeln. Was der Schriftsteller den zur Festveranstaltung auf dem Marktplatz zusammengetriebenen Feldbergern zu sagen hat, hört sich zu sehr nach Hans Fallada an: »Liebe Feldberger! Auf diesen Augenblick habe ich zwölf Jahre lang gewartet... Wie ist unser Leben mit Füßen getreten worden, und alles nur, weil wir, die vielen kleinen Pinnebergs, nicht genügend gewußt hatten. Nun wollen wir es besser machen! Noch fehlt Brot, die Milch für unsere Kinder. Aber wenn es uns gelungen ist, durch die Umsicht und das beherzte Verhalten der Roten Armee unsere Stadt vor einer sinnlosen Zerstörung zu bewahren, so wird es uns auch mit unser aller Kraft gelingen, diese Schwierigkeiten zu überwinden. Danken wir der Sowjetunion und gehen an die Arbeit, den Hunger zu stillen. Schwören wir: Lieber trocken Brot – doch nie wieder Krieg! ›Kleiner Mann – nun!‹ Nun verändere dein Leben, jetzt kannst du es, wir alle helfen dabei.«[16]

Der Schriftsteller beginnt, seine ›Domjücher Erinnerungen‹ zu exzerpieren und das Manuskript zum ›Unerwünschten Autor‹ zu verfassen, doch die Arbeit stockt. Die sowjetische Militäradministration ernennt Mitte Mai Hans Fallada zum Bürgermeister für Feldberg und die 30 umliegenden Landgemeinden. Die Deutschen sollen sich wieder selbst verwalten, dies allerdings unter der Befehlsgewalt und Vormundschaft der Besatzungsmacht.

Hans Fallada beginnt mit einem zehnköpfigen Mitarbeiterstab zu verwalten, nicht etwa zu regieren. Das muß er den Russen überlassen. Der einzige Vorteil der neuen Stellung besteht in einer großen Wohnung und besserer Lebensmittelversorgung, alles übrige ist eine unvorstellbare Belastung. Er soll das Flüchtlingselend steuern und für die Tausende aus den Ostgebieten strömenden Menschen Zimmer und Wohnungen beschlagnahmen; er muß alle arbeitsfähigen Feldberger zwangsverpflichten, damit die Felder bestellt werden können; er soll gegen Schwarzhändler vorgehen und die Plünderung der verlassenen Wohnungen unterbinden.

In den Häusern der ehemaligen NS-Größen von Feldberg gilt es, Hamsterware zu enteignen, denn gerade sie hatten in schlechter Zeit über gute Bezugsquellen verfügt. »*Er fand in ihren Schränken Berge von Wäsche – kaum benutzte darunter, während im Dachgeschoß eine ausgebombte, aus Berlin evakuierte Mutter nicht wußte, wie sie ihre Kinder anziehen sollte. Ihre Schuppen waren bis zur Decke gefüllt mit trockenem Holz und Kohlen... nicht ein bißchen wurde denen gegeben, die nichts hatten, womit eine Suppe kochen. In den Kellern dieser braunen Hamster standen Säcke mit Getreide (›Ist ja alles bloß Hühnerfutter!‹), mit Schrot (›Hab ich auf Bezugsschein vom Amt für mein Schwein gekriegt!‹), mit Mehl (›Ist kein richtiges Mehl, nur zusammengefegter Mühlenstaub!‹). In ihren Speisekammern standen die Regale voll von Vorräten, aber für jede Ware hatten sie eine Lüge bereit.*« (Alpdruck, S. 68)

Noch heikler aber sind die politischen Aufträge. Der Bürgermeister wird angewiesen, an alle Gemeinden einen Fragebogen zu schicken, in dem für jeden einzelnen Bewohner beantwortet werden muß, wer Offizier, wer SS-Angehöriger, wer Mitglied der SA, wer Parteimitglied und sogar wer in der Hitler-Jugend oder im BDM, dem Bund Deutsche Mädchen war.[17] Natürlich gab sich jeder Gemeindevorsteher äußerst zurückhaltend in seinen Angaben. Sofern die ehemaligen Funktionsträger nicht vorsorglich in die westlichen Sektoren des besetzten Deutschland geflohen waren, mußten sie sich umgehend bei der sowjetischen Kommandantur melden und verschwanden oft auf Jahre, manchmal auch endgültig in Gefängnissen oder russischen Arbeitslagern. Hans Fallada wird in den Augen der Feldberger zum Büttel der Sieger, etwa 40 Menschen werden während seiner Amtszeit der russischen Geheimpolizei zugeführt.[18]

Auch die Verfolgung geringfügigerer Vergehen macht ihn unbeliebt. Für den Besitz von zwei nationalsozialistischen Büchern verhängt er einen Tag Haft, beim Auffinden einer Hakenkreuz-Fahne wird ebenso sanktioniert, schwerer wiegt schon die gezielte Arbeitsverweigerung eines zwangsverpflichteten Feldbergers, dafür wandert der Beschuldigte für etliche Tage ins Gefängnis.[19] All dies wird Fallada in seinem vorletzten Buch, dem Roman ›Der Alpdruck‹ beschreiben. *»Doll verlor den letzten Rest von Sympathie in der Stadt, er wurde das, was er dann in alle Zukunft bleiben sollte: der meistgehaßte Mann weit und breit.«* (Alpdruck, S. 52) Wie autobiographisch der Roman ist, belegt ein Tagebucheintrag seiner Mutter vom Juni 1945, dort finden sich fast dieselben Worte: » Rudolf geht es oft nicht gut. Er hat zuviel Arbeit und Schwierigkeit. Er sagt: ich bin der gehaßteste Mann bei den Feldbergern.«[20] Das mag aber auch darin seinen Grund haben, daß Fallada andere zwar kraft seines Amtes mit Strafen belegte, selbst aber keineswegs makellos war. Der Zahnarzt Walter Markwart war zunächst vor den Russen geflüchtet, aber im August 1945 doch nach Feldberg zurückgekehrt. »Als wir wiederkamen... war mein Eßzimmer ausgeräumt – Büfett und alles –, und da hat man mir gesagt: ›Das hat Fallada!‹ Dann bin ich also hin, klopfte an. ›Herein!‹

Komme ins Schlafzimmer , und da liegt er mit seiner Frau – der Ursula Losch- im Bett und sie strahlen mich beide an. Jedenfalls hab ich alles wiederbekommen.«[21]

Nur wenig später werden sich die Feldberger an Hans Fallada rächen und ihm die Wohnung leerplündern, als er und Ulla Losch im Krankenhaus liegen. Auch das wird er im Alpdruck erwähnen: »*Sie hatten ihm seine Rede heimgezahlt, damals vom Balkon der Kommandantur, als er mit den Nazis unter ihnen abrechnete. Sie hatten seine Verhöre nicht vergessen, die Haussuchungen, die Beschlagnahmungen, jede verweigerte Bitte war ihm als Verbrechen angerechnet worden.*« *(Alpdruck, S. 228)*

Mit der Besatzungsmacht kommt er nicht gut aus, die Militärkommandanten sind einmal freundlich, fast kumpelhaft, und laden den Bürgermeister zu ihren alkoholfeuchten Gelagen ein, dann unvermutet unnahbar und bedrohlich. Sie unternehmen wenig gegen die Plünderungen ihrer Soldaten in den Privatwohnungen, noch weniger gegen die sexuellen Übergriffe. Vor allem von Mitte Mai bis Juli herrschen chaotische Zustände. Das Tagebuch der Elisabeth Ditzen gibt Auskunft: »Wir haben sehr schwere Tage durchgemacht... Ich kann die furchtbaren Einzelheiten nicht erzählen – auch Frau Franz und Suse sind dem Schlimmen nicht entkommen... Die Nacht von Sonnabend auf Sonntag und die letzte war die Schlimmste. Die Russen haben auch die Frauen geschlagen mit den Lederriemen ihrer Koppeln, da sie ihnen nicht zu Willen sein wollten. Die Kinder schrieen dazwischen. Mich rettet noch mein Alter. Sie kommen oft zu mir, aber ich sage dann: alte Mutter, krank, 77 Jahre.«[22]

Zunächst holt Hans Fallada nur die besonders bedrohte Mücke, dann aber auch Suse, die Mutter und seine beiden Söhne in das Bürgermeisterhaus. Hier sind sie sicher vor den Nachstellungen der Truppen. Die Mutter notiert: »Ich hätte nie ein Zusammenleben wie hier für möglich gehalten, aber es geht ja. Nur so wunderbar kommt mir alles vor, wenn Rudolf zwischen Suse und Ulla sitzt, ich könnte das an Suses Stelle nicht aushalten.«[23] Was wie ein leiser Tadel klingt, verkennt

Suses Alternative, weiteren Überfällen ausgesetzt zu sein oder mit ihrer Nachfolgerin an einem Tisch zu sitzen.

Ende August scheint an die sowjetischen Truppen dann doch ein Anstandsgebot ausgegeben worden zu sein; die Schändungen hören auf, aber die übrigen Willkürlichkeiten bleiben. Suse ist mit ihrer Schwiegermutter und den Kindern nach Carwitz zurückgekehrt und muß nun ständig Russen bekochen. Sie fischen den See leer, indem sie Granaten in das Wasser werfen und die durch die Druckwelle getöteten Tiere zu Suse in die Küche tragen, sei es am Tag, um Mitternacht oder im Morgengrauen. Alle Frauen haben dann aufzustehen, die Fische zu schuppen und zuzubereiten. Und während sie das tun, bebt das Haus von weiteren Explosionen. Eine andere Gruppe ist schon wieder am Werk und wird gleichfalls bald mit ihrer Beute und dem Befehl zum Kochen erscheinen. Nur selten gelingt es den übermüdeten Frauen, sich dem anschließenden Festtanz zu entziehen und endlich ins Bett zu gehen.[24]

»Um Rudolf muß man sich auch sorgen, die jetzige Lebensweise ist ihm nicht gut, da kommt leicht Streit mit den Russen«[25], vermerkt die besorgte Mutter. Das ist noch gelinde ausgedrückt. Hans Fallada kann ohnehin die Anforderungen seines Bürgermeisteramtes nur noch mit Hilfe von Alkohol und Morphium ertragen. Die Krise mit den Russen spitzt sich zu, als der neue Feldberger Kommandant Ulla Losch nachstellt. Er beschäftigt Fallada pausenlos; trachtet geradezu, ihn körperlich durch permanente Befehle zu erschöpfen. Oder er beordert ihn in die Kommandantur und läßt ihn dort stundenlang ausharren. Während Fallada hundemüde auf das Gespräch wartet, eilt der Kommandant zu Ulla Losch und umwirbt sie. Er versucht, sie zu umarmen und macht ihr »die schmählichsten Vorschläge.«[26]

Fallada kompensiert den seelischen Druck wieder auf seine Weise. Alkohol und Morphium tun ihr Werk. Nach einem tagelangen Rausch wird er ins Krankenhaus Neustrelitz eingeliefert, übrigens von den Russen selbst. Ihr eingesetzter Bürgermeister war am hellichten Tag im Bademantel zur Kommandantur gerannt und hatte dort schreiend herumrandaliert. Nun ist der Nebenbuhler ausgeschaltet und der Kommandant verstärkt seine Bemühungen. Ulla Losch, nicht weniger alkoholisiert, aber noch so klar, daß sie den zudringlichen Offizier abwehren kann, wähnt sich durch Falladas Abwesenheit schutzlos und zerschneidet sich die Pulsadern. Sie wird gerettet. Jetzt liegen sie beide im Krankenhaus. Dies ist das Ende ihrer Feldberger Zeit. Das letzte Kapitel im Leben des Hans Fallada wird in Berlin geschrieben.

21.
»Nun gehe ich aber wirklich.«

»Rudolf ist nun nicht mehr Bürgermeister... Ich denke mir, sie werden versuchen, nach Berlin zu kommen, wohin die Sehnsucht der Frau geht... Daß Rudolfs Leben in ruhigere Bahnen kommt, ist unter jetzigen Verhältnissen kaum zu hoffen. Was für ein unglücklicher Mensch ist Rudolf doch. Ich habe Tag und Nacht keine Ruhe«[1], notiert die Mutter am 16. September 1945. Die erwähnten Verhältnisse beziehen sich sowohl auf die äußeren Bedingungen des Lebens im Nachkriegsdeutschland, aber auch auf die innere Situation jener beiden Menschen, die nun in einem Bummelzug aus der Provinz der Großstadt zustreben.

Das Land ist vom Krieg zerstört. Die Fabrikanlagen in der sowjetisch besetzten Zone werden demontiert und nach Rußland transportiert. Die Sowjets holen sich jetzt das zurück, was einst der Aggressor Deutschland in ihrer Heimat zerstörte, und noch ein wenig mehr. Das gilt übrigens nicht nur für die Russen, sondern für fast alle Siegermächte in sämtlichen Besatzungszonen. So werden nicht nur ganze Fabrikanlagen, Kohlengruben, Elektrizitätswerke und Schiffswerften abgetragen, es verschwinden auch Lokomotiven, Schienenstränge, Straßenbahnen, Zementmischer, wichtiges Werkzeug. Das Forträumen der Schuttberge im besiegten Land findet daher nicht mit Kränen und Baggern statt, die den Bombenmüll auf Transportbänder schaufeln, sondern von Menschenhand.

Die berühmten Trümmerfrauen von Berlin symbolisieren diese Situation: Mit Lastkiepen auf dem Rücken oder mit Blecheimern, in die gerade 10 Ziegel passen – mehr kann eine Person auch nicht tragen – werden die Steine von Frau zu Frau weitergereicht und auf einen Haufen am Rande der Ruinen geschüttet. Dort stehen andere Trümmerfrauen und klopfen mit dem Hammer den Mörtel ab. Sie schichten die gesäuberten, rechteckigen Ziegel zu einer endlos wirkenden Mauer zusammen. Man wird sie für den Wiederaufbau verwenden. Die zerbrochenen und unbrauchbaren Steine landen auf einem Haufen. Mit Schiebkarren und Bollerwagen transportiert man sie auf eine Müllhalde. Aus allen Stadtteilen, aus sämtlichen Straßen, strömen die kleinen Transporte, es ist ein endloser Zug. Die Menschen laden ab, türmen auf, schütten hinzu. Den gewaltigen Schuttberg, der so entsteht, nennen die Berliner den ›Monte Klamott‹. Angebrannte Hausbalken werden von zwei Männern mit der Handsäge verkürzt, man kann die nicht verbrannten Balkenteile ebenso beim Wiederaufbau verwenden wie die aus ihnen herausgezogenen Nägel. Halbwüchsige und Kinder stehen am Rande der Schutthalden und klopfen mit kleinen Hämmern die verbogenen Nägel wieder gerade, andere ziehen mit einer Zange die Isolierung von den Kupferdrähten. Letztere arbeiten auf eigene Rechnung, denn sie wollen das wertvolle Metall beim Altwarenhändler versetzen.

In Berlin sind mehr als 500 000 Wohnungen zerstört, die Industrieanlagen, Geschäfts- und Verwaltungsviertel verwüstet. Bis Oktober 1945 kommen 1,3 Millionen Flüchtlinge und Vertriebene aus den deutschen Ostgebieten in die Metropole. Sie werden notdürftig in Sammellagern, in Zeltstädten und in Baracken untergebracht oder weitergeschickt, auf das Gebiet der übrigen Besatzungszonen verteilt. Glücklich dürfen sich jene Flüchtlinge nennen, die irgendwo im Land eine Adresse von Verwandten haben, bei denen sie hoffen können, unterzukommen. Aber nicht nur viele Deutsche sind ohne Heim. Die alliierten Siegermächte finden in Deutschland fast neun Millionen ›Displaced Persons‹ vor, überwiegend ausländische Zwangsarbeiter, die das Inferno überlebt haben und jetzt wieder ihrer Heimat zustreben.[2] Auch in Berlin strandeten Tausende von ihnen und warten in Lagern auf eine Rückkehrmöglichkeit.

Elektrizität und Wasserversorgung sind zusammengebrochen, es fehlen überall die banalsten und doch so lebenswichtigen Einrichtungen wie Waschräume, Kochgelegenheiten und vor allem Toiletten. Dreist wuseln fette Ratten am hellen Tag über die Straßen. Seuchen wie Typhus, Ruhr und hochfiebrige Infektionen flackern auf, treffen die Schwächsten. Es herrscht Hunger. Und dann *»die Menschen auf den Straßen: allen hätte man zwanzig Pfund Gewicht mehr und fünfzig Falten im Gesicht weniger gewünscht. Es gibt unter ihnen noch eine unvorstellbare Armut, Lumpen statt Kleidern, Schuhe, immer wieder zerrissen und geflickt und zusammengebunden, die über alle Landstraßen Europas geschleppt worden zu sein scheinen. Eine ganze Weile geht vor Doll ein junges Mädchen, sie besitzt nichts von jener Anmut, die die Jugend auch der Reizlosesten verleiht, sie geht schwer auf ihren blutigen, schwärenden, schmutzigen Beinen, als schleppe sie sich nur noch. Ihr Kleid ist wohl aus einem Paar glatter Mehlsäcke angefertigt...* ›Diese Leute, die da mit mir auf der Straße gehen‹, denkt Doll, ›kann man... in zwei Gruppen einteilen: die einen, die nichts mehr hoffen können, und die andern, die nichts mehr zu hoffen wagen‹. Aber sie alle, die einen wie die andern, schleppen irgend etwas: jämmerliches, von den Bäumen gebrochenes Reisig, zerplatzte Koffer..., vollgepfropfte Handtaschen, geheimnisvolle Aktentaschen, deren Schlösser längst entzwei sind, so oft wurden sie überfüllt, und die jetzt von einem Strick gehalten werden. ›Wir gehen ja doch zugrunde‹, denken die einen. ›Aber vorher lasset uns noch einmal essen! Ach, essen, daß man von guten Dingen wirklich satt ist,*

26 »... es war nicht Babel, nein, Berlin«. Evakuierte kommen
nach Kriegsende zurück, aber auch Flüchtlinge und
Vertriebene aus den ostdeutschen Gebieten.

daß die Zufriedenheit durch einen strömt‹... ›Wir müssen Kräfte sammeln für unsere tägliche Arbeit, damit wir diese Zeit heil überstehen!‹, das steht in den Mienen der andern geschrieben.« (Alpdruck, S. 220f.)

In diese Stadt reisen, nach einem vierzehntägigen Krankenhausaufenthalt notdürftig wieder hergestellt, Hans Fallada und Ursula Losch: sie wollen ein neues Leben beginnen. Aber sie haben nur Träume, keine Zukunft. Ulla Losch phantasiert davon, einen kleinen Konfektionsladen zu eröffnen oder Empfangsdame in einem noblen Geschäft zu werden, das es noch gar nicht gibt. Hans Fallada denkt an neue Werke. Aber ihm fallen keine ein, und Publikationsmöglichkeiten gibt es auch nicht. Und so wie die einst prächtige Stadt Berlin nur noch eine mächtige Ansammlung von Ruinen ist, erscheint auch ihm jetzt sein Leben: »*...alles hatte der Krieg zerstört, und nur Ruinen und zu häßlichem Schutt verbrannte Erinnerungen waren ihm verblieben. Und wahrscheinlich würde es immer so weiter gehen... es gab keinen Weg aus diesem Trümmerfeld.*« *(Alpdruck, S. 188)* Ulla Losch hat zwar noch Geld, aber beide wissen, daß es nicht mehr lange reichen wird, vor allem, wenn sie weiterhin Zigaretten, Alkohol, Schlafmittel und Morphium benötigen.

Sie ziehen in die große Wohnung der Loschs in der Meraner Straße, finden dort allerdings von der Stadt eingewiesene Mieter vor und müssen sich mit einem Raum begnügen, denn zwei weitere Zimmer sind durch Bombenschäden unbenutzbar geworden. Möbel sind in diesem kärglichen Unterschlupf nicht mehr vorhanden und sämtliche Wertsachen gestohlen. Es fehlt an Bettwäsche, Handtüchern, Küchengerät, Tellern und Tassen, ganz zu schweigen von Schreibpapier oder gar einer Schreibmaschine. Mühsam wird das Notwendigste bei Ulla Loschs Bekannten und Freunden organisiert, weniges in mehreren Fahrten Stück um Stück auch aus Feldberg geholt. Sie haben kein Auto und müssen jeden Gegenstand selber tragen. »*Der Zug, der schon am Mittag hätte fahren sollen, war erst in der Dunkelheit abgelassen worden; er war, mit seinen zerbro-*

chenen Scheiben und verschmutzten Abteilen, völlig überfüllt.
Alle, wie sie sich da beim Einsteigen in die stockdunklen Abteile
gestürzt hatten, waren bösartig gestimmt, brausten beim klein-
sten Worte auf und sahen jeden Mitbewerber um einen Sitzplatz
als ihren persönlichen Feind an. Dolls hatten wirklich zwei Sitz-
plätze bekommen, auf denen sie sofort durch Nebensitzer und
um sie Stehende eingeengt wurden. Kisten wurden ihnen gegen
die Beine gestoßen, Rucksäcke streiften schmerzend ihre Ge-
sichter.« (Alpdruck, S. 82) Während der Fahrt steigen noch
weitere Menschen zu, *»... in der Hauptsache Pilzesucher aus*
Berlin, die den Sitzenden ihre Pilzkörbe einfach auf den Schoß
stellten, verdrossen murmelnd, sie würden sie nachher wegneh-
men. Da aber alles schon vorher überfüllt gewesen war, blieben
die Körbe, wo sie waren: Frau Doll hatte vier auf ihrem Schoß,
Doll drei.« (Alpdruck, S. 82 f.) Und dennoch waren die Fahrgä-
ste im Zugabteil noch besser dran, als jene, die nur noch draußen auf dem Trittbrett der Waggons eine Mitfahrgelegenheit
gefunden hatten. Sie konnten sich mit ihrer schweren Ruck-
sacklast auf dem Rücken lediglich an den eisig kalten Messing-
stangen festklammern, mußten sich dem Fahrwind entgegen-
stemmen und waren ständig vom Absturz bedroht.

Zwischen zusammengepumpten und glücklich erstandenen
kärglichen Möbeln hausen Fallada und Ulla Losch in ihrem
Zimmer. Sie sind ununterbrochen damit beschäftigt, das Le-
bensnotwendigste zu beschaffen, einen Topf zum Kochen,
einen Löffel zum Umrühren der Suppe oder eine Bratpfanne.
Für jeden einzelnen Gegenstand muß man stundenlang vor den
wenigen Läden Schlange stehen. Der nervenzerschleißende
Kampf um Bescheinigungen wie Zuzugsgenehmigungen und
Lebensmittelkarten kostet sie die letzte Kraft. Ohne Zuzugsge-
nehmigung aber erhält man auch keine Lebensmittelkarten
oder Bezugsscheine, die es ermöglichen, eine warme Joppe,
Handschuhe, aber auch Briketts, Koks oder Holz für die
Feuerung zu erstehen. Fast alles ist in diesen ersten Nach-
kriegsmonaten rationiert und wird nur gegen Berechtigungs-
nachweise verkauft.

Die Stadt ist zwar völlig zerstört, aber die Bürokratie hat überlebt. Hans Fallada ist tagelang unterwegs. Er wird von Amt zu Amt geschickt, überall gibt man ihm die gleiche Auskunft. Es ist hoffnungslos, legale Papiere zu erhalten. Im ›Alpdruck‹ steht sein Romanheld Dr. Doll nach zermürbenden Irrgängen und stundenlangem Warten vor den falschen Bürotüren endlich in der richtigen Amtsstube und breitet vor dem Beamten »*einige Papierchen aus: ältere Mietsquittungen seiner Wohnung, den Nachweis seiner Bürgermeistertätigkeit in der Kleinstadt, Bescheinigungen über den Krankenhausaufenthalt... Der Herr am Schreibtisch fegte die Papiere nach kurzem Blinzeln auf einen Haufen zusammen und sagte hastig: ›Das interessiert mich alles gar nicht! Stecken Sie das ruhig wieder ein, Sie können es aber ebensogut in den Papierkorb werfen! – Der nächste –!‹ ›Und meine Wohnbescheinigung –?‹ beharrte Doll ziemlich verärgert... ›Bringen Sie mir eine eidesstattliche Erklärung Ihres Hauswirtes, daß Sie seit 1939 die Wohnung innehaben. Bringen Sie mir eine polizeiliche und eine Lebensmittelabmeldung aus dem Ort, in den Sie evakuiert waren‹. ›Ich war nie evakuiert. Außerdem gibt es dort keine Lebensmittelabmeldungen, weil es keine Karten gibt.‹... ›Nach Berlin wollen Sie sich reinschwindeln, das ist alles!... Entweder sind Sie nicht am 1. September zugezogen, sondern erst jetzt. Dann haben Sie den Stichtag verpaßt und kriegen schon darum keine Bescheinigung von mir! Oder aber Sie leben seit dem 1. September vom Schwarzen Markt, dann muß ich Sie der Polizei melden –!‹*« (Alpdruck, S. 163 f.)*

In dieser Situation hilft auch nicht der sonst so umwerfende Charme von Ulla Losch. Sie übernimmt, als Hans Fallada resigniert zu Hause bleibt, siegesgewiß die Behördengänge, kehrt aber ebenso entmutigt zurück. Zwar darf sie als Besitzerin der Wohnung dort leben und auch ihren Mann bei sich aufnehmen, aber auch sie ist nicht zum richtigen Zeitpunkt eingereist und hat keinen Anspruch auf Lebensmittelkarten und Bezugsscheine. So bleiben für beide nur jene Nahrungsmittel und Waren übrig, die man ohne Karten und Bezugsscheine kaufen kann, und die sind teuer. Ulla versetzt etliche Wertgegenstände, die sie vorsorglich bei Freunden deponiert hatte, einen Persianermantel zum Beispiel oder eine kostbare chinesische Vase, einen soliden Herrenanzug ihres verstorbenen ersten Mannes. Sie verplempern ihre Zeit bei stundenlangem Schlangestehen vor den Läden. In dem einen gibt es, wenn sie Glück haben, nach fünf Stunden Warten noch ein Brot zu kaufen, beim nächsten Mal haben sie Pech. Als sie endlich die Spitze der Kundenschlange erreicht haben, ist der Posten an Kochtöpfen restlos ausverkauft. In solchen Situationen bleibt nur noch der Schwarzmarkt, um Lebensnotwendiges zu erstehen.

Diese beiden Menschen, die so beseelt sind von dem Gedanken an einen völligen Neuanfang, scheitern schon an den mißlichen Zuständen des Nachkriegsalltags. Zunächst streiken Falladas Nerven, er benötigt große Mengen an Schlafmitteln, um nachts überhaupt noch zur Ruhe zu kommen. Er leidet unter Depressionen und ist wie gelähmt. Er schreibt nichts, denn er ist ahnungslos, für wen er etwas schreiben könnte. Zugleich fehlt ihm die Initiative, sich gezielt danach umzuschauen. Lediglich an den ehemaligen Cheflektor des Ullstein-Verlages, Paul Wiegler, schickt er eine kurze Karte, weil er zufällig dessen Namen in einer Zeitung gelesen hat. Ulla benötigt Morphium, um die Aufgaben zu bewältigen, die jetzt allein auf ihr lasten. Ein Brot auf dem Schwarzmarkt kostet 100 Mark, eine Ampulle Morphium aber nur 65. Fallada hält sich damit zunächst noch zurück, gleitet aber rasch wieder zusammen mit Ulla in seine alte Abhängigkeit. Immer häufiger müssen sie sich eine Spritze setzen, denn was ». . . *vor einer Woche noch gewirkt hatte, heute wirkte es nicht mehr. Steigern und immer wieder steigern. Zu Anfang hatten sie nur des Abends vor dem Schlafengehen gespritzt, dann war die Nachmittagsstunde so endlos gewesen, und die Spritze hatte auch über sie bereitwillig hinweggeholfen, und schließlich hatten sie sich morgens für einen endlosen Tag nicht mehr erheben können.« (Alpdruck, S. 133)*

In dieser Situation trifft am 8. Oktober 1945 die Antwort von Paul Wiegler ein. Er bittet Fallada um ein Gespräch und berichtet, daß der Dichter Johannes R. Becher seit Wochen geradezu nach ihm fahnde.[3] Fallada kennt weder Johannes R. Becher noch dessen Bücher. Dabei ist Becher, was seine Lebensdaten und seine Jugendzeit anbelangt, wie ein Zwilling. 1891, also zwei Jahre vor Hans Fallada, in München geboren, ist er gleichfalls der Sohn eines Juristen. Seiner unglücklichen Jugend folgt ein Doppel-Selbstmordversuch mit einem Mädchen, bei dem Becher überlebt und anschließend in einer Heilanstalt interniert, aber ebenso bald wieder entlassen wird wie Hans Fallada. Auch er veröffentlicht expressionistische Gedichte und Romane. Aber dann trennen sich die Lebensläufe, werden konträr: Johannes R. Becher wird Mitglied der Unabhängigen Sozialdemokratischen Partei (USPD) und wechselt 1918 zur Kommunistischen Partei über, in deren Dienst er sich konsequent bis zum Ende seines Lebens[4] stellen wird. Er schreibt hochpolitische Bücher und wird zum kämpferisch – sprachgewaltigen Ankläger seiner Zeit, zum Verkünder der proletarischen Revolution. Seinen früheren Besuchen der UdSSR folgt bei der Machtübernahme der Nationalsozialisten die Emigration in dieses Land. Jetzt ist er aus dem Exil zurückgekehrt. Als Präsident des ›Kulturbund(es) zur demokratischen Erneuerung Deutschlands‹ sucht er nach Schriftstellern, die diese Erneuerung tragen könnten. Daß er dabei neben Ernst Wiechert, dem greisen Gerhart Hauptmann, Ricarda Huch, Bernhard Kellermann und Erich Kästner auch auf Hans Fallada kommt, liegt sicher in Bechers Wissen um die Seelenverwandtschaft ihrer Biographie, vor allem aber an seiner Hochachtung für die großen Werke des Schriftstellers. Er hält Fallada für ein unglaubliches Erzähltalent, das in der Lage wäre, im Sinne des Simplizissimus von Grimmelshausen nunmehr auch eine Geschichte des Zweiten Weltkrieges zu schreiben.

Aber der Mann, der jetzt vor Becher steht und mit schwacher Stimme seine Fragen beantwortet, wirkt nicht wie der begnadete Dichter, nicht einmal wie der scharfsichtige Chronist seiner Zeit. Es ist ein grauer, dürrer, ausgebrannt wirkender Mensch, der sich merkwürdig langsam bewegt, mühsam die

Worte sucht, schleppend spricht und über die Trostlosigkeit des Lebens klagt. Nach seinen schriftstellerischen Plänen befragt, wird Fallada das geantwortet haben, was er nur wenig später seinem literarischen Selbstbild, dem entmutigten Schriftsteller Dr. Doll in den Mund legt: »*Nichts!... Manchmal habe ich wohl an Romanschreiben gedacht, auch an bestimmte Themen. Aber alles kam mir so belanglos vor. Ich hatte immer das Gefühl, als müsse ich nach diesem völligen Zusammenbruch, auch meiner selbst, völlig neu und anders beginnen.... Nein,... es tut mir leid, daß ich Sie so enttäuschen muß... Vielleicht kommt meine Arbeitslust wieder, wenn sich meine äußeren Verhältnisse erst ein wenig gewandelt haben. Ich brauche außer der äußeren auch eine gewisse innere Ruhe zum Produzieren.*« (Alpdruck, S. 205 f.)

Becher verschafft dem Schriftsteller kraft Amtes und unter dem Schutzmantel der sowjetischen Besatzungsmacht augenblicklich die besseren äußeren Verhältnisse. Jetzt plötzlich geht alles, was die Behörden bislang verweigerten. Zunächst werden Fallada und Ulla Losch drei Zimmer in der eigenen Wohnung zugesprochen, nur kurz darauf sogar eine kleine Villa im Eisenmengerweg. »Wir haben inzwischen ein sehr hübsches, völlig neu renoviertes Haus mit sieben Zimmern bekommen, und vor allem: wir haben es warm. Ich soll auch laufend weiter Feuerung bekommen, damit ist eine der größten Sorgen behoben«[5], berichtet er Suse im November 1945. Das Haus liegt nur wenige Minuten von Bechers Wohnsitz entfernt und befindet sich im sowjetischen Sektor der Stadt. Das gesamte fast unversehrte Viertel gilt als Prominentensiedlung von russischen Offizieren und ihren deutschen Freunden. Hans Fallada erhält Lebensmittelkarten und Bezugsscheine der höchstmöglichen Kategorie und das Versprechen, mit einem Lastwagen Möbel, Bücher und Hausrat baldmöglichst aus Feldberg abzuholen.

Hans Fallada schöpft neuen Lebensmut. Er sieht eine Perspektive, stimmt Bechers Plänen zu, gemeinsam zu versuchen, eine neue Zukunft aufzubauen. Johannes R. Becher regt ihn zur schriftstellerischen Arbeit an, knüpft ihm Kontakte, ver-

27 Berlin-Niederschönhausen, Eisenmengerweg 19: Hans
Fallada und Ulla Losch beziehen sieben Zimmer.

mittelt Gespräche, organisiert Rundfunksendungen und ermöglicht ihm endlich wieder eine Verdienstmöglichkeit. Konsequent meidet Fallada Morphium und Alkohol und arbeitet so intensiv wie in seinen besten Zeiten.

Die komfortablen Lebensbedingungen sollen jetzt auch seinen Kindern zugute kommen. Die kleine Jutta Losch lebt bereits mit im Eisenmengerweg, nun könnten auch Uli und etwas später Mücke folgen, weil in Carwitz keine höhere Schule für sie vorhanden ist. Zunächst sträubt sich Suse, aber schließlich glaubt sie den Beteuerungen des Vaters, von jeder Abhängigkeit befreit zu sein. Um das Zusammenleben ihrer Kinder mit der Stiefmutter macht sie sich keine Sorgen, beide kommen glänzend mit Ulla Losch aus.

Die ersten öffentlichen Äußerungen Falladas nach Kriegsende überraschen die Allgemeinheit. Fallada wird zum Ankläger des deutschen Volkes. In einem Interview für die ›Tägliche Rundschau‹ erklärt er sein Scheitern als Bürgermeister mit der Unzulänglichkeit der Bevölkerung: *»Als ich erleben mußte, wie in dieser schweren Situation viele meiner deutschen Landsleute versagten, gab mir das den Rest. Ich erlitt einen Nervenzusammenbruch, versank in Hoffnungslosigkeit und Depression.«*[6] Und in einer Ansprache in Schwerin *»... wir ... haben erleben müssen, daß ein Großteil unserer Mitbürger den niedrigsten Instinkten mit Diebstahl, Denunziation, Neid Raum gegeben hat, ... also grade in der jüngst vergangenen Zeit ... erfahren müssen, wie verkommen und moralisch erniedrigt dieses Volk in den letzten 12 Jahren geworden ist.«*[7]

Was er in diesen Tagen schreibt und äußert, ist geprägt von seinem Einverständnis mit den strafenden Maßnahmen der Siegermächte und seiner Verachtung gegenüber den nationalsozialistischen Größen. Er wirft ihnen Makel vor, von denen einige auch ihm selbst anhaften: Hermann Göring war ein *»Unzurechnungsfähige(r) ... Diesem Manne wurden dann die Geschicke des deutschen Volkes anvertraut, diesem entwöhnten Morphinisten, bei dem an Stelle des Morphiumrausches der Machtrausch getreten war.«*[8] Ernst Röhm sei homosexuell gewesen, Robert Ley ein Alkoholiker, Hess ein Mann, der unter Wahnvorstellungen litt und Goebbels ein Psychopath mit Minderwertigkeitskomplexen und etlichen außerehelichen Frauenaffären. Julius Streicher war ein tierischer »*Bulle... mit dem Gesicht eines Henkers... Alles Leute mit einem Knax, würdige Paladine eines Führers... für den in der Welt es nur Männer gab.*«[9] Mit dem deutschen Volk, symbolisiert durch die kleinen Mitläufer, geht er weiter scharf ins Gericht. »*Es wird endlich an der Zeit, daß ihr aufwacht, daß ihr ohne Zwinkern mit offenen Augen das Trümmerfeld anschaut in ganz Europa, die Gräberfelder vom äußersten Osten bis zur englischen Insel, und daß ihr an die eigene Brust schlagt und bekennt: mea culpa. Mea maxima culpa! Denn grade ihr Lauen, die ihr nie etwas gesehen oder gehört haben wollt – ihr tragt euern vollen Anteil an der allgemeinen Schuld!*«[10]

Diese Kritik befremdet, denn Fallada war unter den Nationalsozialisten nicht nur einer der von ihm so kritisierten »*Lauen*«, sondern zeitweise – wenn wir zum Beispiel an den ›Eisernen Gustav‹ und seine opportunistischen Vorworte denken – sogar ein Mitläufer. Immerhin gibt er angesichts der nationalsozialistischen Greueltaten jetzt öffentlich zu: »*DAS hätte ich nie für möglich gehalten. Aber ich gestehe ein, daß auch ich, vor dem Zusammenbruch, Zeiten schwerster Depressionen hatte, in denen ich einfach nicht hören, nicht sehen wollte. Ich bedaure es heute auf's tiefste, daß ich damals bewußt die Augen geschlossen habe*«.[11] Der entschuldigende Hinweis auf seine Depressionen zeigt die Halbherzigkeit seines Bekenntnisses. Und abgesehen von diesem Eingeständnis stellt er jetzt sein Leben unter den Nationalsozialisten als Kette von Versuchen dar, ihm systematisch Schreiben und Publizieren unmöglich zu machen. Wir wissen, daß dies zwar zutrifft, aber nicht in dem Maße, wie er es darstellt. Er umschifft etwa die Auswirkungen seiner Sucht und bezeichnet seine jüngste Internierung in einer Heilanstalt nach dem Schuß auf Suse als letzten Versuch der Nazis, ihn zu kriminalisieren, als angeblich Geisteskranken auszuschalten und so am Schreiben zu hindern.[12]

Doch nun wird alles besser: »*Dankbar gedenke ich der Stunde, in der der Präsident des Kulturbundes, der Dichter Johannes R. Becher, mich aus dieser gefährlichen Lethargie herausriß und mir Aufgaben zeigte, die es wahrhaftig wert sind, alle Kraft anzuspannen für die geistige und seelische Wiederaufrichtung des deutschen Menschen.*«[13]

Nichts wird besser, so sehr Becher sich auch um Fallada bemüht, immer wieder mit ihm spricht, mit ihm sogar auf einige Tage zur Erholung verreist und ihm neue Abnehmer für Kurzgeschichten und Aufsätze besorgt. Fallada gelingt es nach anfänglicher Euphorie doch nicht, sich selbst aufzurichten. Trotz der drei Kinder im Haus, trotz der behobenen Alltagssorgen greifen er und Ulla wieder zu Drogen. Morphium und Alkohol wechseln einander ab. Diesmal ist sie es, die eine besonders extreme Phase der Abhängigkeit durchmacht. »*Die neue Last*« (*Alpdruck, S. 101*), wird Fallada das 6. Kapitel seines Romans mit dem bezeichnenden Titel ›Der Alpdruck‹ überschreiben. Diese neue Last ist seine junge Ehefrau. Schon Anfang 1945 hatte Fallada seiner Schwester Itzenplitz prophezeit, »...daß die Sache eines schönen Tages schiefgehen wird.«[14] Jetzt bemerkt er zunehmend, wie verschieden Ulla und er sind, daß ganze Welten sie trennen: »...*so stand es wirklich um sie, wenn die Verliebtheit einmal nicht die Gegensätze übermalte. In nichts einig, fremd, ganz fremd, allein ein jedes. Und allein würde er jetzt auch seine Straße weitergehen; er würde in nichts ihr mehr hineinreden, mochte sie rauchen und verkaufen, was sie wollte! Kein Wort mehr!*« (*Alpdruck, S. 189*)

Seinem Freund Geyer teilt Fallada mit: »Ganz schlecht ist Uschi nicht... wir wären schon längst verhungert, wenn sie es nicht immer wieder verstanden hätte, unmöglich Erscheinendes möglich zu machen! Sie schafft eben alles, was sie will. Weiß der Teufel, wie sie es macht, aber sie schafft es. Nur, daß sie mir immer dieses Mistzeug von Morphium ins Haus bringt!«[15]

Im Alpdruck heißt es: »*Nun lief die Frau zu gefährlicher Stunde auf der Straße umher nach einer Spritze Morphium! Ihm*

(Doll) fiel auch ein, wie sie in der vorhergehenden Nacht vom Bahnhof Gesundbrunnen nach einer Unfallstelle gedrängt hatte. Da hatte sie von Gallenkoliken gesprochen; jetzt da sie Schmerzen im Bein hatte, erwähnte sie die Galle nicht mehr. Sicher hatte sie gestern schon nur an diese Spritze gedacht. Eine Süchtige – also eine Last mehr!« (Alpdruck, S. 109f.)

Fallada zu Geyer: »...Nein, ich muß von ihr freikommen, um wieder arbeiten zu können, ich muß! Die Jahre an der Seite Suses waren immer Jahre des Aufbaus gewesen, doch die Jahre an der Seite dieser Frau sind Jahre des völligen Zerfalls, des völligen Untergangs!«[16]

Zu diesem Schritt kommt es nicht. Fallada und Ulla Losch versinken im Morphiumrausch, der sie ihren Zank, ihre Sorgen und das Elend ihrer Drogenabhängigkeit vergessen läßt. Die äußeren Bedingungen sind für damalige Verhältnisse dank Bechers Hilfe geradezu luxuriös. Aber viel schwerer wiegen die inneren Konflikte. Beide wissen, daß ihre enge Verbindung ein Irrtum war. Das Einzige, was sie jetzt noch verbindet, ist ihre Abhängigkeit. Im Alpdruck sind es nur die katastrophalen äußeren Bedingungen, die sie zur Spritze greifen lassen: *»Jetzt sind sie beide entspannt und gelöst, das Morphium gaukelt ihnen vor, es gebe nichts Schwieriges mehr für sie. Auf dem Tisch neben der Couch liegen Zigaretten genug, eine Kanne mit echtem Tee steht dort, Büchsenmilch, Zucker – ein Weißbrot fehlt nicht. Sie sind gut versorgte Leute mit einem Heim, gewählter Musik... Dolls schlafen noch nicht. Diesmal war es reines Morphium... sie plaudern leise miteinander, sie machen noch Pläne – Pläne–? Jetzt haben sie den Sinn für die Wirklichkeit vollkommen verloren, es sind Träumereien, jede Hoffnung ist, kaum aufgetaucht, schon erfüllt... So liegen sie da in halben Wachträumen, das ist die Euphorie, der Rausch; endlich sind sie der so bitteren Wirklichkeit entflohen... Sie sehen sich an, sie lächeln einander sanft zu, nicht als seien sie Eheleute, sondern wie ganz junge Liebesleute es tun oder Kinder –«* (Alpdruck, S. 107f.). In der Wirklichkeit jedoch sind die äußeren Schwierigkeiten glücklich überstanden. Aber die inneren Konflikte sind nicht gelöst. Hinzu kommt die quälende körperliche Sehnsucht nach Drogen. Sie wird zur Antriebsfeder für immer neue Suchtschübe. Der für Abhängige typische Kreislauf hat auch Fallada und Ulla längst erfaßt: Um den seelischen Nöten zu entgehen, nehmen sie Morphium oder trinken Alkohol. Die Entzugserscheinungen bei einer Drogenpause führen zu Depressionen, die jede innere Krise noch verschärfen und den Wunsch übermächtig werden lassen, dieser Schwermut mit Hilfe der Droge zu entkommen.

Becher weiß um diese Abhängigkeit. Er wählt den einzig möglichen Weg, zumindest Fallada aus seiner Lethargie herauszureißen. Er muß dafür sorgen, daß der Schriftsteller so wenig wie möglich mit seiner Frau zusammen ist. Er muß ihn ablenken, zwingen, an etwas anderes zu denken. Er schleppt Fallada mit auf seine Vortrags- und Agitationsreisen, zu Gesprächen mit sowjetischen Offizieren, deutschen Schriftstellern und Theologen; er gibt ihm eine Gestapo-Akte über das unter den Nazis hingerichtete Arbeiterehepaar Otto und Elise Hampel in die Hand, das sei ein vorzüglicher Stoff für einen neuen Roman. Becher schickt verschiedene Leute zu Fallada in den Eisenmengerweg, unter ihnen auch Roman Pereswetow, den Leiter der Kulturabteilung der ›Tägliche(n) Rundschau‹. Er instruiert ihn, worauf es ankommt: »Fallada ist jetzt hier, er macht eine schwere innere Krise durch, außerdem geht es ihm materiell sehr schlecht. Sie könnten einiges für ihn tun und ihm helfen, wieder auf die Beine zu kommen... Dieser Mensch kann schreiben wie ein Besessener.« [17] Becher schärft Pereswetow ein, dem Schriftsteller so wenig Geld wie möglich in die Hände zu geben, dafür aber Naturalien zu liefern und die aufgelaufenen Schulden zu bezahlen.

Mehrere Male erscheint Pereswetow vergeblich vor der Haustür im Eisenmengerweg, niemand öffnet. Er kommt aber beharrlich immer wieder, ruft schließlich Johannes R. Becher an. Der empfiehlt ihm, stärker zu klopfen. »Und das tat ich. Endlich öffnete sich die Tür. Vor mir stand ein ausgemergelter Mann mit dunkler Brille, der, obgleich es Mittagszeit war, einen Schlafanzug trug. Auch seine Frau war im Pyjama. Offenbar waren sie, durch mein Klopfen geweckt, eben erst aus dem Bett aufgestanden. Die Gardinen waren zugezogen. Die Nacht war für diese Menschen noch nicht vorüber – oder waren sie nicht zum Mittagessen aufgestanden, weil sie keins hatten?... Ich erklärte ihm den Zweck meines Kommens. Der Schriftsteller war offensichtlich sehr erstaunt über meinen Vorschlag, unverzüglich unser Mitarbeiter zu werden. ›Aber ich weiß wirklich nicht, was ich Ihnen geben soll‹, murmelte er, ›ich glaube, ich habe gar nichts Passendes‹. Trotzdem begann er in seinem Schreibtisch herumzuwühlen, und förderte einige Manuskripte zu Tage. ›Hier, sehen Sie selbst, vielleicht können sie etwas davon gebrauchen‹.«[18]

Roman Pereswetow kann etliches gebrauchen und druckt es in der ›Tägliche(n) Rundschau‹ ab, so z. B. als Serie Abschnitte aus dem ›unerwünschte(n) Autor‹, aber auch launige Kurzgeschichten wie ›Oma überdauert den Krieg‹ oder ›Baberbeinchens Mutti‹. Fallada kann jetzt auch im ›Nacht-Expreß‹ kleine Erzählungen veröffentlichen; er hält Vorträge, er spricht im Rundfunk und hat erneut das Gefühl, seine Krise ebenso wie seine Abhängigkeit überwunden zu haben. Mit den beiden Gestapo-Akten, die Johannes R. Becher ihm so ans Herz gelegt hat, kann er zunächst wenig anfangen. Immerhin schreibt er über diesen Stoff einen Aufsatz: ›Über den doch vorhandenen Widerstand der Deutschen gegen den Hitlerterror‹.[19]

Im Dezember 1945 berichtet Fallada seinem ehemaligen Verleger Ernst Rowohlt[20] über seinen Aufschwung: »An Arbeitsaufträgen fehlt es nicht, ich habe sehr große Arbeitspläne, in erster Linie arbeite ich jetzt hauptsächlich für die Zeitung der Roten Armee, die Tägliche Rundschau, wo man mir sehr entgegenkommt und wo man so phantastische Honorare zahlt wie selbst nicht in den üppigsten Ullsteinzeiten... Becher sorgt tatsächlich wie ein Vater für mich, erschließt immer neue Geld-, freilich auch Arbeitsquellen für mich. Ich trete jetzt sogar, ohne aber parteilich gebunden zu sein... als Redner des Kulturbundes schon als Volksredner auf...«[21]

Doch die Anspannungen, die Strapazen der öffentlichen
Auftritte, der Haushalt mit den Kindern, vor allem aber Falladas und Ulla Loschs Abhängigkeit von Drogen zerstören diesen Neuanfang. Mitte Januar 1946 werden beide ins Sanatorium Neu-Westend zur Entziehungskur eingeliefert. Sohn Uli
wird angefleht, Suse nichts davon zu sagen, die Schwester Itzenplitz und ihr Mann gleichfalls um Stillschweigen gebeten.
Johannes R. Becher sorgt derweil für die zurückgelassenen
Kinder; er bringt die kleine Jutta bei Bekannten unter, kümmert sich um Uli, der im Eisenmengerweg zusammen mit einer
Haushaltshilfe die Stellung hält. Er bringt ihm Kinokarten mit
und sorgt dafür, daß genug Essen im Haus ist.

Aus den Kuranstalten Neu-Westend schreibt Fallada am
15.2.1946 an seinen Freund Geyer: ». . . mein hoffnungsvoller
Start in der deutschen Literatur ist erst einmal ganz in der Ver-
senkung verschwunden. Aufträge genug, Aufträge über Aufträge, aber erst einmal muß ich wieder arbeitsfähig werden. . .
Aber an meiner Vertippe werden Sie merken, daß auch das
noch nicht alles glatt geht.«[22]

Der besorgte Freund fährt sofort nach Berlin, spricht mit
dem behandelnden Arzt Professor Zutt, der bereitwillig Auskunft gibt: »Um Fallada ist mir nicht bange, der schafft es bestimmt. Erstaunlich, wie schnell er sich jedesmal erholt. Viel
mehr Sorge macht mir seine junge Frau, denn sie ist dem
Rauschgift mehr verfallen als er. Und solange Fallada unter
dem Einfluß dieser Frau steht, wird er immer wieder rückfällig
werden.«[23] Später wird auch ein anderer Arzt resümieren:
»Die Frau war verheerend für Fallada und meine Therapie.«[24]

Hans Fallada weiß das auch. Dennoch schafft er es nicht, sich
von Ulla Losch zu trennen. Am 20. Dezember 1945 hatte er an
Suse geschrieben:» Ich bin wie ein Lahmer, der bisher geführt
wurde, der aber jetzt nicht nur alleine gehen, sondern auch
einen Blinden führen muß.«[25] Ulla und er sind getrennt untergebracht, sie werden mit einer Schlafkur von ihrer Sucht entwöhnt, zumindest wird das versucht. *»Irgendwann erwachte
Doll aus einem tiefen Schlaf, der wie ein Tod gewesen war, so*

ohne Erinnerung und Traum, selbst ohne Atem schien der Schlaf gewesen – Er sah mühsam, noch ganz benommen, um sich, zu erkunden, wo er war, wo denn Alma geblieben war –? Immer hatte er sie neben sich im Bett gespürt, nun war... er ganz allein. Diese Entdeckung beunruhigte ihn sehr, sie lichtete den Nebel des Schlafmittels in seinem Hirn rascher, er setzte sich im Bette auf und sah um sich – Es war eine ehemals weißlackierte, jetzt viel bestoßene Eisenbettstelle, in der er saß; über seinem Leib lag eine blaukarierte Bettdecke. Der Raum war sehr klein und enthielt nichts wie eben diese Bettstelle. Etwa bis zu Mannshöhe war die Wand mit einer grünen Ölfarbe gestrichen, dann war sie geweißt wie die Decke, an der über ihm sehr hoch eine elektrische Lampe brannte. Ein Stück des Deckenbewurfes war abgefallen... Einen Augenblick betrachtete er das alles. Er mußte überlegen, wo er diese beschädigte Decke schon gesehen hatte. Dann fiel es ihm plötzlich ein.« (Alpdruck, S. 118)

Dr. Doll, also Hans Fallada, ist in der Tobzelle aufgewacht. Dem Erwachen folgt sein Entschluß, dieses Alleinsein zu nutzen und hier im Sanatorium augenblicklich mit der schriftstellerischen Arbeit zu beginnen. »Eigentlich muß man ja ganz neu anfangen, darf überhaupt nicht mehr an das denken, was man einmal schrieb... Noch einmal ganz von vorn anfangen, auch nicht mehr der alte Fallada sein...«[26], hatte er aus der Kuranstalt an Rowohlt geschrieben. Aber was er nun geradezu dokumentiert, ist kein neuer Anfang, sondern der resignierte Bericht über seine verschiedenen Abhängigkeiten.

Das Buch, das er zunächst ›Fallada sucht einen Weg/Ein Krankenbericht‹ nennt, behandelt nicht die erträumte Zukunft, sondern seine trostlose Gegenwart, seinen permanenten Kampf mit sich und seinen Drogen-Abhängigkeiten. ›Der Trinker‹ hatte seine Alkoholsucht geschildert, ›Der Alpdruck‹, so wird er das hier entstehende Werk später nennen, primär seine Abhängigkeit vom Morphium. Das Buch wird mit einem optimistischen Romanhelden Dr. Doll enden, der seine Sucht überwunden hat und aus der Apathie aufwacht. Endgültig geheilt, wird er alle Schulden abtragen, erfolgreiche Bücher

372

schreiben und mit seiner jungen Frau harmonisch zusammenleben. Beide haben gelernt, aus dem Trümmerfeld des Krieges und ihrer eigenen Unzulänglichkeit ein neues, schönes Dasein aufzubauen. Das Leben des Hans Fallada aber wird nicht von seiner Fiktion bestimmt, sondern von seiner Wirklichkeit.

Im März 1946 wird Ulla Losch von Professor Zutt aus den Kuranstalten hinausgeworfen, vermutlich, weil sie ihren Mann heimlich immer wieder mit Drogen versorgte, die ihr von Besuchern mitgebracht worden waren. Fallada solidarisiert sich mit seiner Frau und bricht die Kur gleichfalls ab. Zweihundert Seiten vom ›Alpdruck‹ hat er bereits am Krankenbett geschrieben, jetzt versucht er, den Roman im Eisenmengerweg zu beenden, aber die Voraussetzungen dafür fehlen. Ulla und er greifen wieder zum Morphium. Fallada versucht in den wenigen klaren Stunden zu schreiben, unterliegt aber zunehmend der Versuchung, denn: »... *zu Dolls (waren) die Mittelchen zurückgekehrt, und diesmal hatte Doll nicht dagegen protestiert, nein, diesmal ging alles auf halbpart. Dann konnten sie träumen, dann wurde die Welt rosig, alles Widrige war vergessen, sie spürten kaum Hunger und Kälte, sie standen nur noch aus dem Bett auf, um neuen ›Stoff‹ zu besorgen.« (Alpdruck, S. 229)*

Die letzten Sanatoriumsaufenthalte sind noch nicht bezahlt, aber das Geld, das ins Haus kommt, wird für Drogen ausgegeben und die Schulden wachsen. »... *es war ein unersättliches Loch, in das sie ihr Leben schütteten. Ihre Kraft, ihr Mut, ihre Hoffnung, ihr letzter Besitz, alles ging dahin, ging diesen einen Weg.« (Alpdruck, S. 229f.)* Bereits im Krankenhaus hatte Fallada den Freund Geyer angepumpt, jetzt bittet er seine Auftraggeber um Vorschüsse. Wertsachen werden versetzt, sogar seine auserlesene Bibliothek mit etlichen Erstausgaben wird nun verkauft. Ulla Losch bettelt bei allen Bekannten, sie gibt Kostüme, Herrenanzüge, Schmuckstücke und sogar Bügeleisen für Morphium in Zahlung. Sie bezieht zu Wucherzinsen Kredite und ist in ihren wachen Momenten ständig unterwegs, sei es um zu verkaufen, sei es, um zu kaufen. Es gibt keinen geregelten Tagesablauf mehr, sondern nur noch ein Jagen nach dem Gift oder das entspannende Ausruhen, wenn man es in den Adern hat. Die knapp siebenjährige Jutta ist wieder im Haus. Später wird sie sich an diese Monate erinnern, in denen sie nur sporadisch zur Schule ging, denn oft verschliefen die Eltern die Zeit zum Aufstehen: »Ich hab dann ganz still in meinem Bett gelegen und gedacht: ›Hoffentlich stehen sie nicht auf!‹ Was meinen Sie, was das schlimm war, wenn die (ihre Mutter, C.v.S.) keine Medikamente und keinen Alkohol kriegte, dann lag sie auf der Couch, hatte Schaum vorm Mund – das war schlimm. Da mußte man immer aufpassen, daß sie sich nicht auf die Zunge biß, dann tat man was dazwischen... Fallada hab ich in Tobsuchtsphasen erlebt. Weswegen? Ich weiß nur, daß er getobt hat. Er ist mal mit dem Messer durch die Gegend gerannt, aber er hat niemand erwischt. Natürlich hatte ich Angst.«[27]

Wochenlang spritzen Fallada und Ulla Losch so viel Morphium, daß nicht einmal Abstinenzphasen auftreten. Körperlich sind beide ruiniert. Ulla kann nur noch taumelnd gehen, sie stützt sich mit den Händen an der Zimmerwand ab. Fallada ist völlig abgemagert und wiegt gerade noch 50 Kilo. Er wirkt grau, matt und eingefallen. »*Bis es eben nicht mehr weiterging, bis alles verkauft war, bis außer dem Verlust des Eigentums noch eine Bergeslast von Schulden aufgetürmt war, bis der Körper auch bei stärksten Dosen kaum noch reagierte, bis sie nur mit Ekel dachten: fort aus diesem blöden, unnützen Leben!*« *(Alpdruck, S. 230)*

Am 1. Mai 1946 ist alles Morphium verbraucht und kein Geld mehr vorhanden. Mit letzter Kraft verfaßt Fallada ein Testament, in dem er und Ulla Losch sich gegenseitig als Universalerben einsetzen. Er läßt Ulla das Testament unterschreiben, fordert sie auf, unverzüglich Morphium zu beschaffen und begibt sich scheinbar ruhig zu Johannes R. Becher. Aber er ist durch die Entzugserscheinungen in einem katastrophalen Zustand. Er drückt Becher das Testament in die Hand, ruft, jetzt werde er sich das Leben nehmen und stürmt davon. Becher hetzt hinter ihm her, erreicht ihn gerade noch in der Haustür des Eisenmengerweges. Aber Fallada reißt sich los und hastet die Treppen ins Badezimmer hinauf, um aus der Flasche mit Salzsäure zu trinken, die dort zu Reinigungszwecken steht. Becher entwindet ihm die Flasche und verspricht, ihm augenblicklich zumindest Alkohol zu besorgen. Fallada kommt zu sich, erklärt sich bereit, darauf zu warten. Becher rennt in seine Wohnung zurück, greift sich eine Flasche Schnaps und telefoniert einen Arzt herbei. Bis der kommt, flößt er Fallada Alkohol ein. Mit einer Morphium-Injektion wird der Kranke für etliche Stunden ruhiggespritzt, aber umgehend in ein Spital eingeliefert. Er wird – nirgendwo sonst ist ein Platz frei – als einziger Mann in einem Krankenhaus für geschlechtskranke Frauen untergebracht und dort streng überwacht. So wird auch sein Versuch, sich mit einem Elektrokabel zu erhängen, verhindert. Vollgepumpt mit Schlaf-und Beruhigungsmitteln dämmert er in den ersten Tagen vor sich hin. *»... Doll nannte dies rasche Ausgelöschtwerden durch Medikamente seinen Kleinen Tod. Er liebte ihn. In der letzten Zeit hatte er so viel an seinen Bruder, den Großen Tod gedacht, er hatte mit ihm gelebt, gewissermaßen Haut an Haut; er hatte sich daran gewöhnt, ihn als die einzige, ihm noch verbliebene Hoffnung anzusehen, die ihn gewiß nicht enttäuschen würde.«* (Alpdruck, S. 126)

Aber dann geht es ihm langsam besser. Die sorgsame Pflege und die regelmäßigen Mahlzeiten kräftigen ihn. Binnen weniger Wochen nimmt er sechs Kilo zu. Am 10. Juni schreibt er Suse, er sei zwar noch nicht ganz schlafmittelfrei, aber er werde wohl seine große Arbeit – er meint den ›Alpdruck‹ – endlich beenden können. Er verfaßt zudem einige Kurzgeschichten, bekommt bereits Ausgang und kann im Juli 1946 das Krankenhaus verlassen.

Im Eisenmengerweg sind weiter hohe Schulden aufgelaufen. Fallada erhält Briefe von Rechtsanwälten, die ihn auffordern, zu zahlen. Er weist darauf hin, daß er nicht bereit sei, für die Rückstände seiner morphiumsüchtigen Frau aufzukommen, im übrigen erwäge er die Trennung von ihr. Einer Weinhandlung untersagt er, seiner Frau »irgendwelche Beträge oder Waren«[28] leihweise zu überlassen. Bekannte fordert er über seinen Anwalt auf, augenblicklich die bei ihnen als Pfand hinterlegten Wertsachen herauszugeben, denn die Morphium-Ampullen, die Ulla Losch dafür erhalten habe, seien überzahlt gewesen. Mitte September wird auch sie zum Entzug ins Krankenhaus eingeliefert. Einen Tag später erhält Suse einen Brief ihres geschiedenen Mannes. Er möchte die Ehe mit Ulla lösen, bittet sie um Rat, läßt anklingen, daß er gerne nach Carwitz zurückkehren würde:»Jedenfalls ist mir klar, daß alle meine Arbeitskraft und Arbeitslust bei Ulla verlorengehen würde, daß die mir am wichtigsten sind, weißt Du ja... Es widerstrebt mir natürlich, in diesen Dingen um einen Rat zu fragen, und doch habe ich gerade in den letzten Wochen an die alten Zeiten denken müssen, und ich wäre Dir dankbar, wenn Du mir ein paar Worte schreiben würdest.«[29] Als Suses Antwort eintrifft, die Fallada einen Aufenthalt auf kameradschaftlicher Basis in Carwitz anbietet, ist bereits die Entscheidung gefallen. Ulla Losch und er haben sich nach einem Gespräch im Krankenhaus auf ein weiteres Zusammenleben geeinigt.[30]

Die Filmgesellschaft DEFA schließt am 26. September 1946 mit Fallada einen Vertrag über ein Widerstandsbuch. Es geht dabei aber auch um die Erfüllung eines Romanvertrages mit dem Aufbau-Verlag unter dem Arbeitstitel: ›Im Namen des deutschen Volkes (Streng geheim)‹. Fallada hatte diesen Kontrakt bereits im Oktober 1945 unterschrieben, bislang aber noch nicht mehr als den erwähnten Aufsatz ›Über den doch vorhandenen Widerstand der Deutschen gegen den Naziterror‹ geliefert, denn das Dokument war ihm zu banal erschienen. *»Da waren zwei ältliche Leute, ohne Anhang, ohne Kinder, ohne Freundschaft. Sie schrieben Postkarten, zwei Jahre lang, nichts wie das, und legten sie auf den Treppen nieder. Schließlich wurden sie erwischt und hingerichtet. Es war zu trocken, zu wenig... Nein, der Stoff gab nichts her.« (Schriftsteller, S. 312 f.)*

Jetzt aber, angesichts seiner Finanznot und des Filmangebots, das ihn daraus befreien könnte, beschäftigt er sich erneut mit den Akten und beginnt zunächst lustlos das Buch zu schreiben. Aber schon ». . . *als ich noch bei den ersten hundert Seiten war, merkte ich zu meiner Überraschung, daß dies kein Romänchen, sondern daß es ein ausgewachsener Roman werden würde, daß ich eher zuviel Stoff haben würde als zu wenig. . . Und während ich schrieb. . . kam ich doch nicht aus dem Verwundern über meinen eigenen Kopf hinaus. . . mein Hirn hatte in aller Stille, ohne daß sein Besitzer auch nur das Geringste davon wußte, an diesem Stoff weiter herumgekaut, es hatte ihn zerfasert, bereichert, umgestaltet, kurz, es hatte einen Stoff daraus gemacht, aus einem Nichts war in aller Stille ein Etwas geworden, und ich hatte nichts davon gewußt!*« (Schriftsteller, S. 314f.)*

Hans Fallada schreibt mit seinem letzten Buch noch einmal ein großes Werk, das er ›Jeder stirbt für sich allein‹ nennen wird. Während ›Der Trinker‹ und ›Der Alpdruck‹ beklemmend autobiographisch sind, löst er sich mit diesem Roman fast vollständig von seiner Person und schafft partiell tatsächlich das, wovon Johannes R. Becher geträumt hatte, als er Hans Fallada zur Arbeit anregte. ›Jeder stirbt für sich allein‹ wird zu einem eindrucksvollen Gemälde der nationalsozialistischen Schreckenszeit. Da ist das schlichte Arbeiterehepaar Quangel, das seinen dumpfen Widerwillen gegen die Nazis in subversiven Postkarten äußert, auf die es Parolen gegen Hitler schreibt, mehr nicht, aber auch nicht weniger, denn beide ahnen, daß es lebensgefährlich ist. Da ist der kleine Schuft Enno Kluge, den sein Herumlavieren das Leben kosten wird, der Kommissar Escherich, der den Widerstandsfall aufklären soll und zuletzt selbst in die Folterkeller der Gestapo gerät und sich aus Angst vor weiteren Mißhandlungen erschießt, die Schwiegertochter und Freunde der Quangels, die mit hineingezogen werden und umkommen; der Säufer Persicke, der auf dem Wege der Euthanasie zu Tode gespritzt wird, die alte Jüdin Rosenthal, die sich aus Angst vor den Nazis aus dem Fenster stürzt. Es wird viel gestorben in diesem Roman, aber es war auch eine mörderische Zeit.

Der Schriftsteller gerät noch einmal in jenen Schreibrausch, der ihn so beglückt und ihn alles um sich herum vergessen läßt. Begünstigt wird der Schaffensprozeß durch Ulla Loschs Aufenthalt im Krankenhaus. Wie in seinen guten Zeiten rast er von Seite zu Seite, entdeckt erst jetzt beim Schreiben, welch dramatische Romanhandlung diese beiden Gestapoakten in sich bergen. Er schildert, wie grauenvoll die nationalsozialistische Justiz ihre Opfer behandelt, wieviel Angst sie verbreitet, mit welch mittelalterlichen Methoden sie zu echten oder falschen Geständnissen kommt. Der Alltag im ›Dritten Reich‹ des Adolf Hitler wird zum Trauma ganzer Familien. So entsteht ein Panorama von schauerlicher Intensität. Er beendet sein Buch mit einem guten Gefühl. »Glücklich macht mich, daß ich endlich wieder seit dem Wolf einen guten Roman geschrieben habe, ›Jeder stirbt für sich allein‹«[31], schreibt er an Suse und an seine ehemalige Sekretärin Dora Stein-Preisach nach Haifa: »In genau vier Wochen 550 Druckseiten. Ich glaube sogar, er ist gut geworden, der erste Fallada wieder seit ›Wolf unter Wölfen‹, was danach kam, war alles nicht viel...«[32]

Fristgerecht liefert Fallada den Roman Ende Oktober 1946 an die DEFA ab, je ein Typoskript erhalten der Aufbau-Verlag und die ›Neue Berliner Illustrierte‹. Jetzt ist wieder Geld im Haus – und Morphium. Im November liest Fallada noch die Korrekturfahnen des ›Alpdruck‹[33], danach ist er zu nichts mehr imstande. Ulla und er versinken im Morphiumrausch. Anfang Dezember 1946 werden beide in die Berliner Charité eingeliefert. Ihr Zustand ist schlimm.

Becher hat von den Ärzten erfahren, daß mit einem monatelangen Krankenhausaufenthalt zu rechnen ist. Mücke fährt nach Carwitz zurück, Uli bleibt noch in Berlin und besucht seinen kranken Vater, die kleine Jutta wird bei Verwandten der Loschs untergebracht. Fallada schreibt seiner Mutter nach Carwitz einen verzweifelten Brief. »Woran liegt es nur bei mir, Mutti? Ich lasse es weder an Fleiß noch an Ausdauer, noch an Ordnung und gewiß auch nicht an Liebe fehlen, aber dann zerschlage ich mir selbst in wenigen Stunden oft das, an dem ich Monate und Jahre gebaut. Ich habe jetzt einen wirklich großen

Roman geschrieben, in ganz kurzer Zeit, einen Roman, der ein Erfolg werden wird, ich hatte die Früchte meines Fleißes schon in der Hand, und nun sitze ich hier einsam und allein und habe mich wieder um alles Erreichte gebracht. Irgend etwas in mir ist nie ganz fertig geworden, irgend etwas fehlt mir, so daß ich kein richtiger Mann bin, nur ein alt gewordener Mensch, ein alt gewordener Gymnasiast, wie Erich Kästner mal von mir gesagt hat. Ich sage mir heute, daß es diese Zusammenbrüche nicht mehr geben darf, daß ich vernünftiger leben muß, aber ich mag nicht mehr mir, geschweige denn anderen Versprechungen leisten, da ich so heilige Versprechen so oft gebrochen habe! So sage ich denn nur, ich will es wieder versuchen, ich will fleißig sein, ich will arbeiten – möge es lange gut gehen!«[34]

Es geht nicht gut. Hans Fallada ist am Ende seiner Kräfte. Manchmal schreibt er einen Brief, auch verfaßt er noch den Aufsatz ›Wie ich Schriftsteller wurde‹, gelegentlich spricht er mit seiner Frau Ulla, die getrennt von ihm untergebracht ist, ihn aber besuchen darf. Bei dieser Gelegenheit bringt sie ihm Alkohol und Zigaretten mit, vermutlich auch Morphium. Auch in der Internierung schafft sie es, an diese Dinge heranzukommen. Hans-Joachim Geyer besucht den Kranken in der Charité und ahnt, daß es sein letzer Besuch beim Freund ist: »Hans Fallada war steinalt geworden! Ungepflegt sah er aus, vernachlässigt, und wenn er schlief, wie schon längst gestorben! Von Tag zu Tag verfiel sein Körper immer mehr. Als ich ihn zum letzten Male lebend antraf, vermochte er nur zeitweise zu erfassen, was um ihn herum vorging, nur noch schleppend vermochte er zu sprechen.«[35] 1921 hatte Fallada während seiner ersten Drogen-Entziehungskur prophetische Worte verfaßt, die genau den Zustand beschrieben, in dem er sich jetzt befindet: »*Am Schluß meines fünfzigjährigen, biereifrigen, erst ENDLICH strauchelnden Lebens ist mir dies allein geblieben, diese kleine Klangfolge; nein! Lautleier; nein! Kampffolge: ›Hanna gawa swuta mali!‹. Es ist vielleicht die Sprache, die die Seelen auf dem Sirius sprechen; mein Deutsch habe ich vergessen, aber dies ist mir geblieben: ›Hanna gawa swuta mali!‹ (Dies*

28 *Hans Fallada 1946: gezeichnet von Alkohol und*
    Morphium.

ist sehr süß)... Nun gehe ich aber wirklich.« *(Kuh-Schuh, S. 100 f.)*

Hans Fallada stirbt am 5. Februar 1947, einen Tag nach Geyers letztem Besuch. Er wurde 53 Jahre alt. Er hat sich fast sein ganzes Leben lang allein gefühlt, jetzt stirbt er auch allein, ohne Zeugen und ohne Beistand. Der Titel seines letzten Buches galt ihm selbst.

Es ist noch nachzutragen, daß:
– Ulla Losch 1958 im Alter von 37 Jahren den Drogentod stirbt;
– Ihre Tochter Jutta und ein später geborener Bruder in Heimen aufwachsen;
– Suse sich als Einzelbäuerin mühsam durchschlägt, einige Räume an Feriengäste vermietet und schließlich doch Carwitz verkaufen muß. Sie ersteht in Feldberg ein winziges Haus mit Gärtchen und lebt dort bis zu ihrem Tod im Jahre 1990;
– Uli sich aus Furcht vor politischen Verfolgungen als Achtzehnjähriger in den Westen absetzt und dort Jurist wird;
– Mücke 1951 an einer Sepsis stirbt. Ihr Tod ist ein Verlust, den Suse kaum verwindet;
– Achim Schriftsetzer wird und in Feldberg heiratet;
– Beide Söhne nach jahrelangen Prozessen für ihre Mutter und sich einen Pflichtanteil an den Tantiemen der Bücher von Hans Fallada erkämpfen;
– Das ehemalige Anwesen Falladas in Carwitz heute eine viel besuchte ›Hans-Fallada-Gedenkstätte‹ ist, in der unter anderem Falladas Arbeitszimmer zu besichtigen ist.

Anhang

Kurzbiographie

In dieser Übersicht werden nur die wichtigsten Daten im Leben Falladas angeführt. Die Aufzählung seiner Werke ist eine Auswahl, das betrifft vor allem seine Zeitungsartikel. Das Datum bezieht sich auf die Erstausgabe.[1] Falladas Werke werden nach dem Datum der Ersterscheinung aufgeführt; abgeschlossene Manuskripte nur dann mit (M.) gekennzeichnet, wenn zwischen Fertigstellung und Druck eine für Falladas Buchproduktion außergewöhnlich lange Zeit verging oder überhaupt nicht verlegt wurden. Vorabdrucke in Zeitungen/ Zeitschriften gelten als Erstveröffentlichung, wurden sie erheblich gekürzt, werden sie nicht berücksichtigt.

Für die Gattung der Werke von Hans Fallada wurden folgende Kategorien verwendet[2]:

Artikel:	Zeitungsartikel / Aufsätze, Feuilletons / Rezensionen / Vorträge und Reden
Erzählungen:	Erzählung / Novelle / Satire / Skizze
Hörspiel:	Hörspiel
Lyrik:	Lyrik
Schauspiel:	Schauspiel
Romane:	Roman

Geschichtliche und literarische Daten erheben keinen Anspruch auf Vollständigkeit. Sie werden vor allem dort angeführt, wo sie einen direkten oder indirekten Einfluß auf Falladas Biographie haben bzw. einen Seismographen der historischen und kulturellen Entwicklung in Deutschland darstellen.[3]

---

1 vgl. Farin, Klaus: Hans Fallada: ›Welche die sind haben kein Glück‹ (Taschenführer Populäre Kultur, Bd. 3) (Verlag Thomas Tilsner), München 1993. Dünnebier, Enno: Hans Fallada 1893–1947. Eine Bibliographie. (Federlese) Herausgegeben vom Literaturzentrum Neubrandenburg, Potsdam 1993. Caspar, Günter: Hans Fallada, Geschichtenerzähler, in: Fallada, Hans: Gute Krüseliner Wiese rechts. Geschichten. (Aufbau-Verlag), Berlin und Weimar 1991. Ders.: Zu Falladas Frühwerk, in: Fallada, Hans: Frühe Prosa, (Aufbau-Verlag), Bd. 2, Berlin und Weimar 1993.

2 Die Kategorisierung ist nicht immer eindeutig; manchmal ist ein Roman eigentlich eine Erzählung, gilt nach Falladas Festlegung aber als Roman; auch die Unterschiede zwischen Erzählung und Aufsatz sind mitunter fließend.

3 vgl. Stein, Werner: Der große Kulturfahrplan. Die wichtigsten Daten der Weltgeschichte bis heute in thematischer Übersicht. (Herbig-Verlag), erweiterte Auflage, München, Berlin 1987. Geiss, Immanuel: Geschichte griffbereit, Bd. 4: Begriffe, (Rowohlt Verlag), Reinbek bei Hamburg 1983. Wilpert, Gero von: Lexikon der Weltliteratur (Alfred Kröner Verlag), Stuttgart 1963.

21. 7. 1893

Geburt in Greifswald. Das Kind erhält den Namen Rudolf; es hat zwei ältere Schwestern: Margarete und Elisabeth, 1896 wird der jüngere Bruder Ulrich geboren

Vater: Wilhelm Ditzen, Landrichter

Mutter: Elisabeth Ditzen, geborene Lorenz

Literatur: Gerhart Hauptmann: ›Der Biberpelz‹ (Komödie). Arthur Schnitzler: ›Anatol‹ (Drama).

Geschichte: Seit Bismarcks Entlassung 1890 durch den deutschen Kaiser Wilhelm II. ist Graf Leo von Caprivi Reichskanzler bis 1894.

1899

Der Vater wird zum Kammergerichtsrat befördert und zieht mit seiner Familie nach Berlin.

Literatur: Ludwig Ganghofer: ›Das Schweigen im Walde‹ (Roman). Gerhart Hauptmann: ›Fuhrmann Henschel‹ (Drama). Arthur Schnitzler: ›Das Vermächtnis‹ (Schauspiel).

Geschichte: Deutschland lehnt Bündnisverhandlungen mit Großbritannien ab.

1901

Einschulung von Rudolf Ditzen auf dem Prinz-Heinrich-Gymnasium in Berlin-Schöneberg.

Literatur: Thomas Mann: ›Die Buddenbrooks‹ (Roman). Otto Julius Bierbaum: ›Irrgarten der Liebe‹ (Lyrik). Hermann Sudermann: ›Johannisfeuer‹ (Drama). Otto Ernst: ›Flachsmann als Erzieher‹ (Komödie).

Geschichte: Deutsch-britische Bündnisverhandlungen scheitern.

1906

Schulwechsel auf das Bismarck-Gymnasium in Berlin-Wilmersdorf.

Literatur: Rainer Maria Rilke: ›Die Weise von Liebe und Tod des Cornets Christoph Rilke‹. Gerhart Hauptmann: ›Und Pippa tanzt‹ (Drama). Arthur Schnitzler: ›Der Ruf des Lebens‹ (Drama). Hermann Hesse: ›Unterm Rad‹ (Roman).

Geschichte: Nach Festsetzung der Wehrpflicht auf zwei Jahre im Deutschen Reich verschärfter Ausbau der Kriegsflotte sowie eingreifende Steuererhöhungen. Die SPD gründet eine Parteischule in Berlin.

1909

Nach Beförderung des Vaters zum Reichsgerichtsrat (1908) Umzug der Familie 1909 nach Leipzig, wo der Vater am Reichsgerichtshof arbeitet. Rudolf Ditzen besucht dort das Königin-Carola-Gymnasium; April: Lebensgefährlicher Fahrradunfall und fast einjährige Krankheit.

Literatur: Thomas Mann: ›Königliche Hoheit‹. Rudolf G. Binding: ›Legenden der Zeit‹.

Geschichte: Theobald v. Bethmann-Hollweg wird deutscher Reichskanzler.

Werke:
Lyrik:
  Dank der Schönheit (M)
Artikel / Aufsätze
  Gedanken über den Glauben, (M.)

1910

Wandervogel-Fahrt nach Holland. Rudolf Ditzen infiziert sich mit Typhus und ist monatelang krank. Schülerselbstmorde häufen sich so stark, daß die sozialdemokratische Presse Untersuchungen fordert. Allein Rudolfs Schule verzeichnet drei Selbstmorde und etliche Selbstmordversuche.

Literatur: Hermann Hesse: ›Gertrud‹ (Roman). Ricarda Huch: ›Der Hahn von Quakenbrück‹ (Novellen). Hermann Löns: ›Der Wehrwolf‹ (Roman).

Geschichte: Abkommen zwischen Deutschland und Rußland: beide Mächte verpflichten sich zu friedlicher Bündnispolitik. Friedrich Naumann gründet die ›Fortschrittliche Volkspartei‹, die freisinnige Gruppen vereinigt.

Werke:
Schauspiel:
  Das Kräutlein Wahrheit, (M.)

1911

Nachdem aufgedeckt wird, daß Rudolf einem Mädchen aus der Nachbarschaft obszöne anonyme Briefe schrieb, ist auch er selbstmordgefährdet. Depressionen und Krisen mit den Eltern; Rudolf Ditzen wird bei Verwandten in Mariensee bei Hannover untergebracht, wo sich seine Depressionen verschärfen. Mai-Juni: Sanatorium in Bad Berka bei Jena. Juli-Oktober: Schulbesuch auf dem Fürstlichen Gymnasium in Rudolstadt/Thüringen. 17. Oktober: Rudolf Ditzen erschießt seinen Freund Hanns Dietrich von Necker in einem fingierten Duell, das ein Selbstmordversuch der beiden Schüler war. Ditzen überlebt schwerverletzt. Verhaftung und Anklage wegen Mordes; psychiatrische Untersuchung in der Universität Jena.

Literatur: Gerhart Hauptmann: ›Die Ratten‹ (Tragikomödie)
Georg Heym: ›Der ewige Tag‹ (Lyrik)

Geschichte: Spannungen zwischen Deutschland und Frankreich wegen Elsaß-Lothringen. Zweite Marokko-Krise durch deutsches Kanonenboot vor Agadir. Im Marokko-Abkommen verzichtet Deutschland auf Einfluß in Marokko und erhält dafür einen Teil der französischen Kongokolonien.

1912

Rudolf Ditzen wird für unzurechnungsfähig (§ 51) erklärt und in die geschlossene Nervenheilanstalt (Privatsanatorium) in Tannenfeld bei Jena eingewiesen. Dort systematische Betreuung und Fortbildung durch die Schwester des Vaters, Adelaide Ditzen (›Tante Ada‹). Literarische Übersetzungen unter ihrer Anleitung.

Literatur: Arthur Schnitzler: ›Professor Bernhardi‹ (Komödie). Carl Sternheim: ›Die Cassette‹ (Komödie). Arnold Zweig: ›Die Novellen um Claudia‹. Fritz von Unruh: ›Offiziere‹ (Drama) Literatur-Nobelpreis an Gerhart Hauptmann

Geschichte: Erneuerung des Dreibundes zwischen Deutschland, Österreich und Italien. Deutsche Sozialdemokraten werden mit 110 Sitzen stärkste Fraktion im Reichstag.

Werke: (vermutlich in Tannenfeld entstanden):
Lyrik:
   An Jagusch, (M.)
   Dulder, (M.)
   Erster Dichter, (M.)
   Fremdheit, (M.)
   Pulverdampf über dem Erschossenen, (M.)
   Sträfling, (M.)
   Stummes Herz, (M.)

Tannenfeld, (M.)
Zueignung, (M.)

1913

Nach der Entlassung aus der Nervenheilanstalt ab August Landwirt-schaftslehrling (Gutseleve) auf Rittergut Posterstein bei Nöbdenitz (Sachsen).

Literatur: Gorch Fock: ›Seefahrt ist not‹ (Roman). Thomas Mann: ›Der Tod in Venedig‹ (Novelle). Carl Sternheim: ›Bürger Schnippel‹ (Komödie). Franz Kafka: ›Betrachtung‹, ›Der Heizer‹ (Erzäh-lungen). Fritz von Unruh: ›Louis Ferdinand, Prinz von Preußen‹ (Drama). Alfred Döblin: ›Die Ermordung einer Butterblume‹ (Er-zählungen).

Geschichte: Nach Ausbau der deutschen Flotte auch Ausbau der deutschen Landmacht um zwei Armeekorps. Friedrich Ebert wird Vorsitzender der SPD.

1914

Rudolf Ditzens Soldatenzeit als Kriegsfreiwilliger beim Train in Leip-zig endet nach elf Tagen unter Berufung auf den § 51. Er kehrt auf das Rittergut Posterstein zurück.

Literatur: Johannes R. Becher: ›Verfall und Triumph‹ (Lyrik) Hermann Hesse: ›Roßhalde‹ (Roman). Ricarda Huch: ›Der große Krieg in Deutschland‹. Walter Hasenclever: ›Der Sohn‹ (Drama).

Geschichte: Nach dem Mord am österreichischen Thronfolgerehe-paar durch einen serbischen Nationalisten erklärt Österreich-Ungarn Serbien den Krieg, daraufhin Mobilmachung Rußlands. Das deutsche Reich erklärt Rußland und Frankreich den Krieg; Belgien und Groß-britannien erklären dem deutschen Reich den Krieg. Kriegserklärung Österreich-Ungarns an Rußland sowie Frankreichs und Großbritan-niens an Österreich-Ungarn: Beginn des Ersten Weltkriegs. Kriegser-klärung Japans an Deutschland. Im deutschen Reichstag werden die Kriegskredite bewilligt. 96.000 Russen geraten in der Schlacht bei Tannenberg in deutsche Gefangenschaft. Beginn des Stellungskrie-ges.

1915

Oktober: Gutsinspektor und Rechnungsführer in Heydebreck/Hin-terpommern.

Literatur: Bruno Frank: ›Die Fürstin‹ (Roman). Frank Wedekind: ›Bismarck‹ (Drama). Klabund: ›Der Marketenderwagen‹ (Erzäh-lung). Hermann Sudermann: ›Die entgötterte Welt‹ (Drama). Alfred Döblin: ›Die drei Sprünge des Wang-lun‹ (Roman).

Geschichte: Winterschlacht in Masuren: 100000 russische Soldaten gehen in Gefangenschaft. Erste Gasangriffe der Deutschen an der Westfront; verschärfter U-Boot-Krieg, Luftangriffe auf Paris. Ausweitung des Krieges. Die Sozialisten/Kommunisten Karl Liebknecht und Rosa Luxemburg gründen den linksradikalen Spartakusbund.

1916

März: Assistent der Landwirtschaftskammer für Pommern und Stettin. Oktober: Wissenschaftlicher Hilfsarbeiter der Kartoffelanbaugesellschaft, Berlin. Bekanntschaft mit Johannes Kagelmacher. Erste Morphium- und Kokainerfahrungen.

Literatur: Franz Kafka: ›Die Verwandlung‹ (Erzählung). ›Das Urteil‹ (Erzählung). Max Brod: ›Tycho Brahes Weg zu Gott‹ (Roman). Otto Ernst: ›Asmus Semper‹ (Romantrilogie seit 1905). Hanns Johst: ›Kreuzweg‹ (Drama).

Geschichte: Schwere Kämpfe um Verdun: Gaskrieg an allen Fronten; Friedensangebot von Kaiser Wilhelm II. an die Feindmächte als völlig unzureichend abgelehnt. Kaiser Franz-Joseph I. von Österreich-Ungarn gestorben, Nachfolger wird sein Großneffe Karl I.

1917

Drogenentziehungskur in Carolsfeld bei Halle, Heilanstalt für Suchtgefährdete. Arbeit auf verschiedenen Landgütern als Rechnungsführer. Beginn der Arbeit am ersten Roman ›Der junge Goedeschal‹.

Literatur: Walter Hasenclever: ›Antigone‹ (Tragödie). Arthur Schnitzler: ›Fink und Fliederbusch‹ (Komödie). Fritz von Unruh: ›Ein Geschlecht‹ (Tragödie). Richard Dehmel: ›Die Menschenfreunde‹ (Drama). Heinrich Mann: ›Die Armen‹ (Roman). Ricarda Huch: ›Der Fall Deruga‹ (Roman). Frank Wedekind: ›Herakles‹ (Drama). Hanns Johst: ›Der Anfang‹ (Roman).

Geschichte: Hungersnot in Deutschland. USA erklären dem Deutschen Reich den Krieg und mobilisieren 1.7 Millionen Soldaten; uneingeschränkter deutscher U-Bootkrieg; Meuterei in deutscher Flotte niedergeschlagen; deutsche Luftangriffe auf Großbritannien.

1918

Ausscheiden aus der Kartoffelanbaugesellschaft; Pensionierung des Vaters. ›Der junge Goedeschal‹ abgeschlossen. Falladas jüngerer Bruder Ulrich fällt in Frankreich. Erneute Morphium-Abhängigkeit.

Literatur: Heinrich Mann: Der Untertan (Roman). Walter Hasenclever: ›Die Menschen‹ (Drama). Gerhart Hauptmann: ›Der Ketzer von Soana‹ (Novelle). Thomas Mann: ›Betrachtungen eines Unpolitischen‹ (Essays).

Geschichte: Friedensvertrag von Brest-Litowsk zwischen Deutschland und Rußland (nach Sturz der deutschen Monarchie annulliert). Deutschland besetzt das Baltikum und die Ukraine; Österreich-Ungarn bricht militärisch zusammen. Novemberrevolution in Deutschland, Meuterei der Matrosen in Kiel, Revolutionskämpfe in Berlin und München. Prinz Max von Baden verkündet als Reichskanzler die Abdankung des deutschen Kaisers; Wilhelm II. und der Kronprinz emigrieren nach Holland; Ausrufung der Räterepublik in Deutschland durch den Sozialisten Karl Liebknecht, der jedoch gestürzt wird; Ausrufung der Republik durch den Sozialdemokraten Philipp Scheidemann. Kongreß der Arbeiter und Soldatenräte überträgt vollziehende Gewalt auf Volksbeauftragte unter dem Sozialdemokraten Friedrich Ebert; Hugo Preuß entwirft die Weimarer Verfassung; Gründung der Kommunistischen Partei Deutschlands. Franz Seldte gründet den monarchistischen ›Stahlhelm‹-Bund.

1919

Morphiumentziehungskur im Privatsanatorium Tannenfeld und Carolsfeld bei Halle. Danach als Gutsrendant in Gudderitz auf Rügen bei Freund Kagelmacher und Baumgarten, Pommern. Erste Begegnung mit Verleger Ernst Rowohlt.

Literatur: Heinrich Mann: ›Der Weg zur Macht‹ (Drama) Hermann Hesse: ›Demian‹ (Erzählung); ›Zarathustras Wiederkehr‹ (Erzählungen), Karl Kraus: ›Die letzten Tage der Menschheit‹ (Drama). Franz Kafka: ›In der Strafkolonie‹ (Erzählung). Fritz von Unruh: ›Vor der Entscheidung‹ (Drama), Rudolf G. Binding: ›Opfergang‹ (Erzählung). Alfred Döblin: ›Der schwarze Vorhang‹ (Roman). Richard Dehmel: ›Zwischen Volk und Menschheit‹ (Tagebuch).

Geschichte: Generalstreik und Aufstand des linksradikalen Spartakusbundes unter Rosa Luxemburg und Karl Liebknecht in Berlin. Der Sozialdemokrat Gustav Noske wird Oberbefehlshaber aller Truppen in Berlin und wirft Aufstand nieder; rechtsradikale Offiziere ermorden Rosa Luxemburg und Karl Liebknecht; Räteregierung in München durch Militär gestürzt; kommunistische Regierung durch Reichswehr und Sozialdemokraten gestürzt; Regierung der Volksbeauftragten übergibt Macht an neugewählte deutsche Nationalversammlung, der Sozialdemokrat Friedrich Ebert wird erster Reichspräsident; Weimarer Verfassung ratifiziert: demokratisch-republikanische Regierungsform. Unterzeichnung des Friedensvertrages von Versailles: Elsaß-Lothringen geht an Frankreich; Posen und Westpreußen überwiegend an Polen, Danzig wird Freistaat, Memel-Gebiete gehen an Litauen, das Saargebiet untersteht der Verwaltung des

Völkerbundes, Nordschleswig (1920) an Dänemark, Oberschlesien teilweise (1921) an Polen. Die deutschen Kolonien stehen unter Völkerbundsmandat; die großen Flüsse werden internationalisiert. Zusätzlich werden Reparationszahlungen auf insgesamt 132 Mrd. Goldmark an die Siegermächte festgesetzt, umfangreiche Sachlieferungen aus Industrieeinrichtungen sind zusätzlich vorgesehen. Die deutsche Republik muß auf ein 100000 Mann-Heer abrüsten, das Rheinufer entmilitarisiert werden. Insgesamt mußte das Deutsche Reich – ohne die Kolonien – Gebiete von 71000 qkm mit 6.5 Millionen Einwohnern abtreten. ›Deutsche Arbeiterpartei‹ (später NSDAP) gegründet. Der Österreicher Adolf Hitler ist Mitglied Nr. 7. Hindenburg spricht vor Untersuchungsausschuß der Weimarer Nationalversammlung vom ›Dolchstoß‹, den linke Gruppen dem bis dahin unbesiegten deutschen Heer zugefügt hätten; damit Geburt der ›Dolchstoßlegende‹, die zum Propagandafeldzug der Nationalisten und Nationalsozialisten gegen linke Gegner sowie die Weimarer Verfassung führt.

1920

Zwei weitere Drogentherapien, u.a. in Rinteln/Weser. Rechnungsführer bis 1923 auf verschiedenen Gütern in Mecklenburg, Pommern und Westpreußen. ›Der junge Goedeschal‹ erscheint unter dem Pseudonym Hans Fallada, das Ditzen nunmehr für alle folgenden Werke verwenden wird.

Literatur: Ernst Jünger: ›In Stahlgewittern‹ (Tagebuch). Hermann Hesse: ›Klingsors letzter Sommer‹ (Erzählungen). Stefan Zweig: ›Drei Meister‹ (Essays). Franz Werfel: ›Nicht der Mörder, der Ermordete ist schuldig‹ (Roman). Hugo von Hofmannsthal: ›Reitergeschichte‹ (Erzählung).

Geschichte: Adolf Hitler verkündet sein 25-Punkte-Programm in München. Kapp-Putsch führt zunächst zur Flucht der Reichsregierung nach Stuttgart; Gewerkschaften schlagen Putsch jedoch durch Generalstreik nieder, Wolfgang Kapp wird verhaftet (stirbt 1922 in Untersuchungshaft). Kommunistische Unruhen im Ruhrgebiet durch Reichswehr niedergeschlagen. Sozialdemokraten stellen Reichstagspräsidenten (Paul Löbe) und den Reichskanzler Hermann Müller, danach bis 1921 Konstantin Fehrenbach vom Zentrum. Preußen gibt sich Verfassung als Freistaat; Volksabstimmung in Südostpreußen ergibt Mehrheit für Deutschland. Die USPD-Mehrheit (Unabhängige Sozialdemokratische Partei Deutschlands) vereinigt sich mit der KPD (Kommunistische Partei Deutschlands).

Werke:
Romane:
Der junge Goedeschal. Ein Pubertätsroman.
Erzählungen:
Die Kuh, der Schuh, dann du, (M.)

1921
Häufiger Wechsel der Stellung.

Literatur: Walter von Molo: ›Das Volk wacht auf‹ (Roman). Ernst Toller: ›Masse Mensch‹ (Drama). Richard Dehmel: ›Die Götterfamilie‹ (Komödie). Thomas Mann: ›Wälsungenblut‹ (Erzählungen). Curt Goetz: ›Ingeborg‹ (Komödie). Hugo von Hofmannsthal: ›Der Schwierige‹ (Lustspiel). Frank Thieß: ›Der Tod von Falern‹ (Roman). Friedrich Reck-Malleczewen: ›Die Dame aus New York‹ (Roman).

Geschichte: Reichstag akzeptiert Londoner Reparationsultimatum. Der zurückgetretene Reichsfinanzminister Matthias Erzberger (Zentrum) ermordet. Kämpfe zwischen deutschen Freikorps und polnischen Nationalisten in Oberschlesien. Abstimmung in Oberschlesien führt zur Teilung zwischen Polen und Deutschland. Erstes Auftreten der nationalsozialistischen Terrorgruppe SA (Sturmabteilung).

1922
Häufiger Wechsel der Stellung, u. a. bei Fulgen und bei Deutsch-Krone (Westpreußen).

Literatur: Thomas Mann: ›Die Bekenntnisse des Hochstaplers Felix Krull‹ (Roman). Ernst Toller: ›Die Maschinenstürmer‹ (Drama). Klabund: ›Spuk‹ (Roman). Joachim Ringelnatz: ›Die Woge‹ (Erzählungen). Ina Seidel: ›Das Labyrinth‹ (Roman) . Bert Brecht: ›Baal‹, ›Trommeln in der Nacht‹ (Dramen). Ernst Wiechert: ›Der Wald‹ (Roman). Rudolf Leonhard: ›Spartakussonette‹. Rudolf G. Binding: ›Stolz und Trauer‹ (Lyrik).

Geschichte: Außenminister Walter Rathenau von Nationalisten ermordet; Zunahme der politischen Morde. Reichstag verlängert Amtszeit des sozialdemokratischen Reichspräsidenten Friedrich Ebert. Republikschutzgesetz in Deutschland.

1923
Arbeit auf Rittergut Märzdorf in Westpreußen. Bei Kagelmacher in Gudderitz auf Rügen. Arbeit in Neu-Schönfeld bei Bunzlau (Schlesien). Juli: Wegen Unterschlagung in Bunzlau wird Ditzen zu sechs Monaten Gefängnis verurteilt, tritt aber in Radach bei Drossen (Neumark) eine Arbeitsstelle als Gutssekretär an. Freundschaft mit Hans Joachim Geyer. November: Kaufmann und Buchhalter in Getreide/

Kartoffelgroßhandlung in Drossen. Zweiter Roman ›Anton und Gerda‹ erscheint.

Literatur: Hugo von Hofmannsthal: ›Florindo‹, ›Der Unbestechliche‹ (Komödien). Klabund: ›Pjotr‹ (Roman). Rainer Maria Rilke: ›Duineser Elegien‹, ›Sonette an Orpheus‹ (Lyrik). Joachim Ringelnatz: ›Kuttel Daddeldu‹ (Lyrik). Ina Seidel: ›Sterne der Heimkehr‹ (Roman). Frank Thieß: ›Die Verdammten‹ (Roman).

Geschichte: Besetzung des Ruhrgebietes durch Frankreich; Große Koalition der SPD mit Volkspartei unter Reichskanzler Stresemann; Reichsregierung beseitigt sozialistische Regierung in Sachsen durch militärische Gewalt, SPD verläßt Reichsregierung; Hitler und General Ludendorff putschen erfolglos in München, Ludendorff flieht, Hitler wird inhaftiert. Inflation in Deutschland: 4,2 Billionen Reichsmark haben den Gegenwert von einem Dollar.; Arbeitslosigkeit sowie Verarmung des Mittelstandes, Wilhelm Marx von der Zentrumspartei wird deutscher Reichskanzler, Gustav Stresemann Reichsaußenminister. Illegale ›Schwarze Reichswehr‹ wird vor allem wegen der seit Jahren von ihr durchgeführten Fememorde aufgelöst.

Werke:
Romane:
Anton und Gerda

1924

Bis 15. April: Buchhalter in Drossen, anschließend bei Kagelmacher in Gudderitz. Juni-November : Gefängnishaft in Greifswald; anschließend erneut in Gudderitz auf Rügen bei Kagelmacher.

Literatur: Hans Carossa: ›Rumänisches Tagebuch‹. Ernst Wiechert: ›Der Totenwolf‹ (Roman). Thomas Mann: ›Der Zauberberg‹ (Roman). Bert Brecht: ›Im Dickicht der Städte‹ (Drama). Johannes R. Becher: ›Am Grabe Lenins‹, ›Vorwärts, du Rote Front‹ (Essays). Frank Thieß: ›Der Leibhaftige‹ (Roman). Thomas Mann: ›Der Zauberberg‹ (Roman, II.)

Geschichte: Hitler aus Festungshaft entlassen, wo er die Hauptschrift des künftigen Nationalsozialismus ›Mein Kampf‹ verfaßte. ›Reichsbanner Schwarz-Rot-Gold‹ von Otto Hörsing gegründet. Dawes-Plan regelt die deutschen Reparationen; ab 1928 sind jährlich und zeitlich unbegrenzt 2,5 Milliarden Goldmark zu zahlen.

Werke:
Romane:
  Der Mörder, die Liebe und die Einsamkeit, (M.)/Fragment, später:
  Im Blinzeln der großen Katze
Erzählungen:
  Der Apparat der Liebe, (M.)
  Die große Liebe, (M.)
  Greifswalder Gefängnistagebuch (M.)
  Länge der Leidenschaft, (M.) (vermutlich ursprünglich : Ria, ein kleiner Roman)

1925

Rechnungsführer in Lübgust/Kreis Neustettin/Pommern sowie Neu-haus/Kreis Lütjenburg/Holstein. September: zweite Unterschla-gung, Ditzen stellt sich in Berlin der Polizei.

Literatur: Franz Kafka: ›Der Prozeß‹ (Roman, posthum). Lion Feuchtwanger: ›Jud Süß‹ (Roman). Oskar Maria Graf: ›Die Chronik von Flechting‹ (Roman). Rudolf Leonhard: ›Segel am Horizont‹ (Drama).

Geschichte: Nach Tod des Reichspräsidenten Friedrich Ebert wird Paul von Hindenburg zum Reichspräsidenten gewählt. Adolf Hitler gründet neue NSDAP; Nationalsozialistische Schutzstaffel (SS) aus der SA gebildet; ›Mein Kampf‹ von Adolf Hitler erscheint und wird zum Programm der NSDAP.

Werke:
Erzählungen:
  Der Trauring
  Robinson im Gefängnis, (M.)
Artikel:
  Ein Beschwerdefall im Gefängnis
  Stahlhelm-Nachtübung
  Stimme aus den Gefängnissen
  Tscheka-Impressionen
  Was liest man eigentlich in Hinterpommern?

1926

März: Wegen Unterschlagung zweieinhalbjährige Gefängnisstrafe un-ter Einbeziehung der Untersuchungshaft. Haftantritt in Strafanstalt Neumünster, bewußte Isolierung und damit Versuch, Drogen- wie Alkoholabhängigkeit zu überwinden.

Literatur: Franz Kafka: ›Das Schloß‹ (Roman, posthum). Bruno Frank: ›Trenck‹ (Roman). Frank Thieß: ›Das Tor zur Welt‹ (Roman). Ina Seidel: ›Die Fürstin reitet‹ (Erzählung). Johannes R. Becher: ›Der Bankier reitet über das Schlachtfeld‹ (Erzählungen), ›Maschinenrhythmen‹ (Lyrik), ›As Levisite oder Der einzig gerechte Krieg‹ (Roman). Hans Grimm: ›Volk ohne Raum‹ (Roman). Gerhart Hauptmann: ›Dorothea Angermann‹ (Tragödie). Ricarda Huch: ›Der wiederkehrende Christus‹ (Erzählung).

Geschichte: Deutschland erhält ständigen Ratssitz im Völkerbund. Der Zentrumspolitiker Wilhelm Marx wird abermals Reichskanzler. Freundschafts- und Neutralitätsvertrag mit Rußland. Hitlerjugend wird gegründet. Goebbels wird nationalsozialistischer Gauleiter von Berlin.

1927

Haft in Neumünster.

Literatur: Hermann Hesse: ›Der Steppenwolf‹ (Roman). Bert Brecht: ›Dreigroschenoper‹ (Text). Walter Hasenclever: ›Ein besserer Herr‹ (Lustspiel). Ernst Toller: ›Hoppla, wir leben!‹ (Drama). Oskar Maria Graf: ›Das bayerische Dekameron‹ (Erzählungen). Stefan Zweig: ›Sternstunden der Menschheit‹ (Essays). Klabund: ›Die Harfenjule‹ (Lyrik). Erich Kästner: ›Herz auf Taille‹ (Lyrik). Arnold Zweig: ›Der Streit um den Sergeanten Grischa‹ (Roman). Rudolf Leonhard: ›Tragödie von Heute‹ (Drama). Bruno Frank: ›Zwölftausend‹ (Drama). Hanns Johst: ›Thomas Paine‹ (Drama).

Geschichte: Deutschland tritt dem Internationalen Schiedsgerichtshof bei. Deutsch-französischer Handelsvertrag.

1928

Mitte Februar : Haftentlassung nach Hamburg; Arbeit als Adressenschreiber, Mitglied der SPD. Oktober: Begegnung und Verlobung mit Anna Margarete (›Suse‹ oder auch ›Lämmchen‹) Issel; Umzug nach Neumünster.

Literatur: Rudolf G. Binding: ›Erlebtes Leben‹ (Autobiographie). Ernst Glaeser: ›Jahrgang 1902‹ (Roman). Klabund: ›Totenklage‹ (Lyrik). Manfred Hausmann: ›Lampion küßt Mädchen und kleine Birken‹ (Roman). Anna Seghers: ›Der Aufstand der Fischer von St. Barbara‹ (Erzählung). Max Brod: ›Das Zauberreich der Liebe‹ (Roman). Gerhart Hauptmann: ›Wanda‹ (Roman). Oskar Maria Graf: ›Die Heimsuchung‹ (Roman).

Geschichte: Hermann Müller (SPD) Reichskanzler, SPD bildet mit linksliberaler DDP, Zentrum und anderen Parteien Regierungskoalition. Insgesamt 63 Staaten unterschreiben den von US-Außenminister Kellogg angeregten ›Kellogg-Pakt‹, der Kriege ächtet. Hugenberg wird Vorsitzender der Deutschnationalen Volkspartei und baut sein Presseimperium aus.

394

Werke:
Erzählungen:
  Besuch bei Tändel-Maxe (M.)
  Der Strafentlassene
  Die Verkäuferin auf der Kippe
  Liebe Lotte Zielesch, (M.)
  Mein Freund, der Ganove, (M.)

1929

1.1.: Sekretär beim Wirtschafts- und Verkehrsverein Neumünster; März: Annoncenwerber und später Lokalreporter beim ›General-Anzeiger für Neumünster‹, Prozeßberichterstatter beim ›Landvolkprozeß‹; 5. April: Heirat mit Anna Margarete Issel. Sommer: Begegnung mit Ernst Rowohlt in Kampen auf Sylt.

Literatur: Alfred Döblin: ›Berlin Alexanderplatz‹ (Roman). Hermann Hesse ›Trost der Nacht‹ (Lyrik). Manfred Hausmann: ›Salut gen Himmel‹ (Roman). Klabund: ›Rasputin‹ (Roman). Erich Kästner: ›Lärm in Spiegel‹ (Lyrik). Curt Goetz: ›Der Lügner und die Nonne‹ (Lustspiel). Bert Brecht: ›Aufstieg und Fall der Stadt Mahagonny‹ (Lehrstück). Friedrich Reck-Malleczewen: ›Marat‹ (Roman). Literatur-Nobelpreis an Thomas Mann.

Geschichte: Dawes-Plan wird durch Young-Plan ersetzt: Reparationsschulden des Deutschen Reiches bis 1988, aber mit deutlichen Erleichterungen, z. B. werden Reichsbank und Reichsbahn nicht mehr an die Siegermächte verpfändet, das Rheinland soll fünf Jahre vor der im Versailler Vertrag vorgesehenen Frist geräumt werden. Reichsaußenminister Gustav Stresemann gestorben. Heinrich Himmler wird Reichsführer der SS. Bauernunruhen in Schleswig-Holstein. Kursstürze an der New Yorker Börse lösen Weltwirtschaftskrise in ganz Europa aus, ihre Folgen treffen besonders hart das von der Inflation und von internationalen Krediten für die Reparationszahlungen bereits geschwächte Deutschland: Firmenzusammenbrüche, Arbeitslosigkeit, Konkurs der Banken und Rückgang der Produktion auf Jahre ziehen innenpolitische Krisen und Regierungsstürze nach sich, die letztlich 1933 zur Machtergreifung der Nationalsozialisten und zur Abschaffung der Weimarer Republik führen.

Werke:
Artikel:
  Abendmusik in der Anscharkirche
  An der Schwale liegt ein Märchen –
  Anderthalb Stunden Erdgeschichte
  Arbeiterseele

1930

Januar: Umzug mit Suse nach Berlin, zunächst in möblierte Wohnung. Angestellter in Rezensionsabteilung des Rowohlt Verlages in Berlin. Schreibt ›Bauern, Bonzen und Bomben‹. 14.3. 1930: Geburt des Sohnes Ulrich (›Uli‹). 5. August: Umzug nach Neuenhagen bei Berlin.

Literatur: Lion Feuchtwanger: ›Erfolg‹ (Roman). Hermann Hesse: ›Narziß und Goldmund‹ (Erzählung). Ernst von Salomon: ›Die Geächteten‹ (Roman). Bert Brecht: ›Der Jasager und der Neinsager‹ (Lehrstück). Walter Hasenclever: ›Napoleon greift ein‹ (Komödie). Ernst Toller: ›Feuer aus den Kesseln‹ (Drama). Erich Maria Remarque: ›Im Westen nichts Neues‹ (Roman). Thomas Mann: ›Mario und der Zauberer‹ (Erzählung). Bruno Frank: ›Sturm im Wasserglas‹ (Komödie).

Geschichte: Reichstag stürzt große Koalition und die Regierung Müller. Heinrich Brüning vom Zentrum wird Reichskanzler. Verfassungs – Art. 48 der Notverordnung zur Sicherung der Wirtschaft und Finanzen angewendet, Reichstag aufgelöst, Nationalsozialisten und Kommunisten gewinnen Neuwahlen. Brüning weiterhin Kanzler nunmehr in Minderheitsregierung. 4,4 Millionen Arbeitslose; Kürzung von Beamtengehältern und Erhöhung der Arbeitslosenversicherung.

1931
›Bauern, Bonzen und Bomben‹ erscheint. Erster größerer Erfolg. Miete eines Siedlungshauses (Reihenhauses) bei Berlin. Beginn der Arbeit an: ›Kleiner Mann, was nun?‹.

Literatur: Hermann Hesse. ›Weg nach Innen‹ (Erzählungen). Erich Kästner: ›Fabian‹ (Roman). Leonhard Frank: ›Von drei Millionen drei‹ (Roman). Ernst Jünger: ›Die totale Mobilmachung‹ (Essay). Arnold Zweig: ›Junge Frau von 1914‹ (Roman). Hermann Kesten: ›Glückliche Menschen‹ (Roman). Erik Reger: ›Union in fester Hand‹ (Roman). Erich Maria Remarque: ›Der Weg zurück‹ (Roman). Kurt Tucholsky: ›Schloß Gripsholm‹ (Roman). Ernst Wiechert: ›Jedermann‹ (Roman).

Geschichte: ›Harzburger Front‹: Kampfbündnis zwischen NSDAP (Hitler), DNVP (Alfred Hugenberg) und Stahlhelm (Seldte); ›Eiserne Front‹: Kampfbündnis zwischen SPD, ›Reichsbanner Schwarz-Rot-Gold‹ und Gewerkschaftsbund.

Werke:
Romane:
    Bauern, Bonzen und Bomben
Erzählungen:
    Bauernkäuze auf dem Finanzamt
    Blanka, eine geraubte Prinzessin
    Der Gänsemord von Tütz
    Der Pleitekomplex
    Ein Mensch auf der Flucht
    Einbrecher träumt von der Zelle
    Eine schlimme Nacht
    Kubsch und seine Parzelle
    Lüttenweihnachten
    Mutter lebt von ihrer Rente
    Warum trägst du eine Nickeluhr?
    Wie Herr Tiedemann einem das Mausen abgewöhnte, (später:
    Gänseeier im Gehirn)
Artikel:
    Bilder oder Brot

Der Weg zurück
Ernest Hemingway oder woran liegt es?

1932

Welterfolg des Romans ›Kleiner Mann – was nun?‹. Nach eigener Kündigung bei Rowohlt freiberuflicher Schriftsteller und Literaturkritiker. Kauf eines Hauses in Berkenbrück bei Fürstenwalde. *Literatur*: Gerhart Hauptmann: ›Vor Sonnenuntergang‹ (Drama). Manfred Hausmann: ›Abel mit der Mundharmonika‹ (Roman). Bert Brecht: ›Die heilige Johanna der Schlachthöfe‹ (Drama). Klaus Mann: ›Treffpunkt im Unendlichen‹ (Roman). Anna Seghers: ›Die Gefährten‹ (Roman). Rudolf G. Binding: ›Moselfahrt aus Liebeskummer‹ (Novelle). Kasimir Edschmid: ›Deutsches Schicksal‹ (Roman). Joseph Roth: ›Radetzkymarsch‹ (Roman).

Geschichte: Verbot von SA und SS, Wiederwahl Hindenburgs zum Reichspräsidenten. Regierung Brüning tritt zurück, Franz von Papen (Zentrum) bildet ›Kabinett der nationalen Konzentration‹. Reichstagsauflösung, Verbot von SA und SS aufgehoben; über 6 Millionen Arbeitslose. Reparationskonferenz von Lausanne setzt Young-Plan außer Kraft, damit offizielles Ende der Reparationszahlungen. Bei Reichstagswahl erhält die NSDAP 37,8 % aller Sitze, Adolf Hitler lehnt den Posten als Vizekanzler ab. Auflösung des Reichstages wegen Aufhebung einer Notverordnung, Neuwahlen bringen NSDAP Verluste und KPD Gewinne. Rücktritt der Regierung Papen, General v. Schleicher wird (bis 1933) Reichskanzler. Der Österreicher Adolf Hitler erhält die deutsche Staatsangehörigkeit. Parteikrise der NSDAP, Fememorde der SA.

Werke:
Romane:
  Kleiner Mann – was nun?
Erzählungen:
  Der Bettler, der Glück bringt
  Christkind verkehrt
  Das Groß-Stankmal
  Die Fliegenpriester
  Die geistesgegenwärtige Großmutter
  Die offene Tür
  Fröhlichkeit und Traurigkeit
  Frühling in Neuenhagen
  Fünfzig Mark und ein fröhliches Weihnachtsfest / (auch unter Titel: Hundert Mark und ein fröhliches Weihnachtsfest)
  Gegen jeden Sinn und Verstand

1933

Mitarbeit an Filmarbeiten zu ›Kleiner Mann, was nun?‹ in Berlin. März/April: elftägige Haft in Fürstenwalde nach Denunziation durch den ehemaligen Hausbesitzer bei der SA; Nervenzusammenbruch und siebenwöchiger Sanatoriumsaufenthalt in Wald-Sieversdorf. Wiederverkauf des Hauses. 18. Juli: Geburt der Tochter Lore, genannt ›Mücke‹; eine Zwillingsschwester wird tot geboren. Kauf des Sechs-Morgen-Hofes in Carwitz bei Feldberg/Mecklenburg. 27. November: Abschluß von Roman ›Wer einmal aus dem Blechnapf frißt‹, danach binnen 23 Tagen: ›Wir hatten mal ein Kind‹. Hans Fallada zieht seinen Namen als Drehbuchautor für Film ›Kleiner Mann, was nun‹ zurück, da das Manuskript zu entscheidend verändert wurde.

Literatur: Ernst von Salomon: ›Die Kadetten‹ (Roman). Ina Seidel: ›Der Weg ohne Wahl‹ (Roman). Ernst Toller: ›Eine Jugend in Deutschland‹ (Autobiographie). Frank Thieß: ›Johanna und Esther‹ (Roman). Johannes R. Becher: ›Deutscher Totentanz‹ (Lyrik). Anna Seghers: ›Der Kopflohn‹ (Roman). Franz Werfel: ›Die Kämpfe der Schwachen‹ (Roman). Hanns Johst: ›Schlageter‹ (Drama). Jochen Klepper: ›Der Kahn der fröhlichen Leute‹ (Roman). Reichsschrifttumskammer verantwortlich für ›Gleichschaltung‹ der deutschen Literatur: rund 12 500 Titel werden auf die schwarze Liste gesetzt und ihre Autoren als ›undeutsch‹ diffamiert. 10. Mai: Öffentliche Bücherverbrennung durch nationalsozialistische Intellektuelle und Studenten in Berlin zieht das Ende eines freien deutschen Schrifttums nach sich, etliche Schriftsteller zu unerwünschten Personen erklärt, ihre Bücher werden aus den Bibliotheken entfernt.

Geschichte: Reichspräsident von Hindenburg ernennt Hitler zum Reichskanzler, von Papen wird Vizekanzler, Alfred Hugenberg Wirtschaftsminister, von Blomberg Reichswehrminister, Frick Innenminister, Hermann Göring Minister ohne Geschäftsbereich. Bei den Reichstagswahlen erhält die NSDAP 288, die SPD 120, die KPD 81 und das Zentrum als letzte große Gruppe 73 Sitze; Reichstagsbrandstiftung zieht Terror der Nationalsozialisten nach sich. Das Ermächtigungsgesetz im Februar wird von SPD und KPD (etliche ihrer Abgeordneten sind zudem bereits verhaftet und können an der Abstimmung nicht mehr teilnehmen) abgelehnt, aber von allen übrigen Parteien unterstützt und mit einer 2/3 Mehrheit verabschiedet. Es ermöglicht das Ausschalten der politischen Opposition, zieht Verhaftungen, Terror und Deportationen in Konzentrationslager nach sich: vier Jahre lang darf die Reichsregierung Gesetze (auch Haushalt) ohne Zustimmung von Reichstag, Reichsrat und Reichspräsidenten erlassen sowie internationale Verträge abschließen. Mit dem Ermächtigungsgesetz ist die Weimarer Republik und ihre Staatsform nicht de jure, aber de facto beendet. Joseph Goebbels als Propagandaminister und Hermann Göring als preußischer Ministerpräsident sind neben Adolf Hitler die mächtigsten Politiker. Auflösung der Gewerkschaften, der bürgerlichen und sozialistischen wie sozialdemokratischen Parteien. Auflösung aller Vereine und Verbände bzw. Zwang, sie in nationalsozialistische Organisationen zu integrieren. Gründung der Geheimen Staatspolizei (Gestapo) mit Sondervollmachten ohne Rechtsbindung. Verbot für Juden, als Beamte zu arbeiten. Antisemitische Ausschreitungen. Deutschland verläßt den Völkerbund. Eine kombinierte Volksabstimmung und Reichtagswahl ergibt 92 % für die Einheitsliste der NSDAP.

Werke:
Artikel:
   Hauser, Heinrich: Wetter im Osten
   Lebensabriß Falladas, von ihm selbst geschrieben
   Vom Kälbchen zum Murkel

1934

Leben mit der Familie in Carwitz, NS-Kulturpolitik verwirft Falladas Romane ›Wer einmal aus dem Blechnapf frißt‹ sowie ›Wir hatten mal ein Kind‹ und empfiehlt Boykott von Buchhändlern und Käufern. Beginn des Romans ›Altes Herz geht auf die Reise‹.

Literatur: Ernst Wiechert: ›Die Majorin‹ (Roman). Gerhart Hauptmann: ›Das Meerwunder‹ (Erzählung). Thomas Mann: Joseph und seine Brüder (Roman, IV Teile bis 1942). Der sozialistische Dichter und Politiker Erich Mühsam stirbt im Konzentrationslager an den Folgen von Mißhandlungen.

Geschichte: Deutsch-polnischer Nichtangriffspakt. Die Reichsregierung übernimmt die Hoheitsrechte über die deutschen Länder. Heinrich Himmler wird Chef der Geheimen Staatspolizei (Gestapo). Die SA wird entmachtet, ihr Führer Ernst Röhm sowie weitere politische Konkurrenten Hitlers erschossen. Reichspräsident Paul v. Hindenburg stirbt; Hitler ernennt sich zum ›Führer und Reichskanzler‹, Volksabstimmung ergibt nach offizieller Darstellung 90 % Zustimmung.

Werke:
Romane:
   Wer einmal aus dem Blechnapf frißt
   Wir hatten mal ein Kind
Erzählungen:
   Gigi und Lumpi

Gute Krüseliner Wiese rechts
Artikel:
Etwas von meiner Jugendliebsten
Hat Riemkasten recht?

1935
Alkoholismus, Depressionen, Nervenzusammenbrüche, März: Nach panischer, volltrunkener Fahrt nach München dort Klinikaufenthalt. Rückkehr nach Carwitz. 12. September: Reichsschrifttumskammer erklärt Hans Fallada zum ›unerwünschten Autor‹ und erteilt ein Berufsverbot, das jedoch zum Jahresende aufgehoben wird. Arbeit am ›Märchen vom Stadtschreiber, der aufs Land flog‹ und an ›Wizzel Kien, der Narr von Schalkemaren‹. November: erneute Zusammenbrüche, Klinik- und Sanatoriumsaufenthalte, u. a. im ›Heidehaus‹ bei Zepernick.

Literatur: Rudolf G. Binding: ›Wir fordern Reims zur Übergabe auf‹ (Erzählung). Eugen Roth: ›Ein Mensch‹ (Gedichte). Ernst Glaser: ›Der letzte Zivilist‹ (Roman). Anna Seghers: ›Der Weg durch den Februar‹ (Roman). Hanns Johst wird Präsident der Reichsschrifttumskammer. Der deutsche PEN-Club wird verboten. Der deutsche Publizist und Schriftsteller Kurt Tucholsky begeht in der Emigration Selbstmord. Der Friedensnobelpreis wird an den Publizisten und Schriftsteller Carl v. Ossietzky verliehen, der sich im Konzentrationslager befindet. Hitler untersagt für alle Deutschen die Annahme des Nobelpreises. Aufgrund des internationalen Drucks wird Ossietzky 1936 bedingt entlassen und stirbt 1938 im Polizeikrankenhaus an den Folgen der Mißhandlungen.

Geschichte: Das Saarland kommt durch Volksabstimmung zum Deutschen Reich. Arbeitsdienst und Allgemeine Wehrpflicht in Deutschland. ›Nürnberger Gesetze‹ werden verabschiedet, sie sind als ›Blutschutzgesetz‹ deklariert und schließen die jüdische Bevölkerung von der deutschen Staatsbürgerschaft sowie von Ämtern, Posten, Universitäten und Schulen aus. Ehen sowie außereheliche Beziehungen zwischen Juden und ›Ariern‹ werden verboten.

Werke:
Romane:
   Wizzel Kien – Der Schalk von Schalkemaren, (M. / Fragment)
Erzählungen:
   Die verlorenen Grünfinken

1936

Mit kurzen Unterbrechungen im Sanatorium ›Heidehaus‹ bis Ende Mai. ›Wolf unter Wölfen‹ entsteht, Abschluß des ersten Teils und ›Geschichten aus der Murkelei‹. Leben in Carwitz.

Literatur: Lion Feuchtwanger: ›Der falsche Nero‹ (Roman). Gerhart Hauptmann: ›Im Wirbel der Berufung‹ (Autobiographie). Ernst Jünger: ›Afrikanische Spiele‹ (Erzählung). Klaus Mann: ›Mephisto‹ (Roman). Oskar-Maria Graf: ›Der Abgrund‹ (Roman). Stefan Zweig: ›Baumeister der Welt‹ (Essays). Hans Carossa: ›Geheimnisse des reifen Lebens‹ (Roman). Rudolf Leonhard: ›Führer und Co.‹ (Komödie). Thomas Mann wird ausgebürgert und emigriert in die USA.

Geschichte: Einmarsch deutscher Truppen in die entmilitarisierte Zone des Rheinlandes, nach offizieller Darstellung befürworten 99 % der Bevölkerung in einer Volksabstimmung die Remilitarisierung; Verschärfte Aufrüstung; zweijährige Dienstpflicht.

Werke:
Romane:
  Das Märchen vom Stadtschreiber, der aufs Land flog
  Altes Herz geht auf die Reise
Erzählungen:
  Das Wunder des Tollatsch
  Der gestohlene Weihnachtsbaum (Der Weihnachtsbaum auf Umwegen)
  Geschichten aus der Murkelei (M.)
  Häusliches Zwischenspiel

1937

14. April: Tod des Vaters; ›Wolf unter Wölfen‹ beendet. Auftrag zu einem Spielfilm mit Emil Jannings, Fallada schreibt auf dessen Anregung hin ›Der eiserne Gustav‹. ›Wolf unter Wölfen‹ erscheint und findet zunächst positive Aufnahme.

Literatur: Eckart von Naso: ›Moltke, Mensch und Feldherr‹ (Roman). Gerhart Hauptmann: ›Das Abenteuer meiner Jugend‹ (Autobiographie). Jochen Klepper: ›Der Vater‹ (Roman). Anna Seghers: ›Die Rettung‹ (Roman). Bert Brecht: ›Die Gewehre der Frau Carrar‹ (Drama). Klaus Mann: ›Vergittertes Fenster‹ (Erzählung). Friedrich Reck-Malleczewen veröffentlicht die Studie ›Bockelson‹, eine getarnte Kritik am Massenwahn der Nationalsozialisten.

Geschichte: Im spanischen Bürgerkrieg unterstützen die Deutschen militärisch den faschistischen General Francisco Franco. Hermann Göring wird Reichswirtschaftsminister.

Werke:
Romane:
  Wolf unter Wölfen

1938

Leben in Carwitz. Vernichtende Rezension zu ›Wolf unter Wölfen‹ in nationalsozialistischer ›Bücherkunde‹. Fallada geht erneut zur Behandlung nach Zepernick. Er ändert etliche Teile und die Schlußfassung des Romans ›Der eiserne Gustav‹ im Sinne der Nationalsozialisten, um die Filmproduktion und das Erscheinen des Buches zu ermöglichen. In Carwitz wird der Film ›Altes Herz geht auf die Reise‹ gedreht. Ausschluß von Ernst Rowohlt aus der Reichsschrifttumskammer, Verkauf des Verlages an die Deutsche Verlags-Anstalt in Stuttgart. Das Filmprojekt ›Der Eiserne Gustav‹ wird abgebrochen, der Roman mit dem ›Nazi-Schwanz‹ erscheint jedoch.

Literatur: Ricarda Huch: ›Frühling in der Schweiz‹ (Erinnerungen). Thomas Mann: ›Achtung, Europa!‹, ›Dieser Friede‹ (Essays). Günther Weisenborn: ›Die guten Feinde‹ (Drama). Stefan Zweig: ›Ungeduld des Herzens‹ (Roman). Johannes R. Becher: ›Die Bauern von Unterpreißenberg‹ (Lyrik), ›Der Glücksucher und die sieben Lasten‹ (Lyrik). Arnold Zweig: ›Versunkene Tage‹ (Roman). Jochen Klepper: ›Der Soldatenkönig und die Stillen im Lande‹.

Geschichte: Joachim v. Ribbentrop wird Reichsaußenminister. Hitler erklärt die Abtretung des Sudetengebietes zur letzten Revisionsforderung. 4. Februar: Adolf Hitler wird Oberbefehlshaber der Wehrmacht. 12. März: Einmarsch deutscher Truppen und Anschluß Österreichs an Deutschland. Volksabstimmung in Österreich ergibt hohe Zustimmung. Münchner Abkommen: Großbritannien, Frankreich und Italien stimmen der Abtretung der Sudentengebiete von der Tschechoslowakei zu, Angliederung der Sudentengebiete an Deutschland. ›Reichskristallnacht‹ in ganz Deutschland: Jüdische Menschen werden mißhandelt, ihre Synagogen angezündet, die Geschäfte zerstört oder geplündert. 20000 Juden werden in Schutzhaft genommen bzw. in Konzentrationslager deportiert. Zwangsverkauf jüdischer Unternehmen an deutsche ›Arier‹, Berufsverbote für Apotheker und Ärzte. Einmarsch deutscher Truppen in das Sudetenland, der tschechoslowakische Staatspräsident E. Benesch tritt zurück und emigriert in die USA, die Slowakei wird autonomer Staat. Deutsch-britische sowie deutsch-französische Nichtangriffserklärungen.

Werke:
Romane:
  Der Eiserne Gustav
Erzählungen:
  Geschichten aus der Murkelei, darin enthalten:
  Geschichte vom Brüderchen
  Geschichte vom getreuen Igel
  Geschichte vom goldenen Taler
  Geschichte vom Mäuseken Wackelohr
  Geschichte vom Nuschelpeter
  Geschichte vom Unglückshuhn
  Geschichte vom unheimlichen Besuch
  Geschichte vom verkehrten Tag
  Geschichte von der gebesserten Ratte
  Geschichte von der kleinen Geschichte
  Geschichte von der Murkelei

1939

Carwitz. Auftrag zu einem Film mit Zarah Leander, der sich später zerschlägt. Der Film ›Altes Herz geht auf die Reise‹ wird verboten. Mitte September bis Ende November Auftrag und Arbeit für Heimkehrerfilm ›Dies Herz, das dir gehört‹ (›Die Zuflucht‹); anschließend erneut Sanatorium Heidehaus.

Literatur: Ernst Jünger: ›Auf den Marmorklippen‹ (Roman). Hermann Kesten: ›Die Kinder von Gernica‹ (Roman). Thomas Mann: ›Lotte in Weimar‹ (Roman). Ernst Wiechert: ›Das einfache Leben‹ (Roman). Eckart von Naso: ›Preußische Legende‹ (Erzählung). Stefan Andres: ›Der Mann von Asteri‹ (Roman). Der emigrierte Ernst Toller begeht in den USA Selbstmord.

Geschichte: Gründung des Protektorates Böhmen und Mähren durch Hitler. Deutschland besetzt das Memelgebiet und gliedert es ein. Militärbündnis Deutschland-Italien; Hitler kündigt deutsch-britisches Flottenabkommen und den deutsch-polnischen Nichtangriffspakt. Nichtangriffspakt zwischen Deutschland und Rußland. Überfall der Deutschen auf Polen, das militärisch binnen kurzer Zeit unterliegt. Großbritannien und Frankreich erklären Deutschland den Krieg. Arbeitsdienstpflicht für junge Frauen in Deutschland. Bombenattentat auf Hitler im Bürgerbräukeller von München gescheitert.

Werke:

Romane:

  Dies Herz, das dir gehört, (M.)

  Kleiner Mann, großer Mann – alles vertauscht (›Himmel, wir erben
  ein Schloß‹)

Erzählungen:

  Der ertrunkene Buddha. (Das versunkene Festgeschenk)

  Der mutige Buchhändler. (Das Abenteuer des Werner Quabs)

  Süßmilch spricht

1940

3. April: Geburt des Sohnes Achim. Ehe-und Lebenskrisen.
Abschluß des Romans ›Der ungeliebte Mann‹. Oktober bis Dezember: Aufenthalt im Sanatorium Heidehaus.

Literatur: Thomas Mann: ›Die vertauschten Köpfe‹ (Legende).
Werner Bergengruen: ›Am Himmel wie auf Erden‹ (Roman). Oskar-Maria Graf: ›Das Leben meiner Mutter‹ (Roman). Friedrich Reck-Malleczewen: ›Der Richter‹ (Roman). Der ausgebürgerte Walter Hasenclever begeht in Frankreich Selbstmord.

Geschichte: Deutschland besetzt militärisch die neutralen Länder Dänemark und Norwegen, zieht unter Verletzung der Neutralität durch Belgien, Luxemburg und die Niederlande, um Frankreich militärisch zu schlagen. Waffenstillstand mit dem besiegten Frankreich. Hermann Göring wird Reichsmarschall. Luftangriffe der Deutschen auf London und Malta. Dreimächtepakt zwischen Deutschland, Italien und Japan: Gegenseitige Hilfe bei Angriff der USA. Ungarn, Rumänien und die Slowakei treten nachträglich bei. Britische Niederlage bei Dünkirchen, britischer Sieg über deutsche Luftwaffe. Wirtschaftsabkommen zwischen Deutschland und der UdSSR, daraufhin unterstützen die internationalen Sektionen der kommunistischen Internationale Adolf Hitler. UdSSR liefert emigrierte deutsche Kommunisten an Adolf Hitler aus.

Werke:

Romane:

  Der ungeliebte Mann

  Kleiner Mann, großer Mann – alles vertauscht

Artikel:

  Von mir über mich, (M.)

1941

Carwitz, Ehe- und Lebenskrisen. Fallada schreibt Romane und Erzählungen für Illustrierte sowie die Erinnerungen ›Damals bei uns daheim‹, das ausnahmslos gelobt wird. Juni: Illustriertenroman ›Die
Stunde, eh du schlafen gehst‹. Beginn der Arbeit am ›Kutisker‹. Beginn der Arbeit für ›Ein Mann will hinauf‹, (›Die Frauen und der Träumer‹) ursprünglich als Filmvorlage.

Literatur: Bert Brecht: ›Mutter Courage und ihre Kinder‹ (Tragödie). Hans Carossa: ›Das Jahr der schönen Täuschungen‹ (Autobiographie). Gerhart Hauptmann: ›Iphigenie in Delphi‹ (Tragödie).
Frank Thieß: ›Das Reich der Dämonen‹ (Roman). Erich Maria Remarque: ›Liebe Deinen Nächsten‹ (Roman).

Geschichte: Deutsche und italienische Truppen besetzen Griechenland. Reichsminister Rudolf Heß springt mit Fallschirm über Großbritannien ab, um persönliche Verhandlungen aufzunehmen, angeblich,
um die Front der Gegner zu schwächen, die Engländer nehmen ihn
gefangen. Deutsch-türkischer Freundschaftsvertrag. Der ehemalige
deutsche Kaiser Wilhelm II. stirbt in Holland. Deutschland marschiert
in die Sowjetunion ein, nach militärischen Anfangserfolgen deutscher
Vormarsch vor Moskau gestoppt. Adolf Hitler übernimmt den Ober-
befehl über das Ostheer. SS erschießt bei Kiew in der Schlucht von
Babi-Jar 33.771 Juden. Japanischer Angriff auf US-Flottenstützpunkt
Pearl Habour, Kriegserklärung Deutschlands und Italiens an USA.

Werke:
Romane:
    Die Stunde, eh' du schlafen gehst
    Ein Mann will hinauf/(nach oben), (M)
Erzählungen:
    Damals bei uns daheim
    Das Abenteuer des Werner Quabs
    Vom Entbehrlichen und Unentbehrlichen. (M.)
    Zwei zarte Lämmchen, weiß wie Schnee

1942

Carwitz, Ehe-und Lebenskrisen. Erzählungen für Illustrierte sowie
Erinnerungen ›Heute bei uns zu Haus‹.

Literatur: Anna Seghers: ›Das siebte Kreuz‹ (Roman). Bert Brecht:
›Der gute Mensch von Sezuan‹ (Lehrstück). Ernst Jünger: ›Gärten
und Straßen‹ (Tagebuch). Stefan Zweig begeht in der Emigration in
Brasilien Selbstmord. Angesichts der drohenden Einweisung seiner
jüdischen Frau und Tochter ins KZ begeht der Schriftsteller Jochen
Klepper zusammen mit ihnen in Berlin Selbstmord.

Geschichte: Militärbündnis Deutschland, Japan, Italien. In Rußland wird die 6. deutsche Armee bei Stalingrad eingeschlossen. Nach
Wannsee-Konferenz Beginn der Ermordung von Millionen deportier-
ter Juden in den Vernichtungslagern der Deutschen.

Werke:
Romane:
  Ein Mann will hinauf / nach oben
Erzählungen:
  Das Ende vom Lied
  Der Maler. (Ein Wanderer ist unterwegs in der Nacht)
  Die Krone von Mosumbo, (M.)
  Genesenden-Urlaub
  Nur ein Fuder Stroh
  Warmer Strom und das Eis, (M.)

1943

Illustriertenroman ›Der Jungherr von Strammin‹. Als ›Sonderführer‹
im Majorsrang beim Reichsarbeitsdienst für sechs Wochen in Frankreich, um darüber (im Sinne der Nazis) zu berichten. August bis Oktober: in Niemes, (Sudetenland). Auftrag des NS-Propagandamini-
steriums für einen antisemitischen Roman (›Kutisker‹-Stoff). Die
Deutsche Verlags-Anstalt wird vom nationalsozialistischen Eher-
Verlag übernommen. Der Generalvertrag mit dem Schriftsteller wird
gekündigt. Falladas Mutter zieht nach Carwitz.

Literatur: Bert Brecht: ›Galileo Galilei‹ (Drama). Hermann Hesse:
›Das Glasperlenspiel‹ (Roman). Heinrich Mann: ›Lidice‹ (Roman).
Johannes R. Becher: ›Dank an Stalingrad‹ (Lyrik). Anna Seghers:
›Transit‹ (Roman). Stefan Andres: ›Wir sind Utopia‹ (Erzählung).

Geschichte: Wendepunkt des Krieges durch Zusammenbruch der 6.
deutschen Armee in Rußland, rund 150000 deutsche Soldaten fallen,
90000 gehen in russische Gefangenschaft. Der kommandierende General Paulus und andere deutsche Kriegsgefangene bilden in Moskau
ein antifaschistisches Komitee gegen die deutsche Wehrmacht. Im
Berliner Sportpalast verkündet Propagandaminister Joseph Goebbels
den totalen Krieg. Auf der Casablanca-Konferenz fordern der USA-
Präsident Franklin D. Roosevelt und der britische Premierminister
Winston Churchill die bedingungslose Kapitulation Deutschlands.
Schwere alliierte Luftangriffe auf deutsche Großstädte. Mitglieder der
Münchner Widerstandsgruppe ›Weiße Rose‹ verhaftet und hingerich-
tet. Landung der Alliierten auf Sizilien, Zusammenbruch des italieni-
schen Faschismus, neue Regierung in Italien kapituliert und erklärt
Deutschland den Krieg. Aufstand im Warschauer Ghetto von Deut-

schen niedergeschlagen, rund 40000 Juden fallen oder werden umgebracht. Auf Teheran-Konferenz zwischen Roosevelt, Churchill und Stalin werden UdSSR neue Westgrenzen zugestanden (Curzon-Linie von 1920).

Werke:
Romane:
   Junger Herr – ganz groß, (Der Jungherr von Strammin)
Erzählungen:
   Heute bei uns zu Haus

1944
Alkohol- und Drogenexzesse: Fallada verläßt Carwitz und läßt sich in Kuranstalten Westend in Berlin behandeln, anschließend bei Bekannten in Eisfeld. Rückkehr nach Carwitz im April. Alkohol- und Ehekrisen. Begegnung mit der morphiumsüchtigen Alkoholikerin Ursula Losch; Juli: Scheidung von Anna (Suse) Ditzen. August: Anklage wegen Mordversuchs an Anna (Suse) Ditzen, dreieinhalbmonatiger Zwangsaufenthalt in Landesheilanstalt Strelitz: in etwas mehr als zwei Wochen schreibt er dort ›Der Trinker‹, Aufzeichnungen über seine Erlebnisse im Faschismus sowie ›Fridolin der freche Dachs‹, vermutlich auch Kapitel des ›Kutisker‹ (Manuskript verschollen). Nach Entlassung im Dezember Verlobung mit Ursula Losch. Klinikaufenthalt.
   Literatur: Gerhart Hauptmann: ›Iphigenie in Aulis‹ (Tragödie) Bert Brecht: ›Schweyk im zweiten Weltkrieg‹ (Komödie). Franz Werfel: ›Jacobowsky und der Oberst‹ (Drama). Vicki Baum: ›Hier stand ein Hotel‹ (Roman).
   Geschichte: Sowjettruppen dringen bis nach Polen, Rumänien, Bulgarien und Ungarn vor. Luftlandung der Alliierten bei Arnheim und Nijmegen. Griechenland und Finnland werden von deutschen Truppen geräumt. Hitler ruft ›Deutschen Volkssturm‹ zur letzten Verteidigung auf. Attentat deutscher Offiziere auf Hitler gescheitert, Graf v. Stauffenberg, Goerdeler, v. Witzleben, v. Helldorf, Leuschner u. a. werden hingerichtet, anschließende Verhaftungswelle kostet rund 5.000 Menschen das Leben. Hohe deutsche Militärs, unter ihnen Erwin Rommel, v. Kluge, Wagner und Beck begehen Selbstmord. Der Kommunist Ernst Thälmann wird im Konzentrationslager ermordet. Frankreich wird von Alliierten befreit, Deutsche setzen erfolglos Raketenwaffen (V1 und V2) gegen England ein.

Werke:
Romane:
  Der Trinker, (M.)
  Kutisker-Fragment, (M.) (verschollen)
Erzählungen:
  Fridolin, der freche Dachs (M.)

1945

Nach Entlassung aus Klinik im Februar Heirat mit Ursula Losch; März: erneut Aufenthalt in Kuranstalten Westend, die deutsche Kapitulation erlebt er in Feldberg. Sowjetische Besatzungsmacht ernennt Rudolf Ditzen Ende Mai zum Bürgermeister von Feldberg. Zusammenbruch durch Drogen und Überarbeitung nach dreieinhalbmonatiger Amtstätigkeit, Einweisung in Klinik. Umzug nach Berlin. Begegnung mit Johannes R. Becher, der ihn unterstützt und Aufträge verschafft. Freier Journalist der ›Täglichen Rundschau‹ in Berlin sowie im ›Kulturbund zur demokratischen Erneuerung Deutschlands‹. Mehrere Klinik-Aufenthalte zum Drogen-Entzug.

Literatur: Bert Brecht: ›Furcht und Elend des Dritten Reiches‹ (Szenenfolge). Thomas Mann: ›Adel des Geistes‹ (Essays). Ernst Wiechert: ›Der Totenwald‹ (Bericht), ›Totenmesse‹ (Lyrik). Der Schriftsteller Friedrich Reck-Malleczewen stirbt im Februar 45 im Konzentrationslager. Nach dem Kriegsende wird das Verlags- und Zeitungswesen unter dem Einfluß der Besatzungsmächte völlig erneuert.

Geschichte: Schwere Luftangriffe auf deutsche Großstädte. Besetzung Deutschlands durch die Alliierten, Amerikaner und Briten bleiben an der Elbe stehen, die Russen dringen nach Berlin vor. Benito Mussolini von Landsleuten erschossen, Adolf Hitler, Joseph Goebbels und Heinrich Himmler (u. a.) begehen Selbstmord. Der Hitler-Nachfolger Großadmiral Dönitz und weitere Regierungsmitglieder werden von den Alliierten verhaftet. 9. 5. 1945: bedingungslose Kapitulation des Dritten Reiches. Amerikanische Atombomben auf Nagasaki und Hiroshima führen zur bedingungslosen Kapitulation Japans, Ende des Zweiten Weltkriegs. Insgesamt kostete er 55,3 Millionen Menschenleben, darunter die von 5,7 Millionen Juden. Potsdamer Konferenz zwischen Harry S.Truman (USA), Churchill/Attlee (Großbritannien) und Stalin (UdSSR) führt zum Potsdamer Abkommen: Polen erhält Verwaltung von Ostdeutschland bis zur Oder-Neiße; UdSSR die von Ostpreußen und Königsberg (Kalinin), das Saargebiet untersteht französischem Protektorat. Deutschland wird in vier Besatzungszonen und Berlin in vier Sektoren aufgeteilt. Errichtung eines Alliierten Kontrollrats (als oberstes Regierungsorgan, bestehend aus den vier

Oberbefehlshabern der Alliierten) über Deutschland. Beschlüsse nur einstimmig möglich, jede nicht vom Kontrollrat geregelte Frage wird durch den jeweiligen Befehlshaber für seine Region eigenständig entschieden. Festsetzung von Reparationszahlungen und Demontagen. Alle nationalsozialistischen Gesetze werden aufgehoben, Gesetze gegen Kriegsverbrecher erlassen. Vertreibung der Deutschen aus dem Sudetenland und Polen. Österreich verabschiedet Unabhängigkeitserklärung und bildet Republik. Alliierter Kontrollrat auch in Österreich, Besetzung Wiens durch vier alliierte Mächte. November 45: Beginn der alliierten Kriegsverbrecherprozesse gegen Nazi-Größen in Nürnberg.

Werke:
Erzählungen:
  Baberbeinchen Mutti
  Essen und Fraß
  Junge Liebe zwischen Trümmern
  Oma überdauert den Krieg
Artikel:
  Der unerwünschte Autor / Meine Erlebnisse während 12 Jahren
  Naziterror
  Meine Ahnen, (M.)
  Osterfest 1933 mit der SA
  Über den doch vorhandenen Widerstand der Deutschen gegen den
  Hitlerterror
  Vor allem die Jugend retten

1946
Verschiedene Klinikaufenthalte in Berlin: Kuranstalt Westend und Hilfskrankenhaus Marthastraße. Arbeit am Buch ›Der Alpdruck‹ (›Fallada sucht einen Weg/Ein Krankenbericht‹). Im Oktober schreibt er binnen 24 Tagen nach Gestapo-Akten seinen letzten Roman: ›Jeder stirbt für sich allein‹. Dezember 1946: Einweisung in die Nervenklinik der Charité in Berlin, dort versorgt ihn seine zweite Frau, die gleichfalls als Süchtige in die Charité eingewiesen wurde, erneut mit Rauschgift und Zigaretten, Verlegung ins Krankenhaus Pankow.
Literatur: Thomas Mann: ›Leiden an Deutschland‹ (Tagebuch). Heinrich Mann: ›Ein Zeitalter wird besichtigt‹ (Autobiographie). Günther Weisenborn: ›Die Illegalen‹, ›Babel‹ (Dramen). Wolfgang Borchert: › Laterne, Nacht und Sterne‹ (Gedichte). Johannes R. Becher: ›Erziehung zur Freiheit‹ (Essays), ›Heimkehr‹ (Lyrik). Erich Maria Remarque: ›Der Triumphbogen‹ (Roman). Tod von Gerhart

Hauptmann. Hermann Hesse erhält den Literatur-Nobelpreis. Reihe ›RoRoRo‹ (Rotationsromane des Ernst Rowohlt Verlages) gegründet: anspruchsvolle Literatur auf preiswertem Zeitungspapier und in Zeitungsdrucktechnik, Auflage je Band 50000 und 100000 Exemplare.

Geschichte: Nürnberger Kriegsverbrecherprozesse der Alliierten: Zum Tod verurteilt: Göring (Selbstmord vor Vollstreckung), Ribbentrop, Keitel, Kaltenbrunner, Rosenberg, H. Frank, Frick, Streicher, Jodel, Bormann (in Abwesenheit), Sauckel, Seyß-Inquart. Lebenslange Haft erhalten Heß, Funk und Raeder, langjährige Freiheitsstrafen für v. Schirach, Speer, v. Neurath und Dönitz. Freispruch für Schacht, v. Papen und Fritzsche. Entnazifizierungsgesetze und Jugendamnestie für Jahrgänge 1919 und jünger. In Ostdeutschland Zwangsvereinigung der SPD und KPD zur SED (›Sozialistische Einheitspartei Deutschlands‹) unter Wilhelm Pieck und Otto Grotewohl, in den westlichen Besatzungszonen werden Konrad Adenauer zum Vorsitzenden der CDU und Kurt Schumacher zum Vorsitzenden der SPD gewählt.

Werke:
Erzählungen:
   Alte Feuerstätten
   Der arme Neapolitaner
   Der bestohlene Arzt
   Der Ententeich
   Der gestohlene Schimmel
   Der Heimkehrer
   Der kleine Jü-Jü
   Der Pott in der U-Bahn
   Der Streit um das Feuerwerk
   Der weise Schäfer
   Die Bucklige, (M.)
   Die bunte Papageienfeder
   Die drei Saufbrüder
   Die gute Wiese
   Die Leiter im Kirschbaum
   Junge Liebe, (M.) vielleicht auch – (Junge Liebe zwischen Trümmern)
   Pfingstgruß an Achim
   Um achtzig Mark
   Weihnachten der Pechvögel
Artikel:
   Ein Roman wird begonnen

1947
5.2.: Rudolf Ditzen stirbt im Alter von 53 Jahren und wird auf dem Schönholzer Friedhof beigesetzt.

Literatur: Oskar Maria Graf: ›Unruhe um einen Friedfertigen‹ (Roman). Wolfgang Borchert: ›An diesem Dienstag‹ (Erzählungen), ›Die Hundeblume‹ (Erzählungen), ›Draußen vor der Tür‹ (Hörspiel und Drama). Thomas Mann: ›Doktor Faustus‹ (Roman). Arnold Zweig: ›Das Beil von Wandsbek‹ (Roman). Rudolf Leonhard: ›Geiseln‹ (Tragödie). Stefan Andres: ›Die Hochzeit der Feinde‹ (Roman).Tod Wolfgang Borcherts. Gründung der literarischen ›Gruppe 47‹ mit Heinrich Böll, Ingeborg Bachmann, Wolfdietrich Schnurre, Martin Walser, Günter Grass, Hans Magnus Enzensberger und anderen.

Geschichte: Auflösung des preußischen Staates. Internationale Reparationskonferenz setzt deutsche Reparationen von 20 Milliarden Mark fest, 10 Milliarden davon gehen an die UdSSR. Demontageliste für Westdeutschland nennt 918 Werke, die Demontage in Ostdeutschland wird beendet, Reparationszahlungen jedoch aus laufender Produktion. Außenministerkonferenzen in Moskau und London bringen keine Einigung: Verschärfung des Konflikts zwischen der UdSSR und den Westmächten über die Deutschlandfrage. Zusammenschluß der britischen und amerikanischen Besatzungszone führt zur Bizone in Westdeutschland (wird 1948 durch Beitritt der Franzosen zur Trizone erweitert) und bildet den territorialen Rahmen für die spätere Bundesrepublik (1949). Marshall-Plan der USA: Hilfsprogramm im Gesamtwert von rund 20 Milliarden Dollar für Europa. Wirtschaftszuschüsse sowie Maschinen- und Rohstofflieferungen für insgesamt 16 europäische Länder, darunter auch Deutschland.

Werke posthum in Buchausgaben:
1947
Romane:
    Der Alpdruck
    Jeder stirbt für sich allein
Erzählungen:
    Unser täglich Brot

1948
Erzählungen:
    Zwei zarte Lämmchen, weiß wie Schnee

1950
Romane:
  Der Trinker

1953
Romane:
  Ein Mann will nach oben / hinauf

1954
Romane:
  Die Stunde eh' du schlafen gehst
Erzählungen:
  Fridolin, der freche Dachs'

1955
Erzählungen:
  Der tödliche Rausch / Sachlicher Bericht über das Glück, ein
  Morphinist zu sein

1967
Erzählungen:
  Länge der Leidenschaft
Artikel:
  Wie ich Schriftsteller wurde

1971
Artikel:
  Greifswalder Gefängnistagebuch

1985
Erzählungen:
  Besuch bei Tändel-Maxe
  Liebe Lotte Zielesch
  Mein Freund, der Ganove

1992
Lyrik:
  An Jagusch
  Dulder
  Erster Dichter
  Fremdheit
  Pulverdampf über dem Erschossenen
  Sträfling

Stummes Herz
Tannenfeld
Zueignung

1993
Romane:
 Im Blinzeln der großen Katze
Lyrik:
 Dank der Schönheit
Erzählungen:
 Der Apparat der Liebe
 Die große Liebe
 Die Kuh, der Schuh, dann du

1994
Romane:
 Dies Herz, das dir gehört

1995
Romane:
 Wizzel Kien – der Schalk von Schalkemaren
Artikel:
 Von mir über mich

Literatur

(K) = verwendete Abkürzungen beim wiederholten Zitieren

Ayaß, Wolfgang: Keiner hat die Bettler vor der Razzia gewarnt. Wie Wohlfahrtsverbände, Presse und Rundfunk Hand in Hand mit den Nazis gegen die Armen vorgingen. In: Frankfurter Rundschau vom 11. 9. 1993.

Alverdes, Paul: Neue deutsche Romane, in: Die Neue Rundschau, Heft 8, August 1931, S. 268–269. (Zu: Bauern, Bonzen und Bomben).

Améry, Jean: Zeitbetrachtungen, unpolitische und politische, in: Frankfurter Rundschau vom 3. 1. 1981. (Zu: Kleiner Mann – was nun?).

Anonym: (Kurt Kersten): Der Weg zu Blubo, in: Neue Deutsche Blätter Nr. 2, 1934/35, S. 62. (Zu: Wir hatten mal ein Kind).

Antkowiak, Alfred: Ist Falladas Trinker unnötig?, in: Sonntag, 16. 5. 1954.

Arntzen, Helmut (Hrsg.): Literaturwissenschaft und Geschichtsphilosophie. Festschrift für Wilhelm Emrich. Berlin, New York 1975.

Bächler, Wolfgang: Kleiner Autor, großer Autor – alles vertauscht, in: Frankfurter Hefte, Nr. 8, August 1951, S. 597–598.

Bakonie, Else Marie: Offener Brief an Hans Fallada, in: Neuer Hannoverscher Kurier vom 31. 12. 1945. (K) = Bakonie: Offener Brief.

Becher, Johannes R.: Was nun? Zu Hans Falladas Tod, in: Aufbau, Heft 2, 3. Jahrg. 1947, S. 97–101.

Becher, Lilly: Ein Kronzeuge des ›kleinen Mannes‹. Ein Beitrag zum 5. Todestag des Dichters Hans Fallada, in: Neues Deutschland vom 5. 2. 1952.

Brandt, Sabine: ›Der Trinker‹ – Ein Protest gegen die Unmenschlichkeit, in: Sonntag, 2. 5. 1954.

Breßlein, Erwin: Von der rechtsradikalen dramatischen Literatur der Weimarer Republik zur Nationalsozialistischen, in: Thunecke, Jörg, (Hrsg.): Leid der Worte, S. 46–71.

Breuning, Christa: Die Reise nach Carwitz, in: Der Tagesspiegel Nr. 9561 vom 6. 3. 1977.

Broem, Helmut M.: Kleiner Mann – was dann? Nachdenkliche Erinnerung, in: Stuttgarter Zeitung vom 19. 7. 1969.

Brüning, Jens: Zwei weiße Lämmchen – weiß wie Schnee. Hans Fallada zum 100. Geburtstag. Sendung: Essay und Lektüre, DS-Kultur vom 23.7.93. (Mitschnitt und Abschrift).

416

Capek, Karel: Der Krieg mit den Molchen. Deutsch von Erika Glase-rowa. Berlin und Weimar 1887.

Caspar, Günter: Becher und Fallada, in: Die Weltbühne Nr. 29 vom 16.7.1968, S. 917–920.

Caspar, Günter: Nachwort/zum Text. (Zu: Der Eiserne Gustav), in: Fallada, Hans: Der eiserne Gustav. Ausgabe für die Deutsche Demokratische Republik. 3. Aufl. Berlin und Weimar 1965, S. 755–837. (K) = Caspar: Gustav.

Caspar, Günter: Nachwort. (Zu: Stadtschreiber) in: Fallada, Hans: Märchen vom Stadtschreiber, der aufs Land flog, Berlin 1991, S. 267–293. (K) = Caspar: Nachwort Stadtschreiber.

Caspar, Günter: Fallada- Studien, Berlin und Weimar 1988. (K) = Caspar.

Caspar, Günter: Hans Fallada, Geschichtenerzähler, in: Fallada, Hans: Gute Krüseliner Wiese rechts. Berlin und Weimar 1951, S. 523–659.

Caspar, Günter: Kuh-Schuh-du. Frühe Erzählungen aus Falladas Nachlaß, in: Neue deutsche Literatur, Nr. 5/1993, (485. Heft), S. 126–136.

Caspar, Günter: Nachwort, in: Fallada, Hans: Ausgewählte Werke in Einzelausgaben. Herausgegeben von Günter Caspar, Bd. III, Berlin und Weimar 1971, S. 601–663. (K) = Caspar: Nachwort.

Caspar, Günter: Poet des kleinen Mannes, in: Sonntag Nr. 30 vom 20.7.1963 (Zu: Der eiserne Gustav).

Caspar, Günter: Rekonstruktion eines Romans, in: Neue Texte. Almanach für deutsche Literatur Nr. 1, 1962, S. 353–375 (Zu: Der eiserne Gustav).

Caspar, Günter: Zu Falladas Frühwerk, in: Fallada, Hans: Frühe Prosa. Falladas Frühwerk in zwei Bänden, Berlin und Weimar 1993, Bd. 2, S. 423–540. (K) = Caspar: Frühwerk.

Crepon, Tom: Leben und Tode des Hans Fallada, 9. Aufl. Leipzig 1992. (K) = Crepon: Leben und Tode.

Crepon, Tom: Literarisches Schaffen in äußerster Isolation, in: Wolff, Rudolf (Hrsg.) Hans Fallada. Werk und Wirkung.

Crepon, Tom/Dwars, Marianne: An der Schwale liegt (k)ein Märchen. Hans Fallada in Neumünster. Neumünster 1993. (K) = Crepon/Dwars.

Cuomo, Glenn, R.: Hanns Johst und die Reichsschrifttumskammer. Ihr Einfluß auf die Situation im Dritten Reich, in: Thunecke, Jörg, (Hrsg): Leid der Worte, S. 108–132. (K) = Cuomo.

Dederke, Karlheinz: Berlin ist mir verhaßt und schädlich. (Literaturort Berlin, Folge. 22) Hans Fallada – Leben und Sterben des kleinen Mannes, in: Der Tagesspiegel vom 21.7.1993, S. 15.

Deutsche Hauptstelle gegen die Suchtgefahren (Hrsg.): Drogen und Sucht. (Broschüre), Hamm, Hannover 1993. (K) = Drogen.

Ditzen, Elisabeth (Mutter): Meine Erinnerungen, Manuskript, Hans-Fallada-Archiv Feldberg, o.D. (K) = Ditzen, E.: Erinnerungen.

Ditzen, Elisabeth (Mutter): Unsere lieben Vier. Manuskript, o. D., Hans-Fallada-Archiv Feldberg, o.D.

Ditzen, Wilhelm (Vater): Meine Erinnerungen, Teil 1 und 2, Manuskript, Hans-Fallada-Archiv Feldberg, o.D. (K) = Ditzen, W.: Erinnerungen.

Dünnebier, Enno: Hans Fallada 1893 -1947. Eine Bibliographie. (Federlese), Neubrandenburg 1993.

Edschmid, Ulrike: Diesseits des Schreibtisches. Lebensgeschichten von Frauen schreibender Männer, Frankfurt am Main 1990. (K) = Edschmid.

Edwards, Griffith: Arbeit mit Alkoholkranken. Ein praktischer Leitfaden für die helfenden Berufe. Aus dem Englischen von Lieselotte Mietzner. Weinheim, München 1986. (K) = Edwards.

Eggebrecht, Axel: Der halbe Weg, 2. Aufl. Reinbek bei Hamburg 1976.

Ehrenstein, Albert: Wer einmal aus dem Blechnapf frißt. Zu Hans Falladas neuem Roman, in: Internationale Literatur, Heft 3, 1934.

Evangelischer Arbeitskreis Kirche und Israel in Hessen und Nassau (Hrsg.): Die Reichskristallnacht. 9. November 1938/9. November 1978. 3. Aufl., Frankfurt am Main 1978.

Farin, Klaus: Hans Fallada – ›Welche die sind, die haben kein Glück‹, München 1993.

Filoda, Baldur/Rübsaat, Hubert: Nürnberger Gesetze. Hörfunk-Feature vom 15.9.1985, (Forum), Radio Bremen III, Mitschnitt und Abschrift.

Franck, Sebastian: Wirtschaft am Tage vor der Diktatur, in: Weltbühne Nr. 25 vom 23.6.1931, S. 909–919. (K) = Franck: Weltbühne.

Frings, Ute: Kulturschaffende erhielten Lebensmittelkarte für einen Schwerarbeiter, in: Frankfurter Rundschau vom 28.9.1994, S. 1.

Fritsch, Patricia: Der Roman ›Kleiner Mann – was nun?‹ im Spiegel der deutschen Presse, in: Müller-Waldeck/Ulrich: Beiträge, S. 249–272. (K) = Fritsch: Spiegel.

Gehler, Fred: Sich selbst kannte er nicht. In: Sonntag Nr. 21, 1988, S. 5. (Zu: DEFA-Film: ›Fallada – letztes Kapitel‹).

Gehring, Peter: Ich weiß ein Haus am Wasser. Filmische Dokumentation des Teleclub anläßlich des 100. Geburtstages von Hans Fallada, Bayerischer Rundfunk 21.7.1993; Wortlaut-Skipt der Video-Aufnahme. (K) = Gehring: Haus.

Genazino, Wilhelm: Der Alltag denkt nicht. Bemerkungen über den heimlichen Bestsellerautor Fallada, in: Frankfurter Rundschau Nr. 106 vom 7.5.1977, S. III.

Gessler, Alfred: Hans Fallada. Leben und Werk. (Schriftsteller der Gegenwart), Berlin 1976.

Geyer-Ryan, Helga: Wunschkontrolle – Kontrollwünsche. Die Gleichschaltung der Populärliteratur im Dritten Reich, in: Thunecke, Jörg: (Hrsg.): Leid der Worte, S. 177–206. (K) = Geyer-Ryan.

Gilman, Sander, L.: NS-Literaturtheorie. Eine Dokumentation, Frankfurt am Main 1971.

Grewe, J.: Die Verordnung über den Nachweis der Zugehörigkeit zur Reichsschrifttumskammer, in: Zeitungswissenschaft, Heft 2, Berlin 1942, S. 106–110.

Grieser, Dietmar: Musen leben länger. Begegnungen mit literarischen Witwen, Frankfurt am Main 1972.

Gulitz (= Leuteritz, Gustav): Vor allem die Jugend retten. Gespräch mit dem Dichter Hans Fallada, in: Tägliche Rundschau vom 25.10.1945.

Hans-Fallada-Verein Greifswald (Hrsg:): Fallada. Leben und Werk. 1893–1993. Ehrung zum 100. Geburtstag. Greifswald 1993. (K) = Hans-Fallada-Verein: 100. Geburtstag.

Hartlage-Laufenberg, Barbara: Kündigung und Kündigungsschutz in Hans Falladas Roman ›Kleiner Mann – was nun?‹ NJW, Heft 30, 1994, S. 1930–33.

Heiber, Beatrice und Helmut, (Hrsg.): Die Rückseite des Hakenkreuzes. Absonderliches aus den Akten des Dritten Reiches, München 1993.

Heinrichs, Charlotte: Wirklichkeit und Wirksamkeit des Dichters Hans Fallada, in: Berliner Hefte, Nr. 4, 1947, S. 243–250.

Hesse, Hermann, Wer einmal aus dem Blechnapf frißt und Kleiner Mann – was nun, Rezensionen 1932 und 1934, in: Michels, Volker (Hrsg.): Hermann Hesse. Eine Literaturgeschichte in Rezensionen und Aufsätzen, S. 534–538.

Hieronimi, Martin: Das Ende der literarischen ›Bourgeoisie‹ in Europa (1938), in: Gilman, Sander: NS-Literaturtheorie, S. 204–216.

Hirsch, Kurt: Rechts von der Union. Personen, Organisationen, Parteien seit 1945, München 1989.

Hitler, Adolf: Deutsch sein, heißt klar sein: Zur Theorie der Dekadenz, (1937) in: Gilman, Sander: NS-Literaturtheorie, S. 174–182.

Höpcke, Klaus: Falladas Leben – das war Schaffen vor allem. Ansprache zur Festveranstaltung zum 80. Geburtstag am 20.7.1973 im Kulturhaus Feldberg, Nachdruck.

Höpcke, Klaus: ›Weil ich der bin, der ich wurde‹. – Zum 80. Geburtstag von Hans Fallada, in: Sonntag Nr. 31 vom 5. 8. 1973.

Huber, Michaela: Multiple Persönlichkeiten. Überlebende extremer Gewalt. Ein Handbuch (Die Frau in der Gesellschaft) Frankfurt am Main 1995. (K) = Huber: multiple.

Hühnerfeld, Paul: Ballade von einem Mann, der hinauf will. Gedanken anläßlich eines ›neuen‹ Fallada-Romans, in: Die Zeit vom 25. 2. 1954. (Zu: Ein Mann will nach oben/hinauf).

Hyan, Hans: Der Richter unterm Hakenkreuz, in: Die Weltbühne Nr. 31 vom 7. 4. 1931, S. 481–487.

Jakobs, Theodor: Inventur, in: Der Student in Mecklenburg-Lübeck, Gau-Zeitung der Hoch-und Fachschulen Nr. 2, Rostock, vom 5.2. 1934.

Joho, Wolfgang: Fallada – Größe und Grenzen einer Begabung, in: Neue deutsche Literatur, Heft Nr. 7, Juli 1963, S. 152–155.

Jürss, Detlev: Rausch und Realitätsflucht: Eine Untersuchung zur Suchtproblematik im Romanwerk Hans Falladas. (Diss.), Konstanz, 1985.

Kenter, Heinz Dietrich: Bauern, Bonzen und Bomben (Rezension), in: Die Literatur, Heft 10, 1931, S. 585–586.

Kersten, Kurt: Der Weg zu Blubo, in: Neue deutsche Blätter, Nr. 2, 1934/35, S. 62.

Kersten, Kurt: Kufalt und der Mann in ›seinem Eigen‹, in: Neue Deutsche Blätter Nr. 2, 1934, S. 56- 58.

Kiaulehn, Walther: Mein Freund der Verleger. Ernst Rowohlt und seine Zeit, Reinbek bei Hamburg 1967. (K) = Kiaulehn.

Kippenberger, Susanne: Tanz mit Hans im Biergarten, in: Der Tagesspiegel Nr. 14611 vom 11. 7. 1993, S. V.

Kiwitz, Heinz: Enaks Geschichten. Mit einem Vorwort von Hans Fallada, Berlin 1991.

Klemperer, Victor: Ich will Zeugnis ablegen bis zum letzten. Tagebücher 1933–1945; 3. Aufl. Berlin 1995.

Kluckhohn, Paul: Die konservative Revolution in der Dichtung der Gegenwart (1933) in: Gilman, Sander: NS-Literaturtheorie, S. 183–203.

Köpke, Wulf: Volk und Dichtung, in: Thunecke, Jörg, (Hrsg.): Leid der Worte, S. 153–176.

Koeser, Hans: Hat doch keinen Zweck'. Anmerkungen zu Hans Fallada: Wir hatten mal ein Kind. Eine Geschichte und Geschichten, in: Neue Deutsche Blätter Nr. 2, 1934/35, S. 239–243. (K) = Koeser.

Kramberg, K.H. : Die Kuh, der Schuh, dann du, in: Süddeutsche Zeitung Nr. 8 vom 12. 1. 1994, S. 12.

Kriener, Adolf: Dirnen, Zuhälter und Spelunken. Zu Falladas ›eisernen‹ Gustav, in: Bücherkunde, Heft 3, März 1939, S. 136–139.

Krohn, Claus-Dieter: Hans Fallada und die Weimarer Republik. Zur Disposition kleinbürgerlicher Mentalitäten vor 1933, in: Arntzen, Helmut (Hrsg.): Literaturwissenschaft und Geschichtsphilosophie, S. 507–522.

Kuczynski, Jürgen: Gestalten und Werke. Soziologische Studien zur deutschen Literatur, Berlin und Weimar 1969.

Kuczynski, Jürgen: Hans Fallada – was nun? Oder: Macht und Idylle, in: Kuczynski, Jürgen: Gestalten und Werke, S. 350–358.

Kuhnke, Manfred: ... daß ihr Tod nicht umsonst war! Authentisches und Erfundenes in Hans Falladas letztem Roman. Neubrandenburg 1991.

Kuhnke, Manfred: Szene im Hörsaal – Eine Episode an Falladas Lebensende, in: Neue deutsche Literatur, Nr. 12, 1991, S. 167–172.

Kunert, Günter: Von höherer Warte. Tom Crepons Biographie über Hans Fallada, in: Frankfurter Allgemeine Zeitung vom 6.4.1982, S. L 8.

Lange, Sabine: Die Spur nach Palästina. Fallada-Briefwechsel entdeckt, in: Sonntag Nr. 30, 1988, S. 4.

Lange, Sabine: ›Wir haben nicht nur das Chaos, sondern wir stehen an einem Beginn...‹ Hans Fallada. 1945–1947. (Federlese) Neubrandenburg 1988. (K) = Lange: Federlese.

Lange, Sabine: Im Mäckelnbörgischen, in der Welteneinsamkeit. Hans Fallada in Carwitz und Feldberg (1933–1945), Neubrandenburg 1995. (K) = Lange, S.: Welteneinsamkeit.

Lange, Sabine: Nerven, zart wie Wasserpflanzen – Hans Fallada in Carwitz, in: Stier und Greif, Blätter zur Kultur und Landesgeschichte in Mecklenburg-Vorpommern, Schwerin 1993, S. 79–84.

Langenbucher, Hellmuth: Hans Fallada, in: Deutsches Volkstum, 2. Halbjahr 1934, S. 986–993. (K)= Langenbucher: Fallada.

Langenbucher, Hellmuth: Volk und Dichter: (Thesen zu einer völkischen Theorie der Diktatur, 1939) in: Gilman, Sander: NS-Literaturtheorie, S. 15–20.

Latzkow, Bettina: Auf Falladas Spuren in Hinterpommern, in: Hans-Fallada-Verein Greifswald (Hrsg.): Fallada. Leben und Werk, S. 16–22.

Le Bars, Michelle: Die Landvolkbewegung in Schleswig-Holstein, in: Müller-Waldeck/Ulrich: Beiträge, S. 67–99.

Leiser, Erwin: ›Mein Kampf‹. Eine Bilddokumentation. Hamburg 1962.

Lemmer, Theodor: Hans Fallada. Eine Monographie, Fribourgh 1961.

Lenning, Walter: Eine verfehlte ›Entschlackung‹, in: Sonntagsblatt Nr. 40 vom 5. 10. 1958. (Zu: Der eiserne Gustav).

Liersch, Werner: Anzeige einer Möglichkeit – Bekanntmachung eines Verlustes, in: Wolff, Rudolf (Hrsg.): Hans Fallada – Werk und Wirkung, S. 125–141. sowie: Neue deutsche Literatur, Heft 12, 1982, S. 116–128.

Liersch, Werner: ›Der Alpdruck‹ von Hans Fallada – ein ›document humain‹. ›Der durchschnittliche Deutsche‹ in: Neues Deutschland vom 17. 5. 1995, S. 9.

Liersch, Werner: Die dritte Dimension, in: Neue deutsche Literatur, Heft 7, Juli 1965, S. 167–172.

Liersch, Werner: Die versteckte Biographie. Zum 100. Geburtstag Hans Falladas, in: Freitag Nr. 29 vom 16. 7. 1993, S. 12.

Liersch, Werner: Gefährte Fallada, in: Neue deutsche Literatur, Heft 5, 1981, S. 87–111.

Liersch, Werner: Hans Fallada – Damals bei uns zu Haus. Orte seines Lebens, Berlin o. D. (ca 1993).

Liersch, Werner: Hans Fallada. Sein großes – kleines Leben, erweiterte Neuausgabe, Hildesheim 1993. (K) = Liersch: Fallada.

Loewy, Ernst: Literatur unterm Hakenkreuz. Das Dritte Reich und seine Dichtung, 3. überarb. Auflage, Frankfurt am Main 1977. (K) = Loewy: Literatur.

Lohs, Karlheinz/ Martinez, Dieter: Gift: Magie und Realität – Nutzen und Verderben, München 1987.

Loohuis, Wilhelmus J.: Hans Fallada in der Literaturkritik. Ein Forschungsbericht, Bad Honnef/ Zürich1979.

Lukacs, Georg: Hans Fallada – Die Tragödie eines begabten Schriftstellers unter dem Faschismus, in: Sammlung 3, Jahrbuch für antifaschistische Literatur und Kunst, Frankfurt 1980, S. 59–71.

Manthey, Jürgen: Hans Fallada in Selbstzeugnissen und Bilddokumenten. (rowohlts monographien, Bd. 78) Reinbek bei Hamburg, 1963. (K) = Manthey.

Manthey, Jürgen: Hans Fallada oder die unbewältigte Krise, in: Frankfurter Hefte, Nr. 3, 1963, S. 193–198.

Martinez, Dieter: Rauschdrogen und Stimulantien: Geschichte, Fakten, Trends. Leipzig, Jena, Berlin 1994. (K) = Martinez.

Mayer, Dieter (Hrsg.): Hans Fallada: Kleiner Mann – was nun? Historische, soziologische, biographische und literaturgeschichtliche Materialien zum Verständnis des Romans. Frankfurt am Main, Berlin, München 1978.

Mayer, Paul: Ernst Rowohlt, (Sonderdruck des Rowohlt Verlages zum 80. Geburtstag Ernst Rowohlts), Reinbek bei Hamburg 1968. (K) = Mayer: Rowohlt.

422

Michels, Volker, (Hrsg.): Hermann Hesse: Eine Literaturgeschichte in Rezensionen und Aufsätzen. Frankfurt am Main 1975.

Moscher, Richi: Too much. Erste Hilfe bei Drogenvergiftungen. 2. verbesserte Aufl. (Der Grüne Zweig 172), Löhbach o. D (ca 1995/ 96). (K) = Too much.

Motylewa, Tamara: Das Schicksal eines deutschen Schriftstellers, in: Wolff, Rudolf: Hans Fallada. Werk und Wirkung, S. 102–116.

Mück, Holmar-Attila: Lokaltermin bei einer Legende. Nachtrag zu einem Film über Anna Ditzen-Fallada, in: Sonntag Nr. 10, 1986, S. 4.

Müller-Waldeck, Gunnar: Der Schatten des Vaters. Gespräch mit Achim und Rosemarie Ditzen, in: Müller-Waldeck/Ulrich: Neues von, S. 194–203.

Müller-Waldeck, Gunnar: Der Feldberger Nachkriegsbürgermeister R.D. im Jahr 1945, in: Müller-Waldeck/Ulrich: Neues von, S. 161–172. (K)= Müller-Waldeck: Feldberger Nachkriegsbürgermeister.

Müller-Waldeck, Gunnar: Der Sohn des Landrichters, in: Hans Fallada-Verein Greifswald, (Hrsg.): Fallada. Leben und Werk, S. 8–11.

Müller-Waldeck, Gunnar/Ulrich, Roland: Er war der eiserne Gustav. Die Geschichte des legendären Kutschers Gustav Hartmann. Frankfurt am Main/Berlin 1994.

Müller-Waldeck, Gunnar: Fragen um Hans Fallada. In: Müller-Waldeck/Ulrich: Beiträge, S. 9–25.

Müller-Waldeck, Gunnar/Ulrich, Roland, (Hrsg.): Hans Fallada. Beiträge zu Leben und Werk. Materialien der 1. Internationalen Hans-Fallada-Konferenz in Greifswald vom 10.06. bis 13.06.1993, Rostock 1995. (K) = Müller-Waldeck/Ulrich: Beiträge.

Müller-Waldeck, Gunnar/Ulrich, Roland: Neues von daheim und zu Haus. Erinnerungen an Hans Fallada. Gespräche – Betrachtungen – Dokumente. Berlin 1993. (K) = Müller-Waldeck/Ulrich: Neues von.

Müller-Waldeck, Gunnar: Rudolf Ditzen hinter südschwedischen Gardinen, in: Hans-Fallada-Verein Greifswald (Hrsg.): Fallada. Leben und Werk, S. 29–32.

Müller-Waldeck, Gunnar: Unter dem Zugriff der Macht, in: Hans-Fallada-Verein Greifswald (Hrsg.): Fallada. Leben und Werk, S. 39–41.

Nadler, Josef: Die völkische Literaturbetrachtung: Nation, Staat und Dichtung (1934) in: Gilman, Sander: NS-Literaturtheorie, S. 1–14.

Nolte, Jost: Schnaps für kleine Helden, in: Die Welt vom 3.2.1967.

Ohff, Heinz: Hans Fallada und Hans Hermann Theobald, in: Der Tagesspiegel Nr. 10390 vom 25. 11. 1979, S. 58 (Zu: Der eiserne Gustav).

Pohl, Gerhart: Klassenjustiz : Leipzig und Moskau in: Die Weltbühne Nr. 29 vom 21. 7. 1925, S. 78–82.

Piltz, Georg: Epiker der kleinen Leute, in: Heute und Morgen, Jahrg. 1952, S. 277–278.

Pschyrembel, Willibald (Hrsg.): Klinisches Wörterbuch mit klinischen Syndomen und Nomina Anatomica. 256. neu bearbeitete Aufl., Berlin, New York 1990.

Rein, Hans: Die große Literatur des kleinen Mannes. Der Fall Fallada, in Wolff, Rudolf (Hrsg.): Hans Fallada. Werk und Wirkung, S. 94–101.

Rhodes, Antony: Propaganda. Illustrierte Geschichte der Propaganda im 2. Weltkrieg. Aus dem Englischen von Alfred P. Zeller. Stuttgart 1993.

Richter, Trude: Der gleichgeschaltete Fallada, in: Internationale Literatur 5, 1935, Heft 4, S. 103–106.

Rinner, Erich (Hrsg.): Deutschland-Berichte der Sozialdemokratischen Partei Deutschlands. (Sopade), 1934–1940, Nachdruck, 3. Aufl. Frankfurt am Main 1980. (K) = Sopade.

Römer, Ruth: Dichter des kleinbürgerlichen Verfalls. Vor zehn Jahren starb Hans Fallada, in: Neue deutsche Literatur 5, Heft 2, 1957, S. 120–131.

Sadek, Martin: Bauern, Bonzen und Bomben. Realität und Roman, in: Wolff, Rudolf (Hrsg.): Hans Fallada. Werk und Wirkung, S. 42–63.

Sager, Peter: ›Jeder stirbt für sich allein‹, in: Zeit-Magazin Nr. 4 vom 16. 1. 1981.

Salomon, Ernst von: Der Fragebogen. Hamburg 1951.

Sarkowicz, Hans: Die literarischen Apologeten des Dritten Reiches. Zur Rezeption der vom Nationalsozialismus gefährdeten Autoren nach 1945, in: Thunecke, Jörg (Hrsg.): Leid der Worte, S. 435–459.

Schnell, Rolf: Was ist ›Nationalsozialistische Dichtung‹?, in: Thunecke, Jörg, (Hrsg.): Leid der Worte, S. 28–45. (K) = Schnell.

Schroeder, Max: Hans Fallada. Zum Erscheinen seines nachgelassenen Romans ›Der Trinker‹, in: Neue deutsche Literatur, Heft 12, Dezember 1953, S. 124–130.

Schwabe, Harriet: Ausbrüche, die nicht ins Freie führten, in: Hamburger Abendblatt Nr. 166 vom 21. 7. 1993, S. 3.

Schwachhofer, René: Hans Falladas Roman ›Wolf unter Wölfen‹, in: Die Nation, Nr. 9, 1956, S. 656–662.

Seeger, Fred: Fallada in Carwitz, in: Wochenpost Nr. 6 vom 4. 2. 1977, S. 13–15.

Sopade: siehe: Rinner, Erich: Deutschland-Berichte.

Staatsanwaltschaft bei dem Landgerichte zu Rudolstadt: Akten in Untersuchungssachen wider den Unterprimaner Rudolf Ditzen 1911–1912. (K) = Akten.

Staff, Ilse, (Hrsg.): Justiz im Dritten Reich. Eine Dokumentation, Frankfurt/Main 1964. (K) = Staff: Justiz.

Sumerauer, Horst: Und danach war Stille – Das Hinübertreiben ins Nichts. Hörfunk Feature am 24.7.1993 zu Hans Falladas 100. Geburtstag, (Literarische Stunde) in: DS-Kultur, 16–17°°. Bandaufnahme und Abschrift.

Ter-Nedden, Eberhard: Ein Wort über Fallada, in: Bücherkunde Nr. 8, 1941, H II, S. 326–333.

Terwort, Gerhard: Hans Fallada im ›Dritten Reich‹. Dargestellt an exemplarisch ausgewählten Romanen. (Europäische Hochschulschriften, Reihe I. Deutsche Sprache und Literatur, Bd. 1342). Frankfurt am Main 1992.

Theilig, Ulrike/Tötenberg, Michael: Das Dilemma eines deutschen Schriftstellers. Hans Fallada und der Faschismus, in: Sammlung 3, Jahrbuch für antifaschistische Literatur und Kunst, Frankfurt 1980, S. 72.

Thöming, Jürgen, C.: Hans Fallada als verlorener Sohn Johannes Gäntschow, in: Müller-Waldeck/Ulrich: Beiträge, S. 183–210.

Thoenelt, Klaus: Innere Emigration: Fiktion oder Wirklichkeit? Literarische Tradition in den Werken Ernst Wiecherts, Hans Carossas und Hans Falladas, in: Thuneke, Jörg (Hrsg.): Leid der Worte, S. 300–320. (K) = Thoenelt.

Thunecke, Jörg (Hrsg.): Leid der Worte. Panorama des literarischen Nationalsozialismus (Abhandlungen zur Kunst, Musik und Literaturwissenschaft, Bd. 387), Bonn 1987. (K) = Thunecke: Leid.

Thunecke, Jörg: NS-Schrifttumspolitik. Am Beispiel der vertraulichen Mitteilungen der Fachschaft Verlag (1935–1945), in: Thunecke, Jörg, (Hrsg.): Leid der Worte, S. 133–152.

Trees/Whiting/Omansen u. a.: Stunde Null in Deutschland. Die westlichen Besatzungszonen 1945–1948, Düsseldorf 1980.

Tucholsky, Kurt, siehe: Wrobel, Ignaz (Pseudonym)

Türk, Werner: Talent und Fascismus, (Rezension), in: Die Neue Weltbühne Nr. 31, 1931, S. 783–785. (Zu: Wir hatten mal ein Kind).

Ueding, Gert: Anwalt der Absteiger. Hans Fallada würde heute 100. In: Die Welt vom 21.7.1993.

Ulrich, Roland: Antialkoholiker, Annoncenwerber, Lokalreporter – ein Existenzkampf in der Provinz. In: Müller-Waldeck/Ulrich: Neues von, S. 51–56.

425

Ulrich, Roland: Für Stralsund erfand Fallada einen Polizeimajor, in: Hans-Fallada-Verein (Hrsg.): Fallada. Leben und Werk, S. 36–38.

Ulrich, Roland: Johannes Kagelmacher: Spökenkieker, Sonderling und verläßlicher Freund, in: Hans-Fallada-Verein Greifswald, (Hrsg.): Fallada. Leben und Werk, S. 23–28.

Unger, Wolfgang: Bauern, Bonzen und Bomben. (Rezension) in: Weltstimmen, Heft 9, September 1931, S. 410–413.

Vallery, Helmut: Enthistorisierte Geschichte. Der nationalsozialistische Roman, in: Thunecke, Jörg, (Hrsg.): Leid der Worte, S. 90–107.

Vogel, Marion: Bechers Bemühungen um Hans Fallada, in: Weimarer Beiträge, Heft 4, 1990, S. 674–679.

Weisser Ring: Rauschgift ohne mich. Informationen zur Rauschgiftproblematik. Herausgegeben im Auftrag des Innenministeriums Baden-Württemberg vom Landeskriminalamt. 8. überarbeitete Aufl., Mainz 1994. (K) = weisser Ring.

Wieman, Mathias: Zur Woche des deutschen Buches. Hörfunkmanuskript 5. 11. 1937 (Zu: Wolf unter Wölfen)

Willrich, Wolfgang: Säuberung des Kunsttempels. Eine kunstpolitische Kampfschrift zur Gesundung deutscher Kunst im Geiste nordischer Art. 2. Auflage, München, Berlin 1938.

Winkler, W.: Fallada, in: Internationale Literatur 5, Heft 11, Moskau 1935, S. 110–112. (Zu: Wir hatten mal ein Kind).

Wolff, Rudolf (Hrsg.): Hans Fallada. Werk und Wirkung. (Sammlung Profile, Bd. 3), Bonn 1983. (K) = Wolff: Werk.

Wolff, Rudolf: Psychogramm eines Volksschriftstellers, in: Wolff, Rudolf (Hrsg.): Hans Fallada. Werk und Wirkung, S. 8–17.

Wrobel, Ignaz (Pseudonym von Kurt Tucholsky): Bauern, Bonzen und Bomben. (Rezension) in: Die Weltbühne Nr. 14, 1931, S. 496–501. (K) = Tucholsky: Bauern, Bonzen.

Zachau, Reinhard K.: Hans Fallada als politischer Schriftsteller. (American University Studies, Series 1, German language and Literature, Bd. 83). New York, Bonn, Frankfurt am Main, Paris 1990.

Anmerkungen

Kapitel 1: »Sie bringen ihn – er lebt noch!«

1 s. Ditzen, Wilhelm, Erinnerungen, zitiert bei: Liersch, Werner: Hans Fallada. Sein großes kleines Leben. (Claassen-Verlag), Erweiterte Neuausgabe, Hildesheim 1993, S. 11, im Folgenden zitiert mit: Liersch, Fallada.
2 Pfeifer, der in Wirklichkeit Seyfarth hieß.
3 Fallada, Hans: Damals bei uns Daheim. Erlebtes, Erfahrenes und Erfundenes. Erstmals 1941, hier: (Rowohlt-Verlag), Hamburg 1959. Im Folgenden abgekürzt: Damals.
4 s. Müller-Waldeck, Gunnar/Ulrich, Roland: Neues von Daheim und zu Haus. Erinnerungen an Hans Fallada. Gespräche – Betrachtungen – Dokumente, (Ullstein-Verlag), Frankfurt/Main, Berlin 1993, S. 112 (mehrseitiger Bildteil), im Folgenden abgekürzt: Müller-Waldeck/Ulrich: Neues von.
5 s. Manthey, Jürgen: Hans Fallada in Selbstzeugnissen und Bilddokumenten (rowohlts monographien), (Rowohlt-Verlag), Reinbek bei Hamburg 1963, S. 12, im Folgenden abgekürzt: Manthey.
6 s. Manthey S. 12.
7 Die Schwester Elisabeth Hörig (geborene Ditzen) in einem Interview; s. Gehring, Peter: Ich weiß ein Haus am Wasser. (Rob Hauerfilm den Haag). Sendung des Bayerischen Rundfunks am 21.7.1993, Wortlaut-Abschrift einer Video-Aufnahme.

Kapitel 2: Ein merkwürdiges Kind, ein schlechter Schüler und sehr viel Angst

1 zitiert in: Liersch: Fallada, S. 27.
2 s. Manthey, S. 14.
3 Die Eltern der Kinder aus den spöttisch sogenannten Pantinenschulen waren meist Arbeiter und kleine Angestellte. Diese Familien hatten oft nicht genug Geld, um ihren Kindern Schuhe zu kaufen; schwere Holzpantinen waren das einzig erschwingliche Schuhwerk.
4 s. Fallada, Hans: Der junge Goedeschal. Ein Pubertätsroman. Erstmals 1920, hier: (Aufbau-Verlag) Berlin 1993, im Folgenden abgekürzt: Goedeschal.
5 s. Fallada, Hans: Bauern, Bonzen und Bomben. Erstmals 1931, hier: (Kurt-Desch-Verlag), München 1950, Im Folgenden abgekürzt: BBB.
6 s. Fallada, Hans: Heute bei uns zu Haus. Ein anderes Buch. Erfahrenes und Erfundenes. Erstmals 1943, hier: (Rowohlt-Verlag), Reinbek bei Hamburg 1966, im Folgenden abgekürzt: Heute.
7 zitiert in: Manthey, S. 14.
8 Androhung des Ausschlusses aus der höheren Schule.

Kapitel 3: Der Doppelgänger

1 s. Fallada, Hans: Der eiserne Gustav, erstmals 1938, hier: (Ullstein-Verlag), 2. Aufl., Frankfurt/Main 1993, im Folgenden abgekürzt: Gustav.
2 s. Fallada, Hans: Wir hatten mal ein Kind, erstmals 1934, hier: (Rowohlt-Verlag), Reinbek bei Hamburg 1980, im Folgenden abgekürzt: Kind.
3 vgl. Huber, Michaela: Multiple Persönlichkeiten. Überlebende extremer Gewalt. Ein Handbuch. (Fischer-Taschenbuch-Verlag), Frankfurt am Main 1996.
4 s. Fallada, Hans: Geschichte von der Murkelei, erstmals 1938, hier: (Aufbau-Verlag), Berlin und Weimar 1964.
5 s. Gehring: Haus am Wasser.
6 s. Fallada, Hans: Wolf unter Wölfen, erstmals 1937, hier: (Rowohlt-Verlag), Hamburg 1952. Im Folgenden abgekürzt: Wolf
7 s. Liersch: Fallada, a.a.O. S. 45.
8 z.B. Hans Fallada-Archiv in Eichholz/Feldberg (Mecklenburg) sowie Thüringisches Staatsarchiv Rudolstadt.

Kapitel 4: »Helfen Sie mir doch, mein Vater bezahlt ja alles!«

1 s. Liersch, Fallada, a a.O. S. 78f.
2 vgl. Manthey a.a.O. S. 57f.
3 vgl. Liersch, Fallada, S. 50.
4 vgl. Liersch, Fallada, a.a.O. S. 35f.
5 Abschiedsbrief des Hanns Dietrich von Necker an seine Mutter. Wenn nicht anders vermerkt, wird hier wie im Folgenden zitiert aus: Staatsanwaltschaft bei dem Landgerichte zu Rudolstadt: Akten in Untersuchungssachen wider den Unterprimaner Rudolf Ditzen 1911–1912. Thüringisches Staatsarchiv Rudolstadt. Im Folgenden abgekürzt: Akten.
6 Hanns Dietrich Necker in seinem Abschiedsbrief an die Mutter, in: Akten, a.a.O.
7 s. Manthey, S. 37.
8 s. Liersch, Fallada, a.a.O. S. 61f.
9 s. Zeugenaussage des Bauern Voigt, in: Akten, a.a.O.
10 s. ebd.
11 s. Manthey, S. 38.
12 Zeugenaussage von Wilhelm Ditzen, in: Akten, a.a.O.
13 s. Gutachten der Psychiatrischen Klinik Jena vom 4.1.1912, in: Akten, a.a.O.
14 s. Liersch, Fallada, S. 394.
15 s. Psychiatrisches Gutachten, in: Akten, a.a.O.

Kapitel 5: Mut heißt aushalten, wenn etwas ganz unerträglich ist

1 vgl. Ditzen, Wilhelm, Erinnerungen, Manuskript, Teil 1 und 2, o. D., Hans Fallada Archiv Feldberg, im Folgenden: Ditzen, W.: Erinnerungen.

2 s. Fallada, Hans: Im Blinzeln der großen Katze, ursprünglicher Titel: Der Mörder, die Liebe und die Einsamkeit; als Manuskript mit Unterbrechungen entstanden 1912 bis 1924, erstmals gedruckt: (Aufbau-Verlag), Berlin 1993, im Folgenden abgekürzt: Katze.

3 s. Müller-Waldeck/Urich, Neues von, S. 90, Gespräch mit Sophie Baumgarten.

4 Fallada, Hans, ausgewählte Lyrik, in: Literaturzentrum Neubrandenburg (Hrsg.): Leseblatt, Auswahl, Neubrandenburg 1992. Im Folgenden abgekürzt: Lyrik.

5 s. Fallada, Anton und Gerda, erstmals 1923, hier: (Aufbau-Verlag), Berlin und Weimar 1993, im Folgenden abgekürzt: Anton.

6 s. Liersch: Fallada, a. a. O. S. 77f.

7 s. Liersch: Fallada, S. 79.

8 s. Liersch: Fallada, a. a. O. S. 85.

Kapitel 6: Joppe und Gamaschen – das Ende aller Träume und Hoffnungen?

1 Fallada, Hans: Wie ich Schriftsteller wurde, erstmals 1946, hier: Fallada, Hans: Gesammelte Erzählungen (Rowohlt-Verlag), Reinbek bei Hamburg 1967. Im Folgenden zitiert mit: Schriftsteller.

2 Fallada, Hans: Von mir über mich, erstmals 1940, hier in: Lange, Sabine: Im Mäckelnbörgischen, in der Welteneinsamkeit. Hans Fallada in Carwitz und Feldberg (1933–1945), Herausgegeben vom Literaturzentrum Neubrandenburg, (Federlese), Neubrandenburg 1995, im Folgenden zitiert mit: Lange, Welteneinsamkeit.

3 s. und vgl. Crepon, Tom: Leben und Tode des Hans Fallada (Mitteldeutscher Verlag), 9. Auflage, Leipzig 1992, S. 83f, im Folgenden zitiert mit: Crepon, Leben und Tode. Crepon belegt dieses Zitat nicht, der Vorfall selbst ist gleichfalls nicht belegt. Die diesem Abschnitt folgende Passage mit der Anfrage des Staatsanwaltes ist zwar in Anführungszeichen gesetzt, wird aber gleichfalls nicht nachgewiesen. Der als einzige Quelle zitierte Brief Dr. Tecklenburgs an Wilhelm Ditzen läßt darauf schließen, daß der Zwischenfall nicht Crepons schriftstellerischer Kreativität entsprang. Daher wird die Episode hier übernommen.

4 s. und vgl. Crepon, Leben und Tode, S. 84.

5 vgl. Liersch, Fallada, S. 100.

1 s. Liersch, Fallada, S. 102.
2 vgl. Damals, S. 37 f.
3 vgl. Deutsche Hauptstelle gegen die Suchtgefahren (Hrsg.): Drogen und Sucht, Hamm, Hannover 1993.
4 Briefzitate in: Liersch, Fallada, S. 116.
5 s. Liersch, Fallada, S. 124.
6 s. Caspar, Günter: Zu Falladas Frühwerk, in: Caspar, Günter (Hrsg.): Falladas Frühwerk in zwei Bänden, (Aufbau-Verlag), Berlin und Weimar 1993, Band 2, S. 474. Im Folgenden zitiert mit: Caspar, Frühwerk.
7 s. Fallada, Hans: Der tödliche Rausch, in: Neue Illustrierte vom 19. 11. 1955; ursprünglich lautete der Titel der Erzählung ›Sachlicher Bericht über das Glück, ein Morphinist zu sein‹, vermutlich entstanden zwischen 1920 und 1925, wahrscheinlich überarbeitet um 1930. Im Folgenden zitiert mit: Rausch.
8 vgl. Martinez, Dieter: Rauschdrogen und Stimulantien. Geschichte, Fakten, Trends. (Urania-Verlag), Leipzig, Jena, Berlin 1994, S. 95. Im Folgenden zitiert mit: Martinez.
9 s. Liersch, Fallada, S. 115.
10 Hervorhebung von Fallada.
11 s. Liersch, Fallada, S. 397.
12 s. Liersch, Fallada, S. 116.
13 vgl. Crepon, Leben und Tode, S. 106, sowie Liersch, Fallada, S. 397.
14 Hervorhebungen von C. v. S.

Kapitel 8: Die Sucht nach der Sucht

1 s. Liersch, S. 127.
2 s. Dederke, Karlheinz: Berlin ist mir verhaßt und schädlich, in: ›Der Tagesspiegel vom 21. 7. 1993, S. 15.
3 Brief vom 24. 11. 1938, in: Lange, S.: Welteneinsamkeit, S. 65.
4 s. Edwards, Griffith: Arbeit mit Alkoholkranken. Ein praktischer Leitfaden für die helfenden Berufe. Aus dem Englischen von Lieselotte Miezner, (Psychologie-Verlags-Union), München 1986, S. 27. Im Folgenden zitiert mit: Edwards.
5 Epilepsie kann als Folge von Alkoholmißbrauch auftreten.
6 s. Edwards, S. 32.
7 vgl.: Edwards, S. 43 ff.
8 s. Too much, S. 34, vgl. Edwards S. 88.
9 s. Edwards, S. 146.
10 s. Edwards, S. 90.
11 vgl. Weisser Ring: Rauschgift ohne mich. Informationen zur Rauschgiftproblematik. Herausgegeben im Auftrag des Innenministeriums Baden-Württemberg vom Landeskriminalamt. 8. überarbeitete Auflage, Mainz 1994, S. 32. Im Folgenden zitiert mit: Weisser Ring.
12 s. Fallada, Hans: Die Kuh, der Schuh, dann du, in: Caspar, Günter

(Hrsg.): Falladas Frühwerk in zwei Bänden, (Aufbau-Verlag), Berlin und Weimar 1993, Bd. 2. Im Folgenden abgekürzt mit: Kuh-Schuh.
13 s. Martinez, S. 104.
14 s. Martinez, S. 106.
15 s. Martinez S. 106.
16 s. Too much, S. 50.
17 vgl. Weisser Ring, S. 32, Too much, S. 50, sowie Martinez, S. 106. Die Aufputschdroge ›Crack‹, in der Bundesrepublik etwa seit 1985 konsumiert, ist eine Mischung aus Kokain und Backpulver. Sie wirkt noch verheerender auf die Psyche als Kokain.
18 vgl. Deutsche Hauptstelle gegen die Suchtgefahren (Hrsg.): Drogen und Sucht, (Broschüre ohne Paginierung), Hamm, Hannover 1993. Im Folgenden zitiert mit: Drogen.

Kapitel 9: Das Ende der Freiheit

1 vgl. Ulrich, Roland: Johannes Kagelmacher. Spökenkieker, Sonderling und verläßlicher Freund, in: Hans Fallada-Verein, Greifswald (Hrsg.): Fallada. Leben und Werk, Greifswald 1993, S. 25.
2 Der Tod des Hanns Dietrich von Necker galt ja nicht als Straftat, sondern als Ergebnis eines geplanten Doppelselbstmordes, also als fahrlässige Tötung, noch dazu begangen im Zustand der Unzurechnungsfähigkeit.
3 s. Caspar, Günter: Fallada-Studien (Aufbau-Verlag), Berlin, Weimar 1988, S. 142. Im Folgenden zitiert: Caspar.
4 s. Manthey, S. 58 f.
5 s. Manthey, S. 59.
6 s. Fallada, Hans, Der Apparat der Liebe, in: Caspar, Günter (Hrsg.): Falladas Frühwerk in zwei Bänden, Bd. 2. (Aufbau-Verlag), Berlin und Weimar 1993. Im Folgenden zitiert mit: Apparat.
7 s. Liersch, Werner: Anzeige einer Möglichkeit – Bekanntmachung eines Verlustes, in: Neue deutsche Literatur, Heft 12, 1982, S. 124.
8 vgl. Kapitel 7.
9 s. Fallada, Hans: Ausgewählte Werke in Einzelausgaben. Herausgegeben von Günter Caspar, Bd. III. (Aufbau-Verlag), Berlin und Weimar 1971, im Folgenden zitiert mit: Gefängnistagebuch.
10 s. Fallada, Hans: Wer einmal aus dem Blechnapf frißt. (Aufbau-Verlag), Berlin 1946. Im Folgenden zitiert mit: Blechnapf.
11 s. Der Große Duden, Bd. V, Fremdwörterbuch, Mannheim 1960, S. 301.
12 vgl. Pohl, Gerhart: Klassenjustiz: Leipzig und Moskau, in: Die Weltbühne Nr. 29, 21.7.1925, S. 78–82.
13 s. Fallada, Hans: Tscheka-Impressionen, in: Das Tagebuch Nr. 15 vom 11.4.1925.
14 Abkürzung für Sturmabteilung; mit der SS zusammen bildete sie die politische Kampftruppe er NSDAP.
15 s. Fallada, Hans: Stahlhelm-Nachtübung, in: Das Tagebuch vom 15.8.1925, S. 1227–1229.
16 s. Caspar, Günter: Nachwort, in: Fallada, Hans: Wer einmal aus dem

Blechnapf frißt. (Aufbau-Verlag) Berlin und Weimar, 3. Auflage 1971, S. 632.

17 s. Manthey, S. 64.

18 s. Fallada, Hans: Der Trinker. (Rowohlt-Verlag) Hamburg 1993. Im Folgenden zitiert mit: Trinker.

Kapitel 10: »Du Anfang und Du Ende, Du all mein Glück ...«

1 Fallada verlangt als Kaufpreis 150 Mark.

2 s. Brief vom 17.7.1928, abgedruckt in: Wolff, Rudolf: Hans Fallada. Werk und Wirkung. (Profile, Bd. 3), (Bouvier-Verlag), Bonn 1983, S. 64. Im Folgenden abgekürzt mit: Wolff, Werk.

3 s. Wolff: Werk, S. 65 f.

4 s. Wolff: Werk, S. 66.

5 vgl. Hans-Fallada-Archiv in Feldberg.

6 s. Müller-Waldeck, Gunnar: Fragen um Hans Fallada, in: Müller-Waldeck / Ulrich, Roland (Hrsg.): Hans Fallada. Beiträge zu Leben und Werk. (Hinstorff-Verlag), Rostock 1995, S. 12. Im Folgenden abgekürzt mit: Müller-Waldeck / Ulrich, Beiträge.

7 s. Fallada, Hans: Dies Herz, das Dir gehört. (Aufbau-Verlag), Berlin 1994. Im Folgenden abgekürzt mit: Dies Herz.

8 s. Thöming, Jürgen C.: Hans Fallada als verlorener Sohn Johannes Gäntschow, in: Müller-Waldeck / Ulrich: Beiträge, S. 186.

9 s. Crepon, Tom / Dwars, Marianne: An der Schwale liegt (k)ein Märchen. Hans Fallada in Neumünster. (Karl Wachholtz-Verlag) Neumünster 1993, S. 30 f. Im Folgenden abgekürzt: Crepon / Dwars.

10 s. Crepon / Dwars, S. 30.

11 s. Wolff: Werk, S. 66.

12 s. Brief vom 19.12.1929, in: Liersch: Fallada, S. 168 f.

13 s. Brief vom 11.12.1928, in: Liersch: Fallada, S. 168.

14 s. Liersch: Fallada, S. 168.

15 vgl. Manthey, S. 67 f.

16 s. Edschmid, Ulrike: Diesseits des Schreibtisches. Lebensgeschichten von Frauen schreibender Männer. (Luchterhand Literaturverlag), Frankfurt am Main 1990, S. 49. Im Folgenden abgekürzt: Edschmid.

17 s. Edschmid, S. 50.

18 s. Edschmid, S. 46.

19 s. Edschmid, S. 46.

20 s. Edschmid, S. 47.

21 s. Edschmid, S. 48 f.

22 Fallada bezieht sich auf seine Liaison mit Annemarie Seyerlen, die ihn zum Schreiben des ›Goedeschal‹ angeregt hatte.

23 Der Brief befindet sich im Hans-Fallada-Archiv Feldberg.

24 s. Edschmid, S. 43.

25 s. Liersch: Fallada, S. 172.

26 s. Wolff: Werk, S. 73, Hervorhebung von Fallada.

27 s. Brief vom 5.5.1939, in: Liersch, Fallada, S. 177.

28 s. Edschmidt, S. 54.

1 s. Edschmid, S. 50 ff.
2 s. Edschmid, S. 51.
3 s. Edschmid, S. 50.
4 s. Edschmid, S. 50.
5 s. Brief an Elisabeth Hörig am 8.2.1929, in: Crepon/Dwars, S. 126.
6 s. Fallada, Hans: Ich bekomme Arbeit, in: Der Pleitekomplex. Sieben Malheurgeschichten (Aufbau-Taschenbuch-Verlag), Berlin 1991, im Folgenden abgekürzt: Pleitekomplex.
7 vgl. Liersch: Fallada, S. 179.
8 s. Brief vom 10.5.1929, in: Wolff: Werk, S. 71.
9 s. Liersch: Fallada, S. 180.
10 s. Liersch: Fallada, S. 165.
11 s. Brief vom 10.5.1929, in: Wolff: Werk, S. 73.
12 s. Brief vom 20.3.1929, in: Liersch: Fallada, S. 182.
13 s. Brief vom 17.7.1929 an die Schwester Ibeth, in: Wolff: Werk, S. 77 f.
14 s. Brief vom 17.7.1929, in: Wolff: Werk, S. 78.
15 s. Brief vom 8.12.1929, in: Wolff: Werk, S. 90.
16 vgl. Crepon/Dwars, S. 53.
17 vgl. Liersch: Fallada, S. 176.
18 s. Crepon/Dwars, S. 184.
19 s. Fallada, Hans: Kleiner Mann – was nun? (Rowohlt-Verlag), Berlin 1932, im Folgenden abgekürzt: Kleiner Mann.
20 vgl. Wolff: Werk, S. 81.
21 vgl. Ulrich, Roland: Antialkoholiker, Annoncenwerber, Lokalreporter – ein Existenzkampf in der Provinz, in: Müller-Waldeck/Ulrich: Neues von, S. 51 f.
22 vgl. Liersch: Fallada, S. 170.
23 vgl. Crepon/Dwars, S. 35.
24 vgl. Liersch: Fallada, S. 165.
25 vgl. Liersch: Fallada, S. 169.
26 s. Crepon/Dwars, S. 120.
27 vgl. Crepon/Dwars, S. 135.
28 s. Crepon/Dwars, S. 138.
29 s. Crepon/Dwars, S. 148.
30 s. Brief an Ernst Rowohlt vom 5.11.1929, in: Crepon/Dwars S. 156.
31 s. Crepon/Dwars, S. 157.
32 s. Brief vom 20.11.1929 an die Schwester Ibeth, in: Wolff: Werk, S. 86 ff.
33 s. Crepon/Dwars, S. 160.
34 s. Brief vom 19.12.1929, in: Crepon/Dwars, S. 160 f.
35 vgl. Hans Fallada: Von mir über mich, in: Lange: Welteneinsamkeit, S. 21; Hans Fallada: Lebensabriß, auszugsweise zitiert in: Liersch: Fallada, S. 212; vgl. Fallada: Schriftsteller, S. 294 f., sowie: Heute, S. 19.

1 s. Edschmid, S. 53.
2 s. Fallada, Hans: Der unerwünschte Autor. Meine Erlebnisse während 12 Jahren Naziterror, S. 121 f. Maschinengeschriebenes Manuskript, 1946, unvollständig, 137 Seiten mit handschriftlichen Korrekturen von Hans Fallada, im Hans-Fallada-Archiv Feldberg. Da nur Teile aus diesem Manuskript veröffentlicht wurden, wird hier aus dem Manuskript zitiert; im Folgenden abgekürzt: Unerwünscht.
3 vgl. Kiaulehn, Walter: Mein Freund der Verleger. Ernst Rowohlt und seine Zeit. (Rowohlt-Verlag), Reinbek bei Hamburg 1967. Im Folgenden abgekürzt: Kiaulehn.
4 s. Kiaulehn, S. 157 ff.
5 s. Unerwünscht, S. 4, Hervorhebung von Fallada.
6 vgl. Kiaulehn, S. 127.
7 s. Brief vom 14. 8. 1929, in: Caspar, S. 16. Fallada wird später den Zirkusnamen ›Belli‹ gegen ›Monte‹ austauschen.
8 s. Brief vom 1. August 1929, in: Crepon/Dwars, S. 147.
9 s. Edschmidt, S. 53.
10 s. Brief vom 26. 4. 1930, Hans-Fallada-Archiv Feldberg.
11 vgl. Liersch: Fallada, S. 223.
12 Der Baltikum-Kämpfer Ernst von Salomon, auch Aktivist des Kapp-Putsches, war mit Fallada gut bekannt und wird sich ab 1930 als Schriftsteller im Rowohlt-Verlag profilieren. Seine Hauptwerke sind die Romane ›Die Geächteten‹, ›Die Stadt‹, ›Die Kadetten‹ und 1951 ›Der Fragebogen‹.
13 s. ›Das Landvolk‹ vom 22. 9. 1929, in: Liersch: Fallada, S. 186.
14 vgl. Liersch: Fallada, S. 185.
15 vgl. Caspar, S. 25 f.
16 s. Fallada, Hans: Bauern-Krieg wider Neumünster, in: Das Tagebuch vom 14. 9. 1929, S. 1516–1519. Im Folgenden abgekürzt: Bauernkrieg/Tagebuch 1929. (Hervorhebung von Fallada)
17 s. Fallada, Hans: Landvolkprozeß, in: Die Weltbühne, Nr. 49 vom 3. 12. 1929, S. 832–835. Im Folgenden abgekürzt: Landvolkprozeß/Weltbühne.
18 s. Fallada, Hans: Landvolkprozeß, in: Das Tagebuch 1929, S. 2007–2008, Hervorhebung von Fallada.
19 vgl. Caspar, S. 343.
20 s. Fallada Hans: Landvolkprozeß/Weltbühne.
21 Brief vom 14. 3. 1930, Hans-Fallada-Archiv Feldberg.
22 s. Unger, Wolfgang: Bauern, Bonzen und Bomben, in: Weltstimmen, Heft 9, September 1931, S. 413.
23 s. Alverdes, Paul: Neue deutsche Romane, in: Die neue Rundschau, Heft 8, August 1931, S. 268 f.
24 s. Kenter, Heinz Dietrich: Bauern, Bonzen und Bomben, in: Die Literatur, Heft 10, 1931, S. 586.
25 s. Wrobel, Ignaz (Pseudonym für Kurt Tucholsky): Bauern, Bonzen und Bomben, in: ›Die Weltbühne‹ Nr. 14, 1931, S. 496 ff. Im Folgenden abgekürzt: Tucholsky: Bauern, Bonzen.

26 s. Tucholsky: Bauern, Bonzen, S. 500.
27 s. Tucholsky: Bauern, Bonzen, S. 501.
28 s. Tucholsky: Bauern, Bonzen, S. 500.
29 s. Tucholsky: Bauern, Bonzen, S. 501.

Kapitel 13: Ein kleiner Mann kommt ganz groß raus

1 vgl. Liersch: Fallada, S. 228.
2 s. Liersch: Fallada, S. 400, zitiert aus einem Artikel Falladas für die Zeitschrift ›Funkstunde‹ vom 23. 12. 1932.
3 s. Brief vom 21.6.1931, abgedruckt in: Liersch: Fallada, S. 229.
4 s. Liersch: Fallada, S. 228.
5 s. Caspar, S. 20.
6 gemeint ist die Buchausgabe von BBB.
7 s. Brief vom 28. 2. 1931, Hans-Fallada-Archiv Feldberg.
8 vgl. Brief Hans Falladas vom 17. 10. 1932 an Kagelmacher, Hans-Fallada-Archiv Feldberg.
9 s. Franck, Sebastian: Wirtschaft am Tage vor der Diktatur, in: Die Weltbühne Nr. 25 vom 23.6. 1931, S. 912f. Im Folgenden abgekürzt: Franck: Weltbühne.
10 s. Franck: Weltbühne, S. 914.
11 s. Gehring: Haus am Wasser.
12 s. Gehring: Haus am Wasser.
13 vgl. Kleiner Mann, S. 200ff.
14 vgl. z. B. Zwei zarte Lämmchen, weiß wie Schnee; 100 Mark und ein fröhliches Weihnachtsfest (auch: 50 Mark und ein fröhliches Weihnachtsfest); Das versunkene Festgeschenk; Fröhlichkeit und Traurigkeit.
15 s. Latzkow, Bettina: ›Wir werden doch nicht weinen müssen am Ende‹ – Leserbriefe zu ›Kleiner Mann, was nun?‹, in: Müller-Waldeck/Ulrich: Beiträge, S. 278. Im Folgenden abgekürzt: Latzkow: Leserbriefe.
16 s. Latzkow: Leserbriefe, S. 273.
17 s. Brief an Kagelmacher vom 26. 7. 1932, Hans-Fallada-Archiv Feldberg.
18 vgl. Fritsch, Patricia: Der Roman ›Kleiner Mann, was nun?‹ im Spiegel der deutschen Presse im Jahr seiner Ersterscheinung, in: Müller-Waldeck/Ulrich: Beiträge, S. 250. Im Folgenden abgekürzt: Fritsch: Spiegel.
19 s. E. M. (Kürzel für Eberhard Meckel): Buch – Chronik der Woche, in: Die Literarische Welt vom 29. 7. 1932, S. 5.
20 s. Günther, Herbert: Hans Fallada, ›Kleiner Mann – was nun?‹, in: Weltstimmen, Heft 9, September 1932, S. 367.
21 s. Hesse, Hermann: ›Kleiner Mann, was nun?‹, erstmals 1932, hier in: Michels, Volker (Hrsg.): Hermann Hesse, Eine Literaturgeschichte in Rezensionen und Aufsätzen. (Suhrkamp-Verlag), Frankfurt/Main 1975, S. 534.
22 s. Liersch: Fallada, S. 243. Liersch zitiert aus einem in seiner Quelle undatierten Artikel Zuckmayers aus der ›Vossischen Zeitung‹.
23 s. Edschmid, S. 53f.

1 Der im Januar zum Wirtschaftsminister ernannte Alfred Hugenberg war zugleich das, was man einen Pressezaren nennt. Sein Konzern war die erste Großorganisation der deutschen Presse und des Films. Doch schon im Juni 1933 schied Hugenberg aus allen politischen Ämtern aus, da er sein Ziel, Adolf Hitler zu bändigen, nicht erreicht hatte. Die Nationalsozialisten kauften Zug um Zug die größten seiner Zeitungen und Verlage auf, die nunmehr ausschließlich im Sinne der NSDAP schrieben und veröffentlichten. 1935 war auch die verlegerische Macht Alfred Hugenbergs endgültig gebrochen.

2 Sie wurde 1919 öffentlich erstmals von Hindenburg formuliert, bald aber von den rechtsradikalen Parteien übernommen. Sie behauptet, daß das unbesiegte deutsche Heer durch die Novemberrevolution von Marxisten, Pazifisten und Juden, alle genannt ›Novemberverbrecher‹, von hinten angegriffen und zusammengestochen wurde, so daß der erste Weltkrieg erst dadurch verloren gegangen sei.

3 s. Fallada: Unerwünscht, S. 19.

4 s. Unerwünscht, S. 22.

5 vgl. Staff, Ilse: Justiz im Dritten Reich. Eine Dokumentation. (Fischer-Verlag), Frankfurt/Main und Hamburg 1964, S. 175 ff. Im Folgenden abgekürzt: Staff: Justiz.

6 Die detaillierte Darstellung der nationalsozialistischen Terrorherrschaft von 1933 bis 1945 ist nicht Thema dieses Buches, Einzelheiten werden nur dort erwähnt, wo sie den Schriftsteller Hans Fallada betreffen.

7 s. Suse Ditzen in: Gering: Haus.

8 s. Suse Ditzen in: Gering: Haus.

9 Zur Länge von Falladas Schutzhaft gibt es unterschiedliche Darstellungen, Caspar, S. 290 nennt elf Tage; Liersch: Fallada, S. 266 nennt 14 Tage; Müller-Waldeck spricht von ›einigen Tagen‹ (vgl. Müller-Waldeck, G.: Unter dem Zugriff der Macht, in: Hans-Fallada-Verein Greifswald (Hrsg.): Fallada, Leben und Werk, Greifswald 1993, S. 39.)

10 s. Liersch: Fallada, S. 265.

11 s. Unerwünscht, S. 53.

12 s. Unerwünscht, S. 35.

13 ›Der hat in einer Woche sechs Schwestern rausgeschmissen!‹ Gespräch mit Sophie Baumgarten, in: Müller-Waldeck/Ulrich: Neues von, S. 80 f.

14 s. Gehring: Haus.

15 s. Edschmid, S. 57.

16 s. Edschmid, S. 51.

17 s. Edschmid, S. 58.

18 Permanenter Schluckauf ist die Folge von Alkoholmißbrauch.

19 Suhrkamp.

20 s. Brief vom 22. 7. 33, zitiert in: Lange: Welteneinsamkeit, S. 24.

21 gemeint ist Carwitz, Fallada verfremdet in seinen autobiographischen Berichten meistens die Orts- und Personennamen.

22 s. Brief vom 12. 10. 1933, Hans-Fallada-Archiv Feldberg.

23 vgl. Brief Kagelmachers vom 10. 11. 33 an Fallada, Hans-Fallada-Archiv.

24 s. Brief vom 30.3.34, zitiert in: Liersch: Fallada S. 274.

25 s. Brief vom 25.3.34 an Kagelmacher, Hans-Fallada-Archiv Feldberg.

26 vgl. Ayaß, Wolfgang: Keiner hat die Bettler vor der Razzia gewarnt. Wie Wohlfahrtsverbände, Presse und Rundfunk Hand in Hand mit den Nazis gegen die Armen vorgingen, in: Frankfurter Rundschau vom 11.9.1993.

27 vgl. Edschmid, S. 56.

28 vgl. Caspar: Nachwort, S. 640.

29 zitiert in: Liersch: Fallada, S. 276. Das von Liersch angegebene Datum des Tagebucheintrages läßt vermuten, daß Thomas Mann in seinem Schweizer Exil von Rowohlt ein Vorausexemplar erhalten hatte, denn erst am 13.3.34 war der ›Blechnapf‹ an den Buchhandel ausgeliefert worden.

30 Der in Deutschland geborene Hermann Hesse war seit 1923 Schweizer Staatsbürger.

31 s. Hesse, Hermann: ›Wer einmal aus dem Blechnapf frißt‹, erstmals 1.4.1934 in der ›Baseler Nationalzeitung‹, hier in: Michels, Volker (Hrsg.): Hermann Hesse, Eine Literaturgeschichte in Rezensionen und Aufsätzen. (Suhrkamp-Verlag), Frankfurt/Main 1975, S. 537 f.

32 s. Ehrenstein, Albert: Wer einmal aus dem Blechnapf frißt. Zu Hans Falladas neuem Roman, in: Internationale Literatur, Heft 3, 1934.

33 s. Ehrenstein, Albert: Wer einmal aus dem Blechnapf frißt. Zu Hans Falladas neuem Roman, in: Internationale Literatur, Heft 3, 1934.

34 Rezension vom 11. April 1934, zitiert in: Caspar: Nachwort, S. 647.

35 zitiert in: Caspar: Nachwort, S. 641

Kapitel 15: Die Nazis machen sich ein Bild von Fallada

1 s. Brief vom 9.3.1934 an Hans Kagelmacher, Hans-Fallada-Archiv Feldberg.

2 s. Brief vom 25.3.1934 an Johannes Kagelmacher, Hans-Fallada-Archiv Feldberg.

3 s. Gehring: Haus.

4 s. Edschmid, S. 54.

5 s. Edschmid, S. 54.

6 s. Lange, S.: Welteneinsamkeit, S. 30.

7 Die Reichsstelle war eine von offiziellen Reichs, Partei und Fachstellen unterstützte Organisation, deren Aufgabe es war, deutsches Schrifttum zu prüfen und herauszugeben. Sie war ebenso wie die Reichsschrifttumskammer, einer Zwangsorganisation für Schriftsteller, eine nationalsozialistische Institution und ein Ergebnis des Reichskulturgesetzes vom 22. September 1933.

8 zitiert in: Caspar: Nachwort S. 643.

9 Langenbucher war zu diesem Zeitpunkt sowohl stellvertretender Leiter der Reichsstelle als auch stellvertretender Leiter des ›Amts für Schrifttumspflege bei dem Beauftragten des Führers für die gesamte geistige und weltanschauliche Erziehung der NSDAP‹ und Hauptschriftleiter des ›Börsenblattes für den Deutschen Buchhandel‹.

10 zitiert in: Caspar: Nachwort, S. 645.

11 zitiert in: Liersch: Fallada, S. 278.

12 zitiert in: Caspar, S. 102 f.

13 zitiert in: Caspar: Nachwort, S. 643.

14 s. Brief Falladas vom 17. 6. 1934, Hans-Fallada-Archiv Feldberg.

15 vgl. Caspar, S. 123.

16 vgl. Cuomo, Glenn R.: Hanns Johst und die Reichsschrifttumskammer. Ihr Einfluß auf die Situation des Schriftstellers im Dritten Reich. In: Thunecke, Jörg: Leid der Worte. (Bouvier-Verlag), Bonn 1987, S. 108 ff. Im Folgenden abgekürzt: Cuomo.

17 vgl. Cuomo, S. 111 f.

18 zitiert in: Caspar, S. 128 f.

19 zitiert in: Lange, S.: Welteneinsamkeit, S. 32.

20 s. Lange, S.: Welteneinsamkeit, S. 32.

21 zitiert in Caspar, S. 129.

22 s. Langenbucher, Hellmuth: Hans Fallada, in: Deutsches Volkstum 1934, 2. Halbjahr, S. 988. Im Folgenden abgekürzt: Langenbucher: Fallada.

23 s. Langenbucher: Fallada, S. 992.

24 s. Langenbucher: Fallada, S. 993.

25 s. Jakobs, Theodor: Inventur, in: ›Der Student in Mecklenburg-Lübeck‹, Gau-Zeitung der Hoch-und Fachschulen Nr. 2, 1934/35.

26 s. Türk, Werner: Talent und Fascismus, in: Die neue Weltbühne Nr. 31, 1935, S. 783.

27 s. Richter, Trude: Der gleichgeschaltete Fallada. Zu seinem neuesten Roman, in: Internationale Literatur, Heft 4, 1935, S. 106.

28 s. Koeser, Hans: Hat doch keinen Zweck, in: Neue Deutsche Blätter, Nr. 12, Prag 1924, S. 240. Im Folgenden abgekürzt: Koeser.

29 s. Koeser, S. 243.

30 s. Kersten, Kurt: Der Weg zu Blubo, in: Neue Deutsche Blätter Nr. 2, 1934/35, S. 62. ›Blubo‹ war die volkstümliche Abkürzung der Theorie von Blut und Boden.

31 s. Kersten, Kurt: Kufalt und der Mann in ›seinem Eigen‹, in: Neue Deutsche Blätter, 1934/35, S. 57.

32 s. Türk, Werner: Talent und Fascismus, in: Die neue Weltbühne Nr. 31, 135, S. 783.

33 s. Brief vom 21. 4. 1934, zitiert in: Thöming, Jürgen C.: Hans Fallada als verlorener Sohn Johannes Gäntschow, in: Müller-Waldeck/Ulrich: Beiträge, S. 187.

34 s. Thöming: Hans Fallada als verlorener Sohn, S. 187 f.

35 s. Brief vom 12. 10. 1934, zitiert in: Liersch: Fallada, S. 288.

36 s. Brief vom 27. 3. 1933 an Kagelmacher, Hans-Fallada-Archiv Feldberg.

37 s. Fallada, Hans: Altes Herz geht auf die Reise, erstmals 1936, hier: München 1981. Im Folgenden abgekürzt: Altes Herz.

38 s. Brief vom 9. 10. 1935 an Kagelmacher, zitiert in: Lange, S.: Welteneinsamkeit, S. 32.

39 s. Brief vom 2. 3. 1935 an Dora Hertha Stein-Preisach, zitiert in: Lange, S.: Welteneinsamkeit, S. 32.

1 s. Brief vom 18.4.35, Hans-Fallada-Archiv Feldberg, er spricht vermutlich über die ergänzende Bearbeitung seines Romans ›Altes Herz geht auf die Reise‹ für die Zeitung.
2 s. Gehring: Haus.
3 s. Brief von Suse Ditzen vom 27.5.1935 an Kagelmacher, Hans-Fallada-Archiv Feldberg.
4 s. Brief von Hans Fallada vom 4.7.1935 an Kagelmacher, Hans-Fallada-Archiv Feldberg.
5 vgl. Martinez, S.95ff; Edwards S.200f.
6 s. Gehring: Haus.
7 s. Edschmid, S.56.
8 Brief vom 31.7.1935 an Hertha Stein-Preisach, zitiert in: Lange, Sabine: Die Spur nach Palästina, in: Sonntag Nr.30, 1988, S.4. Im Folgenden abgekürzt: Lange: Die Spur.
9 s. Lange: Die Spur, S.4.
10 s. Brief vom 13.9.1935 an Kagelmacher, Hans-Fallada-Archiv Feldberg.
11 vgl. Falladas Brief vom 17.6.1934 an Kagelmacher, Hans-Fallada-Archiv Feldberg.
12 s. Unerwünscht, S.10.
13 s. Unerwünscht S.119.
14 zitiert bei: Sager, Peter: Jeder stirbt für sich allein, in: Zeit-Magazin Nr.4 vom 16.1.1981, S.19.
15 s. Brief vom 20.9.1935 an Kagelmacher, Hans-Fallada-Archiv Feldberg.
16 s. Fallada, Hans: Märchen vom Stadtschreiber, erstmals 1935, hier: Berlin 1991. Im Folgenden abgekürzt: Stadtschreiber.
17 zitiert in: Leiser, Erwin: ›Mein Kampf‹. (Fischer-Verlag), Hamburg 1962, S.171.
18 Er war der Herausgeber des ›Stürmer‹ und Gauleiter von Franken; 1946 wurde er als Initiator der Judenverfolgungen vom Internationalen Militär-Tribunal in Nürnberg zum Tode verurteilt und hingerichtet.
19 s. A 45: Der Terror gegen die Juden, in: Rinner, Erich (Hrsg.) Deutschland-Berichte der Sozialdemokratischen Partei Deutschlands, (Sopade) 1934–1940, 2.Jahrgang 1935. Nachdruck, (Verlag Petra Nettelbeck/Zweitausendeins) 3.Aufl. Frankfurt/Main 1980, S.936. Im Folgenden abgekürzt: Sopade.
20 vgl. Capek, Karel: Der Krieg mit den Molchen, erstmals 1936, hier: (Aufbau-Verlag), Berlin und Weimar 1987.
21 s. Capek, K.: Der Krieg mit den Molchen, S.205.
22 vgl. Caspar, Günter: Nachwort zum Stadtschreiber, Ausgabe 1991, S.278.
23 s. Caspar, Günter: Nachwort zum Stadtschreiber, S.278.
24 vgl. Lemmer, Theodor: Hans Fallada. Eine Monographie, Dissertation, Freiburg 1961.
25 s. Brief vom 29.10.1935, Hans-Fallada-Archiv Feldberg.
26 zitiert in Caspar: Nachwort zum Stadtschreiber, S.282.
27 geborene Zickermann.
28 s. Müller-Waldeck/Ulrich: Neues von, S.80.

29 s. Müller-Waldeck / Ulrich: Neues von, S. 78 f.

30 gemeint ist Suse Ditzen.

31 s. Müller-Waldeck / Ulrich: Neues von, S. 82.

32 zitiert in Liersch, S. 292 f, in der Quelle sind etliche den Rezensenten besonders wichtige Passagen optisch hervorgehoben.

33 s. Müller-Waldeck / Ulrich: Neues von, S. 81.

34 s. Fallada, Brief an Schwester und Schwager Hörig von Ende Juni 1935,
zitiert in: Caspar: Nachwort zum Stadtschreiber, S. 284.

35 s. Unerwünscht, S. 123.

Kapitel 17: »Ich schreibe die Bücher ja nicht um der andern willen...«

1 s. Brief vom 9.2.1936, Hans-Fallada-Archiv Feldberg.

2 Fallada, Hans: Im Jahre 1932, Rundfunkrede, zitiert in: Lange, Sabine:
Federlese. ›Wir haben nicht nur das Chaos, sondern wir stehen an einem
Beginn‹ Hans Fallada 1945–1947, Neubrandenburg 1988, S 64. Im Folgen-
den abgekürzt: Lange: Federlese.

3 s. Müller-Waldeck / Ulrich, S. 91.

4 Im Friedensvertrag von Versailles vom 28.6.1919 wurde von den sieg-
reichen Alliierten festgelegt, daß das Deutsche Reich maximal 100000
Mann Landtruppen und 15000 Mann Marinetruppen haben darf; die allgemeine Wehrpflicht wird aufgehoben. Die Dienstzeit im Berufsheer beträgt
für die Soldaten maximal 12 Jahre, für die Offiziere 25 Jahre. Fast das gesamte Kriegsmaterial muß an die Siegermächte ausgeliefert werden, etliche
Festungen werden geschleift. Eine internationale Kommission wird eingesetzt, um die Bedingungen durchzusetzen und ihre Einhaltung zu kontrollieren.

5 Der jüngere Bruder des Schriftstellers Ernst Jünger. Beide waren Kriegs-
freiwillige im I. Weltkrieg gewesen, beide begrüßten zunächst den Nationalsozialismus, entfernten sich aber zunehmend von ihm, veröffentlichten
allerdings bis 1944/1945 im nationalsozialistischen Deutschland ihre
Werke.

6 abgedruckt in: Loewy, Ernst: Literatur unterm Hakenkreuz. Das Dritte
Reich und seine Dichtung, 3. überarbeitete Auflage. (Europäische Ver-
lagsanstalt), Frankfurt am Main 1977, S. 174. Im Folgenden abgekürzt:
Loewy: Literatur.

7 Als Kind eines Berufssoldaten war der 1914 geborene Baumann in Kasernen aufgewachsen; er wurde früh Mitglied der Hitlerjugend (HJ) und war
seit 1934 Funktionär der Reichsjugendführung in Berlin. Berühmt wurde er
als Dichter der HJ. Am bekanntesten war sein Lied: ›Es zittern die mor-
schen Knochen‹ in dem es hieß: » Wir werden weiter marschieren, wenn
alles in Scherben fällt, denn heute gehört uns Deutschland und morgen die
ganze Welt«. (s. Loewy: Literatur, S. 274).

8 abgedruckt in: Loewy: Literatur, S. 184 f.

9 Auch dieser Putsch scheiterte, weil die Reichswehr erneut ihren Beistand
verweigerte; Adolf Hitler wurde zu fünf Jahren Festungshaft verurteilt,
aber bereits Ende 1924 aus dem Gefängnis entlassen; General Ludendorff

kandidierte 1925 für die NSDAP erfolglos für das Amt des Reichspräsidenten.

10 s. Brief vom 6.12.1936 an Elisabeth Hörig, Hans-Fallada-Archiv Feldberg.
11 vgl. Day, Clarence: Unser Herr Vater, Deutsch von Hans Fallada, Berlin 1935, sowie: Day, Clarence: Unsere Frau Mama, Deutsch von Hans Fallada (Rowohlt-Verlag), Berlin 1936.
12 vgl. Sopade, 4. Jahrgang, 1935. u. a. S. 157 ff.; S 779 ff.; S. 932 ff.; S. 959 ff.; S. 1432 ff.
13 s. Brief vom 29.7.1937, zitiert in: Liersch: Fallada, S. 299.
14 s. Caspar, S. 146.
15 vgl. Caspar, S. 148.
16 Fallada, Hans: Im Jahre 1932, Rundfunkrede, in: Lange: Federlese, S. 64 f.
17 vgl. Kiaulehn, S. 164; Caspar, S. 91.
18 s. Kiaulehn, S. 165.
19 vgl. Mayer, Paul: Ernst Rowohlt in Selbstzeugnissen und Bilddokumenten (Rowohlt-Verlag), Reinbek bei Hamburg, 1968, S. 124. Im Folgenden abgekürzt: Mayer: Rowohlt.
20 vgl. Mayer: Rowohlt, S. 126.
21 s. Unerwünscht, S. 14 f.
22 s. Unerwünscht, S. 124.
23 s. Wieman, Mathias: Zur Woche des deutschen Buches, Hörfunkmanuskript, 5.11.1937, Hans-Fallada-Archiv Feldberg.
24 s. Unerwünscht, S. 124 f.
25 alle Zitate stammen aus einem Sonderblatt des Rowohlt-Verlages, zitiert in: Lange: Welteneinsamkeit, S. 43.

Kapitel 18: Der eiserne Gustav wird Nazi und darf erscheinen

1 vgl. Caspar, S. 149.
2 s. Anonym: Wirrwarr einer zügellosen Phantasie, in: ›Bücherkunde‹ 5, 1938, 1; nachgedruckt in: Lange: Welteneinsamkeit, S. 44 ff.
3 vgl. Caspar, S. 151.
4 s. Fallada: Im Jahre 1932, in: Lange: Federlese, S. 65.
5 s. Caspar, S. 301. Caspar zitiert aus den ›Domjücher Erinnerungen‹, die offensichtlich dasselbe Manuskript sind wie das von uns bislang zitierte lediglich teilveröffentlichte Manuskript ›Unerwünscht‹. Allerdings war im Hans-Fallada-Archiv nur das bereits zitierte Teilmanuskript vom ›Unerwünschten Autor‹ vorhanden; das vollständige Manuskript, das Günter Caspar neben den verbliebenen Unterlagen zum Eisernen Gustav zu einer Rekonstruktion der ursprünglichen Fassung verwendet hatte, befand sich 1996 noch unerreichbar in Kisten des Archivs der Akademie der Künste, (Ost) Berlin und sollte in absehbarer Zeit an das Hans-Fallada-Archiv Feldberg geschickt werden.
6 s. Caspar, Günter: Nachwort, in: Fallada, Hans: Der eiserne Gustav. Ausgabe für die Deutsche Demokratische Republik, (Aufbau-Verlag) 3. Aufl. Berlin und Weimar 1965, S. 779. Im Folgenden abgekürzt: Caspar: Gustav.
7 s. Caspar, S. 297.

8 vgl. Fallada, Hans: Der eiserne Gustav, Erstausgabe (Rowohlt-Verlag), Berlin 1938, im Folgenden abgekürzt: Gustav I.

9 vgl. Gustav I., S. 272 f.

10 vgl. Gustav I., S. 282.

11 vgl. Gustav I., S. 287.

12 vgl. Gustav I., S. 279.

13 vgl. Gustav I., S. 268.

14 vgl. Gustav I., S. 447 f.

15 vgl. Gustav I., S. 459 ff.

16 vgl. Gustav I., S. 635.

17 vgl. Fallada, Hans: Der eiserne Gustav. (Blüchert-Verlag), bearbeitet von Peter W. Tügel, Hamburg 1958.

18 s. Caspar: Gustav, S. 765.

19 vgl. Kapitel 12 dieses Buches.

20 vgl. Kapitel 17 dieses Buches.

21 vgl. Fallada, Hans: Der eiserne Gustav. (Ullstein-Verlag) 2. Aufl. Berlin 1993, S. 569.

22 vgl. Mayer: Rowohlt, S. 126.

23 s. Unerwünscht, S. 127.

24 vgl. Evangelischer Arbeitskreis Kirche und Israel in Hessen und Nassau (Hrsg.): Die Reichskristallnacht, 3. Aufl. Frankfurt am Main 1978. S. 2 ff., S. 24 ff.; S. 44.

25 s. Unerwünscht, S. 130.

26 s. Unerwünscht, S. 131.

27 s. Kiaulehn, S. 191 f. Ledig-Rowohlt war seinem listenreichen Vater sehr ähnlich. Er deckte Moraller morgens mit unendlich vielen Manuskripten zum Lesen ein. Und da diese Manuskripte aufgrund des politischen Drucks zunehmend schlechter wurden, ermattete der kulturell beschlagene Moraller rasch bei der Lektüre und griff zu seinem Schachspiel. Er spielte am liebsten mit Ledig-Rowohlt. Gemeinsam gingen sie zum Mittagessen, gemeinsam spielten sie auch am Nachmittag Schach und abends lieferte Ledig-Rowohlt den Partner in einem Restaurant ab, in dem gleichfalls Schach gespielt wurde. Erst dann eilte er in den Verlag und leitete die Geschäfte ohne den aufgezwungenen Bewacher. Allerdings wehrte sich auch Moraller entschieden gegen das Kultur-Diktat der RSK. Obwohl er ein überzeugter Nationalsozialist war, lehnte er es ab, die Bücher von Hans Fallada zu verbieten und den Namen Rowohlt Verlag aus den Publikationen verschwinden zu lassen. (vgl. hierzu Kiaulehn S. 192).

28 So hatte Fallada sich am 16. 2. 1933 in einem Brief an die Eltern bezeichnet.

29 s. Brief vom 20. 12. 1938 an Kagelmacher, abgedruckt in: Lange: Welteneinsamkeit, S. 67.

442

1 s. Willrich, Wolfgang: Säuberung des Kunsttempels. Eine kunstpolitische Kampfschrift zur Gesundung deutscher Kunst im Geiste nordischer Art. (Lehmanns-Verlag), 2. Auflage, Berlin 1938, S. 7. Im Folgenden abgekürzt: Willrich: Kunsttempel.

2 s. Willrich: Kunsttempel, S. 39.

3 s. Willrich: Kunsttempel, S. 19.

4 s. Langenbucher, Hellmuth: Volk und Dichter (Thesen zu einer völkischen Theorie der Diktatur), 1939, zitiert in: Gilman, Sander, (Hrsg.): NS-Literaturtheorie. Eine Dokumentation. (Athenäum-Verlag), Frankfurt am Main 1971, S. 15.

5 s. Geyer-Ryan, Helga: Wunschkontrolle – Kontrollwünsche. Die Gleichschaltung der Populärliteratur im Dritten Reich, in: Thunecke, Jörg: Leid der Worte, S. 199.

6 s. Fallada, Hans, Vorwort zu Bauern, Bonzen und Bomben, (Rowohlt-Verlag), Berlin 1938, S. 5.

7 vgl. Klemperer, Victor: Ich will Zeugnis ablegen bis zum letzten. Tagebücher 1933–1945. (Aufbau-Verlag) 3. Aufl. Berlin 1995, Bd. I., S. 399 ff.; vgl. Sopade 1938, S. 176 ff.

8 s. Sopade, Bd. 1938, S. 533.

9 s. Sopade, Bd. 1938, S. 533.

10 vgl. Sopade 1938, S. 421.

11 s. Sopade, Bd. 1938, S. 420. Die Neinsager sind rasch zu entlarven, sei es durch ein Fehlen von Wahlkabinen, durch das gezielte Sortieren der Wahlzettel schon beim Einwurf in die Wahlurne, durch einen Spiegel über den Tischen, auf denen die Stimmbögen ausgefüllt werden oder sei es durch das Fehlen von Wahlumschlägen, die den Stimmzettel hätten verschließen sollen. Das einzige, was wirklich geheim bleibt, ist das Auszählen der Stimmen, denn da werden jene Stimmzettel der wenigen Mutigen, die es gewagt hatten, gegen Hitler zu stimmen, durch Ja-Stimmbögen ersetzt.

12 s. Fallada Hans: Vorwort zu Bauern, Bonzen und Bomben, (Rowohlt-Verlag), Berlin 1938, S. 7.

13 s. Kriener, Adolf: Dirnen, Zuhälter und Spelunken. Zu Falladas ›eisernem‹ Gustav, in: Bücherkunde, Heft 3, März 1939, S. 137 ff.

14 s. Kriener, Adolf: Dirnen, Zuhälter und Spelunken. Zu Falladas ›eisernem‹ Gustav, in: Bücherkunde, Heft 3, März 1939, S. 138.

15 vgl. Caspar, S. 314.

16 s. Fallada, Hans: Der Alpdruck. (Aufbau-Verlag), Berlin 1947, im Folgenden abgekürzt: Alpdruck.

17 s. Unerwünscht, S. 132.

18 s. Unerwünscht, S. 132.

19 Rowohlt in einem Rückblick aus dem Jahre 1948, zitiert in: Mayer: Rowohlt, S. 136.

20 s. Brief vom April 1941 an die Schwester Itzenplitz, zitiert in: Liersch: Fallada, S. 321 f.

21 s. Fallada, Hans: Ein Mann will nach oben, erstmals unter dem Titel ›Die

Frauen und der Träumer‹, Abdruck in Fortsetzungen in ›Berliner Illustrierte Zeitung‹ 22.10.1942 bis 25.2.1943, hier: (Rowohlt-Verlag), Reinbek bei Hamburg 1993, S. 474.

22 s. Brief vom 14.10.1941 an die Wien-Film, zitiert in: Liersch: Fallada, S. 319f.

23 s. Lange: Welteneinsamkeit, S. 73.

24 s. Brief vom 8.6.1943, zitiert in: Liersch: Fallada, S. 331f.

25 s. Bakonie, Else Marie: Offener Brief an Fallada, in: ›Neuer Hannoverscher Kurier‹ vom 31.12.1945. Im Folgenden abgekürzt: Bakonie: Offener Brief.

26 s. Bakonie: Offener Brief.

27 s. Bakonie: Offener Brief.

28 Rowohlt war bereits im Juni 1943 wegen politischer Unzuverlässigkeit aus dem Heeresdienst entlassen worden, wird nun allerdings dem ›Volkssturm‹ in Grünheide, seinem Wohnort, zugeteilt.

29 s. ›Natürlich hatte ich Heimweh‹. Gespräch mit Ulrich Ditzen, in: Müller-Waldeck/Ulrich: Neues von, S. 125.

30 s. Fallada, Hans: Dies Herz, das dir gehört, Manuskript abgeschlossen im November 1939, erstmals gedruckt und hier: (Aufbau-Verlag), Berlin 1994, S. 59.

31 s. Edschmid, S. 59f.

32 zitiert bei Liersch: Fallada, S. 335f.

33 s. Brief vom 25.5.44, zitiert in: Liersch: Fallada, S. 338.

34 s. Brief vom 23.7.1944, Hans-Fallada-Archiv Feldberg.

35 s. Müller-Waldeck/Ulrich: Neues von, S. 93.

36 s. Müller-Waldeck/Ulrich: Neues von, S. 93.

37 s. Fallada, Hans: Der ungeliebte Mann, erstmals (gekürzter Vorabdruck) in: ›Wiener Illustrierte‹ 1940, als Buchausgabe 1940, hier: (Ullstein-Verlag), 2. Auflage, Frankfurt am Main 1991. Im Folgenden abgekürzt: Ungeliebter.

38 vgl. Gehring: Haus; Manthey, S. 142; Liersch: Fallada, S. 341; Crepon: Leben und Tode, S. 256.

39 s. Gehring: Haus.

40 s. Gehring: Haus.

Kapitel 20: »Oder handle ich unter einem unwiderstehlichen Zwang?«

1 Da die Ansicht vertreten wird, daß ›Der Trinker‹ – abgesehen von der aufgesetzten, fiktiven Handlung – primär autobiographisch ist, wird aus dem Roman zitiert, bevor er in dieser Biographie behandelt wird.

2 s. Domjücher Erinnerungen, zitiert in: Crepon: Leben und Tode, S. 269f.

3 vgl. Caspar, S. 69f; im Hans Fallada-Archiv Carwitz befindet sich eine Teilabschrift der Domjücher Erinnerungen, zugleich aber auch eine etwas erweiterte Fassung einzelner Erlebnisse. Es handelt sich dabei um das hier bereits wiederholt zitierte Manuskript, das Fallada mit der Titelzeile ›Der unerwünschte Autor‹ versah.

4 Nur die Kutisker-Passagen fehlen. Das gesamte Kutisker-Manuskript ist

444

verschollen. Vermutlich hat es Fallada bei Kriegsende selbst vernichtet oder dort versteckt, wo man es bis heute noch nicht gefunden hat.

5 Vorstellbar ist, daß er beim Wechsel der Anstaltskluft in seine Zivilkleidung nur das für die Nationalsozialisten erwünschte Teilmanuskript des Kutisker-Romans vorwies, so daß er nicht unter Verdacht geriet und durchsucht wurde.

6 s. Caspar, S. 234.

7 s. Caspar, S. 234.

8 s. Gehring: Haus.

9 zitiert in: Caspar, S. 234.

10 s. Mayer: Rowohlt, S. 142.

11 s. Müller-Waldeck: Der Schatten des Vaters, Gespräch mit Achim und Rosemarie Ditzen, in: Müller-Waldeck/Ulrich: Neues von, S. 196.

12 vgl. Ditzen, Elisabeth: Meine Erinnerungen. Aus dem Tagebuch, Abschrift, Manuskript, Hans-Fallada-Archiv Feldberg, im Folgenden abgekürzt: Ditzen, E.: Erinnerungen.

13 s. Ditzen, E.: Erinnerungen, S. 13 ff.

14 s. Ditzen, E.: Erinnerungen, S. 18.

15 vgl. Ditzen, E.: Erinnerungen, S. 20.

16 s. Liersch: Fallada, S. 359.

17 vgl. Bürgermeisterakte, Hans-Fallada-Archiv Feldberg.

18 vgl. Müller-Waldeck, Gunnar: Der Feldberger Nachkriegsbürgermeister R.D. im Jahr 1945, in: Müller-Waldeck/Ulrich: Neues von, S. 166. Im Folgenden abgekürzt: Müller-Waldeck: Feldberger Nachkriegsbürgermeister.

19 vgl. Bürgermeisterakte.

20 s. Ditzen, E.: Erinnerungen, S. 49 f.

21 s.: Das requirierte Buffet. Zahnarzt Walter Markwart erinnert sich, in: Müller-Waldeck/Ulrich: Neues von, S. 179.

22 s. Ditzen, E.: Erinnerungen, S. 46 f.

23 s. Ditzen, E.: Erinnerungen, S. 47.

24 vgl. Ditzen, E.: Erinnerungen S. 45.

25 s. Ditzen, E.: Erinnerungen, S. 45.

26 s. Fallada in einem vertraulichen Brief vom Oktober 1945 an Johannes R. Becher, in: Müller-Waldeck, Feldberger Nachkriegsbürgermeister S. 170.

Kapitel 21: »Nun gehe ich aber wirklich.«

1 s. Ditzen, E.: Erinnerungen.

2 vgl. Trees/Whiting/Omansen u. a.: Stunde Null in Deutschland. Die westlichen Besatzungszonen 1945–1948. (Droste-Verlag), Düsseldorf 1980, S. 44 ff.

3 vgl. Caspar. 254 ff.

4 Becher starb im Jahre 1958; er schrieb unter anderem den Text der Nationalhymne für die 1949 in der sowjetischen Besatzungszone gegründete Deutsche Demokratische Republik und ›Das Lied von der blauen Fahne‹ für die DDR- Jugendorganisation FDJ.

5 s. Liersch: Hans Fallada. Damals bei uns zu Haus. Orte seines Lebens, Berlin, o. D. S. 48.

6 s. Gulitz: Vor allem die Jugend retten. Gespräch mit dem Dichter Hans Fallada, in: ›Tägliche Rundschau‹ vom 22.10. 1945.

7 s. Fallada, Hans: Meine Damen und Herren! Rede, gehalten in Schwerin am 8. 12. 1945, zitiert in: Lange, S.: Federlese, S. 58.

8 s. Fallada, Hans: Meine Damen und Herren!, Rede, gehalten in Schwerin am 8. 12. 1945, abgedruckt in: Lange: Federlese, S. 59.

9 s. Fallada, Hans: Meine Damen und Herren!, Rede, gehalten in Schwerin am 8. 12. 1945, abgedruckt in: Lange: Federlese, S. 59.

10 s. Fallada, Hans: Noch einmal: Osterfest 1933 mit der SA, in: ›Tägliche Rundschau‹, 12. 12. 45, hier: s. Lange: Federlese, S. 69.

11 s. Fallada, Hans: Noch einmal: Osterfest 1933 mit der SA, in: ›Tägliche Rundschau‹, 12. 12. 45, hier: s. Lange: Federlese, S. 69.

12 vgl. Unerwünscht, S. 1f.

13 s. Gulitz: Vor allem die Jugend retten. Gespräch mit dem Dichter Hans Fallada, in: ›Tägliche Rundschau‹ vom 22. 10. 1945.

14 Brief vom 2. 1. 1945, zitiert in: Lange: Welteneinsamkeit, S. 79.

15 s. Liersch: Fallada, S. 377. Liersch zitiert aus Aufzeichnungen des Hans-Joachim Geyer, die jedoch nicht bibliographisch erfaßt werden (vgl. S. 397); es heißt bei Liersch lediglich: »... befinden sich in Privatbesitz.« Manthey (vgl. S. 155) erwähnt beim selben, aber verkürzten Zitat lediglich Geyer als Quelle ...

16 s. Liersch: Fallada, S. 377.

17 Roman Pereswetow in: ›Sinn und Form‹, 2. Sonderheft, o. J., Johannes R. Becher, zitiert in: Lange: Federlese, S. 8.

18 Roman Pereswetow, zitiert in: Manthey, S. 153f.

19 s. Fallada, Hans: Über den doch vorhandenen Widerstand der Deutschen gegen den Hitlerterror, in: ›Aufbau‹ vom 3. 11. 1945, S. 211–218, nachgedruckt in: Lange: Federlese, S. 45–56.

20 Rowohlt hatte von der amerikanischen Besatzungsmacht im November 1945 die Lizenz erhalten, sein Unternehmen wieder zu eröffnen und daher bei Fallada angefragt, ob neue Manuskripte vorhanden seien.

21 s. Brief vom 12. 12. 1945, zitiert in: Lange: Federlese, S. 24.

22 s. Brief vom 15. 2. 1945, zitiert in: Liersch: Fallada S. 376.

23 s. Kuhnke, Manfred: Szene im Hörsaal, in: Neue Deutsche Literatur, 468. Heft, 12/91, S. 172.

24 s. Kuhnke, Manfred: Szene im Hörsaal, in: Neue Deutsche Literatur, 468. Heft, 12/91, S. 172.

25 s. Caspar, S. 271.

26 s. Brief vom 12. 2. 1946 an Rowohlt, in: Vogel, Marion: Bechers Bemühungen um Hans Fallada, in: Weimarer Beiträge Nr. 4, 1990, S. 678.

27 s. Ulrich, Roland: Die Tochter eines Seifenfabrikanten. Jutta Kulessa erinnert sich, in: Müller-Waldeck/Ulrich: Neues von, S. 184f.

28 s. Lange, S.: Federlese, S. 17.

29 s. Brief vom 16. 9. 1946, zitiert in: Liersch: Fallada, S. 383f.

30 vgl. Lange: Federlese, S. 17.

31 zitiert in: Liersch: Fallada, S. 386f.

32 s. Brief vom 27. 10. 1946, zitiert in: Lange, Sabine: Die Spur nach Palästina, ›Sonntag‹ Nr. 30, 1988, S. 4.
33 vgl. Caspar. S. 276.
34 s. Brief vom 22.12. 1946, zitiert in: Liersch: Fallada, S. 390.
35 zitiert in: Manthey, S. 164.

Personenverzeichnis